《理解中国》丛书

清华大学　社会科学学院政治学系
凯风研究院政治发展研究所

理解中国政治

——关键词的方法

景跃进　张小劲　余逊达　主编

中国社会科学出版社

图书在版编目（CIP）数据

理解中国政治：关键词的方法／景跃进等著．—北京：中国社会科学出版社，2012.10
ISBN 978-7-5161-1604-3

Ⅰ.①理… Ⅱ.①景… Ⅲ.①政治—关键词—中国 Ⅳ.①D6

中国版本图书馆 CIP 数据核字（2012）第 251166 号

出 版 人	赵剑英
责任编辑	冯春凤
责任校对	王兰馨
责任印制	王炳图

出 版	中国社会科学出版社
社 址	北京鼓楼西大街甲 158 号 （邮编 100720）
网 址	http：//www.csspw.cn
	中文域名：中国社科网 010-64070619
发 行 部	010-84083685
门 市 部	010-84029450
经 销	新华书店及其他书店
印 刷	北京君升印刷有限公司
装 订	廊坊市广阳区广增装订厂
版 次	2012 年 10 月第 1 版
印 次	2012 年 10 月第 1 次印刷
开 本	710×1000 1/16
印 张	20.75
插 页	2
字 数	350 千字
定 价	59.00 元

总　序

　　"知人者智也，自知者明也"（老子语）。自中国被动地与更广阔的外部世界发生交往以后，"理解世界"与"理解中国"始终是中国人、尤其是中国知识界为之思虑不止的绵亘主题，并且在"落后挨打"的背景下，又构成了"自强于世"与"改造中国"的认知基础。以今天的眼光来审视，近代以来的这一"双重理解"是在一种非常态的历史进程中启始的。在中外文化的碰撞与冲突中，因连续挫折和失败而导致的心态失衡、情绪焦虑乃至血脉贲张，极大程度地影响和塑造了中国知识分子的认识方式及其结果。笼统而言，这一进程在五四时期趋于顶极，并形成了一种延续至今的认知模式。其后，无论是内忧还是外患，无论是文争还是武斗，菩萨在换，但庙宇不变。在某种意义上，当初的改革开放也是在这样的历史语境中上路的，至少对于中国知识界的绝大多数人来说是这样。

　　在经过三十多年的"摸着石头过河"之后，中国的改革开放取得了巨大的成就。士别三日，当刮目相看。对于一个经历三十年巨变的国家，又当如何相看？如果说"生存还是死亡"，这是先辈们曾经遭遇的挑战，那么，我们今天面临的问题更多的是"需要一个什么样的现代化"，以及"能否实现具有中国特色的现代化"？在回答这样的问题时，改革开放的实践是否提供了一个与以往迥然不同的观察历史和现实的参照点？它是否足以使我们对五四以来形成的基本认知模式提出挑战，并要求我们重新"理解中国"？事实上，近年来国内知识界围绕着"中国模式"以及普遍性与特殊性关系而展开的讨论，已经以一种极其直白的方式，迫使我们每一个人去思考这一问题，并尝试选择自己的回答。我们尚无法预期这一争论将如何终场，但可以肯定的是，不管选择哪一种回答方式，也不管未来将呈现何种面貌，处于当下的我们确实需要重新"理解中国"，包括它的历史与传统、结构与过程、制度与人民，以及内部现实与外部环境。

　　作为由清华大学社会科学学院政治学系和清华大学凯风研究院政治发

展研究所联袂主持的学术合作项目，本丛书将秉持一种开放的立场，侧重发表有关当代中国政治研究的海内外著述。当然，这一"政治优先"的原则，并不意味着学科性的封闭。一如《理解中国》的标题所示，丛书的收录范围将不局限于政治领域的研究成果。对于理解中国而言，政治是重要的，但显然不是唯一的。故而，大凡与政治密切相关的其他学科的研究作品，只要合乎学术规范，能增进人们对中国社会的理解，本丛书将畅怀收纳。

中国改革开放成功的一个基本经验是"摸着石头过河"。在某种程度上，本丛书的操作也采纳这一方法。看准了方向先做起来，再根据实践的结果作出修正和调适。在这一过程中，信息的反馈是非常重要的。因此，恳望学界朋友关注这套丛书，并时常给出相关的意见和建议。让我们共同努力，一起把这件事情做好。

清华大学　　社会科学学院政治学系
凯风研究院政治发展研究所
2012 年 11 月

编者说明

　　19 世纪中叶以降，中国在外力的冲击下经历了千年未有之大变。"大变局"这样的措辞意味着这种变化是整体性和根本性的，所谓牵一发而动全身，学界则以"从传统到现代"来加以概括。不过，变化的整体性与根本性并不意味着变化的同频性。不必细察便可发现，社会各个部分之间的变化速率是不同步的。这一特征一方面导致了所谓的"脱序"现象，用社会科学的话语来说，表征了发展的不平衡规律；另一方面，这种失衡也形成了进一步变化的动力。

　　以此视野观百余年后的中国，我们似乎依然处于某种异频差序的变化格局之中。改革开放以来，随着计划经济向市场经济的转型，中国的社会结构和利益格局发生了巨大变化。与此形成鲜明对照，中国的政治体制仍然保持了基本结构的稳定性。这一点已为世人所洞察，其政治蕴涵和学术意义也正为众多的研究者所关注。然而，尚未被人们重视或充分重视的是，在政治制度保持基本稳定的前提下，中国的政治过程却发生了——并正在持续经历——深刻的"体制内演化"的进程。无论在高层政治的层面，还是基层治理的维度，均显示出不同于 20 世纪 50—70 年代的诸多特征；而且可以预期，在市场转型深化、社会利益多元、公民意识兴起、信息传播快捷以及全球化影响日甚的背景下，"体制内演化"的这种趋势将更为强劲，并不可避免地触及既有的资源和权力分配格局，影响现有体制的核心要素和深层结构。

　　如果我们放宽视野，将自身置于时代的脉络之中，那么同样可以发现，这种"脱序"现象也存在于政治现实与政治研究的关系之中。确切地说，对于政治现象的研究远远落后于政治现实本身的发展。当然，对于这一问题的全面认识需要我们秉持一种客观而辩证的立场。那种对于中国政治学研究持全盘否定的态度，我们并不苟同。应当承认，经由三十多年的努力和积累，中国政治学研究已经取得了一些相应的成就——本书提供的内容也许有助于说明这一事实。但毋庸讳言，与改革开放所带来的现实变化相比，政治学研究呈现出相当的滞后性以及缺乏足够的学术敏锐性。我们以为，随着改革步伐的前进，有关中国政治的研究将不但拥有越来越丰富的经验素材，同时也将面临更具挑战性的议题。在中国政治研究领域中，这是一种以前不曾出现过的全新局面。无论是海外中国问题研究者，还是国内的政治学学者，都面临着相似的学术挑战。

上述表达体现了本书编者对时代背景的一种认识，亦是我们对中国政治学所处的历史方位之把握。处在中国政治演化这样一个特定的节点上，我们需要对已有的历程进行回顾，因为只有这样才能对未来进行更加切实的展望。考虑到中国的改革事业所具有的复杂性和开创性，对自身经验和他人教训的总结具有特别重要的意义——在某种意义上，中国改革事业所取得的进展，与我们在这方面的反思和学习能力具有很大的相关性。对于中国政治学的发展来说，这种反思和总结同样是不可缺少的。作为一门建制性学科的恢复（1980 年），政治学本身是改革开放的产物。在改革事业中，它扮演了诸多的角色，如价值启蒙、政策咨询、知识沟通、经验研究等；它既是改革进程的内在参与者，也是改革事业的观察者和反思者。基于此一认识，我们以为，中国政治学在当下面临着双重反思的任务：对改革事业的反思，以及对政治学学科发展的反思。事实上，它们是一个硬币之无法分离的两面。

这便是我们编辑本书的目的——从一个特定的角度来理解中国政治的变化以及面临的问题与挑战，梳理和总结中国政治研究所取得的进展，从而为改革探索、学术积累以及两者的可持续发展确立方向和提供参照。所谓特定的角度，是指尝试以关键词的方式来处理这一议题。关键词是人们借以思考的概念，是思维之网的纽结，是库恩所谓的"范式"之重要构成，它对人们的认识起到了定向和组合的作用。如何选择关键词，很大程度上意味着我们如何思考。在这一意义上，关键词的库存量能够在一定程度上标示着人们思考的广度和深度。故而从关键词切入来盘点中国政治学发展所取得的成果以及反映中国政治的变化，在我们看来不失为一种既能切中要害又方便操作的方法。作为编者，我们希冀经由这样的努力，为中国政治学的进一步发展寻找一个相对坚实的知识积累平台，以便更好地承担起这一学科的历史使命。

本书的编写计划起始于 2010 年，时值中国政治学恢复三十周年。令我们感到欣慰的是，这一筹划得到了各位作者的充分认同——正是他们的积极支持和参与，才使本书得以成型。2011年春，大家会聚于浙江大学，开了两天的初稿讨论会。身处天堂于佳时，而置湖光山色于窗外，作者们的专业精神令编者深感钦佩。与此同时，也有些许不安。在这个略显浮躁的项目时代，本书的筹划是一个自选动作，因此各位作者在作出智力贡献的同时，也分担了财资方面的压力。

在本书付梓之际，编者认为有必要作出以下几点的说明。首先，虽然本书试图对中国政治的重要变化进行概念方面的提炼和梳理，但并不意味本书内容涵盖了中国政治和政治学研究的所有重要维度。这显然超出了一本书的篇幅，而且由于技术方面的原因，一些重要的议题我们也不得不临时搁置。在这一意义上，本书或许只是一个系列的开始，如有机会，我们还将继续从事这项工作。在此，附带说明一下，所选的条目绝大多数是作者为本书专门撰写的，也有个别条目相对成熟，它们以不同的方式发表过。在收入本书时，作者进行了新的补充或修改，以配合本书的风格。

其次，虽然本书的目标是以关键词的形式来呈现经验事实，但实际的操作过程并没有如设计的那样理想。以统一的词条格式来要求作者撰写，事实上有一定的困难。这主要与下面两个因素相关：一方面，中国政治和政治改革正处于动态的变化过程之中，对经验现象的提炼和概括受到现象本身成熟程度的局限；另一方面，中国政治学恢复迄今才不过三十余年，许多研究尚处于发展的阶段，而有关学科反思的意识和系统努力则是刚刚起步。在这种情况下，我们尊重作者的选择权，由他们按照自身的方式来发挥，毕竟内容重于形式。尽管如此，我们还是欣喜地看到，关键词的红线贯穿于作者们的写作之中。我们相信，他们所付出的努力对于中国政治学研究的知识积累具有相当的价值。

第三，本书所涉及的相关研究，不但包括本土学者的努力之结晶，也包括海外学者的耕耘之成果。换言之，书中涉及的核心概念有些是中国学者自身的提炼，有些是海外中国政治研究者的发明。我们认为，这一开放性选择是必要的，其理由不只是因为海外学者对中国政治的研究可以丰富我们的认识，所谓他山之石可以攻玉，而且我们必须意识到，在一个全球化的时代，随着中国在世界舞台上的崛起，对于中国政治的研究亦将成为一项超越国界的全球事业。因此，开放不但是中国改革事业的基本特征，也是中国政治学发展的内在要求。就此而言，中国政治学研究者身处一种双重对话的场景之中：与现实的对话以及与西方学者的对话。在这一双重对话中，如何保持理论与实践（经验）、科学化努力和本土特色之间的恰当平衡，是中国政治学者需要不断加以思考和实践的一个话题。

最后，对于中国社会科学出版社所给予的大力支持，我们表示衷心的感谢。冯春凤女士在编务方面做了许多的具体工作。没有这些支持和帮助，很难想象本书能够顺利刊印。

编者

2012 年春夏之际

序　言

近些年中，无论在政界还是在学界，"中国特色"成为一个实实在在的流行字眼。以中国 5000 多年的传统文明和 13 亿多的人口规模，一切制度和政策或多或少带有某种"中国特色"，本是十分自然的事情。但是，如果过分强调"中国特色"，以至无视或忽视人类文明的共同价值和社会发展的普遍规律，则是一件相当危险的事情。不同的民族和人民既有共同的价值和规律，又有其各自的特殊性和多样性，这是关于人类文明的基本常识。1 + 1 = 2，无论在中国，还是在北美、中东和南非，都是一样的，但它可以用中文、英文、阿拉伯语等不同的语言或不同的符号来表达。从政治上说，过分强调"中国特色"则有可能成为排斥其他先进文明合理内容的借口，妨碍中华文明的与时俱进，阻滞伟大的中华文明成为世界文明主流的进程。从学术上说，过分强调"中国特色"常常是一种惰性，它会妨碍中国学者去努力探究特殊性背后的普遍性，不利于对中国独特的现代化道路进行高度的学术抽象，而这样的学术抽象，恰恰是学术水平的集中体现，也是发现人类社会普遍发展规律的基本途径。客观地分析中国特色的政治发展，严肃地对"中国故事"进行理论抽象，努力探索中国政治发展的内在逻辑，这是中国政治学者的重大责任，也是推进中国学研究的现实途径。

在由景跃进、张小劲和余逊达教授主编的这本《理解中国政治：关键词的方法》中，我们清楚地看到了中国政治学者的这种责任意识和实际行动。本书选择了改革开放以来影响中国现实政治生活的若干代表性概念，努力运用现代政治科学的方法，进行深入的理论分析，力图揭示出中国政治发展的内在规律和基本价值。其中的许多概念完全是中国化的，如"土政策"、"党内民主"、"增量民主"、"干部公选"、"群众路线"和"压力型体制"等，但作者大多都以规范的学术语言和方法去分析这些特殊的中国政治现象，虽然得出的结论可能不为所有人接受，但代表一种严肃的学术努力，是对中国政治学研究的重要知识积累。不仅如此，这样的学术努力，也势必能够为国际政治学同行所理解和认可，有助于他们客观认识中国的现实政治进步，从而有助于中国政治学真正走向世界。无论是中国读者还是国外读者，通读此书后，想必会得出这样的结论：中国的民主法治进程其实并没有偏离人类政治文明的大道，但中国的政治发展确实带有自己的独特印记。我们既不能简单地用西方的政治分析工具和概念来解释现实的政治进程，也不能完全无视政治学的普遍公理，自说自话地来论述中国的政治发展。立足中国的历史传统和现实国情，善于吸收和借鉴国外文明的先进成果，不仅是推进我国政治发展的正道，也是推动我国政治学研究的正道。

在本书的众多特色中，给我印象最深的是，作者试图从若干"中国政治的关键词"入手，来分析改革开放以来中国政治的演变，从政治话语的转变来观察现实政治的进程。这一视角对于分析中国的现实政治，具有特殊的重要性。在中国，政治意识形态对现实政治有着广泛而深远的影响。观念的转变是改革的前提，思想的解放是进步的标志。从某种意义上说，中国的改革开放过程，就是一个新旧思想观念的碰撞过程，是一个新的思想观念战胜旧的思想观念从而推动社会进步的过程。稍稍比较一下改革开放前后中国政治领域流行术语的变化，就会发现观念的转变与政治的进步之间有多么紧密的联系。在政治领域，改革开放前，我们最流行的概念是"革命"、"反革命"、"继续革命"、"无产阶级文化大革命"、"阶级斗争"、"斗私批修"、"反修防修"、"无产阶级专政"。改革开放后，政治领域的流行术语则变成"改革"、"发展"、"创新"、"民主"、"人权"、"法治"、"和谐社会"、"以人为本"、"民主执政"、"依法治国"、"社会主义民主"等。熟知中国政治发展的人都知道，在这些观念演变的背后，是更加深刻的现实政治的变迁。

总之，正如本书书名所称的那样，这是一本有关中国政治和政治学研究的著作。阅读这本书，读者不仅可以看到改革开放后中国重要政治话语的变迁，看到中国政治学的最新进展。更重要的是，它还有助于读者理解改革开放以来中国现实政治的变革，了解中国民主法治的最新进展。

俞可平

2012 年 3 月 11 日于京郊方圆阁

目　录

政治话语的转换

——改革开放以来主流意识形态的调适性变迁

陈明明

一　主流意识形态变迁的轨迹：一个简要综述

中国内地经过 30 余年的改革开放，经济、社会和政治生活都发生了深刻的变化：市场经济体制初步确立，经济总量和综合国力持续增长，社会利益结构多元化和社会自主性日益明显，政治体制在经济与社会关系变革的驱动下不断进行调整。其中，和政治体制紧密关联的主流意识形态，作为一种依存和反映经济社会"生活世界"的"观念的上层建筑"，① 出现了一些前所未有的特点，而作为一套阐释和论证党治国家（party state）"统治关系"的"具有符号意义的信仰和观点的表达形式"，② 也形成了一些值得关注和分析的趋向。

30 余年来，主流意识形态发生了什么变化？如果从其话语特征来看，主流意识形态大致显现了从超越性到世俗性、从排斥性到包容性的变迁轨迹。所谓超越性（transcendence）原是一个宗教和哲学的概念，意指作为个体的人意识到自我生命存在的有限性，从而试图超越之。宗教的超越本质上是关于个体"不朽"的问题，集中表现为灵魂不灭论；哲学的超越在于个体对自我生命存在有限性的体认是通过感知经验获得的，因而试图"超越经验"，集中表现为纯粹先验论，它们都相信存在着一个超验性、终极性的彼岸世界。主流意识形态长期以来作为一种社会改造运动的整体

---

① 《马克思恩格斯选集》第 1 卷，人民出版社 1995 年版，第 131 页。

② 戴维·米勒、韦农·波格丹诺编：《布莱克维尔政治学百科全书》，中国政法大学出版社 2002 年版，第 368 页。

方案，预设了一个不无乌托邦色彩的"最终目标"，当下所有的革命行动与事件不过是通向这个至善至美境界的阶梯和必然付出的代价，在这一点上，意识形态本身也具有某种类似宗教超越性的品格。所以卢卡奇（Ceorg Lukacs）说意识形态能够以传统注释、宗教信仰或科学理论的方式出现，而意识形态的异化最普遍的原型是宗教异化。① 但是，1978 年中共十一届三中全会后，随着"实践是检验真理的唯一标准"的提出，主流意识形态的超越性渐次解体，以往一切理论、政策、路线和思想方法都要置放于"实践"中是否"有效"来予以判断，而此前曾作为应对决策失误危机的"权宜之计"（如"三自一包"、分田到户）以及在新形势下为适应改革开放而实行的新经济政策（如商品经济、企业自主权、招商引资、劳务市场），则开始从生活世界的角度刷新"意识形态的库存"，引发了意识形态的变革。② 正如李侃如（Kenneth Lieberthal）说超越性的理想世界幻灭以后，"意识形态的激励已没有效果，中国人寻求的是提高生活水平"，意识形态作为新的合法性源泉（"信任源泉"）就是"为民众谋取更多更好的利益"，"功利主义的原则"开始流行。③ 萧功秦则称此为"意识形态的世俗化"，即从对彼岸理想世界的超越性追求回归此岸的世俗生活世界，"新意识形态话语""在回应保守派的挑战过程中，成功地实现了论证市场经济这一世俗化改革与对外开放的合法性的政治功能……实现了从论证执政党追求平均主义的社会远景，转向论证中国现代化的经济改革与社会的世俗化转型的正当性"。④

超越性的意识形态在追求社会历史的一些总体性、终极性问题，在追问具体的历史知识和理论诠释所赖以存在的基础和前提时大都具有一种对异端进行严苛审判的性格，因而打上了强烈的排斥性的烙印。从新中国成立到 1978 年，人们可以看到，无论是哲学上的"一分为二"和"合二为一"的讨论、历史学中的"农民战争推动进步论"与"统治阶级让步政策论"的辨析、经济学中的"有计划按比例"与"价值规律"的争论，还是现代化方案中的"集体化"与"机械化"孰先孰后的辩论、赶超战略中的"大跃进"与"反冒进"的对立、经济政策中的"政治挂帅"与

---

① 见俞吾金《意识形态论》，上海人民出版社 1993 年版，第 302—311 页。
② 萧功秦：《改革开放以来意识形态创新的历史考察》，《天津社会科学》2006 年第 4 期。
③ 李侃如：《治理中国：从革命到改革》，中国社会科学出版社 2010 年版，第 142 页。
④ 萧功秦：《从转型政治学看中国意识形态创新的特点》，《浙江学刊》2006 年第 4 期。

"利润挂帅"的分歧，直至政治指导思想中的"阶级斗争长期存在论"与"阶级斗争熄灭论"的冲突，无一不转化为非此即彼的尖锐的意识形态斗争和政治斗争。① 因此，当主流意识形态由超越性回到世俗性时，其排斥性的特征被世俗化所消解或软化，逐渐呈现出包容性的趋势。人们注意到，这种包容性集中体现在主流意识形态的"社会主义初级阶段论"、"三个代表"和"以人为本"思想的表达中："初阶论"的意义在于它是对"超阶论"（"超越阶段"）的反动，② 中国在经济落后的条件下建设社会主义，欲实现工业化、商品化、市场化、城市化等现代化目标，必须克服拒绝借鉴和利用资本主义文明成果的排斥主义倾向。在政治上，"初阶论"表明目前中国的历史方位并没有超越出现代政治文明中的现代国家范畴，中国的政治发展必须以民主法治为基本的追求目标，这个目标实际上是现代国家的本质要求。③ "三个代表"的意义在于，它以发展先进生产力、先进文化和满足广大人民根本利益作为执政党的使命，意味着任何有利于生产力发展的制度（包括法制化、市场化与相应的经济制度）都是合理可取的；与世界潮流相融合的人类优秀文化都是可借鉴吸收的；执政党不再仅仅是某一阶级利益的代表，而是全社会共同利益的代表。显然，"三个代表"体现了主流意识形态对当代中国社会发展和社会生活的容纳性。④ 而"以人为本"，按照林尚立和他的团队的研究，则代表着"当代中国意识形态的历史转向"，这种转向的标志可以概括为文化上的"兼容并蓄"、价值上的"共建共享"。⑤

接下来的问题是，主流意识形态发生变化的原因是什么？萧功秦提出了一个"改革精英创造性转换说"的解释，改革精英即执政精英，其创造性转换的动力来自执政党工作重心的转变，这个解释代表了大多数人（也包括执政党本身）的认识。在他看来，中国改革开放面临的巨大难题

---

① 陈先奎、刘晓、杨凤城：《当代中国意识形态风云录》，警官教育出版社 1993 年版。

② 中共十三大政治报告指出，所谓社会主义初级阶段，"不是泛指任何国家进入社会主义都会经历的起始阶段，而是特指我国在生产力落后、商品经济不发达条件下建设社会主义必然要经历的特定阶段"，"这个阶段，既不同于社会主义经济基础尚未奠定的过渡时期，又不同于已经实现社会主义现代化的阶段"。《十三大以来重要文献选编》上册，人民出版社 1991 年版，第12 页。

③ 林尚立：《制度创新与国家成长——中国的探索》，天津人民出版社 2005 年版，第 20 页。

④ 萧功秦：《改革开放以来意识形态创新的历史考察》，《天津社会科学》2006 年第 4 期。

⑤ 林尚立：《政治建设与国家成长》，中国大百科全书出版社 2008 年版，第 254—262 页。

是，一方面由于主流意识形态起着神圣的"国家宗教"的维系功能，为保持政权的合法性需要，不得不强调和维护传统意识形态特定的理论概念符号；另一方面，以推进生产力为目标的市场经济改革，本质上与传统意识形态预设的"一大二公"的超越性社会理想宗旨相矛盾。在意识形态原有的话语系统中，市场经济被视为"修正主义"、"资本主义"，改革者被看做"党内资产阶级"或"走资本主义道路当权派"。如果为了坚持改革开放而采取"摒弃、搁置、冷冻国家意识形态"的做法，在政治上势必会受到以"正确路线"捍卫者自居的党内"保守派"的严重挑战，在一个以意识形态合法性为政治生命的国家里，这种挑战是致命的。然而，如果改革精英为了政治上的安全，避免与原有意识形态发生冲突，或与原有意识形态保持一致，则"只能放弃改革开放，回到自我封闭的状态中去"。这个矛盾的解决是通过"对意识形态作出创造性的重新解释"而实现的，即邓小平和执政党领导层"发展出一种具有中国特色的执政党意识形态新的话语系统，使革命意识形态逐渐转化为对市场经济与对外开放方针具有论证功能的、与改革开放新时期相适应的意识形态的理论话语"，既"保持了意识形态的历史连续性"，"又实现了国家意识形态对新时期政治路线的保护、辩解、动员与凝聚功能"。[①]

"改革精英创造性转换说"本质上是一种以国家为中心的分析视角，所谓以国家为中心是指在国家与社会互动关系中强调国家的主导作用，认为变革的动因来自国家，变革的成功尤其取决于国家的政策和制度安排。徐湘林在关于中国渐进政治改革的讨论中提到，虽然政治改革可以看做经济发展和社会结构性变化对现有政治体制及其内部权力格局所进行的必要调整，但在具体运作层面，政治改革首先是一种政治选择，这种选择是与党和政府领导人对局势的认知紧密相连的，是以党的政策的变化为前提的，是党的核心领导层的理性选择的结果。在包括意识形态变革的政治改革政策选择中，决定性的考量一是政治稳定，二是领导层的权威，三是体制的连续性和继承性。[②] 在改革开放初期，党的领导层的改革主观愿望是回到"文革"前的体制并使之制度化，同时调整体制内部的权力关系，以及放松对社会政治与意识形态的过度控制。放松政治与意识形态的控制

---

① 萧功秦：《改革开放以来意识形态创新的历史考察》，《天津社会科学》2006 年第 4 期。

② 徐湘林：《寻求渐进改革的理性》，中国物资出版社 2009 年版，第 39—40、48—52 页。

虽然产生了一个有利于经济发展的较为宽松的社会政治环境，但也产生了所谓"资产阶级自由化"的问题以及保守意识形态的挑战。出于对政治改革结果不确定性和政治成本的考虑，改革的构想和行动在对旧体制进行改革和保持稳定的两难困境中不断进行选择和调适。进入 20 世纪 90 年代后，随着体制的制度化程度的增强、意识形态的弱化和领导层的代际转换，领导层在两难选择中更倾向于以制度化和理性化的方式，而不是以意识形态和政治运动的方式来化解影响政治稳定的社会政治因素，从而为进一步的改革创造机会，维持改革政策及体制的继承性和连续性。① 徐湘林的"放松意识形态控制"或"弱化意识形态"其实是关于意识形态世俗化和包容性变迁的另一种表达，是领导层在利用旧的意识形态"库存资源"（如"实事求是"），开发新的意识形态功能（如"一个中心两个基本点"），采取务实主义行动以化解危机、保持稳定的现实政治需要。这和苏共领导层在戈尔巴乔夫"新思维"下对意识形态资源的废弃与否定，最终导致基层党员的思想混乱和党组织的瓦解形成鲜明对照。所以萧功秦指出，"在革命意识形态概念资源库中，寻找能包容发展性、开放性，同时又能满足意识形态对执政党的合法性保护功能的、最有助于表达改革开放理念的符号元素"，是主流意识形态内部创新的具体机制。② 毋庸讳言，这个机制来自于执政党改革精英基于政治利益（权威与稳定）和社会经济利益（综合国力与社会繁荣）关系的审慎判断和理性认知。

以国家为中心的分析视角，其理由在于中国是一个凭借政治（确切地说是政党）建构起来的国家。研究中国共产党组织和意识形态的舒曼（Franz Schurmann）说过，"共产主义中国就像一座由不同砖石筑成的大厦，不论它们是如何构筑的，大厦矗立起来了。把它们结合起来的是意识形态和组织。"③ 在某种意义上，郑永年对主流意识形态变迁原因的分析也属于一种国家中心论视野。他的问题是，在整个 80 年代，中国领导人对市场经济和资本主义一直存有不同看法，在实际政策层面，他们不反对进行市场经济的各种形式的试验，但在意识形态层面，他们反对把市场经济合法化，因为市场经济被视为资本主义，尤其在 1989 年"政治风波"

---

① 徐湘林：《寻求渐进改革的理性》，中国物资出版社 2009 年版，第 61 页。

② 萧功秦：《从转型政治学看中国意识形态创新的特点》，《浙江学刊》2006 年第 4 期。

③ Franz Schurmann, *Ideology and Organization in Communist China*, University of California Press, Berkeley and Los Angeles, 1971, p. 1.

后，市场经济受到严厉批判。但是，仅隔两年，邓小平南方谈话后，市场经济由边缘走入中心，并获得意识形态的支持，"邓小平为什么要如此艰苦地说服领导集体把资本主义合法化？为什么党要接受自己过去几十年内强烈反对的资本主义"（此处"资本主义"应读为"市场经济"）？郑的解释是：第一，政权的政治利益在邓南方谈话后得到重新阐释和重建（指 1989 年党和国家为何能够抵御苏东式的剧变），邓的观点被新的领导集体所接受；第二，政治利益的重新阐释和重建为市场经济成为一种改造社会的方式创造了意识形态合理性。"换句话说，邓小平相信党有可能利用资本主义来增强政治合法性，同时避免资本主义带来的负面政治影响。"[1] 应该指出，当郑永年提到"以利益为基础的社会"出现于中国并非经济发展的自然结果，而是执政党及其领导人有意识追求的产物，因此利益秩序在意识形态中的合法化，或反过来说意识形态的"功利化"，是领导人"有意为之"时，他是在国家中心论的立场上观察问题，不过，当郑以大量的数据叙述私有部门、私人领域的兴起如何"破坏了改革以前由意识形态建构起来的社会秩序"，并回过头来软化意识形态尖硬的触角，使得"官方意识形态从进攻性姿态转向防御性姿态，也即从作为控制党政干部、指导决策的手段，转变为给党和政府的政策提供正当性证明的手段"时，[2] 他实际上又程度不同地吸纳了以社会为中心的分析视角，即在国家与社会互动关系中关注社会的驱动作用。

　　总的来说，郑永年关于意识形态变迁的原因分析侧重于外部压力与内部选择性应对的交互作用。自 20 世纪 70 年代末以来中国处于新一轮的全球化背景之中，承受着全球化不断产生的压力，因而不得不"输入"西方的产品（政治、经济、文化）。但中国的"输入"是有选择的"输入"（批判性的吸收），是适应和坚守、学习和创新双重逻辑作用的过程，中国之所以能够有选择地"输入"，根本原因在于有一个以党治国家及其政治精英为基础的政治权威，以及政治精英能够作出理性的政治考量，按郑永年的说法，他们已经形成了一种新的"全球化的心态"，他们希望中国在全球化中变成一个现代国家，在变得更加现代化时又维持了自己的中国

---

① 郑永年：《全球化与中国国家转型》，浙江人民出版社 2009 年版，第 70—71 页。

② 同上书，第 73、77 页。

性。① 这使人们很自然地想起邹谠在阐释中国革命进程时所持有的"宏观历史"与"微观机制"有机统一的理论，② "有选择输入论"既强调全球化的结构性制约，也强调行动主体的主观意志和策略。如果说"有选择输入"是中国领导人有意识回应全球化及其后果的战略方针，那么也正是这种战略方针给出了意识形态变迁的动力和空间。

第三个问题是主流意识形态变迁的路径与取向是什么？在萧功秦关于改革开放以来意识形态发展的讨论中，意识形态的变迁路径大致经历过四个阶段：③（1）"新继续革命论"，源于 1977 年 7 月由胡耀邦组织的理论写作小组成员吴江的建言，"新继续革命"之"新"，是把文化、技术、生产力等要素注入党在"文革"时期的指导思想"无产阶级专政下继续革命"中去，来修正或中和"文革"理论对生产力要素的极端排斥的倾向，同时也希望在前"十七年"和后"十年"间建立起能接续即将到来的"新时期"的路线，属于"旧瓶装新酒"，无奈十一届三中全会全盘否定了"旧瓶"，"瓶"之不存，"酒"何以装，只有另寻他途。（2）"实践检验论"，即 1978 年发动的关于真理标准的讨论，其意义是用毛泽东一直强调的理论观点，而不是用毛泽东以外的理论资源来取代毛泽东晚年的错误理论决策，以实现对"左"的路线的批判，达到"拨乱反正"的目的。就意识形态变革策略而言，它避免了反"左"必非毛、拥毛必护"左"的非此即彼的排斥性思维，既是意识形态摆脱排斥性特征走向包容性的开端，也是意识形态试图自我转化创新的起始。（3）"初级阶段论"，见之于 1987 年中共十三大报告。前面已经提及，"初阶论"是对希望通过生产关系不断革命来实现乌托邦理想的"超越论"的反动，实际上还是对中共八大关于中国社会主要矛盾判断——"人民日益增长的物质文化需要同落后的社会生产之间矛盾"——的回归，在某种意义上也可以看做对新中国初年"新民主主义"实践的重温。初级阶段"一百年不动摇"意味着中国必须大胆利用一切反映现代社会化生产规律的经营方式和组织形式，利用包括资本主义在内的一切人类优秀文明成果来建设现代国家。它在意识形态上的意义是把社会主义的话语与市场经济的法则结合起来

---

① 郑永年：《全球化与中国国家转型》，浙江人民出版社 2009 年版，第 2、3 章。

② 见邹谠《中国革命再阐释》，香港牛津大学出版社 2002 年版，第 3 章。

③ 萧功秦：《改革开放以来意识形态创新的历史考察》，《天津社会科学》2006 年第 4 期。

（正所谓"社会主义市场经济"），从而排除反市场经济体制的势力在同样的话语系统中发动的挑战。（4）"三个代表论"，是 2000 年 2 月江泽民提出、随后写进中共十六大报告和新党章中、被党宣布为新世纪的指导思想。执政党将它的执政的合法性基础定位于代表先进生产力、先进文化和最广大人民的根本利益之上，而不是简单地以阶级阶层、阶级革命这些相对较为确定的内涵作为合法性基础，这极大地扩展了意识形态的包容性和弹性，使得执政党谋求长期执政可以不受任何传统教义和条条框框的约束。

　　一定的意识形态是为一定的政治结构及其运行机制服务的，意识形态的变迁取向无疑反映了政治结构及其逻辑的发展要求。大多数学者都会同意，中国政治结构及其逻辑的发展趋势是民主化，但如何推进民主化有不同意见。保障个人的自主性和政治参与能力是民主化的直接体现，这方面的观点见诸新自由主义和市民社会及公共领域的讨论，而把民主化置于社会转型和国家治理的视野中，强调从治理中培植民主，"民主无法治理，就不可能得以持续与巩固"①，则是国家中心论者的基本主张。林尚立在《政治建设与国家成长》中提出"政治有效性"概念，认为以民主化为目标的中国政治结构及其逻辑的发展是通过不断创造"政治有效性"来实现的，这可能是体制内学者关于意识形态变迁取向的最有特色的理论立场。所谓有效性是指能够成功地（1）建构以党的领导为核心的领导体系；（2）建设以法治为根本的政治治理；（3）创造有活力的动态政治稳定；（4）创造有序的可持续的政治发展。② 作者强调有效性"并不是工具性的，而是价值性，是指导中国政治建设和发展的价值原则"③。作为一项价值原则，它对主流意识形态变迁取向的规范要求是：从控制灌输型整合彻底转变为创造发展型整合，即由过去那种将政治权力对于意识形态整合（垄断性控制）功能的干预运用到极致，而忽略意识形态整合（思想动员）的社会文化支撑，转变为充分重视社会文化对意识形态整合（伦理规范）的协同作用，同时兼顾意识形态整合的政治推进与文化支持，保持意识形态与社会文化、意识形态与社会行动的有效互动。④ 需要指出

---

　　① 徐湘林：《中国的转型危机与国家治理：历史比较的视角》，《复旦政治学评论》第九辑，世纪出版集团、上海人民出版社 2011 年版，第 60 页。
　　② 林尚立：《政治建设与国家成长》，中国大百科全书出版社 2008 年版，第 24—26 页。
　　③ 同上书，第 21 页。
　　④ 同上书，第 252—254 页。

的是，意识形态的这种变迁取向更多的还处在一种"表达的结构"之中，还不完全是"实存的结构"，但是我们仍然可以透过"政治有效性"的提法感觉得到政治结构及其逻辑发展对社会政治整合基于意识形态世俗化、包容化的依赖和期待。

二　主流意识形态的结构及其变迁的内容

主流意识形态的变迁轨迹只是一个粗略的外部考察，我们需要进一步分析主流意识形态内部不同部分的变化，如果说，从超越性到世俗性、从排斥性到包容性是意识形态变迁的总体特征，那么，这种变迁特征在内部结构上是如何表现出来的？

我们知道，作为一个旨在建立、支持和服务于某种政治统治秩序的总体性方案，意识形态一般都会指涉诸如国家与社会、政府与公民、权威与义务、认识与实践、行动与理论、存在与意义等关系的内容，并把这些内容在"基础"的层面演绎为政治哲学，在"操作"的层面转换为政治运动。① 这可以看做意识形态最一般的结构。正是在这个意义上，舒曼在其中国意识形态与共产党组织的研究中把意识形态区分为"纯粹的意识形态"（pure ideology）和"实践的意识形态"（practical ideology），前者涵盖世界观和方法论，也包括以思想理论形式表现出来的价值和规范；后者指涉组织的行动和政策的理论说明，是一套系统化的关于行动结果及其意义如何服务于创立和实现组织目标的观念。② 结构的划分依研究者的观察角度和旨趣而定。例如刘小枫在论及中国国家现代性时提出应把政党意识形态、政党伦理和政党国家作为三个"分析性概念"，他虽然没有对政党意识形态的结构作出明确界分，而且"政党意识形态"与"政党伦理"两个概念也多有交叠，不过由于强调二者的"社会化法权"须由政党国家的法律、经济和政治体制来支撑，而体制所起的作用是动员和吸纳，因此似乎也可以将其三个概念视为政党意识形态结构的价值理念、行为规范

---

① 戴维·米勒、韦农·波格丹诺编：《布莱克维尔政治学百科全书》，中国政法大学出版社2002年版，第368页；安德鲁·海伍德：《政治学》，中国人民大学出版社2006年版，第51页。

② Franz Schurmann, *Ideology and Organization in Communist China*, University of California Press, Berkeley and Los Angeles, 1971, pp. 21 – 22.

和制度化三个部分（这实际上扩展了他的政党意识形态概念）。① 汤普森（John B. Thompson）从社会学和传播学角度研究意识形态，他更为关注在特定环境中为统治关系提供"意义"服务的"象征形式"，这种"象征形式"由"意向性"、"常规性"、"结构性"、"参照性"和"背景性"五个典型面向构成，它们和意识形态的运行模式（"合法化、虚饰化、统一化、分散化、具体化"等"象征建构谋略"）结合起来，被认为在参与解决社会冲突和维护既定统治秩序的过程中发挥了重要功能。② 这是关于意识形态的另一种结构划分。

我倾向于把主流意识形态的结构分为三个相互关联和彼此支持的部分，一方面是因为国内的研究者已经提供了一个富有启发意义的分析框架，③ 另一方面是因为这种划分能够把许多有用的信息涵摄进来（如舒曼、刘小枫、汪晖等对党国意识形态的分析），同时也比较容易展开对包括意识形态内核（基本原理和基本取向）与边层（具体化和灵活性的叙事方式）在内的主流意识形态的比较和叙述。这三个部分是：（1）价值—信仰部分，即关于生存意义和终极价值的关怀和主张，这可以视为本体论的某种表达，事实上，在意识形态的运动过程中，意识形态本身并不认为自己只是"工具性"的，而且是"实体性"的，即把自己和世界历史的"本质"等同起来，并因"本质"与"意义"的同一而和关于善恶美丑的评价建立起内在的关联，故而唤起人们为之执著奋斗的宗教般的使命感和激情。（2）认知—阐释部分，表现为世界观和方法论，以及在此基础上形成的关于"必然规律"的理论学说。它们提供了对于现实世界和现实社会的基本认识、基本判断和基本观点，使思想的逻辑转变为统治的逻辑。（3）行动—策略部分，指意识形态经由对历史与现实进行认知—阐释的方法来形成动员、指导、组织和证明一定行为模式的过程。

1949 年，中国共产党凭借强大的军事政治力量，摧毁了旧国家的社会政治结构，建立起相对完备的国家政治与行政体系，改变了晚清以来国家无力深入渗透社会、中央政府政令无以贯彻基层的局面，为中国的现代化和现代国家建设奠定了坚实的政治基础。在这个过程中，党的组织以及

① 刘小枫：《现代性社会理论》，上海三联书店 1998 年版，第 385—417 页。

② 约翰·汤普森：《意识形态与现代文化》，译林出版社 2005 年版，第 63—66 页。

③ 何怀远：《意识形态的内在结构浅论》，《江苏行政学院学报》2001 年第 2 期；林尚立：《政治建设与国家成长》，中国大百科全书出版社 2008 年版。

党所掌控的巨大的政治权力成为重组中国社会、推进工业化、现代化的决定性因素。党治国家，作为一种中国国家建设的现代化方案，是理解意识形态内容、特征及其变迁的关键维度。① 这个现代化方案是建立在马克思列宁主义对资本主义现代性的批判的基础上的，对西方现代性的批评和抵制构成了新中国第一个时期中国主流意识形态的基本特征。② 其表现是：在价值—信仰层面，反对财产私有制度、阶级不平等及作为其法权基础的个人主义，鼓励消灭三大差别的共产主义运动以及作为道德基础的集体主义；反对官僚主义、专家治国论、市场、技术和利润挂帅的思想路线，强调群众路线、群众首创性、群众政治参与和革命无私奉献精神，如此等等。在认知—阐释层面，坚持辩证唯物论和历史唯物论的世界观和方法论，运用阶级分析的观点阐述中国革命的性质、主体、目标和任务以及中国社会发展前后阶段（新民主主义和社会主义）的逻辑关系，提出社会主义形态相对于资本主义形态的体系对立论、历史方位论、辩证超越论和制度优越论，并据此阐明党治国家（党的领导和无产阶级专政）对于完成向共产主义社会过渡的必要性和必然性。在行动—策略层面，通过官方传媒、党团组织和社会机构，广泛传播和灌输阶级斗争、群众运动、思想革命化等政治信息和象征符号，以配合中央集权、赶超战略、社会重建、国民训练、理想过渡等国家目标的施行。其中，阶级斗争和群众运动是意识形态行动—策略层面的最鲜明的特征，它们通过排除一般的公民权所隐含的抽象的法律权利平等观念，以阶级身份的归属和由此承载的具体的经济社会权利的享有，实现了国家与社会的联系，形成了一种与西方国家建设迥然有别的政治、社会和经济发展模式及国家重构模式。③

改革开放后，主流意识形态的这些话语及其取向在党治国家的工作中心由阶级斗争向经济建设转移的背景下开始发生变化。最明显的变化是行动—策略层面，其次是价值—信仰层面，认知—阐释层面则相对稳定，但在与时俱进的口号下也有所调整，主要落在阐释部分。例如，在行动—策略层面，"以阶级斗争为纲"和"大搞群众运动"的行动逻辑被彻底放弃，代之以发展经济、解放生产力和科教兴国的发展战略。调动一切积极

① 邹谠：《中国革命再阐释》，香港牛津大学出版社 2002 年版，第 2—7、69 页。
② 汪晖：《去政治化的政治》，生活·读书·新知三联书店 2008 年版，第 68 页。
③ 邹谠：《中国革命再阐释》，香港牛津大学出版社 2002 年版，第 14—15 页。

因素，缓和各种社会矛盾，团结各种社会力量以服务经济建设大局，成为意识形态行动—策略的中心内容。在价值—信仰层面，把"建设有中国特色的社会主义"、建设"高度民主、高度文明的社会主义现代化国家"、"实现中华民族的伟大复兴"作为人民的共同理想，把以法律和制度为支撑的人民民主、以共产主义思想道德为基础的精神文明和以避免两极分化为前提的共同富裕作为中国社会发展的奋斗目标。在肯定这些理想价值的同时，也强调"物质鼓励也不能少"；① 在重提"人是要有一点精神的"同时，也承认市场经济的逻辑，主张把生产者和经营者的物质利益与他们的经济活动绩效联系起来，显现出意识形态价值取向的某种世俗化的特征。在认知—阐释层面，辩证唯物主义和历史唯物主义的世界观和方法论仍然得以坚持，阶级分析的观点仍然受到尊重，但是关于当代中国社会的性质和主体、所处阶段和时代、目标任务的表达已经纳入了"社会主义初级阶段论"的阐释范式。社会主义初级阶段即不发达的社会主义阶段，其主要矛盾是"日益增长的物质文化需要和落后的社会生产之间的矛盾"，这被视为事关全局的基本国情。"为了摆脱贫穷和落后，尤其要把发展生产力作为全部工作的中心。是否有利于发展生产力，应当成为我们考虑一切问题的出发点和检验一切工作的根本标准。"② 于是改革开放、市场经济、法治国家、和平与发展、学习发达资本主义经验等这些原来被主流意识形态排斥的思想认识获得了合法地位。

　　第三个时期以中共十六大为界标。随着市场经济体制的逐步构建，公民社会与公共领域的逐步成长，政治调控战略由一元统治转向多中心治理，政党行为从统治型政党转向执政型政党，主流意识形态的三个部分出现了一些新的特点。在价值—信仰方面，中共十六届三中全会提出"以人为本"是一个意义深远的突破，虽然关于"人"的界定仍然存在着一些争议，但是，"每个人的全面而自由的发展"（马克思语）应成为人们为之奋斗和追求的社会体制，则越来越为大多数人所承认。"人本"观念既接续了作为执政党指导思想的马克思主义的传统，也反映了西方文化中具有人类文明普世价值的优秀成果，同时还可以看做对中国传统政治思想

----

① 《邓小平文选》第3卷，人民出版社1994年版，第102页。
② 《十三大以来重要文献选编》上册，中央文献出版社1992年版，第13页。

精华的批判性继承，① 正是在这一点上，主流意识形态和非主流意识形态（社会其他思想意识）取得了价值上的共识。在认知—阐释方面，"科学发展观"和"和谐社会"的提出是另一个具有重大意义的命题。"科学发展观"和执政党对中国在转型时期积累起来的若干问题和危机根源的分析研究相关，是根据"以人为本"的价值观念对中国国家建设的发展内涵、发展本质、发展方式、发展难题的重新认识，谋求和落实全面的、协调的和可持续的发展已经成为主流意识形态在新时期的认知和阐释系统的重要维度。同样，"和谐社会"也标志着执政党对"中国特色社会主义规律"认识发生的新发展，把中国国家建设的总体布局由经济建设（市场经济）、政治建设（民主政治）、文化建设（"先进文化"）的三位一体，扩展为包括社会建设（"和谐社会"）在内的四位一体，体现了当代社会不同群体与成员追求平等和幸福生活的共同要求，也反映了改革开放30多年来主流意识形态关于治国理念和施政方略的深刻转折。作为行动—策略部分的主流意识形态也开始逐步转变自己的灌输、传播方式。由于中国的改革开放是从松动国家对社会的控制、促成中国社会自主性成长开始的，所以主流意识形态不能不力图使自己与社会领域保持有效互动，既要努力从社会实践与行动领域检验、修正和发展自己的义理、话语和论证机制，也要从价值—信仰、认知—阐释出发对社会实践与行动领域保持其指导、规范和引领作用。在这些方面，人们可以看到主流意识形态对公民政治参与、基层和社区自治、协商民主、民意表达、民间维权行动、地方治理、民生问题乃至以"突发事件"出现的社会抗议等，所表现出来的某种包容性、调适性、对话性、吸纳性等特点。

不过，需要指出，主流意识形态的这些变化总的来说主要发生在边层，在内核方面相对稳定，尽管边层的变化一直在影响着内核的变化。在表1中，我们可以检视出不同时期意识形态承袭下来并相对稳定的内核符号，如共产主义理想、马克思主义、控制取向等。主流意识形态本质上是建立在对党治国家发生理由、现实秩序合理性和通过党治国家走向未来大同世界的必然之路的系统性论证的基础上，所以从政治统治的角度看，共产主义理想、马克思主义的内核符号最终要落实在两个识别标志上，即

---

① 林尚立：《政治建设与国家成长》，中国大百科全书出版社2008年版，第255页。

表 1　　　　　　　　　　　　　主流意识形态的变迁

时期 ＼ 结构	价值—信仰系统	认知—阐释系统	行动—策略系统	特点
第一时期：以阶级斗争为中心	共产主义理想、反对私有制、集体主义、大公无私、革命奉献	马克思主义、阶级社会长期存在论，社会主义取代资本主义论，生产关系变革动力论	阶级斗争、群众运动：控制取向、灌输取向、二元对抗取向	超越性革命式的政治动员和秩序重建
第二时期：以经济建设为中心	共产主义理想、共同富裕、承认差异、效率优先、绩效主导	马克思主义、社会主义初级阶段论，经济建设中心论，市场经济主导论	发展经济、解放生产力、科教兴国、调动一切积极因素：控制取向、交易取向	以市场与效率为目标的世俗化的改革开放
第三时期：以社会建设为中心	共产主义理想、以人为本、公平正义、全面发展、民生幸福	马克思主义、科学发展观，和谐社会论，全面、协调、可持续发展论	与社会实践行动领域保持有效互动：控制取向、包容取向、协商取向	多元化背景下的分配正义和协商共识

"社会主义道路"和"共产党的领导"。[①]　"政党理念之意识形态化意味着，不仅把其政党理念上升为历史中的神圣真理，成为一种信仰，而且与统治权力和社会的制度性建制一体化。"[②] 因此，落实在行动—策略上，虽然主流意识形态的边层结构从改革开放以来发生了很大变化，其话语形式和控制灌输形式日益多样、灵活和富有弹性，并对内核结构的创新形成压力，但其控制取向的特征仍然明显。

三　主流意识形态与党治国家的统治绩效

意识形态是政治统治不可或缺的重要支撑，没有"理由"的统治是不可持续的，反过来，"理由"的"不充足"或"理由""缺乏普遍性的形式"便构成意识形态能否存续的压力，也构成意识形态变革之旅的动

---

① 《毛泽东选集》第 5 卷，人民出版社 1977 年版，第 393 页。
② 刘小枫：《现代性社会理论》，生活·读书·新知三联书店 1998 年版，第 390 页。

力。主流意识形态本质上是一种政党意识形态，① 政党意识形态与国家意识形态是重合的，这种重合来自现实政治结构的政党与国家的逻辑关联，② 其核心内容是统治关系中一党主导（或一党执政）对于国家建设与社会发展的意义。因此我们可以参照执政党的变革路线图，把关于统治合法性的理由择其大要来考察主流意识形态的变迁机制，这些理由主要是：（1）现代化；（2）市场化；（3）民主化；（4）法治化；（5）民生幸福（福利化）。之所以选择这五个变量，是因为它们不仅构成了执政党话语概念体系的基本内容，也构成了评价执政党 30 年来统治绩效的重要尺度（尤其 30 年以来）。总体而言，它们从属于三大目标，即保证政治领导地位、保持经济持续增长和保障社会和谐稳定。这三大目标代表了党治国家的统治绩效。由此得到一个关于党治国家统治绩效的关系式：

党治国家统治绩效 = f（现代化，市场化，民主化，法治化，民生幸福，随机误差项）

f 是表示以上各项指标与党治国家统治绩效间因果联系的关系函数，即党治国家的有效性与合法性取决于各项指标的支持。随机误差项包含的是式中主要变量以外的信息（可省略的具有随机性的变量）。

在以上各项指标中，现代化是一个含义相对比较复杂的概念，理论上一般将它与工业化、城市化、分殊化、世俗化、普遍参与和成就取向这些社会变迁过程等量齐观。中国的现代化始自晚清，是门户被迫开放以后主权危机、权威危机和文化危机的产物，从纵向来看，经历过器物层面（technical level）、制度层面（institutional level）和思想行为层面（beharioval level）的现代化；从横向来看，则表现为民族革命、政治革命和文化革命三大运动。不过，在一般意义上，无论是晚清以来的变法图强运动，还是南京政府时期的国家建设，中国的现代化都以"富国强兵"为主题，即经济现代化和军事现代化。这个现代化特征在共产党执政以后更为鲜明和强烈，集中体现为为实现"从农业国到工业国"转变而推行的优先发展工业化战略和赶超战略。在以下的叙述中，现代化被归入以经济增长为核心的工业、农业、技术、国防等领域发展的经济范畴，这其实也是党治

---

① Franz Schurmann, *Ideology and Organization in Communist China*, University of California Press, Berkeley and Los Angeles, 1971, p. 19.

② 汪晖：《去政治化的政治》，生活·读书·新知三联书店 2008 年版，第 55—56 页。

国家对现代化的一般理解和表达。

　　另一个需要稍加讨论的概念是民主化。在主流意识形态中，民主化通常置于人民民主的范畴来解读。[①] 人民民主的"民"并不是指法律意义上作为个体存在的"公民"或"国民"，而是指随历史情境变化而具有不同政治意义的整体，人民的权利也不是以抽象的公民权利为前提，而是以实质性的社会经济权利为起点。改革开放以来，民主的含义发生了一些变化，一方面承续了人民民主的基本规范，另一方面也吸纳了现代民主的一般特征。作为制度体系，它包括人民依法参与选举、决策、管理和监督的全部政治活动；人民通过人民代表大会、多党合作和政治协商、民族区域自治等国家层面的制度安排行使国家权力；人民通过村民自治、社区自治、职工代表大会等基层民主形式行使社会经济权力；人民享有宪法规定的公民权利和政治自由。作为基本样式，它表现为"票决民主"与"协商民主"交互作用、相互支持的格局。落实到政治过程，它越来越重视以公民个体权利和公民组织为基础的对基层公共事务的直接参与和对国家公共事务的代议制参与，越来越关注参与式民主和代议制民主的自主性、竞争性、公开性和程序性，越来越重视民意的表达、权力的分权制衡和公民对公共政策的选择与监督，正是后者一般被人们视为社会政治生活显现了从抽象到具体、从整体到个体、从制度规范到生活方式、从动员式参与到自主式参与的民主化趋势。

　　较之现代化和民主政治，其余三个指标（市场化、法治化和民生幸福）的含义则相对单纯明晰，基本上是改革开放深入发展的产物。在1990年代中期，市场经济终于被党和国家承认为是资源配置的主要方式，尊重市场经济的逻辑，即尊重价值规律、供求规律和竞争规律的运行，尊重不同利益主体间交易的契约平等，逐渐成为制度性的共识。其后，为适应市场经济、社会文明进步和国家长治久安的需要，法治国家作为一项基本方略载入执政党的政治报告（十五大）。到2000年代前期，随着"科学发展观"的提出，"以人为本"的观念进入了主流意识形态的话语体

　　① 邓小平在20世纪80年代初使用"民主化"一词涵盖面极广，民主化的反面即思想禁锢、权利不张、长官意志、专制主义，他把这些都归入"封建主义遗毒"、"封建主义残余影响"，故提出"从制度上保证党和国家政治生活的民主化、经济管理的民主化、整个社会生活的民主化，促进现代化建设事业的顺利发展"。《邓小平文选》第2卷，人民出版社1994年版，第336页。

系，民生幸福作为党治国家统治绩效的一项重要指标，其内涵被表述为"发展为了人民，发展依靠人民，发展成果由人民共享"，关注人的价值、权益和自由，关注人的生活质量、发展潜能和幸福指数，最终实现人的全面发展。①

从主流意识形态演变的过程来看，党治国家统治绩效的关系函数经历过三种模式：一是传统计划时期的 F（现代化）模式，即革命—改造模式；二是改革开放时期的 F（现代化，市场化，民主化）模式，可称为改革—发展模式；三是构建和谐社会时期的 F（现代化，市场化，民主化，法治化，民生幸福）模式，也称为和谐—执政模式。

在革命—改造模式的关系函数中，党治国家的统治绩效完全取决于现代化的有效性。现代化具有如此重要的地位，从根本上说是因其承载了19 世纪中叶以后中国极欲摆脱不利的国际地位、跻身于世界平等民族国家之林的理想和使命，从而使得中国一切政党的生存理由必须由"是束缚生产力，还是解放生产力"，② 即推进现代化还是阻碍现代化来最终评判。1949 年，共产党完成了"追求国家权力"的运动（重建现代化政治权威），中国进入"追求国家财富"的现代化建设时期，③ 现代化于是成为共产党社会发展战略的主要内容。但是，由于中国缺乏推进现代化的民间基础，农业劳动生产率和农业商品化程度低下无法为工业化提供有效的资本积累，当时的地缘政治环境又对重工业优先发展导向的工业化结构存有急迫需求，再加上政党意识形态对资本主义现代性的强烈抵制，中国的现代化一开始就不得不诉诸政治权力和国家方式的大规模介入，表现为国家主导、政治动员的工业化原始积累的过程，具有鲜明的"革命式现代化"的特征。④ 这个时期的意识形态，其任务是对革命式现代化的逻辑和策略进行论证，塑造全民对于革命式现代化的共识，以保证国家原始积累的顺利展开。党治国家运用革命的权威方式来组织现代化建设，迅速确立了以国有制为主体的经济基础，建立起比较完整的工业和国民经济体系，

---

① 见胡锦涛 2006 年 4 月 21 日在美国耶鲁大学的演讲。

② 《毛泽东选集》第 3 卷，人民出版社 1967 年版，第 1028 页。

③ "追求国家权力"与"追求国家财富"为金耀基所概括的中国现代化的两个过程，见罗荣渠、牛大勇《中国现代化历程的探索》，北京大学出版社 1992 年版，第 8—9 页。

④ 陈明明：《在革命与现代化之间》，《复旦政治学评论》第 1 辑，辞书出版社 2002 年版，第 246 页。

并在某些重要的物质技术、科研开发和装备手段方面缩短了与西方先行者的距离，维护了国家的主权安全。然而，革命式现代化在成功实现它的某些目标的同时，也导致了现代化过程充满了不确定性和振荡性，反过来使现代化陷入一系列悖论之中：它越是依赖政治权力来推动经济增长，甚至不计成本地"拼能源、拼消耗"，经济增长的资源和动力越是难以持续积累（如"大跃进运动"），而为了克服这种状况，政治权力不得不成为发动新一轮经济起飞的杠杆，结果把现代化引入更深的危机，最终导致"文化大革命"的发生。"文化大革命"重创了中国的现代化，也重创了建基于此的党治国家的政治统治体系及其意识形态，客观上构成了意识形态话语体系变革的内部和外部压力。

在第二个模式，即改革—发展模式中，现代化仍然是一个尚未结束的历史过程，党治国家的统治绩效不仅取决于现代化的有效性，而且取决于市场化、民主化与现代化的有机契合。现代化不得不改变过去那种以国家垄断方式出场动员资源的方式，把重心转向动员社会内部力量的支持。这种现代化过去不可能而现在可能，主要原因在于中国的国际环境已经大大改善，冷战格局的结构强制渐趋疲软，和平发展的时代潮流和经济全球化的大趋势给中国的现代化提供了前所未有的机遇。正因为这种现代化需要有民间社会力量来支持，而民间力量在过去国家主导的原始积累过程中备受打击，几经绝迹，故而这种现代化方式首先要求国家必须开放社会、"放权让利"、在社会生活中扶持相对于国家的社会自主性组织和私人领域的成长，它的目标取向就是确立由市场在资源配置中发挥主导作用的市场经济体制，这种由市场主导、社会驱动、国家调控的现代化就其本质特征而言，即"市场式现代化"。市场式现代化从"扩大企业自主权"开始（1978 年），中经"计划经济为主，市场调节为辅"的实验（1982 年），再到对"社会主义有计划商品经济"的承认（1987 年），最终形成"社会主义市场经济"的定位（1992 年），其间每一次酝酿、每一个提法都经历了意识形态上的反复曲折。在这一过程中，市场的要素不断叩击意识形态的边层结构，松动意识形态的僵硬教条，使意识形态逐渐容纳和吸收市场、竞争和分化的话语，从而为市场化的"正当"发展提供了合法性的支持。

1980 年代中后期以来，中国的国家与社会关系发生了深刻的变化，大量的权力要素从国家流入社会，市场与民主成为国家与社会发展的主题。我们可以看到，关于经济体制改革与政治体制改革的热议、关于"从革命党到执政党"（其实是从统治党到执政党）的变革模式的建言、关于执政方式、执政体制、执政理念、执政能力（其主要目标之一即"驾驭市场"、"发展民主"）的讨论，等等，几乎引领了新时期前20多年的全部话题，党治国家的统治理由越来越倾向于寻求与市场和民主发展趋势的一致性。一项以中国共产党代表大会政治报告为文本分析的研究发现，继十三大（1987年）成为中共"民主"话语发展的高峰以后，十四大（1992年）、十五大（1997年）、十六大（2002年）等政治报告中，"民主"、"社会主义民主"、"社会主义民主政治"等词汇出现的频次都在逐步增加，例如，"社会主义民主"的内涵愈来愈具体化；"民主选举"等政治过程性的用语开始增多并日益规范化；"基层民主"的提法在民主话语中的比例和重要性明显加强；"党内民主"中共民主话语的分量日显其重；"民主权利"词汇开始受到重视。[①]市场和民主话语的连续性的发展，无疑折射出党治国家权力结构变迁的轨迹，本身也反映出主流意识形态话语体系累积性变迁的结果。

对和谐—执政模式而言，党治国家的统治绩效除了现代化、市场化和民主化以外，还需要以法治和民生作为支撑。这是因为没有法治便无法规范和约束政治权力和政府行为，没有法治则无法规范和调节市场内部的交换关系，没有法治也无法把民主化纳入有序的参政议政的轨道。然而，法治与党治存在着内在的紧张性质。长期以来，在主流意识形态中，政党与国家、党权与"法权"等政治关系有一套比较精致的论证，它既来源于马克思的学说，也得自于列宁主义的理论，此外还同对后发国家现代化经验的认知有关，即相信现代化的平稳过渡有赖于一个强有力的具有现代化取向的政治权威。所以"党权高于一切"成为"党的领导"的基本内涵。由于"文化大革命"期间践踏法治、人权的教训，也由于改革开放后现代化方式的转变驱动了"从革命党到执政党"的政党革新运动，法治这样一个宪政概念1997年第一次正式进入中国共产党的权威文本，"依法治国"被明确界定为共产党治理国家的基本方略。在主流意识形态的阐释中，"党的领导"不再是谋求凌驾于或超越于法律之外的特权，而是在宪

---

① 张小劲、李春峰：《"民主"话语的意义变迁：以中国共产党代表大会政治报告为文本的分析》，《中国社会科学辑刊》春季卷，2003年总第30期。

法和法律的范围内按照宪法和法律规定的途径进入国家政权，依照宪法和法律规定的程序从事执政活动。诚然，党治与法治的紧张关系仍程度不同地存在，在现实政治过程仍一波三折，但主流意识形态的调适性论证的确显示出这样一种取向，即前者的合法性越来越依赖于后者的支持。

随着中国改革开放的深入发展，到 21 世纪初年，市场式现代化已经取得了很大的成就，"发展不够"的问题有了根本性的改观，但"发展不当"的问题开始显现出来：以投资和低成本、低价格驱动的投入型或数量型的增长方式越来越难以持续；利用发达国家向发展中国家进行产业转移机会发展起来的产业形态造成了环境破坏、污染严重的局面；不同地区、不同行业、不同群体之间的贫富差距在市场自然分配与权力扭曲市场机制的作用下迅速扩大。来自清华大学的一项研究表明，全国收入分配的基尼系数已接近 0.45，腐败案件和社会泄愤事件的急剧增加则是其必然表现。① 单纯追逐 GDP 增长的发展模式和贫富差距扩大导致的民生维艰和社会不满引起了执政党领导层的关注。邓小平在一次谈话中指出："少部分人获得那么多财富，大多数人没有，这样发展下去总有一天会出问题。"②如果说在社会资源总量未达一定水平以前，民生问题的解决途径和空间是相当有限的，那么，在市场化开发和积累起巨大社会资源的条件下，财富和权利的公平分配不仅是市场式现代化的可持续发展的动力之源，而且是维系新时期党治国家有效性与合法性的重要基础。正是在这一背景下，十七大报告指出："加快推进以改善民生为重点的社会建设。社会建设与人民幸福安康息息相关。必须在经济发展的基础上，更加注重社会建设，着力保障和改善民生，推进社会体制改革，扩大公共服务，完善社会管理，促进社会公平正义，努力使全体人民学有所教、劳有所得、病有所医、老有所养、住有所居，推动建设和谐社会。"③ 因此，以市场激发效率、以民主推动改革、以法治保障公正、以民生促进发展，使改革开放的成果为全体人民共享，进而实现国家和社会的善治和现代化转型，便成为意识形态关于党治国家统治理由的基本结构和论证依据。

---

① 周建明、胡鞍钢、王绍光：《和谐社会构建——欧洲的经验与中国的探索》，清华大学出版社 2007 年版。

② 邓小平与邓垦的谈话，见《邓小平年谱》下，中央文献出版社 2004 年版，第 1364 页。

③ 中共十七大政治报告（《高举中国特色社会主义伟大旗帜，为夺取全面建设小康社会新胜利而奋斗》），《人民日报》2007 年 10 月 25 日。

由上述分析可以看出，作为一个观察主流意识形态演变的关系模式，现代化、市场化、民主化、法治化和民生幸福构成党治国家"统治关系"得以维持和改善的理由。在举列这些理由时，我们是从"相容性假设"出发，即认为这些理由是相互支持、彼此援引的，这并非意味着在特定的时间内，它们之间无冲突，例如，在革命—改造时期，国家以垄断资源的积累方式谋求赶超式发展，相对于革命式现代化，市场化是反动的力量，民主化是消解的力量，法治化是限制的力量，民生幸福则无从谈起。但是到了改革—发展时期，由于现代化的方式发生变化，市场化与民主化便成为现代化的促进和配合的力量。在和谐—执政时期，市场化（如一次分配）之于民生幸福、民主化（如自由选举）之于法治化虽存有某种张力，但民生幸福对公共服务的迫切需求、法治化对有序政治参与的强烈主张，都会平衡和节制市场化与民主化的"野性冲动"，成为可持续发展的动力和保障。在这个时期，党治国家已经不大可能单独推进某项改革而不受到其他改革要求的压力和制约，这也是党治国家提出"全面的协调的可持续的发展"战略的奥秘所在。这样一种"相容性假设"表现在意识形态的变革上，就是意识形态必须重塑它的价值—信仰，创新它的认知—阐释，调整它的行动—策略，在义理、话语和论证上满足前面所述的国家与社会、政府与公民、权威与义务、认识与实践、行动与理论、存在与意义诸方面的均衡共存与良性互动的需求。

四 主流意识形态的调适及其"现代传统"的制约

人们已经看到，中国目前的主流意识形态在价值—信仰、认知—阐释和行动—策略等方面有了很大的变化，有些变化属于边层性的，有些则涉及内核。内核与边层有两个意思，其一是指意识形态的三个部分各有自己的内核与边层，如在价值—信仰系统内有核心价值和非核心价值；其二是指意识形态三个部分组成的整体系统有整体系统的内核，也有整体系统的边层，内核由基本原理和基本符号构成，边层则由原理及符号的具体化和灵活性的叙事表达构成。边层的变化当然会影响到内核的变化，但因后者涉及意识形态的基本规定，其变化是相对缓慢的。就意识形态是关于统治关系的建构而言，主流意识形态的内核（基本规定）如前所述就是两条，即，马克思主义语境中的社会主义道路与共产党领导，它们构成意识形态的核心符号，前者指涉走向何处，即方向问题，后者指涉如何走向，即保障问题。这仍然是主流意识形态的"重大问题"。

不过，就是这两条也在发生变化。例如，社会主义道路不再是简单地作为资本主义的对立面（两种制度谁胜谁负的"制度取代论"），而是越来越倾向于解释为在中国这样一个落后国家组织现代化的一种方式（"社会主义初级阶段论"），它吸纳资本主义的文明成果，在与资本主义的和平竞争（"和平发展时代主题论"）中，通过可迅速动员的制度机制（"集中力量办大事论"），发展综合国力，达至共同富裕（"中等发达国家建成论"、"中华民族复兴论"）。共产主义理想也不再是传统式地从所有制、生产中的人际关系和分配方式的"科学构设"方面来阐释，而是更多地强调它的"自由人的联合体"所包含的"自由、公正、平等"的最高人权价值。再如，共产党领导这样一个极具政治本质的"根本问题"不再是从"阶级"、"阶级斗争"、"国家与革命"的总体性决战的对抗性思维来理解它对历史、现实和未来的意义，而是强调它在平稳实现中国现代化转型和中华民族复兴中担负的政治权威的保障作用；党的领导也不再像以往所表达的它有一元化的以党代政、凌驾于宪法和法律之上的特殊地位，而是强调它同人民民主与依法治国的"有机结合"，强调它对政权的组织、对公共政策的制定、对国家和社会关系的处理要符合现代政府原理的逻辑和要求，强调党内民主与社会民主的内在关联与合理衔接。这些变化由于积累的效应，已经显现了结构性变迁的趋向。

然而，由于内核与边层变化的非同步性（边层的适应性变迁与内核的滞后性和惯性），主流意识形态内部至今仍然存在着某种紧张的性质。主流意识形态原本缘起于解释和论证阶级动员、政治集权、赶超战略、消灭私有财产及其观念、以整体的经济社会权利平等替代个人主义基础上的法律政治权利主张，等等，这些历史内涵虽然因为社会自主性的发育和利益结构的分化导致了更为广阔的分权、自由、竞争空间，因而发生了程度不同的变化，但由于意识形态相对于社会现实的独立性，它在适应和吸收这些内容要求的同时，也在试图将这些要求控制性地整合进党治国家的秩序框架内，它在努力为政治过程形成符合执政党理念的话语体系的同时，也仍然不时地徘徊于或回落到革命党与统治党的行为规范中，从而呈现出传统惯性与新兴趋势的冲突，导致其解释力的不足与论证的某种困境。

尤其需要指出，主流意识形态的传统话语结构仍然存在，这是中国革命过程（其中也包括"文化大革命"）构筑的"现代传统"，这一传统对党治国家的政治生态构成了一种内在的制约，国家每一次重大决策和转变都必须建立在与这一传统的对话和博弈上，必须用一种特殊的修辞方法在这些转变与这一传统之间达成某种协调；与此同时，对于底层社会大众而言，这一传统也构成了一种合法性力量，他们可以利用这一传统与国家推进的全球化、市场化甚至私有化进程进行抗争，从而在一定程度上限制了"新自由主义"力量的扩张。① 这种"现代传统"使得主流意识形态对当代通行的一些理论资源怀着一种暧昧的态度，例如对政治学的代议民主理论、分权制衡理论、公民社会理论、共和宪政理论等，结果也限制了它的吸收能力和转化能力。例如，一个在宪法上载明工人阶级领导和以工农联盟为基础的社会主义国家，在公有制经济比重逐年下降和资本越来越强势支配劳动的情况下，如何维持政治文本所规定的阶级结构，如何维持主流话语与现实生活的逻辑关联，这是主流意识形态颇为困窘的问题。

在这个意义上，主流意识形态的演变仍然面临着尖锐的挑战。主流意识形态能否成功地应对这种挑战，取决于它能否进一步适应改革开放以来国家与社会、政治与经济、政府与公民关系的深刻变革，并根据这种变革适时地逐步地转换其义理、话语、符号和内在论证机制，通过吸收和消化现代政治文明的理论思想资源来充实自己、丰富自己，从而为中国现代国家建设提供有力的支持。

参考文献

安德鲁·文森特：《现代政治意识形态》，江苏人民出版社 2008 年版。

大卫·麦克里兰：《意识形态》，吉林人民出版社 2005 年第 2 版。

丹尼尔·贝尔：《意识形态的终结》，江苏人民出版社 2001 年版。

林尚立：《政治建设与国家成长》，中国大百科全书出版社 2008 年版。

林国标：《中国社会主义意识形态发展史》，湖南人民出版社 2007 年版。

刘小枫：《现代性社会理论》，上海三联书店 1998 年版。

李侃如：《治理中国》，中国社会科学出版社 2010 年版。

李普赛特：《政治人：政治的社会基础》，上海人民出版社 1997 年版。

卡尔·曼海姆：《意识形态与乌托邦》，商务印书馆 2000 年版。

孙力：《演进与驾驭：中国共产党意识形态解析》，军事科学出版社 2010 年版。

---

① 汪晖：《去政治化的政治》，生活·读书·新知三联书店 2008 年版，第 56 页。

童世骏：《意识形态新论》，上海人民出版社 2006 年版。

汪晖：《去政治化的政治》，生活·读书·新知三联书店 2008 年版。

萧功秦：《中国的大转型》，新星出版社 2008 年版。

徐湘林：《寻求渐进政治改革的理性》，中国物资出版社 2009 年版。

约翰·汤普森：《意识形态与现代文化》，译林出版社 2005 年版。

俞吾金：《意识形态论》，上海人民出版社 1993 年版。

郑永年：《全球化与中国国家转型》，浙江人民出版社 2009 年版。

邹谠：《中国革命再阐释》，香港牛津大学出版社 2002 年版。

Franz Schurmann, *Ideology and Organization in Communist China*, University of California Press, Berkeley and Los Angeles, 1971.

（作者为复旦大学国际关系与公共事务学院政治学系教授）

群众路线与全球视野

余逊达

中国共产党在中国社会据有的领导地位和对中国社会各个方面实行的政治领导，是中国政治体制最显著的特征。改革开放以来，中国的现代化建设取得了历史性进步。在原来同为殖民地、半殖民地，取得独立后又开展现代化建设的非西方国家中，中国取得的成就可能是迄今为止内容最丰富、影响最大、意义也最为深远的成就。中国共产党是中国现代化事业的组织者和领导者，党的领导无疑是推动中国取得这些进步或成就的各种因素中最为关键的因素。党能发挥如此重要的作用，与党倡导群众路线和用全球视野看问题、处理问题这样两个重要的思想和方法紧密相关。在学术文献中，分别对这两者所做的研究已经很多，提出了许多有启发性的思想，但把这两者关联在一起并揭示其与党的领导的关系的研究尚不多见。本文认为，把党的群众路线和党注重运用全球视野去整体性看问题、处理问题的思想与方法结合起来研究，对于认识中国共产党历史上的兴衰成败和当前实行的治国理政的思路，尤其是对于当前在全球化条件下理解党如何建构和发挥领导作用，具有重要的意义。

一

在中国共产党的正式文献中，坚持群众路线和坚持用世界眼光看问题的思想与方法，在 1922 年 7 月召开的党的第二次全国代表大会上就已初步形成。二大在《关于共产党组织章程决议案》中就明确提出，党既然是"为无产群众奋斗的政党"，就要"到群众中去"，"党的一切运动都必须深入到广大的群众里面去"，组成一个大的"群众党"。二大通过的第一个决议案，《关于"世界大势与中国共产党"的决议案》，十分明确地从世界视野的角度来认识和确立中国共产党在当时的使命。同时，二大决定中国共产党加入共产国际，这在客观上也要求党把中国革命与整个国际共产主义运动的关系放到非常突出的位置上去考虑（中央档案馆，1981：3—29）。当然，二大并未使用群众路线这个提法，它提出的思想从内容上说也是一些稚嫩的思想，只能说是提出了党的群众路线和坚持用世界眼光看问题、处理问题的思想和方法的雏形。党关于这两个问题的思想，其中特别是如何用世界眼光看问题、处理问题的思想是在其后的长期实践中逐渐充实、完善起来的。

一般认为，"群众路线"这个词最早是1929年在陈毅按照周恩来谈话及中共中央会议精神代中央起草并经周恩来审定的"中共中央给红军第四军前委的指示信"中提出的（周恩来，1980：36）。但在这封信中，群众路线主要是作为红军的一种工作方法提出来的。抗日战争时期，毛泽东就群众路线提出一系列论点，认为共产党生根于人民群众之中，每时每刻地总是警戒着不要脱离群众，不论遇到何种事总是以群众的利益为考虑的出发点，因而能得到人民群众的衷心拥护，"这就是他们的事业必然获得胜利的根据"（毛泽东，1996：47）；"在我党的一切实际工作中，凡属正确的领导，必须是从群众中来，到群众中去"（毛泽东，1966：901）；"有无群众观点是我们同国民党的根本区别，群众观点是共产党员想问题的出发点和归宿"（毛泽东，1996：71）。这些论点在当时形成了群众路线的基本内涵。在中共七大，密切联系群众被确定为党的三大优良作风之一（毛泽东，1966：1095），群众路线则被确定为党的根本的政治路线和组织路线（刘少奇，1981：342）。中共成为执政党后，上述对群众路线内涵的规定被继承下来，但对它的认识和建构又有了新的拓展和深化。中共八大认为：在党成为执政党后，高高在上、压制群众意见的官僚主义成为贯彻群众路线的重大障碍，因此为了坚持群众路线，需要扩大民主，健全党和国家的民主生活（刘少奇，1985：247—249）。特别是，邓小平在八大党章修改报告中提出，民主集中制是群众路线在党的生活中的应用，为了更好地推进群众路线，实行党内民主，反对个人崇拜，要实现一个根本改革，就是在国家、省、县三级都实行党代会常任制（邓小平，1989：225—233）。改革开放以来，党又进一步强调了群众路线对党的实质意义和执行群众路线与推进民主建设的关系。叶剑英在新中国成立三十周年纪念大会讲话中说："我们坚持正确的思想路线、政治路线和组织路线，也就是从各个方面坚持一切依靠群众、一切为了群众的路线。"他认为，为了依靠群众，调动群众积极性，首先必须充分发扬民主，保障人民真正享有参加管理国家事务和本单位事务的权力。我们各级领导干部如果授权于人民而不对人民负责，不执行群众的意志，那就丧失了人民公仆的资格，人民就有权收回授予他们的权力（中共中央文献研究室，1982：226—227）。此后，江泽民进一步强调党的执政地位对党坚持群众路线所可能产生的影响："最主要的问题是：党的各级干部是否真正懂得我们的权力是人民赋予的，能不能正确地运用手中的权力。能不能始终保持与人民群众的血肉联系，永远不脱离群众。"他认为在新的历史条件下建设共产党，其中的核心是如何保持党与群众的血肉联系，认为这是党解决人心向背、政权兴亡的关键问题（江泽民，2001a：466—473）。胡锦涛在纪念建党90周年讲话中，对群众路线与中共的关系做了全面总结："90年来党的发展历程告诉我们，来自人民、植根人民、服务人民，是我们党永远立于不败之地的根本。以人为本、执政为民是我们党的性质和全心全意为人民服务根本宗旨的集中体现，是指引、评价、检验我们党一切执政活动的最高标准。全党同志必须牢记，密切联系群众是我们党的最大政治优势，脱离群众是我们党执政后的最大危险。我们必须始终把人民利益放在第一位，把实现好、维护好、发展好最广大人民根本利益作为一切工作的出发点和落脚点，做到权为民所用、情为民所系、利为民所谋，使我们的工作获得最广泛最可靠最牢固的群众基础和力量源泉。"（胡锦涛，2011）。

再看用全球视野看问题。中国共产党是以马克思列宁主义为指导思想的政党，二大以后，也是在组织上、战略策略安排上接受共产国际指导的政党，因此，党要正确地运用全球视野看问题。首先面对的，是如何正确认识和对待马克思列宁主义，正确认识和对待共产国际。在这两方面，中共都犯了教条主义的错误，并导致第一次和第二次国内革命战争的失败。在此背景下，经过总结经验和反思，毛泽东形成了一方面坚持"马克思主义的本本是要学习的"，共产国际的意见也要尊重，另一方面必须"反对本本主义"，坚持从中国实际出发，承认"中国革命斗争的胜利要靠中国同志了解中国情况"等基本认识（毛泽东，1991：111—115），并逐渐为全党所接受。"九一八"事变后，根据对国际形势的分析和民族矛盾替代阶级矛盾上升为国内主要矛盾的现实，中共在1935年底放弃了推翻国民党政府和打倒一切帝国主义的立场，确定在国内和国际建立反日统一战

线的策略，形成了对外争取民族独立，对内追求和平民主的新的奋斗目标
（毛泽东，1966：243—255）。这一战略转型，使中共赢得了政治上的主
动和新的发展机遇（参见杨奎松，2010）。抗日战争的胜利，不仅使中国
自近代逐渐沦为半殖民地后重新取得基本的民族独立，大大提升了国际地
位，而且使中国共产党作为全国性政治力量登上中国政治舞台，大大提升
了它在国内政治中的地位。冷战开始后，世界形成两大阵营，美国和苏联
成为对中国影响最大的两个国家。中华人民共和国成立后，中国共产党在
外交上确立了和平自主的外交政策和对苏联"一边倒"的基本方针（毛
泽东，1966：1477—1478）。随着对国际局势"东风压倒西风"的看法的
形成（毛泽东，1999：321），支持和促进世界革命成为中国对外关系追求
的目标（参见萧杨，2011），由此不仅导致中国在国际社会中的孤立，而
且加重了国内政策中"左"的错误。在"文化大革命"中，毛泽东基于
对国际局势新的判断，开始实行与以美国为首的西方国家接触、开展战略
合作和建立正常关系的政策，使中国逐步摆脱了在国际上的孤立境地，成
为国际关系大三角中的一极，对国际格局的演化产生了长远的影响（谢
益显，2009：232—243）。改革开放以来，随着思想的解放，中国共产党
对外部世界的认识和把握有了新的质的飞跃，形成了一系列新的认识和思
想，主要有：确认和平与发展是世界的主题，新的世界大战短期内不会爆
发（邓小平，1993：105），"国际主义"外交思想被逐渐废止（王逸舟、
谭秀英，2009：162—163）；中国现代化是世界现代化进程的一部分，中
国的发展离不开世界，关起门来搞建设是不能成功的，对外开放是我们必
须长期坚持的一项基本国策（江泽民 a，2001：314）；中国要解决国家统
一问题，要在国际事务中发挥更大作用，"归根到底还是要我们把自己的
事情做好"（邓小平，1994：240）；"计划和市场都是经济手段"，"不是
社会主义和资本主义的本质区别"（邓小平，1993：373）；"商品经济的
充分发展是实现社会经济高度发达不可逾越的阶段。充分发展的商品经
济，必然离不开充分发育的完善的市场机制"（江泽民 a，2006：1）；要
按照国际通行的经济规则开展对外经济技术合作和交流（江泽民：2001a：
485）；"享有充分的人权，是长期以来人类追求的理想"，中国政府对
《世界人权宣言》给予高度的评价，认为"它作为第一个人权问题的国际
文件，为国际人权领域的实践奠定了基础"（国务院新闻办公室，1991）；
"依法治国，是党领导人民治理国家的基本方略，是发展社会主义市场经

济的客观需要，是社会文明进步的重要标志"（江泽民 b，2006：29）；更新安全理念，倡导实行"互信、互利、平等、协作"的新安全观（江泽民 c，2006：298）；当今和未来的国际竞争从根本上说是人才的竞争，中国能否在国际竞争中长盛不衰，"关键就要看我们党能不能不断培养造就一大批高素质的领导人才"（江泽民 a，2001：421）；"主张维护世界多样性，提倡国际关系民主化和发展模式多样化"（江泽民 c，2006：567）；要"发扬亚非会议求同存异传统，倡导开放包容精神，尊重文明、宗教、价值观的多样性，尊重各国选择社会制度和发展模式的自主权，推动不同文明友好相处、平等对话、发展繁荣，共同构建一个和谐世界"（胡锦涛：2005）；"当代中国同世界的关系发生了历史性变化，中国的前途命运日益紧密地同世界的前途命运联系在一起"，因此，要促进中国更好地发展，必须"统筹国际国内两个大局"（胡锦涛，2007：45）。

总起来看，群众路线和全球视野，作为中共发挥领导作用的两个支点，其内涵都经过长期的发展演化，并在改革开放新的历史时期达到新的高度，有了新的内容，实现了在新的历史条件下的理论与政策的基本统一。

在改革开放时期，所谓群众路线，是指中国共产党对社会历史本质的认识及由此派生出来的对党的作用的认识和对党的领导的内容、方法的原则规定的总称。具体来说：首先，群众路线是一种社会历史本体论，认为人民群众是社会的主体，人民群众的生产活动及其成效是人类社会其他活动的前提和基础，强调承载并代表先进生产力发展要求的人民群众是推动历史发展的基本力量，也是党实现自身历史使命基本的依靠力量，党的思想、政治、组织路线的实质就是群众路线。其次，规定了代表工人阶级和其他人民群众的共产党的基本职责就是全心全意为人民群众服务，一切为了人民群众，始终把实现好、维护好、发展好最广大人民群众的根本利益作为党的一切行动的出发点和归宿。再次，在党成为执政党后，实现群众路线的主要制度保障是实行民主，必须克服的主要障碍是党和政府中的脱离群众的官僚主义倾向。在日常工作中，强调党领导工作和处理问题都需广泛听取群众意见，把从群众中收集到的各类意见经过研究加以系统化后又向群众宣传并化为群众自己的主张，在实践中检验其正确性，然后再从群众中集中起来，再到群众中坚持下去，在不断的循环过程中归纳出党的基本的领导方法与工作方法。

所谓全球视野，就是强调中国是世界的中国，因此中国在推进现代化时必须面向世界、面向未来，认识、关注和把握人类社会发展的整体状况和进步趋势。坚持全球视野，在改革开放时期，也有三个基本要点：第一，和平与发展是时代的主题，促进和深化现代化建设是世界各国的共同目标。中国现代化事业是世界现代化进程中的一个有机组成部分，因此对外开放是中国在推进现代化建设时必须遵循的一项基本国策。第二，在认识和解决中国现代化建设的基本问题时，必须坚持实事求是。为此，推进中国的现代化建设必须从中国的实际出发，但同时也必须体现时代性，承认人类社会发展中的普遍追求和世界现代化建设中的普遍规律对中国也具有同样的指导性和适用性，把从中国实际出发与坚持正确理论指导、尊重普遍规律和借鉴各国成功经验结合起来。第三，在全球化的时代，中国现代化事业的成功既取决于在中国国内的努力，同时也取决于国际环境的塑造、国际发展空间的建构和利用，必须统筹国内、国际两个大局，使之相互关联、相互扶持、相互促进。

二

坚持群众路线和坚持用世界眼光看问题、处理问题，在实现党在改革开放进程中的领导功能上发挥了巨大的带有根本性的作用。

按照群众路线的要求，中国共产党从改革开放一开始，就强调中国的改革不仅包括经济体制，而且包括政治体制。而政治体制改革的基本目标，就是实现民主，实行科学执政、民主执政、依法执政。随着生产力不断发展，强调发展必须以人为本，妥善处理经济发展与社会发展、文化发展和生态保护的关系，统筹城乡建设。为了让广大人民群众分享改革开放的成果，强调各级政府要把解决民生问题放在全部工作的首位，实现基本公共服务均等化，努力让全体人民学有所教、劳有所得、病有所医、老有所养、住有其所，大力开展扶贫工作，尽快消除贫困现象，把中国社会逐步建成和谐社会。在政府工作绩效评价上，强调人民高兴不高兴、满意不满意、赞成不赞成是政府绩效评价的最高标准。在干部作风建设上，特别注重干部必须谦虚谨慎、不骄不躁，改变政府机关"门难进、人难找、脸难看、话难说、事难办"的现象，坚决反对官僚主义和特殊化，反对各种侵害人民利益的消极腐败行为。在领导方法和工作方法建设上，强调坚持和加强民主集中制，强调少数服从多数，强调遇事与群众商量，深入基层，倾听民众声音，密切干群关系，问情于民，问需于民，问计于民，不断拓宽民众参与党和政府工作的途径和空间。在加强和创新社会管理方面，强调尊重人民群众在社会事务处理中的主体地位，强化城乡社区功能，加强社会组织建设，不断推进社会自治，注重发挥人民群众的首创精神，有效化解社会矛盾，健全群众权益保障机制，最大限度地激发社会各阶层人民、各类社会组织的创造力，充分调动人民群众参与社会建设和社会管理的积极性，使其各尽其能、各展所长、各得其所。在文化建设上，强调人民大众的广泛参与和共享文化建设的成果，促进社会主义价值体系的时代化、大众化。

在坚持用世界眼光看问题、处理问题方面，中国共产党把改革和开放内在地关联在一起，用改革促进开放，又用开放来不断促进改革的深化。在这样的方针指导下，党在推进改革开放时采取了一大批富有创造性的举措。在对待现有国际体系的态度上，放弃长期坚持的在"国际主义"名义下促进世界革命的思想，转而选择参与现有国际体系，参与主要国家间的国际组织，在现有国际体系下寻求自身利益，渐进改革各种不公正、不合理的做法或体制。在人权和法治问题上，根本改变"文革"中否认人权、实行人治的做法，参加了世界上 25 个人权公约（国务院新闻办公室，2009），基本完成了依法治国所必需的法律体系建设。在经济上，把建立市场经济体制确定为中国经济体制改革的基本目标，为此对中国的产权、流通、分配、企业等制度进行了重大变革并使之法律化，使市场经济体制成为中国在资源配置上发挥基础作用的体制。同时，经过长期谈判，最终加入世界贸易组织，并成为世界上最大的进出口贸易国家，外资企业和对外贸易成为支撑中国经济持续高速增长的重要支柱。在安全问题上，按照新安全观，与所有大国建立了某种形式的合作伙伴关系，使中国的安全环境得到了前所未有的改善。为了更好更快地培养人才，学习先进的科学技术和文化，在教育和文化问题上打开国门，既输送了大批学生到国外去学习，又吸引发达国家到中国来办学，并创造条件吸引和鼓励各类人才到中国来工作，使人类创造的各种文化成果广为传播，中国成为世界上各种文明交汇程度最高的国家之一。在国家统一问题上，承认和尊重香港、澳门、台湾人民现有的选择，在一国两制的框架下实现了香港、澳门回归。在军队建设上，参照发达国家在信息化条件下建军和作战的经验，为中国军队制定了机械化和信息化并举的发展战略，努力使中国军队建设站在世界发展潮流的前列。在开展政府间外交的同时，大力开展民间外交，中国加入了几千个非政府国际组织，人民之间的交往对政府外交产生了深刻影响。在对国际公共领域的治理上，中国广泛参与了环境保护、天气变暖、打击犯罪、难民救助、维护和平等一系列事务，成为国际公共问题治理的重要力量。

虽然坚持群众路线和坚持用世界眼光看问题、处理问题在实现党的领导功能方面具有不同的内容，但这两者在服务于中国的现代化事业时，又是统一在一起的。在改革开放中，群众路线要求党站稳群众立场，而全球视野则使党在这个过程中能更好地认清前进的方向；群众路线要求党在领导工作和处理问题时都需广泛听取群众意见，而全球视野则为党在把从群众分散的意见收集起来后进行研究加工并系统化提供了良好的理论武器和价值引导；群众路线要求党把实现好、维护好、发展好最广大人民群众的根本利益作为党的一切行动的出发点和归宿点，全球视野则使党能寻找到实现群众利益的最佳途径和方法；群众路线关注着领导被领导关系的建构，全球视野关注着内部发展和外部发展关系的协调；群众路线要求党的干部在工作中需深入实际，倾听群众呼声，关注一个个具体问题的解决，全球视野则要求党的干部在工作中把握全局，关注整体和宏观趋势，尊重人类社会发展中的普遍追求并接受世界现代化建设中普遍规律的指导，统筹国内、国际两个大局；群众路线要求党切实解决人民内部的各种矛盾，全球视野则要求党有效防范各种国际风险和外国势力对中国的侵蚀。群众路线告诉我们："一个政权也好，一个政党也好，其前途与命运最终取决于人心向背，不能赢得最广大群众的支持，就必然垮台"（江泽民 b，2001：72）；全球视野则向我们揭示出："社会主义要赢得与资本主义相比较的优势，就必须大胆吸收和借鉴人类社会创造的一切文明成果，吸收和借鉴当今世界各国包括资本主义发达国家的一切反映现代社会化生产规律的先进经营方式和管理方法。"（邓小平，1993：373）通观中国共产党在改革开放中走过的历程，我们可以发现，群众路线的实行使党的事业赢得了全国人民广泛而持久的支持与参与，而党运用全球视野在中国现代化建设和改革的每一个转折关头根据国际环境变动和历史发展趋势对党的路线、方针、政策所做的调整或建构，则使它有效地把握了影响中国发展的整体局势，跟上了时代发展的步伐。事实说明：这两者在党的领导实践中的结合与统一，成为党能够一直有效发挥领导作用的基础。

三

中国共产党坚持群众路线和坚持从全球视野去整体性看问题、处理问题，这种状况的形成具有深刻的历史原因。党提出和坚持群众路线，首先是因为它从一成立，定位就是代表广大人民群众利益的马克思主义政党，因此党要想有所作为，从根本上说必须紧紧依靠人民群众。同时，党提出并坚持群众路线，也同中国革命所处的严酷环境关联在一起。创建中国共产党的是中国以重建中国政治经济社会制度为己任的革命者，党诞生的时候只有几十个成员，面对强大的、垄断了全部国家政权的统治者，党只有深入到人民群众中去，服务人民群众，才能生存和发展，才能逐步积蓄力量，最后取得革命的胜利。正是在长期的历史中，坚持群众路线成了党非常习惯也非常善于运用的传统。而党倡导并坚持用世界眼光看问题、处理问题，是因为无论是中国革命，还是中国的现代化建设，都不仅有深刻的国内根源，而且也具有深刻的世界历史根源。人类文明史，如果从有组织地实行农业和畜牧业开始算起，已有一万年的历史。在这一万年历史的大部分时间里，定居世界各地的人类社会不同群体因循各自的自然历史条件，繁衍生息、发展进化，在相对独立的条件下创造出了各具特色的文明样式。但是，首先从欧洲中世纪社会中发育出来的尊重个人权利、崇尚科学知识和工具理性、建构并依凭国族国家去追求自身利益等今天被称为现代性的文明方式，不仅推动部分欧洲国家率先形成了先进的生产力和以保障个人权利为基础的现代社会及与之相适应的政治体系，而且也引发了一场席卷全人类的现代化运动。在这场运动中，非欧洲国家和地区的人民都或迟或早、以这种或那种方式在不同程度上改变了自己原有的发展轨道，并且如马克思和恩格斯在《共产党宣言》中所说："地方的和民族的自给自足和闭关自守状态，被各民族的各方面的互相往来和各方面的互相依赖所代替了。"（马克思、恩格斯：1972：255）中国就是这样一个在西强东侵和西学东进的双重夹击下改变自己原有发展轨道并由此加入世界现代化进程的国家，同时由此也成为一个其命运与世界现代化进程和整体国际格局变化内在关联在一起并受其影响和制约的国家。在这种情况下，中国共产党要有世界眼光，要不仅能驾驭国内局势，而且能驾驭国际局势，这样才能最终完成自己的历史使命。中国共产党坚持群众路线和坚持从全球视野去整体性看问题、处理问题，这种状况的形成还有深刻的现实原因。归结起来说，这些现实原因就是更好地解决现实问题，追赶发达国家发展和治理水平，在开放和全球化条件下建构、维护和增强党的执政地位的政治正当性。这些现实原因和历史原因的结合，为中国共产党在改革进程中坚持群众路线和坚持从全球视野去整体性看问题、处理问题，提供了内在的动力。

现在，经过32年的改革开放，中国内部和中国与国际社会的关系都已发生巨大变化；在中国实行改革开放期间，国际社会本身也由于冷战结束和全球化的深化而发生了巨大变化。当今的中国，对内正经历着全面推进工业化、市场化、信息化、城市化、法治化和经济结构调整及由此带来的中国社会全面转型；对外则处于在全球化条件下由全面开放到全面融入国际社会并广泛参与国际事务的讨论与管理这一历史进程中。社会全面转型标志着中国现代化建设正在向着一种新质态转变，它通过社会利益关系的深刻调整和社会管理体系的重塑推动着社会的全面进步；加入国际社会也意味着中国和国际社会的关系正在向着一种新质态转变，它通过利用现有的国际组织、规则、对现有国际社会管理的改进和创新为中国的发展找到更大的平台、空间和资源，也为中国社会转型带来新的价值标准、衡量尺度和建构方式，还使中国能为全球公共问题的管理与解决贡献力量和智慧。因此，顺利实现中国社会全面转型和中国对国际社会的全面融入，无论对中国的发展还是对世界的治理均有重要而深远的影响。中国既面临着空前的历史机遇和辉煌的发展前景，也面临着一系列困难和挑战。在中国的条件下，推动中国抓住机遇顺利发展离不开党的正确领导，而坚持党的正确领导也离不开继续坚持群众路线和坚持用全球视野去看问题、处理问题。但是，在目前，党要更好地坚持群众路线和全球视野，需要有效应对以下挑战。

首先，在继承优良传统、抓好现有制度落实的同时，如何进一步推进政治体制的改革和创新。中国共产党在如何站稳群众立场、如何走群众路线、如何做群众工作方面，已经形成了许多成功的做法；在如何坚持整体意识、如何从全球视野看问题、处理问题方面，也积累了比较丰富的经验，所有这些都是党的优良传统和宝贵财富，值得继承和发扬。改革开放以来，党在坚持群众路线、坚持从国际国内两个大局看问题、处理问题方面，又创造了许多新的经验和做法，并相应制定了一批规章制度，对此也应该把它们贯彻落实好。但是，也必须看到，随着中国社会的全面转型和中国全面加入国际社会，现有的体制或做法在有些方面不利于贯彻群众路线、不利于推动中国全面加入国际社会的问题也越来越明显。例如，如何在群众利益日益多元化、社会财富占有日益两极分化的条件下，借助政府政策去更好地进行利益调整并使全体社会成员能公平分享发展的成果，如何保证群众在与自己利益相关的公共问题处置上能有效参与相关政策的制定，如何保证党和政府各级领导人员的选拔任用能更好地体现人民群众的主体地位并真正对人民群众负责任，如何能在国内政治体制中建立起诺斯（North）等人讲的"开放权利秩序"（open access order）从而使中国能有效应对发展进程中不可避免地会产生的各种风险（North、Wallis、Weingast：2009：110—250），如何不仅使中国人而且使外国人对中国政治体制的正当性和稳定性抱有信心（江忆恩，2011），所有这些如果只是停留在现有体制和做法上可能都得不到满意的答案，出路只能是进一步推进政治体制的改革和创新。

其次，在国际相互依存日益深化的条件下，如何更好地统筹国际、国内两个大局。在全球化时代，为人民群众谋福祉，需要有更加清晰、明确的世界眼光；而坚持用世界眼光看问题、处理问题，就必须更好地统筹国内发展和国际发展。统筹国内国际两个大局是党的十七大确定的重要的发展战略，是温家宝总理在十一届人大四次会议政府工作报告中总结的国家顺利完成"十一五"规划四条基本经验中的一条基本经验（温家宝：2011），也是中央提出的在完成"十二五"规划时应该遵循的一项基本要求。大局就是能对整体发展产生决定性影响的结构、领域、关系或做法。对当代中国来说，国内大局集中表现为保持社会稳定、实现经济、政治和社会的平衡发展、推动社会全面转型；国际大局则集中表现为推动建设一个和平的、可持续发展的世界并推动中国全面融入国际社会。统筹两个大局，不仅要求党在经济上善于从国际形势发展变化中充分把握发展机遇，稳妥应对风险挑战，利用好国内国际两个市场、两种资源、两个发展空间；而且要求党在政治上思想上处理好国内发展与对外开放的关系，把社会全面转型和中国全面融入国际社会这两个过程统一起来加以规划和安排，使国内问题的处理有助于中国对国际社会的全面融入和国家地位的提升，有效增强国家的综合实力，同时也使中国在世界上发展空间的拓展和国际地位的提升既能促进中国社会的全面进步，又能扩大和深化同世界各方利益的汇聚点，真正做到内外兼顾，相互扶持，均衡发展。

最后，作为一个在中国长期执政的党，如何更好地加强自身建设。90多年来，中国共产党主要是靠自身建设，靠自己对自己的严格要求，克服了来自党内外的各种错误思想的影响，消除了各种矛盾的干扰，一步一步走到今天的。历史表明既往的党的自身建设总体上是有成效的。但也不必讳言，在新的形势下，并非每位党员的素质都能适应完成新的任务的要求，特别是党的执政地位使一些人养成了特权思想和不思进取的工作作风，既不关心群众疾苦，也不关心天下大势。如果不更好地加强党的建设，不清除掉这种特权思想和慵懒作风，特别是不清除掉党员中一直存在的腐败现象，坚持群众路线和坚持全球视野，就都是一句空话。当前，除进一步加强党的作风建设和廉政建设外，中国共产党把建设学习型政党作为它在全球化条件下加强自身建设的一种有战略意义的选择。组织全党加强学习的目的归根到底是为了让全体党员提升素质以更好地解决面对的问题。因此建设学习型政党不仅要把学习搞好，更重要的是必须把党建成一个真正开放的党、参与的党、民主的党，实现党的组织体制和运行机制的转型，不仅使全体党员能把自己的知识和智慧奉献给党和人民的事业，而且使广大人民群众的意志和要求能借助党这一平台得到更好的维护和实现，最终真正实现党的领导、人民当家做主和依法治国的统一。党能否成功地自我革新或许是党面临的最大挑战，党只有成功地应对了这一挑战，才能维持执政地位，继续在中国发挥领导各方的核心作用。

参考文献

《邓小平文选》第 1 卷，人民出版社 1989 年版。

《邓小平文选》第 2 卷，人民出版社 1994 年版。

《邓小平文选》第 3 卷，人民出版社 1993 年版。

国务院新闻办公室：《中国的人权状况》白皮书，1991 年 11 月 1 日。

国务院新闻办公室：《中国人权事业的进展》白皮书，2009 年 9 月 26 日。

《马克思恩格斯选集》第 1 卷，人民出版社 1972 年版。

胡锦涛：《努力建设持久和平、共同繁荣的和谐世界》，《人民日报》2005 年 4 月 23 日。

胡锦涛：《高举中国特色社会主义伟大旗帜，为夺取全面建设小康社会新胜利而奋斗》，见《中国共产党第十七次全国代表大会文件汇编》，人民出版社 2007 年版。

胡锦涛：《在庆祝中国共产党成立 90 周年大会上的讲话》，《人民日报》2011 年 7 月 1 日。

江忆恩：《论中国面临的外交挑战》，《学习时报》2011 年 7 月 11 日。

江泽民：《论党的建设》，中央文献出版社 2001 年版。

江泽民：《论"三个代表"》，中央文献出版社 2001 年版。

江泽民：《论社会主义市场经济》，中央文献出版社 2006 年版。

《江泽民文选》第 2 卷，人民出版社 2006 年版。

《江泽民文选》第 3 卷，人民出版社 2006 年版。

《刘少奇选集》上卷，人民出版社 1981 年版。

《刘少奇选集》下卷，人民出版社 1985 年版。

《毛泽东文集》第 3 卷，人民出版社 1996 年版。

《毛泽东文集》第 7 卷，人民出版社 1966 年版。

《毛泽东选集》第 1 卷，人民出版社 1991 年版。

温家宝，《政府工作报告》，在这篇报告中，温总理提出的其他三条经验是：坚持科学发展观；坚持政府调控与市场机制的有机统一；坚持把改革开放作为经济社会发展的根本动力。《人民日报》2011 年 3 月 16 日。

王逸舟、谭秀英主编：《中国外交六十年（1949—2009）》，中国社会科学出版社 2009 年版。

萧杨：《1959 年对张闻天外交路线的批判》，《炎黄子孙》2011 年第 7 期。

谢益显主编：《中国当代外交史（1949—2009）》，中国青年出版社 2009 年版。

杨奎松：《中间地带的革命：国际大背景下看中共成功之道》，山西出版集团、山西人民出版社 2010 年版。

《周恩来选集》上卷，人民出版社 1980 年版。

中共中央文献研究室编：《三中全会以来重要文献选编》上，人民出版社 1982 年版。

中央档案馆编：《中国共产党第二次至第六次全国代表大会文件汇编》，人民出版社 1981 年版。

North D. C., Wallis J. J., Weingast B. R., *Violence and Social Orders*. Cambridge University Press, 2009.

（作者为浙江大学社会科学学部副主任，政治学系教授）

中国共产党的自我调适：多种研究路径的述评

李春峰

　　21 世纪的今天，中国经济的持续增长及其总量结果使之无可争辩地成为世界的焦点，"中国崛起"、"中国模式"或"中国道路"已成为中外媒体时兴的话题，更具学理意义的中国问题研究亦成为中外学人进行学术探讨和论辩的主题之一。[①] 在这样的学术讨论中，越来越多的学者极其自然地试图对中国共产党进行全面的观察、深度的剖析和重新的审视。就此而论，国际学界对中国共产党的研究在经历了 20 世纪 50—60 年代因中共建政探秘而引发的第一次研究高潮、70 年代因"文革"大量内情外泄而引发的第二次研究高潮之后，显然出现了由改革成就寻源而引发的第三次研究热潮。[②] 正是在这一波次的研究热潮中，尤其是在研究分析中国共产党自 90 年代以来至今的发展变化中，"调适" / "适应"、"调适性" /

---

　　① 关于中国崛起与中国模式的讨论，可见，Susan L. Shirk，*China: Fragile Superpower*，New York: Oxford University Press, 2007; C. Fred Bergsten et al.，*China's Rise: Challenges and Opportunities*，(Washington, D. C.: Peterson Institute for International Economics and Center for Strategic and International Studies, 2008); SuiSheng Zhao, "The China Model: Can it Replace the Western Model of Modernization", *Journal of Contemporary China*, Vol. 19, No. 65 (June, 2010); Barry Naughton, "China's Distinctive System: Can it Be a Model for others?", *Journal of Contemporary China*, Vol. 19, No. 65 (June, 2010). 关于西方的中国政治研究，可见，Allen Carlso et al.，*Contemporary Chinese Politics: New Sources*, Methods, and Field Strategies (New York: Cambridge University Press, 2010)。

　　② 参见王景伦《走进东方的梦——美国的中国观》，时事出版社 1994 年版；郑宇硕、罗金义编：《政治学新论：西方学理与中华经验》，香港中文大学出版社 1997 年版，第 401—427 页；Kjeld Erik Brødsgaard& Yongnian Zheng, eds.，*Bring the Party Back In: How China is Governed?* (Singapore: Eastern Universities Press, 2004)，pp. 1 – 19; David Shambaugh, *China's Communist Party: Atrophy and Adaptation* (Berkeley: University of California Press, 2008); Yongnian Zheng, *The Chinese Communist Party as Organizational Emperor: Culture, Reproduction and Transformation* (New York: Routledge, 2010), pp. 7 – 17。

"适应性"、"自我调适"① 等概念逐渐为海外学界和国内学界所认可和接受；同时，这些概念与中国共产党强化执政党的自我构建意识相互映照，产生了特定的契合效果，因而不仅未曾受到官方的拒斥和批判，甚而在相当程度上得到肯定和赞赏。② 然而，尽管这种国际学界与中国学者的共同认可，学理概念与官方提法的特定契合，是相当少见的情形，但从官方到国内外学界，对于"调适"一类的概念有着出于不同的立场、态度与认识之上的歧义解释、相异理据乃至分立逻辑。

有鉴于此，本文试图依据研究者不同的路径分类梳理中国共产党"调适性"／"调适"／"自我调适"等概念，希望以更为严谨的社会科学态度厘清这类概念的意指及其使用状况。本文将首先概略回顾中国共产党提出"与时俱进"话语的过程，意在指出中国共产党在改革开放之后逐步形成了自我建构的意识，这一建构意识及其随后的实践变化成为中外学界对之进行概念提炼的经验证据。接着，本文将总体描述中国学者的党建研究对中国共产党"与时俱进"的必要性、合理性及其实际进程所进行的论说，从而说明这些论说提供了进一步研究得以展开的文本资料和文

---

　　① 英文中 Adaptation/Adaptability 在中文中既可译为"适应"／"适应性"，也可译为"调适"／"调适性"，笔者认为使用中文的"调适"／"调适性"／"自我调适"更能表现出一种演进性状态，而非结果性状态。

　　② 关于这点可以从以下事实中看出：（1）在官方文件中，不断提到要"适应"形势变化。如"我们要适应国内外形势新变化、顺应人民新期待，坚定信心，砥砺勇气，坚持不懈地把改革创新精神贯彻到治国理政各个环节，继续推进经济体制、政治体制、文化体制、社会体制改革创新，加快重要领域和关键环节改革步伐，坚决破除一切妨碍科学发展的思想观念和体制机制弊端，促进现代化建设各个环节、各个方面相协调，促进生产关系与生产力、上层建筑与经济基础相协调，不断完善适合我国国情的发展道路和发展模式"。见胡锦涛《在纪念党的十一届三中全会召开三十周年大会上的讲话》，《十七大以来重要文献选编》（上），中央文献出版社 2009 年版。（2）中国官方媒体对于国外媒体的报道，如《美媒：中国共产党"变得适应性更强"》，《参考消息》2010 年 10 月 18 日；《西媒：中国共产党具有强大适应能力》，新华网 2011 年 7 月 5 日，http：//news. xinhuanet. com/world/2011—07/05/c_ 121622706. htm。（3）西方学者著作中的概念使用，见 Bruce J. Dickson, *Red Capitalists in China：the Party，Private Entrepreneurs，and Prospects for Political change*（New York：Cambridge，2003）；Bruce J. Dickson, *Wealth into Power：the Communist Party's Embrace of China's Private Sector*（New York：Cambridge University Press，2008）；David Shambaugh, *China's Communist Party：Atrophy and Adaptation*（Berkeley：University of California Press，2008）。（4）中国学者文章的概念使用，见王绍光《学习机制、适应能力与中国模式》，《开放时代》2009 年第 7 期；杨云珍《政党适应性：理论回溯与中国共产党的实践》，《中国社会科学报》2011 年 7 月 21 日；叶麒麟《政党国家转型的内在逻辑——改革开放以来中国共产党的适应性研究》，《中共天津市委党校学报》2010 年第 3 期。

献基础。然后，本文尽可能精练地介绍近年来西方学界中国共产党调适性研究的问题意识、发展脉络和主要观点。在此基础上，本文将总结概括中国内地社会科学学者对中国共产党能动性调整所做的学术探讨，以及在相关论题上与西方学界进行的对话与比较。最后，作为对前述各部分的总结，本文将进一步厘清不同立场与态度，并试图对如何恰当地使用"自我调适"之概念给出方法论意义上的提示。

"与时俱进"：中国共产党的自我建构

在政治生活中，中国自古就有"更新"以维续政统的观念，《诗经》中就曾说道："周虽旧邦，其命维新"。① 在中国帝制时代，王朝的更替常常与皇帝的作为高度相关，王朝在危机期间也需要"更新"才能维续天命。这种依赖于政治统治者的"更新"而实现国家昌盛平和的传统，在一定程度上成了中国政治文化中根深蒂固的组成部分，因而也成为现代政治意识和统治谋略的持续性内核之一。② 1978 年，中国共产党开启了改革开放的进程，中国的国家与社会开始呈现出不同于"全能主义"的关系模式，党内各种文件材料也将自 1978 年以来的时代定位为"新时期"。③但进入 90 年代，苏联东欧政治剧变的国际压力、市场经济体制的引入以及转型期治理危机的严重影响，使得已经存续 70 年的中国共产党深刻感到必须作出组织机构的调整才能保证执政的成功和有效。90 年代，在提出建立社会主义市场经济这一口号的同时，中国共产党也认识到了必须重新建构党的系统。1994 年 9 月，中共中央十四届四中全会作出了《关于加强党的建设几个重大问题的决定》，其中提出："党必须善于在改革开放的新形势下认识自己、加强自己、提高自己，认真研究和解决在自身建设中出现的新矛盾新问题"，并对如何在市场经济条件下进行党建工作的

① 周振甫译注：《诗经》，中华书局 2010 年版，第 367 页。
② 2008 年，温家宝总理在两会记者招待会中，回答新华社记者解放思想与政治体制改革问题时，曾引用《诗经》中的"周虽旧邦，其命维新"，以及《诗品》中的"如将不尽，与古为新"，以表明需要解放思想以推动改革创新。引用传统经典文句已经成为党的高级领导人讲话的一种惯用方式，这也表明了党借用传统文化进行自主建构的特点。
③ 邓小平：《新时期的统一战线和人民政协的任务》，《邓小平文选》第二卷，人民出版社 1994 年版；胡锦涛：《在新时期保持共产党员先进性专题报告会上的讲话》，《十六大以来重要文献选编》（中），中央文献出版社 2006 年版。

几个核心问题作出翔实规定。① 而随着时间的推进，当中国前期的改革开始呈现出阶段性结果之后，中国社会出现了更多的治理问题，也受制于更为复杂的外界环境；到 90 年代末，中国共产党不仅要应对国际金融危机、维持国内经济稳定增长，要应对国内社会结构的巨大变化、社会差异的拉大，还要应对由经济逐利所导致的政治伦理失效和社会道德沦落等问题；与此同时，中国共产党原有的意识形态、组织技术、管理方式，都难以顺畅地解决新问题、维护改革与统治的平衡。在保持政治结构稳定的情况下，中国共产党所寻求的解决途径是"与时俱进"，即跟随形势的变化而适时作出自我调整。

"与时俱进"这一概念，在中国共产党的话语体系中，最初常用于特指各民主党派在中国共产党的领导下跟随形势发展，与中国共产党保持团结合作。② 但自 90 年代末以来，"与时俱进"逐渐被建构为中国政治生活中的一个关键词汇，并成为中国共产党获得正当性的动员性话语；更确切地说，中国共产党逐渐自觉地在党政系统内建构"与时俱进"的观念与意识，并通过话语与实践来提高党的执政能力和巩固党的执政地位。

21 世纪初，意识形态上的"更新"被认为是中国共产党"与时俱进"的最明显的表征。2001 年，总书记江泽民在中国共产党建党八十周年之际发表了著名的"七一"讲话，阐释了"三个代表"思想的含义与意义，并指出"与时俱进"是"马克思主义的品质"；在这一引人注目的意义赋予之后，即是中国共产党自我定位和自我认识的更新；江泽民指出，中国共产党"已经从一个领导人民为夺取全国政权而奋斗的党，成为一个领导人民掌握着全国政权并长期执政的党；已经从一个在受到外部

---

① 《中共中央关于加强党的建设几个重大问题的决定》，《人民日报》1994 年 10 月 7 日。

② 如，"孙起孟回顾了民建在长期实践中形成、丰富和发展的优良传统后说，民建的历史是高举爱国主义旗帜，为民族振兴、国家富强而奋斗的历史；是坚持依靠中国共产党领导，与中国共产党亲密合作、肝胆相照、荣辱与共，一道致力于新民主主义革命和社会主义事业的历史，是在革命与建设中贯彻自我教育方针，自身素质获得提高、与时俱进的历史"（见《民建纪念成立五十周年，江泽民李鹏乔石李瑞环题词祝贺胡锦涛出席大会并宣读中共中央贺词》，《人民日报》1995 年 12 月 17 日）；"民进中央主席许嘉璐说，50 年来，民进始终不渝地坚持半个世纪前选择的这一政治方向，与时俱进，在中国共产党的领导下，团结广大成员积极参加中国人民的革命和建设事业，作出了积极贡献，成为建设有中国特色社会主义的一支重要力量"（见《风雨同舟 继往开来——各民主党派中央领导人赴西柏坡参观学习侧记》，《人民日报》1998 年 10 月 14 日）。

封锁的状态下领导国家建设的党，成为在全面改革开放下领导国家建设的党"。① 自此，中国共产党已经完全彰显出自觉地维续执政地位、作出适时改变的组织行为。

如果说"三个代表"的提出是中国共产党在意识形态上的更新，那么，执政能力的提出则是中国共产党在统治方式与治理能力上的调整和提升，也是其开始将"与时俱进"这一概念的意义赋予从党的意识形态建设领域转移到党的治理能力建设领域的标志。② 2004 年 9 月，中国共产党通过《关于加强党的执政能力建设的决定》，这是一篇党在新的环境下对自我重新定位和建构的标志性文献。在这一文件中，中国共产党已经清楚意识到"党的执政地位不是与生俱来的，也不是一劳永逸的"，认识到党内存在不适应形势发展的问题，并提出要提高驾驭社会主义市场经济、发展社会主义民主政治、建设社会主义先进文化、构建社会主义和谐社会、应对国际局势和处理国际事务的能力。③ 在"执政能力"观念的引领下，中国共产党还相继提出科学发展观、构建社会主义和谐社会、建设社会主义新农村、建设创新型国家等政策性概念。

整个 21 世纪的前 10 年，中国社会经济文化的发展速度已经超出了党政干部的想象。党的"与时俱进"观念与实践的建构，在铺天盖地的话语浪潮中继续推进。2009 年，中国共产党召开十七届四中全会，专门讨论党的建设问题，通过了《中共中央关于加强和改进新形势下党的建设若干重大问题的决定》。在这一文件中，中共对于党所处环境之复杂的认识更为全面与深入，学习型政党建设、党内民主、干部人事制度、基层党组织建设、反腐败等问题成为该文件中的关键议题；而"世情"、"国情"、"党情"诸如此类的概念也成为党的话语中的常用语。④ 党的危机感的加深，已经随着社会治理等新问题的增多而更加凸显。2011 年，胡锦

---

　　① 江泽民：《在庆祝中国共产党成立八十周年大会上的讲话》，《人民日报》2001 年 7 月 2 日。

　　② 丁学良认为中国共产党提出执政能力建设是党面对问题寻求新的解决方法的理路，这一理路说明了中国共产党在将经济改革上的理性主义向行政层面延伸（见丁学良《提高执政能力的几个关键：理顺基本关系、抓好枢纽资源、通用多个人才圈》，《经济社会体制比较》2005 年第 5 期）。

　　③ 《中共中央关于加强党的执政能力建设的决定》，《人民日报》2004 年 9 月 27 日。

　　④ 《中共中央关于加强和改进新形势下党的建设若干重大问题的决定》，《人民日报》2009 年 9 月 28 日。

涛在庆祝建党九十周年大会上的讲话中更是郑重指出，"全党必须清醒地看到，在世情、国情、党情发生深刻变化的新形势下，提高党的领导水平和执政水平、提高拒腐防变和抵御风险能力，加强党的执政能力建设和先进性建设，面临许多前所未有的新情况新问题新挑战，执政考验、改革开放考验、市场经济考验、外部环境考验是长期的、复杂的、严峻的。精神懈怠的危险，能力不足的危险，脱离群众的危险，消极腐败的危险，更加尖锐地摆在全党面前，落实党要管党、从严治党的任务比以往任何时候都更为繁重、更为紧迫。"①

从上述概略描述中可以发现，伴随着外界环境变化，中国共产党依照其自身运转的政治逻辑，在庞大体制内进行自我构建式的观念扩散与实践动员；党在固有的结构框架下，要求各层级组织和干部能够在结构限定下根据形势的发展作出应有的改变，从而解决实际问题，维护党的执政地位。"与时俱进"成为中国共产党进行自我建构的政治符号，其应用范围逐渐超越意识形态领域而扩展到党政各部门各工作领域，从组织人事、执政能力、党的建设，到经济、社会、环境发展等具体问题，都被要求具有"与时俱进"的观念。② 一方面"与时俱进"话语成为党的领导人在各种文件、各种讲话中对各级领导干部提出要求的首要语句，成为推动各级领导干部适应形势变化作出积极调整的动员性话语工具；③ 另一方面，实践工作的开展与"与时俱进"的观念建构成为一个相呼应的过程，"与时俱

---

① 胡锦涛：《在庆祝中国共产党成立90周年大会上的讲话》，《人民日报》2011年7月2日。

② 党的文件曾指出："新时期最鲜明的特点是改革开放，新时期最显著的成就是快速发展，新时期最突出的标志是与时俱进"（见胡锦涛《高举中国特色社会主义伟大旗帜，为夺取全面建设小康社会新胜利而奋斗》，《人民日报》2007年10月25日）。关于"与时俱进"话语的广泛应用，可见于中国共产党各种文件、各级领导干部讲话中。

③ 如，"曾庆红强调指出，明年的组织工作，任务重、要求高、责任大。各级组织部门要增强政治意识、大局意识、责任意识，坚持解放思想、与时俱进，在解放思想中统一思想，用创新精神学好创新理论，以思想观念的与时俱进推动组织工作的不断开拓前进"（见《曾庆红在全国组织部长会议上强调 按照"三个代表"要求切实做好组织工作》，《人民日报》2011年12月29日）；"江泽民强调，解放思想，实事求是，与时俱进，开拓创新，是马克思主义活的灵魂，也是我们适应新形势、认识新事物、完成新任务的根本思想武器。在西部大开发中，各级党委和政府以及各级领导干部要进一步解放思想、实事求是，勤于思考、勇于创新，善于运用马克思主义唯物辩证法来分析和把握形势，认真研究并努力回答西部大开发面临的重大理论和实际问题，使我们的思想观念适应新的发展要求"（见《江泽民主持召开六省区西部大开发工作座谈会强调 与时俱进开拓创新艰苦奋斗 加快西部地区改革开放步伐》，《人民日报》2002年5月25日）。

进"也成为各层级、各部门对实践工作进行意义赋予的话语概念。① 这
样，"与时俱进"话语的生产、传播与实践，在整个中国共产党国家体制
中是一个连带性的自我建构过程；在这一过程中，党对于变化环境的反应
逻辑清晰可见，即从党内建设到党外治理，从党内理论更新、组织建设，
到党外治理能力、管理能力的提高。虽然观念建构与实践建构并非具有同
步性，但中国共产党自我建构的过程已经足以反映出，党对于组织生存危
机以及在危机中急需进行自我调适的主体意识。

立足于党的建设：中国党建研究的跟进

在中国共产党自觉建构"与时俱进"观念的同时，在中国场景下具
有特定功能的党建研究，也开始研讨如何在新形势下加强党的建设问题。
这类党建研究以党政机关的研究部门、党的理论研究基地、各级党校、高
校内的专设机构的研究人员为主体，围绕着已提出的重大决策承担宣传扩
散、阐释说明和补充建议的职责；一般情况下，通常使用已经得到确认的
文件提法和正规话语，或进行文本意义的解释介绍，或结合现实案例作出
描述论证，或针对特定场景提出对策建议；② 其研究工作的展开强调以党
的立场看问题，以完善党的自我建设为目的；较之于其他专业学者的社会
科学研究，党建研究更着重于体制内的思考逻辑，所关注的中心问题是党
如何适应时代发展、在新的形势下如何巩固党的执政地位。总体而言，如
果说中共中央提出了"与时俱进"的话语和"如何加强执政能力"的问

---

① 如"宁波市社区党建从城市社区的特点出发，与时俱进，开拓创新，把社区党建作为社
区建设的'核心工程'、'龙头工程'来抓，紧紧围绕搞好社区管理和服务开展党的建设，积极
探索社区党建共建新路子，及时调整社区党的基层组织设置，做到了凡有党员的地方就有党组织
的教育管理，凡有居民的地方就有党组织在发挥作用，创造出社区党员'一人一岗'工作机制，
形成了一个党员一面旗、党员贡献在社区的新局面"（见《建设管理有序、文明祥和的新型社
区——浙江省宁波市加强社区建设的实践与思考》，《人民日报》2004 年 7 月 29 日）；"在回答记
者关于'如何在培训中适应新技术发展'等问题时，陈宝生说，中央党校是一个与时俱进的地
方，所以，新的技术、新的教学手段产生不久，都会在党校的教学中得到应用"（见《干部培训
要适应国家和岗位需要（在中央外宣办发布会上）》，《人民日报》2011 年 6 月 22 日）；"我们在
外交理论和实践上取得的重大成就，都是坚持解放思想，实事求是，与时俱进的结果"（杨洁
篪：《改革开放以来的中国外交》，《求是》2008 年第 18 期）。

② 关于党建研究文章的特点，可参见张克文《重视解决党建研究中的方法论问题》，《党政
论坛》1996 年第 7 期；王长江《我是怎样研究政党的》，《北京日报》2010 年 1 月 11 日。

题，那么，党建研究则是在阐发政治话语的同时，试图回答相关理论问题和现实问题。

自 20 世纪 90 年代社会主义市场经济的主张提出之后，关于中国共产党如何适应形势发展、加强自我建设的文章开始逐渐增多。市场经济与共产党执政的契合，尚无太多的历史先例；新情况、新问题和新挑战催生了新研究。在经济利益诱致下，党原有的道德伦理机制已经逐渐弱化，党也不再采用毛泽东时代以政治运动与群众运动相结合的方式整顿党的组织，由此，市场经济的环境要求党组织必须作出种种变化。在这一背景下，党建研究围绕社会主义市场经济与党的建设之关系，集中探讨党在基层组织建设、党员管理、干部人事、党性维续、党企关系等实践问题上如何作出调整变化。① 如王长江曾撰文讨论在市场经济条件下如何加强党的建设，提出要改变传统党建思路，加强党内民主机制、改善领导方式与执政方式。② 又如万福义、刘永艳对于作为国有企业的武汉钢铁公司为适应新形势而进行的党建探索作出了梳理。③

以如何适应时代发展为主题的党建研究，在进入 21 世纪后仍持续发展。21 世纪初，中国加入世贸组织之后，全球化对中国共产党执政的影响日益凸显，执政环境更加复杂多变。在中共中央主导启动自我变革并通过组织系统不断警醒全党要居安思危的形势下，党建研究进一步追随党的主流话语与实践建构的发展，更加广泛而深入地讨论党在各个领域所遇到的挑战以及应对之道。其中，随着改革影响的彰显、时代问题的变迁，党建研究开始大范围超越诸如意识形态与组织管理等传统论题，对党在改革

---

① 参见张耀芳《顺应市场经济趋势加强流动党员管理》，《党政论坛》1994 年第 12 期；钟荫腾、郑秀玉：《党的基层组织设置若干问题谈》，《特区理论与实践》1999 年第 4 期；武振田《适应社会主义市场经济新形势探讨党建工作的新课题》，《理论探讨》1995 年第 1 期；吴亚荣《县级党委政府如何领导社会主义市场经济》，《特区展望》1995 年第 12 期；曹庆余、祁跃辉《新形势下的党建工作要"双重适应"》，《党政论坛》1996 年第 7 期；曹基荣《论市场经济与民主集中制的相容性》，《理论与改革》1996 年第 10 期；郭亚丁《论社会转型期党的建设》，《中共浙江省委党校学报》1997 年第 3 期；侯少文《民主集中制在新的历史条件下的调整与更新》，《新视野》1997 年第 5 期；吴宏放等《国有大型企业党的建设面临的问题及对策》，《理论与改革》1998 年第 3 期；林存德、杨基龙《党的建设面临的历史性课题》，《岭南学刊》1999 年第 2 期。

② 王长江：《关于市场经济条件下加强党的建设的思考》，《理论前沿》1998 年第 4 期。

③ 万福义、刘永艳：《武汉钢铁（集团）公司党建之路的探索》，《中共中央党校学报》1998 年第 5 期。

深化和社会变迁中所遇到的新问题如社区党建、非公有制企事业单位党建、网络党建等展开了越来越多的探讨。① 在这些主题的党建研究中，一些研究者对现实问题有着较为敏锐的观察，发现传统的党组织运行机制在社会空间扩张、社会结构变化的新形势下出现了种种渗透与管理的困境。比如，肖镛主编的《无行政权力依托基层党组织建设研究》就明确地指出，当下中国共产党基层党组织建设之难，根本在于不再拥有过去所具有的行政权力；而要适应环境变化，基层党组织势必要作出种种探索与改变。②

同时，伴随着中国共产党的自我建构，"执政"问题研究也成为突出的论题。自"三个代表"思想提出以来，尤其在中国共产党将自身定位明晰为从革命党向执政党转变、并提出加强执政能力建设后，为响应中央关于认识与研究执政党规律的动员号召③，以党的政治话语为基础，以执政能力、执政规律、执政方式、执政基础、执政理念、执政方略、执政体制、执政资源和执政环境等问题为议题，以宣传、阐释与建议为目的的研究在各个党建研究单位内全面展开。④ 如此丰富的"执政"问题研究，一方面说明了党强大的动员研究能力，另一方面也说明党通过这种动员性的研究在整个党政系统内强化"执政意识"、灌输"执政理念"、共享"执政经验"，以整体性地提高应对各方挑战的能力。而在这些"执政"问题研究中，又以"执政能力"探讨为要。如卢先福主编的《执政能力建设论》分别对提高驾驭社会主义市场经济的能力、提高发展社会主义民主

---

① 马西恒：《社区发展中的执政党建设：时代意涵与推进路径》，《毛泽东邓小平理论研究》2006 年第 7 期；周三胜：《提高网络条件下党领导意识形态工作的能力》，《党建研究》2005年第 10 期。

② 肖镛主编：《无行政权力依托基层党组织建设研究》，上海三联书店 2009 年版。

③ 在中国共产党成立八十周年大会的讲话中，江泽民曾提出："不断深化对共产党执政的规律、对社会主义建设的规律、对人类社会发展的规律的认识"（江泽民：《在庆祝中国共产党成立八十周年大会上的讲话》，《人民日报》2001 年 7 月 2 日）。

④ 可见冯秋婷等主编《中国共产党执政方式探析》，中共中央党校出版社 2001 年版；蔡长水等《论中国共产党的执政基础》，广西人民出版社 2003 年版；李君如《当前加强党的执政能力建设应当着重研究的问题》，《前线》2004 年第 11 期；刘宗洪《中国共产党执政规律研究》，上海三联书店 2004 年版；柳建辉主编《中国共产党执政经验》，浙江人民出版社 2005 年版；刘国华等《执政能力与执政体制》，湖南人民出版社 2005 年版；中共四川省委党校课题组《地方党委加强执政能力研究》，四川人民出版社 2006 年版；赵中源《中国共产党执政资源论》，湖南人民出版社 2007 年版；章越松、梁涌《中国共产党执政理念研究》，中国社会科学出版社 2010年版；杨松菊《中国共产党执政环境研究》，知识产权出版社 2010 年版。

政治的能力、提高建设社会主义先进文化的能力、提高构建社会主义和谐社会的能力、提高应对国际局势和处理国际事务的能力作出了阐释。① 随着时代的进展，有关执政能力问题的探讨也更为精细化与具体化，诸如提高金融危机处理能力、媒体应对能力等时兴问题也于近年来在党建研究中有所讨论。②

在党建研究中，由于研究问题与研究立场的相似或相近，外部挑战—回应对策的分析模式占据了相当主流的地位。研究者通常针对某一领域提出外界环境对执政党的挑战，而后分析现实状况，进而提出对策建议。③在这种分析模式下的党建研究成为党进行自我建构的重要组成部分，具有了多重功能；研究不仅带有宣传阐释的色彩而成为党动员性研究的主体构成，同时也成为党内自我认知和自我调整的信息依据。④ 而值得一提的是，处于实际工作前沿的党政机构负责人、研究人员及相关调研组的文章，常在某一时期紧紧跟随党的文件话语，结合实际工作，对几乎所有可能在实践中遇到的党建问题作出讨论，并从中找到缺点和对策。⑤ 如冯小敏的《中国共产党基层建设新论》一书即依据大量的实践工作和亲身体会，对于基层党建困境问题与解决方式之认识都有经验材料的支撑。⑥ 可以说，尽管这类党建研究所使用的语言是官方话语和文件提法，但较之过往已带有浓厚的问题意识和现实感觉，因而为其他取向的研究提供了特定

---

① 卢先福主编：《执政能力建设论》，浙江人民出版社 2005 年版。

② 可参见姜卫平《增强执政党应对金融危机的能力》，《唯实》2009 年第 3 期；樊金山《领导干部提高"媒体执政力"的思考》，《中共云南省委党校学报》2010 年第 5 期；李君如《在应对国际金融危机中提高党的执政能力》，《学习时报》2010 年 12 月 27 日。

③ 可参见吉亚竹《党的建设如何应对加入世贸组织的挑战》，《前进》2001 年第 8 期；龚咏梅《新技术革命与新世纪中国共产党党建面临的挑战》，《社会科学》2001 年第 8 期；刘鹏《当前国有企业股份制改造与党建工作面临的挑战》，《中共济南市委党校学报》2004 年第 3 期；林炳玉《农村社会阶层分化与村党组织建设》，《马克思主义与现实》2005 年第 11 期；冯耀明《新形势下村级党组织面临的挑战与对策选择》，《中共山西省委党校学报》2007 年第 3 期；孙继红《社会中间阶层对党执政能力建设的挑战》，《中共四川省委党校学报》2009 年第 2 期。

④ 一些工作总结、报告和研究会以内部刊物的方式（如《组工通讯》、《党建研究内参》、《党建研究纵横谈》等）在党内流通，成为各级党的干部思考实践问题的信息来源之一。

⑤ 可参见侯晓菲《非公有制企业党建工作存在的问题及对策》，《特区理论与实践》2003 年第 11 期；姚培林、任彬《加强地方党委执政能力建设，必须弘扬与时俱进的精神》，《中共山西省委党校学报》2004 年第 2 期；中央组织部组织局《10 省区深化农村"三级联创"活动调查》，《党建研究》2007 年第 2 期。

⑥ 冯小敏：《中国共产党基层建设新论》，上海教育出版社 2003 年版。

的文本资料和文献脉络。

抵制"民主化"的调适性：西方学者的视角

从对象性界定来看，西方学者的相关研究是对中国共产党"与时俱进"观念与实践建构的一种学术反应；但与前述党建研究的建构取向有所不同，西方学者以经验主义为取向，以既有的社会科学方法与理论为基础，通常围绕着具体问题来展开研究，并试图对这一问题给出解释与回答。

"调适性"这一学术概念即是西方学者在经验观察基础上对"中国共产党为何能持续生存"这一研究问题所给出的"回答"。西方学者对于苏联东欧共产党国家的崩溃有着经验比较上的认识，往往认为列宁主义政党国家体制是一个相对僵化的系统，在市场经济与复杂社会的环境下难以良好运转，而必然会走向衰竭和崩解；[1] 然而，中国共产党保持了相对稳定的执政地位、极其稳定的组织体系并建立了市场经济体制。当经验事实与预期判断不一致时，西方学者便产生了"疑惑"。因此，他们将研究问题聚焦到"为什么中国共产党能够持续生存，为什么共产党国家体制具有持久性"。[2] 在对这一问题的回答上，出现了中国共产党调适性研究，它以中国共产党为分析单位，以中国共产党的能动性调整为考察对象，认为党之所以能够持续生存在于其在变化环境中所具有的调适能力。

在政治科学领域使用"调适性"这一概念，大多数学者公认始于亨

---

① Ken Jowitt, *New World Disorder: the Leninist Extinction* (Berkeley: University of California Press, 1992)；弗朗西斯·福山：《历史的终结及最后之人》，中国社会科学出版社 2003 年版；玛利亚·乔纳蒂：《自我耗竭式演进：政党—国家体制的模型与验证》，中央编译出版社 2008 年版。

② Susan H. Whiting, "The Cadre Evaluation System at the Grass Roots: The Paradox of Party Rule", in Barry J. Naughton and Dali L. Yang, eds., *Holding China Together: Diversity and National Integration in the Post—Deng Era* (New York: Cambridge University Press, 2004); Joseph Fewsmith, "Staying in Power: What does the Chinese Communist Party Have to Do?", in Cheng Li eds., *China's Changing Political Landscape: Prospects for Democracy* (Washington D. C. : Brookings Institution Press, 2008); Bruce J. Dickson, "Dilemmas of Party Adaptation: The CCP's Strategies for Survival", in Peter Hay Gries eds., *Chinese Politics: State, Society and the Market* (New York, 2010).

廷顿的《变化社会中的政治秩序》。亨廷顿将一个政党的"调适性"指标界定为组织生存的时间、领导精英的顺利继承以及组织制度化的程度。[①] 海外学者对于中国共产党调适性的研究，从源头上讲，大都是在亨廷顿的概念意义上进行研究的，即以探索中国共产党作为一个组织仍然生存的奥秘为中心来展开分析。

在西方学术界，最早将亨廷顿的"调适性"概念应用于中国共产党研究的是狄忠蒲（Bruce J. Dickson）。在 1997 年依据其早年博士论文改写而成的专著中，他在亨廷顿"调适性"概念的基础上，借用了组织生态学的理论，将"调适"概念界定为"一种政治体制对社会不同部分的需求具有更多回应性"[②]，并试图以此为概念工具来观察中国大陆和台湾地区民主化中"列宁主义政党"所起到的作用；他把"调适"理解为从威权主义体制走向民主的转型中占据统治地位的政党所发生的特定变化，进而又区分了"效能型调适"与"反应型调适"；但他并没有得出中国共产党具有反应型调适的结论，相反，他认为推动台湾地区民主化的国民党具有很高的调适性。[③]

但随着时间的推移，特别是在进入 21 世纪之后，中国共产党"与时俱进"口号的提出，意识形态取向的更新、领导人世代交接的顺利、组织建设努力的持续、治理能力建设的强调，让一些海外学者改变以往认为中国共产党在变化中的环境下不能维续生存的判断。2003 年，黎安友（Andrew J. Nathan）在西方著名的《民主》杂志上撰文，提出"威权主义弹性"这一概念，认为共产党国家体制并未衰弱，中国共产党具有维持生存的能力，这一威权体制将继续存在下去。[④] 而狄忠蒲也开始改变之前的态度，将"调适性"概念重新应用于亨廷顿所界定的组织生存意义上，并从组织吸纳这一视角来探讨中国共产党在变化了的社会经济条件下所具有的调适能力。2003 年，他发表了《中国的红色资本家：党、私营

① 塞缪尔·P. 亨廷顿：《变化社会中的政治秩序》，生活·读书·新知三联书店 1988 年版，第 12—16 页。

② Bruce J. Dickson, *Democratization in China and Taiwan: the Adaptability of Leninist Parties* (New York: Oxfork University Press, 1997), p. 5.

③ Bruce J. Dickson, *Democratization in China and Taiwan: the Adaptability of Leninist Parties* (New York: Oxfork University Press, 1997).

④ Andrew J. Nathan, "Authoritarian Resilience", *the Journal of Democracy*, Vol. 14, No. 1 (January, 2003).

企业主和政治变迁的展望》一书，此书成为他开始重新对中国共产党调适性进行解读的肇始；在书中，他考察了中国共产党对私营企业主的主要吸纳策略——吸收私营企业主入党、通过工商联/商会构造与私营企业主的法团式连接（Corporatist Links），并认为这些策略促成了市场经济与列宁主义政治制度的并存。①

　　狄忠蒲对中国共产党调适性的关注，也引起了其他一些学者的共鸣。与狄忠蒲同在华盛顿大学任教的沈大伟（David Shambaugh）在2008 年出版了专著《中国共产党：萎缩与调适》，在海外学界产生了更大的反响。在此书中，他以"学习"为主题，分析了中国共产党对苏联东欧共产党国家体制崩溃经验的吸纳、对现代化国家和新兴工业国家发展经验的学习，以及随之以此所作出的调适行为；他认为，中国共产党兼具调适与萎缩两个方面的特点，萎缩不会导致全盘崩溃，而调适也不会构造出一个能保持政治稳定的永久性结构，任何一方都不是静止状态，中国共产党未来的生存发展其实是调适与萎缩两者动态的和相互作用的过程。②

　　西方学者大多将"调适性"／"调适"看做一个解释性概念，其最终目的是要解释中国共产党为何还能在如此复杂的环境下生存。这一设问固然是对 20 世纪 90 年代以来"历史终结论"的反思，但仍然深深内嵌于西方政治文化场景之中，是一个西方化的问题；这一设问的背后预设仍将西方经典政治发展道路比附于中国政治演进③，进而认为共产党国家的政治发展之路应该是西方经典理论中的民主化道路④。因而，他们尽管分别从不同的领域切入研究主题，并且尽可能地进行社会科学化

---

　　①　Bruce J. Dickson, *Red Capitalists in China: the Party, Private Entrepreneurs, and Prospects for Political Change*（New York: Cambridge, 2003）.

　　②　David Shambaugh, *China's Communist Party: Atrophy and Adaptation*（Berkeley: University of California Press, 2008）.

　　③　关于以西方视角观察中国的研究缺陷，可参见王国斌《转变的中国：历史变迁与欧洲经验的局限》，江苏人民出版社 2008 年版。

　　④　关于西方经典民主化道路，可参见塞缪尔·亨廷顿《第三波——20 世纪后期民主化浪潮》，上海三联书店 1998 年版；胡安·J. 林茨《民主转型与巩固的问题：南欧、南美和后共产主义欧洲》，浙江人民出版社 2008 年版；O'Donnell and Schmitters, *Transitions form Authoritarian Rule: Tentative Conclusions About Uncertain Democracies*（Baltimore: Johns Hopkins University, 1986）; Merle Goldman, *Sowing the Seeds of Democracy in China: Political Reform in the Deng Xiaoping Era*（Harvard University Press, 1994）.

的理论提炼，但他们的根本认识可以归纳为，共产党国家作为一种威权政体是现代政治制度中的"残余"制度，中国共产党的调适在本质上是对西方经典民主化道路的抵制。①

需要说明的是，一部分长期在海外接受学术训练并于近些年频繁回国从事实证研究与学术交流的华人学者，较之于西方本土学者，有着更为中国化的观察视角。他们认为西方经典的民主化道路并不必然是中国的应然道路，中国民主化道路也许不同于西方政治实践，他们因此对中国共产党的调适持有一种更为积极的态度，认为其有可能推动中国走出一条有自身特点的民主模式。② 例如，郑永年认为中国共产党拥有自我再生产与自我转换的能力；他从党内竞争和党内参与两个维度的变化出发，认为共产党国家体制可以从一个强人统治的封闭政体转向党内民主的开放政体。③

演化中的自我调适：中国本土学者的学术反应

长期以来，中国学者对中国共产党的社会科学化研究鲜有建树。如前所述，对于中国共产党的自我调适最先展开大规模讨论的是党建研究的工作者，他们提供了大量的文本资料、经验分析乃至规范性的政策建议，且已形成一套分析中国共产党的特定话语与方法；但是，就社会科学知识生产而言，党建研究在研究方法、概念操作、理论化等方面尚难以同国际学界进行对话，因此难以对国际学界的相关研究

---

① Andrew J. Nathan, "Authoritarian Resilience", *the Journal of Democracy*, Vol. 14, No. 1 (January, 2003); Bruce J. Dickson, "the Party is far from over", *Current History*, Vol. 106, No. 171 (September, 2007).

② Bo Zhiyue, *China's Elite Politcs: Governance and Democratization* (Singapore: World Scientific, 2010); Yongnian Zheng, *The Chinese Communist Party as Prganizational Emperor: Culture, Reproduction and Transformation* (New York: Routedge, 2010).

③ Yongnian Zheng, "The Party, Class, and Democracy in China", in Kjeld Erik Brødsgaard and Yongnian Zheng, eds., *The Chinese Communist Party in Reform* (New York: Routledge, 2006); Yongnian Zheng, "Can the Communist Party Sustain Its Rule in China?", in Keun Lee, Joon—Han Kim and Wing Thye Woo eds., *Power and Sustainability of the Chinese State* (New York: Routledge, 2009); Yongnian Zheng, *The Chinese Communist Party as Organizational Emperor: Culture, Reproduction and Transformation* (New York: Routedge, 2010).

作出适切的回应并增强其研究的国际影响力。① 然而，随着中国共产党调整变化幅度的加大，一些以政治学学科为学业背景的中国本土学者也提升了对中国共产党的关注，并开始介入相关研究课题；他们的研究具有更多的社会科学化色彩，希图与国际学者的研究相对话和交锋，但同时并不排斥党建研究，或在党建研究的基础上展开讨论，或以党建研究为信息来源。②

就整体状况而言，这些中国本土政治学学者的研究仍然处于初始的展开阶段。但与西方学者有所不同的是，这些学者对于中国社会变迁与政治变化有着亲身体验，对中国共产党的调整变化有着近距离的认知观察，生活体验乃至体制体验融入并影响着他们对经验的思考；他们在大量西方社会科学理论与中国本土经验之间权衡，并逐步产生应以本土经验提炼知识的思路；因此，在中国巨变的浪潮中，他们自觉以不同于西方学者的视角来观察中国共产党，而通常认为中国共产党的起源、发展与演变有其内在的"逻辑"与"情境"，并希望能够将这一"逻辑"与"情境"以更为社会科学化的方式加以描述与呈现，以更为本土化的问题意识来展开研究。③

就具体的研究成果而言，中国本土学者的研究可分为两种路径。第一种是"建构路径"。此一研究路径关心"执政党如何适应国家建设与社会变化"这一建构性问题，研究兼具经验分析与实践建构两个特点，一般未作出概念提炼，却都以政治学概念、理论与知识对中国共产党的能动性调整进行观察分析，并力图推动实践的建构。比如，在国内政治学者较早展开中国共产党研究的林尚立较为关注中国共产党功能的现代调整；他认

---

① 值得一提的是，在近年来关于"中国模式"讨论加热的过程中，已有官方出版物开始公开回应西方提出的"中国共产党为何能够生存"这一问题。2011 年由中央党校教授谢春涛主编的《历史的轨迹：中国共产党为什么能》一书，被中宣部新闻出版署定为干部读书的推荐书目；该书旨在回答"为什么中国共产党能取得如此辉煌的执政成就？为什么这样一个成立 90 周年、执政超过 60 年的政党，依然能够充满生机和活力"；作者通过讲述历史的方式，以完全不同于西方的视角阐述了中国共产党的能力。（见谢春涛主编：《历史的轨迹：中国共产党为什么能》，新世界出版社 2011 年版）。

② 准确地说，中国政治学界对中国共产党研究的方法与路径尚未形成共识，一些学者兼跨党建研究与社会科学研究领域。

③ 关于此点，可参见"中国模式建构与政治发展"学术讨论会记录（杭州，2010 年 4月）；林尚立《社会科学与国家建设：基于中国经验的反思》，《南京社会科学》2011 年第11 期。

为，中国共产党在变化环境的挑战中"面临的最核心问题就是如何重新确立党与国家、社会的关系问题"①；因而，他对中国共产党调整变化的观察主要围绕国家建设与社会建构两个领域展开：一方面，他观察到了中国共产党在现代国家建设与现代社会建构中所具有的重要作用，另一方面，他也发现国家建设与社会建构的内在逻辑也不断要求党的建设与之相适应；因此，他认为，党的自我建设不仅需要从自身的逻辑展开，更需要从功能逻辑（即促进国家建设与社会建构）来展开。② 较早进行政党政治研究的王长江也同样看到了中国共产党进行功能调整的需要，但与林尚立的观察重心有所不同，王长江从世界政党政治研究入手，以政党现代化的视角来观察分析中国共产党的组织调整，他认为"政党现代化，就是政党适应客观环境及其变化的需要，适应社会发展进程，使其自身结构、功能、机制和活动方式不断制度化、规范化、科学化的过程"③；按照这种标准，他认为中国共产党从革命党向执政党转变，其实就是党不断根据现实需要作出调整从而促使自身现代化的过程；因而，他一方面在比较政党政治上进行理论概括工作，而另一方面对中国共产党则更注重于党内民主、党管干部等党内制度与运作机制的观察与讨论，以此推动中国共产党吸收现代政党执政规律。④ 而同样关注党内民主研究的胡伟则从政党类型的角度，认为中国共产党所提出的科学执政、民主执政、依法执政反映出了中国共产党从革命党向执政党的转变，但要彻底完成这种转变则需要中国共产党进一步从"整合型政党"转向"代表型政党"；在此基础上，他

---

① 林尚立：《政党与现代：中国共产党的历史实践与现实发展》，《政治学研究》2001 年第 3 期。

② 林尚立：《中国共产党与国家建设》，天津人民出版社 2009 年版；林尚立：《国家建设：中国共产党的探索与实践》，《毛泽东邓小平理论研究》2008 年第 1 期；林尚立：《民间组织的政治意义：社会建构方式转型与执政逻辑调整》，《云南行政学院学报》2007 年第 1 期；林尚立：《两种社会建构：中国共产党与非政府组织》，《中国非营利评论》（第 1 卷），社会科学文献出版社 2007 年版。

③ 王长江：《政党现代化论》，江苏人民出版社 2004 年版，第 29 页。

④ 王长江：《现代政党执政规律研究》，上海人民出版社 2002 年版；王长江：《政党现代化论》，江苏人民出版社 2004 年版；王长江：《中国政治文明视野下党的执政能力建设》，上海人民出版社 2005 年版；王长江：《关于"党管干部"科学化的几点思考》，《中共中央党校学报》2006 年第 4 期；王长江主编：《党内民主制度创新——一个基层党委班子"公推直选"的案例研究》，中央编译出版社 2007 年版；王长江：《政党论》，人民出版社 2009 年版。

提出了以民主建党来促进执政党建设的路径。① 总体来说，这些学者的共同特点是将描述性分析与建构性分析相结合，在对中国共产党调整变化的观察分析基础上，进一步提出了中国共产党进行调整的取向；由于他们比较强调政党的现代发展，因此他们都认为中国共产党适应变化的方向是在组织功能、执政方式、运作机制上的调整与改变。

　　第二种则是"描述路径"。此一研究路径关心"什么变了、什么没变、党怎样反应"这一经验性问题，研究在观察经验的基础上，力图进行经验归纳与概念提炼，而非建构性分析。比如，张小劲从比较政党的角度看待中国共产党的自我调适；他认为中国共产党面对复杂环境所进行的自我调适并非政党转型，却体现出党本身的能动性；对于未来的不可预期，在研究的方法论上需要从制度性机制的角度来观察中国共产党的调适行为；而就 21 世纪初以来的这段时期，他认为中国共产党的学习机制已经成为其进行自我调适的核心机制，学习型政党的建构也成为党从组织内整合到组织外治理的关键举措。② 景跃进在研究取向上也以经验观察为中心，在其早年的中国村民选举研究中，他发现共产党组织在农村基层选举中具有灵活的创造性；实践变化中的复杂性，促使他更愿意从演化的逻辑和开放的心态来看待中国共产党对社会变化的回应行为，因而他主张以经验归纳的方式来研究中国共产党的变化；通过阶段性的观察，他认为中国共产党表现出一定程度的回应能力，体制未来的变化虽然不可预期，但不能排除实现民主的可能，只是民主化路径可能会与西方有所不同。③ 陈明明也持有同样的态度，他从历史演进的视角，分析了共产党国家体制的起源与发展，在历史经验考察的基础上，他认为中国共产党调适变化的结果

　　① 胡伟：《中国共产党执政方式的转变：逻辑与选择》，《浙江社会科学》2005 年第 2 期；胡伟：《科学建党与民主建党：党内民主模式的建构——论我国党的建设与民主建设的统一性》，《上海交通大学学报》（哲学社会科学版）2011 年第 3 期；胡伟：《现代政党发展规律探析：以党建科学化为视角》，《天津社会科学》2012 年第 1 期。

　　② 张小劲："中国模式建构与政治发展"学术讨论会发言（杭州，2010 年 4 月）；张小劲：《改革开放以来学习型政党的建构》（未刊稿）。

　　③ 景跃进：《当代中国农村"两委关系"的微观解析与宏观透视》，中央文献出版社 2004 年版；景跃进：《如何认识中国政治》（天则经济研究所学术报告，2010）；景跃进：《民主化理论与当代中国政治发展——民主化理论的中国阐释之一》，《新视野》2011 年第 1 期；景跃进：《关于民主发展的多元维度与民主化序列问题——民主化理论的中国阐释之二》，《新视野》2011 年第 2 期；景跃进：《转型、吸纳与渗透——挑战环境下执政党组织技术的嬗变及其问题》，《中国非营利评论》第 7 卷，社会科学文献出版社 2011 年版。

也是开放的，可能会以制度叠加与递进的形式形成累积性变化；而在其对中国共产党的经验研究中，他以意识形态为研究对象，发现随着形势的变化，无论就政治价值还是制度结构而言，意识形态和实践结构都存在不同程度的紧张，虽然党的意识形态与政治价值有调适变化，但仍然需要在不同的层次上做调适性的改进。[①] 总体来说，这些学者的共同特点是，他们已经开始自觉地反思中国政治研究的方法与议题，并积极对西方中国共产党调适性研究作出回应；他们不愿意采用回溯式的解释路径，也不愿意采用建构路径，而更愿意采取从经验变化中进行开放性观察的演化式描述路径；因此，这些研究者基本是在描述性概念的类型上使用"调适"或"自我调适"，从中力图观察分析中国共产党在复杂环境中的变化。

　　概言之，"建构路径"更为关心的是"政党发展"这一主题，在研究中展现了知识生产推动实践建构的逻辑；而"描述路径"则更为关心的是"政党演化"这一论题，在研究中展现了以知识生产概括实践变化的逻辑。就研究的展开序列而言，"建构路径"展现时间最早，在"建构路径"的基础上，"描述路径"逐渐展现并增多。随着时间的推进，在"描述路径"呈规模积累之后，可能会出现对某一研究问题的"解释路径"。

中国共产党的自我调适：中国政治的
观察困境与学术概念的选择

　　从学术研究评价标准而言，对于中国共产党在复杂变化环境中的自我调适现象，国内党建研究作出了大量讨论分析，但相对而言，其较为缺乏社会科学研究方法与理论的支撑，而尚难以同国际学界相关研究展开对话。西方学者虽然具有研究方法与理论上的优势，但他们的观察视角仍然受西方政治文化场景的影响，这样就未将中国共产党的能动性调整看做一个组织在复杂

---

①　《"中国政治发展与政治体制改革"研讨会在京召开》，中国选举与治理网（http：//www. chinaelections. org/NewsInfo. asp? NewsID = 171188）；陈明明：《中国政治制度的价值结构：冲突与调适》，《社会科学研究》2008 年第 2 期；陈明明：《党治国家的形态、理由与转型》，《复旦政治学评论》第 7 辑，上海人民出版社 2009 年版；陈明明：《危机与调适性变革：反思主流意识形态》，《经济社会体制比较》2010 年第 6 期。

环境中的自然演化，而看做抵抗"民主化"的组织能动。① 而中国的社会科学学者对于改革开放 30 多年乃至毛泽东时代都有亲身的经历，具有西方学者难以获取的本土观察条件，本应对中国共产党的能动性调整进行更有深度的研究；然而，一方面，对中国共产党调整变化具有研究自觉的仅为一部分政治学学者，无论是研究规模还是研究深度，尚处于起步阶段；另一方面，当下中国学者的知识生产已经在一定程度上受限于价值认识的不同，对中国共产党的能动性调整的研究自觉程度不一，对于"自我调适"这一概念亦可能产生政治光谱上的两极阐释。② 如此，对于中国共产党的研究就形成了一定的学术困境，即立场不同、价值认识不同、对未来的预期判断不同，对当下中国共产党的自我调适现象有着不同的判断和理解。

表 1   中国共产党的自我调适：不同路径的分析

研究类别 分析类别	党建研究	西方学者研究	中国学者经验研究＊
概念名称	与时俱进	调适性/调适	调适/自我调适
核心问题	中国共产党怎样保持活力	中国共产党为什么能生存	中国共产党是如何反应的
概念类型	建构性概念	解释性概念	描述性概念
概念内涵	中国共产党本质上具有与时俱进的特性	中国共产党对变化环境的能动行为、调适是对西方经典"民主化"的抵制	中国共产党对变化环境的能动行为、调适是组织演化中的行为状态，调适的结果是开放的
研究类型	宣传、阐释与对策性研究	社会科学化经验研究	社会科学化经验研究
研究视角	观念与实践建构	结果回溯式解释	开放演化式描述

说明：＊中国学者经验研究，专指描述路径的研究。

资料来源：作者自拟。

---

① 尽管一部分西方学者对于民主转型理论无法解释当下中国有了认识，但是实际上，大多数西方学者在做中国政治研究时会受民主转型理论思维的影响。关于民主转型理论对中国解释力不足的讨论，可见 Kjeld Erik Brødsgaard & Yongnian Zheng, eds., *Bring the Party Back In: How China is Governed?* (Singapore: Eastern Universities Press, 2004), pp. 1-19; Yongnian Zheng, *The Chinese Communist Party as Organizational Emperor: Culture, Reproduction and Transformation* (New York: Routedge, 2010), pp. 11-15。

② 关于当代中国的不同思潮，可见刘建军《当代中国政治思潮》，复旦大学出版社 2010 年版；从当代中国学者对于"中国模式"的不同争论，也可看出学界的分歧；关于对中国学者知识生产的反思，可见贺照田《当代中国的知识感觉与观念感觉》，广西师范大学出版社 2006 年版。

解决这一困境还在于以社会科学的方法从事经验研究。在海外学术界对于中国共产党研究愈加关注，并试图提出概念与理论的同时，我们是否也应该从方法论上反思中国学者应如何展开中国共产党研究。① 在社会科学本土化的趋向下，中国学者不仅应该有本土意识而从中国政治文化场景出发来观察政治制度在变化环境中的演变与走向，还应该以一种更为客观中立的立场和更为精确严谨的社会科学方法，来概括中国共产党在当下时期的行为特点，而非从"调适"这一概念本身来挖掘它的意识形态化价值。②

笔者认为，在描述性概念的类型意义上使用"中国共产党的自我调适"，是当下学术界概括中国共产党能动行为较为合适的方法。③ 共产党是在革命时代中产生的政党组织，党原有的组织结构与运行机制是革命时代所遗留下来的；当外界环境发生很大变化时，便会对这一类型的政党组织构成挑战。事实上，共产党组织执政与市场经济环境的匹配并无太多历史先例，当市场经济、全球化与治理危机一并来临时，自然对中国共产党提出种种挑战。就此而言，之所以将"自我调适"作为一个合适的描述

---

① 近年来，西方学界对中国共产党的研究已经增多，见 Bruce J. Dickson, *Red Capitalists in China: the Party, Private Entrepreneurs, and Prospects for Political Change* (New York: Cambridge, 2003); Kjeld Erik Brødsgaard & Yongnian Zheng, eds., *Bring the Party Back In: How China is Governed?* (Singapore: Eastern Universities Press, 2004); Kjeld Erik Brødsgaard and Yongnian Zheng, eds., *The Chinese Communist Party in Reform* (New York: Routledge, 2006); Bruce J. Dickson, *Wealth into Power: the Communist Party's Embrace of China's Private Sector* (New York: Cambridge University Press, 2008); David Shambaugh, *China's Communist Party: Atrophy and Adaptation* (Berkeley: University of California Press, 2008); Yongnian Zheng, *The Chinese Communist Party as Organizational Emperor: Culture, Reproduction and Transformation* (New York: Routedge, 2010); Peter Sandby—thomas, *Legitimating the Chinese Communist Party since Tianmen: A Critical Analysis of the Stability Discourse* (New York: Routledge, 2011); Lance Gore, *The Chinese Communist Party and China's Capitalist Revolution: The Political Impact of Market* (New York: Routledge, 2011).

② 需要一提的是，中国政治学的发展可以追溯至民国时期的一批政治学家，如钱端升、萧公权、陈之迈、沈乃正等。他们在留学后回国致力于中国研究，怀抱国家建设与民族强盛之宏愿；他们所采用的研究方法虽然未必如当今学界这般精细与量化，但态度是经验主义的；他们虽然学了满腹的西洋理论，但研究问题是中国式的。他们的研究著作，如钱端升的《中国的政府与政治：1912—1949》、萧公权的《中国政治思想史》、陈之迈的《中国政府》均为经典文献。当下对中国共产党的社会科学化研究应当延续彼时的传统、方法乃至精神，而立足于国际学界。

③ 也有学者使用"政党转型"作为概括中国共产党变化的概念，笔者认为"政党转型"在一定意义上是建构性概念，而非经验性概念。关于"政党转型"概念的使用，可参见周建勇《中国共产党转型研究：政党—社会关系视角》，《上海行政学院学报》2011 年第 4 期。

性概念，是因为在经验层面上，共产党组织本身的内在特性与复杂环境之间呈现出相对的差异性，外界环境的发展超出了中国共产党从革命时代发展出的制度机制所能承载的解决之道，而组织内嵌于环境就要做出幅度性的改变。因而，就概念提炼而言，"自我调适"对于反映中国共产党的幅度变化与行为状态比较恰当。

对"中国共产党的自我调适"这一概念的理解，还需要注意三个方面：第一，就时间序列而言，改革开放以后，尤其是邓小平时代所作出的以"实用主义"为底色的调整，改变了新时期党的"精神气质"，甚至可以说奠基了中国共产党进行"自我调适"的逻辑与空间;① 就此而言，"中国共产党的自我调适"的应用范围应在邓小平时代及以后。同时，从时间变量来看，"中国共产党的自我调适"并非指明一种结果，在更大意义上是一种能动性状态，是一个兼容革命传统与现代文明的复合型组织行为，是中国共产党在组织传统基础上跟随时代变化所作出的灵活调整。

第二，就属性类别而言，"中国共产党的自我调适"是在共产党国家体制运作逻辑下所作出的中层机制生产或技术提升，而不是在结构性政治改革或西方经典民主化逻辑上所作的改变。② 以这种逻辑所展开的自我调适，常常表现为以组织化的方式进行组织内部的调整变化，进而实现适应外部治理环境变化的目的。中国共产党的这种自我调适逻辑，超出了西方民主化理论与政治转型理论的解释范围，却深刻地反映着共产党国家体制的运作形态。如何超出价值判断，而对这一调整逻辑作出经验上的概括与解释，已经成为中国政治学可能为国际社会科学作出知识贡献的机会之一。③

第三，就功能结果而言，"中国共产党的自我调适"对中国政治体制所产生的影响，远远比西方学者的"抵制民主说"要复杂得多，它既有即时效应，也有边际效应，既有象征效应，也有机会效应。就此而言，

---

① 参见 Ezra F. Vogel, *Deng Xiaoping and the Transformation of China* (Cambridge: The Belknap Press of Harvard University Press, 2011)。

② 关于体制中的技术主义变化，参见渠敬东、周飞舟、应星《从总体支配到技术治理——基于中国 30 年改革经验的社会学分析》，《中国社会科学》2009 年第 6 期。

③ 关于中国共产党研究之于社会科学的重要性，可参见 Yongnian Zheng, *The Chinese Communist Party as Organizational Emperor: Culture, Reproduction and Transformation* (New York: Routedge, 2010), pp. 7 - 17；谢茂松：《"混合政治"与中国当代政党政治学的建立》，《文化纵横》2012 年第 1 期。

"中国共产党的自我调适"与环境变化呈现一种互动状态，其互动的结果仍然是开放的。因此，理解"中国共产党的自我调适"应该以演化的逻辑来观察，即将其看做组织对于环境变化的能动性反应，在此基础上分析中国共产党在自我调适中的能力、特质、限度、范围等问题，而不能从站在高位的"既有立场"上来对之进行观察。

概言之，中国共产党的自我调适是一个处于演变中的执政党面对市场经济与变化社会而作出的反应性组织行为。对于研究者而言，对中国政治演变的结果是不可预期的，而对未来进行预期的重要性也远不如对经验变动的归纳与分析。因此，我们更应该看到对"中国共产党的自我调适"进行经验研究所具有的意义：要认识到只有对中国共产党回应环境挑战的能动行为作出客观观察与分析，才能了解共产党国家体制的变化、特性、能量、限度；只有经过严谨的社会科学研究，对共产党国家体制运作的过程与逻辑有清晰的了解，才能更好地做出对中国政治发展的判断，并在此基础上推动具有现实针对性的中国政治改革。身处于急速变化的大时代之中，对中国共产党进行全面、客观、严谨的社会科学研究已经亟须提上日程，这无论之于执政者，还是之于中国政治研究者，都很必要。

参考文献

江泽民：《在庆祝中国共产党成立八十周年大会上的讲话》，《人民日报》2001 年7 月 2 日。

《中共中央关于加强党的执政能力建设的决定》，《人民日报》2004 年 9 月 27 日。

《中共中央关于加强和改进新形势下党的建设若干重大问题的决定》，《人民日报》2009 年 9 月 28 日。

王长江：《中国政治文明视野下党的执政能力建设》，上海人民出版社 2005 年版。

林尚立：《中国共产党与国家建设》，天津人民出版社 2009 年版。

景跃进：《转型、吸纳与渗透——挑战环境下执政党组织技术的嬗变及其问题》，《中国非营利评论》第 7 卷，社会科学文献出版社 2011 年版。

Bruce J. Dickson, *Democratization in China and Taiwan: the Adaptability of Leninist Parties* (New York: Oxfork University Press, 1997).

Bruce J. Dickson, *Red Capitalists in China: the Party, Private Entrepreneurs, and Prospects for Political Change* (New York: Cambridge, 2003).

Andrew J. Nathan, " Authoritarian Resilience", *the Journal of Democracy*, Vol. 14, No. 1 (January, 2003).

David Shambaugh, *China's Communist Party: Atrophy and Adaptation* (Berkeley: University of California Press, 2008).

Yongnian Zheng, *The Chinese Communist Party as Organizational Emperor: Culture, Reproduction and Transformation* (New York: Routedge, 2010).

（作者为中国人民大学政治学系博士研究生，主要研究方向为中国政府与政治、比较政治学）

党内民主

王长江

党内民主是中国现实政治中最重要的问题之一，对于增强中国唯一执政党——中国共产党的活力，提高其领导能力和执政水平，推进中国政治体制改革，发展社会主义民主政治，都具有极其重大的理论意义和现实意义。近年来，随着中国改革不断全面深入发展，党内民主的实践也在向前推进。探索什么是党内民主，发展党内民主与发展社会主义民主政治是什么关系，如何通过发展党内民主探寻中国特色的政治改革之路，越来越成为当今政治学研究中的一个热门话题。

一 提出党内民主问题的背景及其地位

党内民主是政党政治条件下政党活动必然涉及的一个问题。政党作为有共同政治意愿的人们自愿组成的政治组织，必须有统一的组织形式，有共同的纪律，有组织内部的等级服从，才能充分发挥组织整体的力量。但是，服从可能意味着放弃自己的权利。所以，罗伯特·米歇尔斯曾断言，无论什么样的政治组织，哪怕是信奉民主意识形态的政党，也不可避免地要产生强烈的寡头政治倾向。这一著名的"寡头政治铁律"说所描述的政治现象，使得如何防止政党政治变成寡头政治成为政党政治研究者们的一个长盛不衰的研究课题。长期探索形成的一个共识是：发展党内民主是医治政党内部寡头政治的最主要的手段。

但是，在我国，党内民主问题在理论上和实践上都成为一个受到普遍关注的热点，始于改革开放，中共十六大以后尤为突出。如果以改革开放为界分成两个时期，我们会发现，虽然党内民主从来都是共产党自身建设不可或缺的重要内容，但是，在这两个时期谈论党内民主，出发点和侧重面都是不一样的。改革开放之前，对党内民主的强调主要基于马克思主义政党应当遵循的基本原则，因而也主要是遵循苏共模式，强调坚持民主集中制原则，党内民主通常作为民主集中制的一个方面包括其中。与此不同，改革开放之后强调党内民主，则主要出自对长期照搬苏共高度集权模式带来的切肤之痛的反思。

邓小平在 1980 年 8 月的《党和国家领导制度的改革》一文中对权力过分集中现象的抨击，可以看做改革开放后发展党内民主的思想逻辑起点。邓小平分析了权力过分集中的现象与我国政治体制各种弊端的关系，在此基础上，提出了"党和国家政治生活民主化"的问题。与邓小平的看法相呼应，中共十二大作出了党内民主问题"是关系党和国家命运的根本问题"的论断。① 这以后，执政党内部和社会上对党内民主的关注度一直呈上升趋势。中共十六大报告把党内民主提到重要的位置上，明确提出党内民主是党的生命，强调发展党内民主是政治体制改革和政治文明建设的重要内容，对人民民主具有重要的示范和带动作用。② 党内民主被提升到如此重要的地位，激励了各级党组织在这个问题上的探索和尝试，也大大激发了学术界研究党内民主的热情。

学界对党内民主问题的重要性进行了深入的分析。正是这种重要性，使党内民主问题越来越受到重视。学者普遍认为，市场经济发展带来的不同利益诉求的增长，使民主越来越成为人们的现实需求。社会的日益知识化、信息化，则起着进一步放大这种诉求的作用。以掌握公权为首要目的的政党，若不能回应社会的民主诉求，必然遭遇合法性危机。这种需求会反映到党内。在这种情况下，党内长期实行的过度集中、缺乏民主的领导体制就会在人们心目中显得越来越不合时宜。人民民主需要发展，党内民主同样需要发展。发展党内民主，是执政党因应时代要求作出的选择。

学者在阐述这个问题时选取了不同的学术角度。林尚立特别从执政党与政治制度化的关系的角度分析了这一问题，认为党的政治生活制度化将在很大程度上决定国家政治生活制度化，党自身的有效整合是政治体系有效整合社会的基本前提。只有通过党内民主，党才能真正完成自身的制度化过程，使党具有与时俱进的发展能力和创新能力，为政治体系有效容纳

---

① 中共中央党校教材《至关重要文件选编》，中共中央党校出版社 1994 年版，第 233 页。
② 《中国共产党第十六次全国代表大会文件汇编》，人民出版社 2002 年版，第 50 页。

政治参与提供必要的基础。① 胡伟认为，中国共产党的党内民主可以用来回应国内外有关"中国模式"的民主关切，并由此发展出中国的民主模式。中国共产党是中国唯一的执政党。这样的党同样要在民主政治的基本范畴内解决长治久安的问题。以往民主政治只是被看做我国政治体制改革和国家建设的基本内涵和要求，实际上，民主政治也应当成为新形势下党的建设的基本内涵和要求。② 有的学者把党内民主与遵循代议民主的一般逻辑和规律相联系，认为代议民主的关键在于选举竞争，中国的问题是要把选举竞争与保持共产党的领导地位有机统一起来。党内民主模式可以做到这一点，因而是一个符合现代民主原理和中国国情的理性选择。不少学者都把发展党内民主作为中国发展民主的独特道路来看待，认同一些西方学者在这个问题上的观点，认为中国的党内民主化思路是可以在一党威权体制和多党民主体制之间寻求适合中国发展的第三条道路。

还有的学者从对党内民主的预期来论证党内民主成为热点的原因。他们强调，对于中国共产党来说，发展党内民主可以带来许多潜在收益，这些潜在收益成为促进党内民主的动力。它们包括：统治合法性的加强，内部力量整合的强化，在这两者基础上所达到的执政效率和执政能力的提高，等等。党内民主的潜在收益，其实已经为其他一些国家政党早些时候的党内民主实践所佐证。20 世纪 70 年代之后，在世界性民主化浪潮的推动下，西方不少国家的政党都展开了扩大党内民主的尝试。党内民主不但被看成提高党的凝聚力的有效途径，而且成为提高民众的政党认同的重要手段。

需要指出，全面地看，并非所有研究者都认为党内民主有正面意义。在国外，20 世纪中期，美国主张精英政治的代表性学者熊彼特就显然不主张党内民主。他认为，如果一个政党要有责任感和内聚力，就应该大大缩小党内民主的范围，否则党的凝聚力可能会受到影响。政党是一个国家民主制的主要手段，不过它本身不能是民主的。熊彼特的分析，当然首先在西方多党制的语境下才成立，并不适合我国。但在国内，尽管绝大多数人都不反对执政党发展党内民主，仍然有人表达了实行党内民主将使党的

---

① 林尚立：《党内民主的政治整合作用》，《解放日报》2002 年 3 月 11 日。

② 胡伟：《民主政治发展的中国道路：党内民主模式的选择》，《科学社会主义》2010 年第 1 期。

集中统一领导难以保持的忧虑。

二　关于党内民主的概念和内涵

党内民主是一个容量很大的概念，不同的人可以从不同的角度对它作出不同的解读。概括起来，关于党内民主的概念和内涵有以下几种较有代表性的观点：

一是突出党员的主体地位。不少学者认为，所谓党内民主，就是指全体党员有权平等地直接或间接地决定和处理党内一切事务。1988 年，我也给党内民主下过类似的定义："所谓党内民主，就是一个党的全体党员在有关本党的一切问题上有最终决策的权利。"[①] 持这一观点者往往强调，党员是党组织的主人和主体，党内的事务归根到底要由党员当家做主。因此，党内民主最重要的一条，就是尊重党员行使自己的民主权利。党的各级领导机关和领导人的权力来自源于不同层次和范围的党员，党内不允许有超越党的纪律之上的特殊党员和家长式人物。

二是强调党内民主是对党内政治生活的要求和规范。持此观点者往往强调，党内民主不同于一般民主。作为一种组织内部的活动规范，它服从于党的目标，因而不能用一般民主来规范党内民主。党内民主本质上是保持一定政治权威的参与式民主。据此，一些学者下定义：党内民主是指在党内生活中，全体党员根据党章规定，按照民主集中制的原则行使自己的权利，直接或间接地参与、决定和管理党内事务。[②] 一些学者则直接以党内政治生活来定义党内民主，认为党内民主是基于党的自身性质、任务和宗旨，依据民主集中制的基本原则，对党的组织、体制和过程作出民主的制度规定以及由此所形成的党内政治生活。[③] 这些学者将党内民主划分为"制度规定"和"政治生活"两个层面，强调党内民主是这两个层面的结合，是科学的制度和健康的政治生活的有机统一，是以组织团结为取向的民主与集中的高度统一。科学的制度规定是党内民主的根本，健康的政治

---

①　参见《理论纵横》（政治篇），河北人民出版社 1988 年版，第 199 页。

②　肖和华：《论党内民主及其原则》，《湖南大学学报》（社会科学版）2003 年 5 月号。

③　林尚立：《党内民主——中国共产党的理论与实践》，上海社会科学院出版社 2002 年版，第 4 页。

生活是党内民主的基础。①

　　三是强调党内民主是原则、制度和生活相统一。这一观点力求把以上内容综合在一起，从系统的角度来把握党内民主。他们认为，党内民主首先是一种体现多数人意志的原则，因此必须强调党员的主体地位，强调党员权利。在各种组织中把这种原则用法规的形式固定下来，民主就成为制度。在实践中，民主权利的主体按照民主制度和程序从事活动，民主就成为现实的生活。

　　与党内民主的内涵相关联，党内民主的实质也往往成为学者们讨论的对象。大多数学者认为，民主的精神实质是"平等"。因此，党内民主最突出的、反映本质的特征，就是党员对党内权力的分享，党员对党内事务的参与。党内民主制度的架构，应体现这一精神。② 综观之，在党内民主实质问题上，除了表述方式有所不同外，似乎不存在根本性的分歧。

　　对党内民主功能的分析，也从一个侧面反映了研究者对党内民主内涵的把握和理解。高新民认为，对党内民主的功能，可以有多方面的概括。比如，激励功能，激发党的活力；整合功能，整合党的意志；调节功能，确立正确的领袖、政党、群众关系，保持健康正常的党内关系。此外，还具有权力制约功能和导向功能，等等。这些功能中最重要、最值得强调的是自我更新的功能，即政党通过党内民主制度建设，能够形成一种促进新陈代谢的推动力量，形成一种自我更新机制。这一机制由选举（以及与此相关的任期制、责任制、罢免制）、公开、党内监督等相互连接、相互作用的要素构成，并由党内民主制度建设连接为一个整体，起着"自然选择"作用。③

　　综合以上看法，不难发现，以上关于民主概念和内涵的种种看法，实际上并不矛盾。与其说它们是关于党内民主的不同见解，不如更确切地说，它们是观察党内民主的不同角度。这些角度因研究者个人的兴趣和侧重点不同而不同，但同时又都反映党内民主的不同方面，起着观点互补的作用。

　　党内民主较之通常意义上的民主的相同和不同，确实是把握党内民主

　　①　田芝健、姚剑文：《论党内民主与人民民主的相互关系》，《学术论坛》2002 年第 3 期。

　　②　高新民：《论党内民主》，《中国党政干部论坛》。

　　③　高新民：《以党内和谐促进社会和谐》，湖南人民出版社 2007 年版，第 164—165 页。

内涵的一个关键点。"党内民主"概念中的"民主"，并非民主的本义，而是一个借用的概念。通常意义上的民主，主体是公民。党内民主中的"民"却不是公民，而是党员。这一区别是本质性的。不仅仅因为不能把党员和民众混淆在一起，而且也因为它们的运行有着完全不同的法理基础。民众之所以要做主，首先是因为他们是具有独立利益的公民，是公共权力的主人，有权要求国家和政府以维护和发展公民利益为准绳运用权力。政党虽然有自己的利益，但由于要掌握的是属于公众的公共权力，因而只能以发展公共利益为目标，而不能以发展党自身的利益为目标，更不允许以发展党员的利益为目标。按照这一原则，"党内民主"就不能解释成党员为了自身个人利益而做主。所以，在这里，作为民主逻辑起点的不再是利益，而是权利。权利来自利益。但这里的权利不是公民权，不是在公民利益的基础上产生，而是党员权利，来自公民自愿加入组织而形成的共同价值追求。这样一来，党内民主便不具备一般民主中利益—权利—权力链条的那种完整性，而只是对民主运行所遵循的一些理念、原则、规则、手段、体制机制的借用。这种借用的性质，实际上既规定了党内民主对一般民主的内容有取有舍，也规定了进行这种取舍的边界。所以林尚立强调，党内民主是有边界的。他把这一边界的特征具体归结为七个方面：党内民主的发展不单纯是目的，而是目的与手段的有机统一；党内民主的目的不是使党成为民主的实验地，而是使党成为有生机活力的政党；党内民主的基础不是党内派别，而是有权利的党员和制度化的组织；党内民主的维持不是政治性的组织动员，而是制度化的民主过程；党内民主的取向不是以个人自由主义为取向的民主主义，而是以组织团结为取向的民主与集中的有机统一；党内民主的结构不是封闭的，而是开放的；党内民主的进程不是跃进式的，而是渐进式的。①

三　发展党内民主涉及的相关问题

对党内民主的研究，最终都要落脚到如何发展党内民主上。和前两个问题相比，这或许是一个更加众说纷纭的范畴。概括起来，研究者的讨论主要集中在以下重大问题上。

---

① 林尚立：《党内民主及其边界》，《学习时报》2002 年 10 月 24 日。

第一，发展党内民主的路径。

关于发展党内民主的路径选择，学界的观点显示了巨大的差异。我们大体上可以从政党组织和民主两个视角来观察这些观点。

从政党组织而论，一些人认为，发展和实行党内民主，首先要从基层党组织做起，然后像登台阶一样拾级而上。他们强调，基层党内民主是发展党内民主的基础，是党内民主这一系统工程的起点，是发挥广大党员积极性、主动性和创造性的关键因素。另一些人则认为，党内民主从党的高层开始是比较理想的选择。因为党组织的层级越高，其组织结构就越完整，精英的素质就越好，也就越具备民主化的条件。而且，因为涉及人数少，便于操作。而从基层开始往往容易失控，加大成本和风险。也有学者主张，从高层民主示范、基层民主试点到中层民主带动，是"渐进式发展党内民主"的可行之路。高层的民主示范对党内民主的发展具有决定性的推进和带动作用；基层民主是党内民主的基础，对党的整体民主发展具有根本性意义；起着承上启下关键作用的中层组织的民主既可以促进高层民主，又可以带动基层民主的发展。

从民主本身而论，研究者的关注点几乎遍及民主过程的所有重要环节。有的学者把落实党员民主权利放在优先位置，认为比较容易做，只要按照党章的要求抓落实，保证党员都真正成为党内生活中的主人即可。有的学者强调，党内民主要有所突破，必须首先从党内选举开始，而且是从实实在在的差额选举开始，体现竞争性的选举才是真正推动党内民主发展的动力。有的学者认为，鉴于目前我们党内的民主主要是以党的各级代表大会为主体的间接民主，发挥党代表大会的作用应是推进党内民主的根本途径。通过实行党代会常任制，体现党员当家做主的要求，并进一步带动党委会制度、党内选举制度、党内监督制度和党内权力结构的变革。有的学者认为，从民主决策入手建立党内民主制度，可以获得较大成果而无大的风险，改革阻力最小。还有的学者认为，党务公开制度是党员知情权的体现与保障，可以从党务公开入手来推进党内民主。

与路径问题紧密相关的另一个概念是"突破口"。许多学者把自己的上述选择同时叫做"突破口"。其实，严格说来，在这里使用"突破口"的概念并不严谨。改革初期，当我们面临一个完整的过度集权、缺乏民主的体制时，的确存在一个从中选取突破点的问题。但是改革发展到今天，已经变化了的党的运行机制的各个环节彼此纠缠、矛盾交错，实际上面临的已经不是某一点上的问题，不可能找到真正意义上的突破口，而需要对整个改革进行协调和统筹。所以，使用党内民主各个方面整体推进的概念，可能会更加准确得多。①

第二，党管干部与竞争性选举。

不管学者们各自强调的方面有多么不同，民主授权是整个民主的逻辑起点，这一点是确凿无疑的。所以，无论选择什么路径，授权民主都是推进党内民主或迟或早会遇到的问题。民主授权的核心是选择权，而有选择必然有竞争。所以，党内实行竞争性选举越来越成为多数研究者的共识。但是，竞争性选举似乎和执政党历来强调和坚持的党管干部原则相矛盾。因此，如何解读党管干部原则，便成为党内民主发展过程中一个亟须破解的难题。

主流学者认为，党管干部的原则应该坚持，但其内容应与时俱进。党管干部应该科学化。坚持计划经济时期的观念，把"党管干部"简单地理解为管人头，理解为党委、组织部门甚至书记说了算，必然把"党管干部"的原则和公众的选择权对立起来。"党管干部"应当有明确的边界，即党在干部的培养、使用、任免等各个环节都可以充分地发挥自己的影响，但不能虚化、取消甚至剥夺公众的选择权。超越了这条底线，就违背了民主政治的基本精神。所以，"党管干部"的准确含义应当是"党领导干部工作"，即管政策，管方向，管人才储备。②

沿着这一思路，一些学者对落实党管干部原则需要更新的具体内容作了梳理。一是进一步改进候选人提名方式。党组织需要在选举中发挥引导作用，但这种引导应以党内提名过程公开化民主化为基础，在更大范围内和更高层次上推广党员个人自荐、组织推荐、群众联名举荐等多样化的提名方式。二是由党代表大会来规范各级领导班子的权限、责任，按照权力与责任相对应的原则，实行真正的责任制，加强对领导班子成员的管理。三是领导班子成员的配备科学化，根据个体素质的差异、专业特点和分工的要求，按照干部的德才能绩来配备领导班子。四是培训执政人才，源源不断地为公众提供合格的、可供选择的执政骨干。

第三，党代表大会制度。

---

① 王长江：《着力推进党的自身的改革创新》，《解放日报》2009 年 9 月 28 日。
② 王长江：《关于"党管干部"科学化的几点思考》，《中共中央党校学报》2006 年第 4 期。

党内民主的代议制形式，决定了党代表大会的重要地位。但是，长期以来，党代会的作用和理论设计预期相差甚远。每五年召开一次会议、每次会议通常一周左右的模式，使作为"领导机关"的党代会徒有其名，党代表基本没有机会履行自己的职责。所以，要发展党内民主，发挥党代会和党代表作用的问题很自然地就成了受到普遍关注的问题。"党代会常任制"就是在这种情况下被重新提出来的。在1956年中共八大上，邓小平曾经提出实行党代会常任制的设想。

从严格的学术观点看，"党代会常任制"的概念并不准确。它的核心内容有二：一是党代会每年都应召开，而不是五年才开一次；二是党代表在日常工作中履行职责，而不能只等着参加五年一次的大会。可以看出，其实这些内容是"党代会"和"党代表"概念的题中应有之义。只是为了针对过去没有活动的状况，需要强调"常规"、"正常"、"日常"、"常常"、"常态"，才采用了"常任制"的概括。

1988年，在一些地方开始了党代会常任制的尝试。其中最著名的当属浙江的椒江，从那时至今没有间断。但二十多年后的今天，党代会常任制仍然停留在试点阶段，尽管试点数目有相当的增长。出现这种情况，根本的原因乃在于，党代会作用的提升，必然与现有的党内权力架构发生冲突。具体说来，这种冲突表现在以下方面：首先，从法理上讲，党代表大会和它产生的委员会在党章中被并列为"领导机关"，这本身关系就不顺。在实践中，解决这一矛盾的办法是虚化党代会的职能。一旦实行党代会常任制，这一矛盾就再也无法回避了。其次，由于党委会是常设机构，造成了它集决策权执行权于一身的既成事实，党代会遇到的是逆向运行的权力，实际上两者的关系是倒置的。人们常常会见到地方党委给党代表布置调研任务、党委委员"上对下"式地联系党代表的情况。甚至实行党代会常任制被算成了地方党委的一项政绩。再次，党代会活动要成为常态，就不能不建立常设机构。这些常设机构与现有的全委会、常委会、纪委会之间必然有权力重新分配的问题。上述难题，都涉及执政党的权力运行这个核心，解决起来难度极大。

不过，改革的方向应当是明确的。王贵秀认为，下一步改革的重点是改变长期存在的党内权力授受关系模糊不清以至颠倒的倾向，把十七大报告提出的"建立健全决策权、执行权、监督权既相互制约又相互协调的权力结构和运行机制"的思路具体化、细化。应使党的代表大会及其常设委员会成为"决策机关"，由代表大会选举产生的党的委员会成为"执行机关"，同样由大会选举产生的纪律检查委员会成为专门"监督机关"，各司其职，解决"权力过分集中和不受约束"的深层次难题。①

第四，党内派别问题。

与党内引入竞争性选举相联系，人们必然关心党内会不会随之出现派别、如何看待派别的问题。因为竞争意味着向全体党员提供不同的、可供选择的主张，而不同的政治主张往往孕育着产生派别的可能性。

一种越过官方思想边界的观点认为，党内应允许派别存在，派别活动应当合法化。其理由是：政党是由代表一定阶级或阶层的利益并为实现一定的政治目的人而组织起来的社会政治团体。党内那些代表不同阶层利益或持不同的思想、观点和主张的成员也就自然会形成各种阶段性的或相对稳定的政治派别。这种观点认为，允许党内政治派别合法存在可以实现党内权力监督和制衡，是党内民主的基础所在。

多数学者对派别持否定立场。林尚立认为，在共产党领导的多党合作制的政党制度下，发展以党内派别为基础的党内民主，不但不会增强党的执政能力和领导水平，反而会从根本上搞垮现有的政党制度，使党失去执政的组织基础和制度保障。防止派别出现的办法，就是使党内民主成为一种制度化的民主过程，并将政治性的组织动员纳入这个过程。②

执政党政治代表性的扩大必然会将更多社会阶级或阶层的利益反映到党内来，这是没有疑问的。但是，这并不意味着党内应当允许存在代表不同阶级和阶层利益的组织，即派别。党员可以反映不同的利益诉求，但本质上他们不应是这些利益在党内的特殊代表。他们只是根据自己的判断，提出解决社会矛盾和发展问题的各种观点和主张。党内竞争是这些不同观点和主张之间的博弈。问题在于，过去我们受斯大林模式的影响，把不同意见直接等同于派别，把派别的含义扩大化了。

所以，寻找一条既实行党内竞争、又防止派别的党内民主之路，仍存在很大的探索空间。其中最重要的有两条：一是划清不同观点、主张之间的竞争和派别活动的界限，按照列宁对派别的严格定义而不是斯大林的实践来规范党内生活，为不同意见的正常表达提供足够的平台；二是以党内

---

① 王贵秀：《对 60 年来民主建设的"知""行"反思》，《学习时报》2009 年 11 月 9 日。
② 林尚立：《党内民主及其边界》，《学习时报》2002 年 10 月 24 日。

法规的形式为党内竞争划定明确的边界，对候选人围绕落实党的代表大会确定的纲领性主张提出自己的施政设想，围绕施政设想展开宣传，以及为候选人提供平等的展示机会和等量的竞选费用等，都作出明确的可操作的界定。还可借鉴国外政党管理经验，在组织活动、经费使用等方面规定严格的限制性条款。

四　关于党内民主与社会民主的关系

在中国，执政党的党内民主不仅与党自身的健康和活力有关，而且对整个国家的政治生态具有重大影响。因此，党内民主和社会民主的关联度在这里比在任何一个国家都要大得多。发展党内民主是发展社会主义民主的合理延伸。一个以建立社会主义民主政治为目标的党，自然应当在自己内部发展民主。反过来，党内民主的发展，又可以为整个社会主义民主政治的发展提供动力。党内民主和社会民主（官方文件通常使用"人民民主"的提法）的这一关系，在党的文件中得到了充分的表述。

许多学者对党内民主对社会民主的推动作用充满期待。他们认为，在党内和社会都缺乏民主的情况下，在党内实行民主，通过党内民主推动人民民主的发展，实行党内民主和人民民主的互动，是一条切实可行之路，比直截了当地在社会开展人民民主，容易避免风险和失误。王贵秀认为，把发展党内民主，改革和完善党内领导体制作为政治体制改革的突破口，最符合实质性和联动性、风险较小、相对独立性这三个原则，是最为有利的民主实现路径。① 胡伟认为，如果共产党能够实现较大程度的党内民主，鉴于它在我国政治生活中的特殊地位，必将牵一发而动全身，带动整个中国民主政治的发展。②

研究者对党内民主与社会民主的关系有较多的论述。学者们普遍认同，党内民主和人民民主都是社会主义民主政治建设的重要组成部分，两者相辅相成、相互促进、有机统一。胡伟认为，党内民主是人民民主得以发展的前提和基础，对人民民主起着指导和示范作用。王贵秀认为，党内

① 王贵秀：《政改突破口：发展党内民主》，《改革内参》2003年第1期。
② 胡伟：《党内民主与政治发展：开发中国民主化的体制内资源》，《复旦学报》（社会科学版）1999年第1期。

民主制约着人民民主，它应该也有可能比人民民主发展得更高更充分，并以其充分的发展来推动和促进人民民主。还有学者对两者进行了更细的区分，认为党内民主具有关键性、决定性和示范性，人民民主具有基础性、法定性和广泛性，因此通过发展党内民主来发展人民民主，进而推进社会主义政治文明建设是我国民主政治建设的现实选择。有的学者特别强调，发展党内民主与改革政治体制可以形成良性互动的局面。党内民主发展到一定程度，运作规范、科学，对未来的政治体制改革有参照、导向作用，有利于政治体制改革的顺利运作。反之，政治体制改革搞得顺利、成功，又可以成为推动党内民主发展的力量。

　　但是，在对两者关系的认识上，似乎也存在一些误区。有的学者把党内民主带动和促进人民民主的提法理解为一种改革顺序，认为党内民主是人民民主赖以发展的前提，也是民主政治发展的逻辑起点和关键。持此观点者甚至用实行村民自治带来的问题反证这一顺序，认为产生这些问题的原因正是颠倒了逻辑顺序，发展民主不是先党内、后社会，而是先在基层推行民主，造成了混乱。

　　很显然，这种观点混淆了党内民主和社会民主的区别。如前所述，党内民主和社会民主既联系、相通，又有重大差别。相通之处在于，民主政治所遵循的一些基本原则、程序和制度在党内同样适用。与此同时，有些区别却具有根本性。其中最重要的区别是，社会民主以公民个人利益为前提，而政党则追逐公共利益，至少在名义上是如此。这种不同，导致了党内民主和社会民主的动力不同。政党追求价值目标，由此引出的一个可能性是党内民主动力不足。而社会民主以个人利益为牵引，在市场经济条件下动力强劲。因此，在实践中存在这种可能性：社会民主随着市场经济的发展不断前行，而党内民主则动力不足出现滞后。在这种情况下，如果仍然坚持先党内后社会的顺序，就必然出现人为阻止社会民主发展的现象，带来民主参与危机。

　　所以，应该这样来理解党内民主与社会民主之间的关系：主观而言，占据着执政地位的党应该大力发展党内民主，以期对日益高涨的社会民主起引领和示范作用；客观而言，由不同利益促动的社会民主可以为党内民主提供强劲的动力。因此，党内民主和社会民主应该是一种良性互动的关系。不能把党内民主简单地看做民主政治建设的出发点，把党内民主发展作为中国民主政治建设的逻辑前提，更不能随意叫停广大地方和基层在发展民主方面进行的各种尝试，而应增强忧患意识，跟上时代潮流，担起鼓励和引导民主发展的责任。

五 结束语

党内民主既是一个理论问题，更是一个实践问题。在这里，我们没有单独描述中共党内民主的实践。但是，这绝不意味着实践无足轻重。恰恰相反，理论研究之所以能够不断深入，正是因为普遍开展的党内民主探索为理论研究提供了丰富的案例。同时，我们也看到，随着实践的不断深入，大量涉及党内民主的深层次问题开始浮现，对党内民主的现有理论和实践都提出了新的挑战。至少像党内民主的顶层设计、党内既得利益的滋长对党内民主成果的消解、对党内民主继续发展的阻碍等这样一些重大问题，在相当数量的研究者那里还没有破题。所有这些，都无不说明继续把党内民主研究提升到更高层次的紧迫性。

参考文献：

侯少文：《党内民主研究》，春秋出版社1988年版。

杨郧生：《党内民主机制论纲》，党建读物出版社1999年版。

林尚立：《党内民主——中国共产党的理论与实践》，上海社会科学院出版社2002年版。

王贵秀：《论民主和民主集中制》，中国社会科学出版社1995年版。

高新民等：《党内民主研究——兼谈民主执政》，青岛出版社2007年版。

陈冬生：《中国政治的民主抉择——党内民主与政治文明》，江西高校出版社2004年版。

许冬梅：《中国共产党党内民主研究》，党建读物出版社2004年版。

王勇兵：《党内民主的制度创新与路径选择——基于基层和地方党内民主试点的实证研究》，中央编译出版社2010年版。

肖立辉等：《中国共产党党内民主建设研究》，重庆出版社2006年版。

王长江主编：《党内民主制度创新——一个基层党委班子"公推直选"的案例研究》，中央编译出版社2007年版。

（作者为中央党校党建教研部教授、主任，中央党校世界政党比较研究中心主任，中国地方政府改革创新研究与奖励计划总负责人）

增量民主[*]

俞可平

改革开放以来，中国的政治发展走上了一条既明显不同于传统苏联式的无产阶级专政，又不同于西方式代议民主的独特道路，开始形成一种别具特色的政治模式，中国共产党把这种政治模式称为中国特色的社会主义民主政治。一方面，中国拒绝多党竞争，坚持"一党领导，多党合作"，也不搞立法、行政、司法的"三权分立"和国家领导人的普遍直选；另一方面，中国开始日益重视民主与法治，将"人民民主"视作社会主义的生命，正式把建设法治国家作为政治发展的基本目标，"尊重和保障人权"的条款也正式被载入宪法。中国特色政治发展的理想目标，是实现"党的领导、人民当家做主和依法治国"三者的有机统一。这种政治模式最明显的特征，就是通过增量改革来逐渐推进中国的民主治理，扩大公民的政治权益，因此，我把它称为"增量民主"（Incremental Democracy）。

一 增量民主的意义

所谓"增量"，是相对于"存量"来说的；而民主中的"存量"是指已经取得的政治民主的成就和经验。新中国成立以来，尤其是改革开放30多年来，中国民主发展已积累了可观的存量，其主要内容可归纳为以下三个方面。首先是基本民主制度的确立，包括人民代表大会制度、政治协商制度、党内民主制度、基层民主制度、区域和居民自治制度；第二是民主政治的进展，特别是在公民社会、基层选举、居民自治、依法治国、

* 本文初稿由何哲博士根据我的相关文章整理而成，最后经我本人修定，特此说明并向何哲博士致谢。

权力监督、政府决策、政务公开、公共服务等方面所取得的成就；第三是以自由、平等、公正、人权、法治等为核心理念的新型政治文化的形成。①

这些文化、制度和实践都属于"存量"的范畴，它们为民主政治的进一步发展奠定了必要的基础。与此对照，所谓"增量"就是新增的政治权益，而所谓"增量民主"就是在不损害人民群众原有政治利益的前提下，最大限度地增加新的政治权益。根据增量民主的思路，所有政治改革都必须在不损害公民已有合法权益的前提下，尽可能地增加原来所没有的政治利益。通过逐渐放大新增的利益，使得人民群众实实在在地感受到政治改革的好处。简而言之，增量民主期望通过持续不断的政治改革，达到政治生活中的"帕累托最优"，即最大限度地增大人民群众的政治权益。

在阐述"增量民主"概念时，不少人可能会想起另外一个相近的概念，即"渐进民主"，并且容易将这两者相混淆。一些学者已经不加区分地将两者视作同一范畴。其实，这两个概念之间存在重大区别。尽管"增量民主"与"渐进民主"在概念和形式上有所相似，但实质上代表着两种不同的政治民主化路径。

"渐进民主"主要是一个时间性和过程性的概念，而"增量民主"则主要是一个空间性的和后果性的概念。具体而言，"渐进民主"是指在时间上逐渐推进，在层次上逐渐递延，在实现方式上反对任何激进式的改革。"增量民主"着眼于民主的后果，它强调社会政治利益总量的增加。"增量民主"指的是，在不损害公民原有政治利益（存量）的前提下，通过推动改革，创造新的政治增量来全面推进民主进程，从整体上增加人民群众的政治权益。虽然在时间上和方式上，"增量民主"也反对休克式的改革，但"增量民主"观点的实质在于改革中确保实现"帕累托最优"的连续过程。相对于民主的过程而言，"增量民主"更加强调民主的效益。

从程序上来说，"渐进民主"强调过程的渐进性，但在推动民主进程的方式、方向、层次等方面缺乏明确的程序性策略。因此，从哪里入手，向哪里推进，在"渐进民主"中并无内在的规定性。"增量民主"则明确地提出了推进中国民主进程的重点步骤，以及推进中国民主治理的合理路

---

① 闫健编，俞可平述：《让民主造福中国——俞可平访谈录》，中央编译出版社 2009 年版，第 26 页。

径。它主张优先发展党内民主和基层民主，以此带动社会民主和高层民主。党内民主意味着民主从权力核心向外延的扩展；基层民主意味着民主从下层向高层的演进。根据"增量民主"的逻辑，中国既要适时进行突破性的政治改革，又要维护社会政治的稳定有序，从而增大公民的权益。

从方式上来说，"增量民主"强调"点"和"面"的同时突破，强调"以点带面"的制度创新，试图通过政府创新所新增的政治利益，来确保改革过程中的"帕累托最优"。而渐进改革则主要关注"点"的改革，很少涉及"面"的突破。因此，"增量民主"除了强调"以点带面"的试点改革外，还特别强调地方的政治改革，竭力倡导扩大地方改革的空间，增大地方的改革自主性，呼吁中央政府要善于将地方的先进改革实践上升为国家的正式制度，从而及时地在更大的范围内加以推广。

二　增量民主的要点

从某种意义上说，增量民主并不是一种政治制度的框架，而是通往民主政治的一种发展模式，其强调的重点不在制度和结构，而在于过程和路径。增量民主特别强调以下几点。

第一，以最小的政治成本取得最大的政治效益。正在或者将要进行的政治改革和民主建设，必须有足够的"存量"。即必须具备充分的经济和政治基础，必须与既定的政治经济体制和社会经济发展水平相一致，尤其是，必须拥有现实的政治力量，必须符合现存的政治法律框架，具有法学意义上的合法性（legality），不能违背现有的宪法及其他基本法律。

第二，政治发展要突破而不要突变。政治改革和民主建设，必须在原有的基础上有新的突破，形成一种新的增长，是对"存量"的增加。这种新的"增量"，不是对"存量"的简单数量增长，而是性质上的突破。不仅具有法学意义的合法性（legality），也要有政治学意义的合法性（legitimacy），即对于社会进步和公共利益而言具有正当性，并为绝大多数公民自觉认同。当这种政治学意义上的合法性与法学意义上的合法性发生明显冲突时，有关的法律就应当做相应的修正。

第三，这种改革具有"路径依赖"的特征，其发展进程表现为不时地有所突破，但不是政治过程的突变。虽然这种突破可能意味着质变的开始，但质变的过程通常是缓慢的，并且不能离开先前的历史轨道，是历史发展的某种延伸。现实政治改革中的所谓"老人老办法，新人新办法"，即是这种"路径信赖"的生动体现。

第四，根据增量民主或增量政治改革的思路，深化党内民主和基层民主应当成为目前我国政治体制改革的重点突破口。深化党内民主，首先要完善和切实执行党内的各种民主选举制度和民主监督制度，要使党的各级领导真正由党员或党员代表选举产生，并对自己所领导的党员和人民群众负责。深化基层民主，不仅要把重点放在已经推行的村民自治、居民自治或其他社会自治上，而且要不断探索和扩大新的基层民主形式，如乡镇领导和县市领导的选举方式和决策方式的改革等。

增量民主实质上是在中国目前的政治、经济和文化条件下，推进中国民主治理的一种战略选择。无论是与西方的自由民主理论相比，还是与传统的社会主义民主理论相比，它都有自己的明显特点。

1. 程序民主决定实质民主

所谓民主，就是一系列保证公民实现自由、平等和其他权利的制度和程序。实质民主与程序民主相辅相成，不可偏颇。在中国目前的现实政治条件下，程序民主具有特别重要的意义。社会主义民主政治的核心问题是人民的政治参与，人民的参与过程是实现民主的根本途径。参与本身就是一种人民行使民主权利的方式和表现。一部规定"主权在民"的宪法固然是重要的，但仅有规定公民民主权利的法律是远远不够的。对于现实的民主政治而言，宪法和法律的条文固然重要，但同样重要的是对这些条文内容的动态控制以及实现这些条文的实际程序，民主必须像陀螺一样运转起来才有实际意义。

2. 民主政治需要公民社会

随着社会主义市场经济的确立和民主政治的推进，一个相对独立的公民社会在中国开始出现，并且对社会的政治经济生活发挥日益重要的作用。公民社会是民主政治的基础，没有健全的公民社会，就不可能有高度发达的民主政治。从某种意义上说，社会主义民主的发展过程也就是公民社会不断扩大而政治国家不断缩小的过程，是不断还政于民的过程。根据增量民主的观点，党和政府应当积极培育社会主义的公民社会，鼓励社会组织在提供公共服务、扩大公民参与、建设和谐社会和提高执政能力方面的重大作用，积极主动地与合法的社会组织建立合作伙伴方面，努力实现官民共治的理想政治格局。

3. 党内民主带动人民民主

党内民主带动人民民主的过程，是民主从权力核心向外围扩展的过程。中国共产党是唯一的执政党，掌握着国家的核心权力，不仅是实现中国现代化的核心力量，也是推进中国民主化的核心力量。按照增量民主的逻辑，中国的民主政治不仅不能离开中国共产党，而且在很大程度上取决于中国共产党自身的民主化，特别是中共从革命党转变成执政党的进程。作为8000多万党员的大党，中国共产党聚集了中国社会广大的政治、经济和文化精英。没有党内的民主，就意味着没有核心权力层的民主。从中国的实际情况看，市场经济是党组织和政府引入的，公民社会是党组织和政府引导的，基层民主是党组织和政府倡导的，法治进程也是党组织和政府推动的。同样，中国共产党也是中国的民主进程的主要推动者，以党内民主带动人民民主，是中国民主治理的现实途径。在全球化和现代化的新历史条件下，从某种意义上说，中国共产党的先进性将在相当程度上取决于其推动中国民主化的实际进程。但是，同时必须清醒地看到，"以党内民主带动人民民主"，这一命题本身就意味着，党内民主不是中国民主政治的根本目标，人民民主才是最终目标。

4. 依法治党带动依法治国

党内民主带动社会民主，势必要求"以法治党"带动"以法治国"。从根本上说，民主与法治是一个硬币的两面，互为条件，不可分离，它们共同构成现代政治文明的基础。宪法和法律对人民民主权利的保障，是民主政治的基本前提，没有这个前提，就谈不上民主。若没有法治，公民的民主权利就有可能随时被剥夺，公民的政治参与就有可能破坏社会稳定，民主进程就有可能导致秩序的失控。法治的实质意义，是宪法和法律成为公共生活的最高权威。任何个人或任何组织都必须在宪法和法律的范围内活动，必须服从法律的权威，在法律面前人人平等。这样的一种法治，只有在民主政治条件下才能真正实行。没有法治即没有民主，对于我国来说，法治的实现程度，几乎也就是民主的实现程度。在坚决推行依法治国的同时，也要坚决实行依法治党。正像党内民主带动人民民主一样，也要通过依法治党带动依法治国。依法治党的基本意义就是，党领导人民制定法律，党本身必须在国家宪法和法律的框架内活动，党的政策和规定不得与国家的法律相抵触，一切党组织和党员领导干部都必须严格遵守国家的法律和党的规章。

5. 基层民主向高层民主推进

逐渐由基层民主向高层民主推进。中国现阶段民主政治的重点和突破口是基层民主，一些重大的民主改革将通过基层的试验逐步向上推进。改革开放以来，基层民主一直是中国民主政治建设的重中之重。几乎每一次全国人民代表大会和每一次党的代表大会，都没有例外地强调基层民主的重要性。基层民主直接关系到广大人民群众的切身政治权利，是全部民主政治的基础，意义尤其重大。此外，优先发展基层民主，从基层民主逐渐向上推进，也有利于社会政治的稳定和积累民主政治的经验。中国的基层政权包括县市、乡镇和村落社区三个层面。中国基层民主的突破始于村民自治和社区自治，经过近 30 年的发展，基层民主的重心应当逐渐从村落社区转向乡镇和县市。扩大县乡领导人公推直选的范围、增加公民直接参与的渠道、推进基层社会自治、转变城乡治理结构和治理方式，都应当是基层民主治理改革的重点内容。

6. 动态稳定取代静态稳定

民主化过程最大的威胁是社会的稳定，对于转型时期的中国来说尤其如此。中国的所有改革必须维持社会安定，"稳定压倒一切"有其合理基础。但是，在社会主义市场经济和民主政治条件下，我们所要达到的不再是一种"传统的稳定"，而是"现代的稳定"。传统的稳定是"以堵为主"的静态稳定，其主要特点是把稳定理解为现状的静止不动，并通过压制的手段维持现存的秩序。与此不同，现代的政治稳定则是"以疏为主"的动态稳定，其主要特点是把稳定理解为过程中的平衡，并通过持续不断的调整来维持新的平衡。以公民对某些官员或某个政府行为的不满为例，我们可以有两种处理办法。一种是通过各种手段禁止公民表达其对某些官员或某个政府机关的不满，用强制的方式来维持现存的政治平衡。另一种是让公民通过合适的渠道表达其不满，然后根据公民的不满和政治生活中新出现的问题及时调整官民关系，用新的政治平衡去替代旧的平衡。前一种方式就是我们所说的传统的静态稳定，后一种方式便是现代的动态稳定。动态稳定的实质，是用新的平衡代替旧的平衡，它绝不是像"文革"时期那样的无序状态，而是使秩序由静止的状态变为一种过程的状态，真正达到中共十五大报告中所指出的"在社会政治稳定中推进改革、发展，在改革、发展中实现社会政治稳定"。

三　增量民主的目标

根据增量政治改革或增量民主的观点，治理和善治的理念对于中国的政治发展具有特别重要的意义。① 人类的政治理想正在逐渐从传统的"善政"转为现在的"善治"。善治将是人类在 21 世纪最重要的政治合法性来源。从长远看，"增量民主"的最终目的就是实现"善治"的理想。从政治学意义上说，治理指的是公共权威为实现公共利益而进行的管理活动和管理过程。治理与统治（government）既有相通之处，也有实质性的区别。两者的实质性区别之一在于，统治的主体只能是政府权力机关，而治理的主体可以是政府组织，也可以是非政府的其他组织，或政府与民间的联合组织。统治的着眼点是政府自身，而治理的着眼点则是整个社会。正像政府的统治有"善政"（good government）与"恶政"（bad government）之分一样，治理亦有"善治"（good governance）与"恶治"（bad governance）之分。善治是公共利益最大化的管理过程，是政治生活中的理想状态。善治的本质特征，就在于它是政府与公民对公共生活的合作管理，是政治国家与公民社会的一种新颖关系，是两者的最佳状态。它有以下 10 个要素：

1. 合法性（legitimacy）。它指的是社会秩序和权威被自觉认可和服从的性质和状态。它与法律规范没有直接的关系，从法律的角度看是合法的东西，并不必然具有合法性。只有那些被一定范围内的人们内心所体认的权威和秩序，才具有政治学中所说的合法性。合法性越大，善治的程度便越高。取得和增大合法性的主要途径是尽可能增加公民的权益，从而获得其政治认同。所以，善治要求有关的管理机构和管理者最大限度地协调公民之间以及公民与政府之间的各种利益矛盾，以便使公共管理活动实现最大限度的公共利益。

2. 透明性（transparency）。它指的是政治信息的公开性。每一个公民都有权获得与自己的利益相关的政府政策的信息，包括立法活动、政策制定、法律条款、政策实施、行政预算、公共开支以及其他有关的政治信息。透明性要求上述这些政治信息能够及时通过各种传媒为公民所知，以便公民能够有效地参与公共决策过程，并且对公共管理过程实施有效的监督。透明程度愈高，善治的程度也愈高。

① 俞可平：《增量民主与善治》，社会科学文献出版社 2005 年版。

3. 责任性（accountability）。它指的是人们应当对自己的行为负责。在公共管理中，它特别地指与某一特定职位或机构相连的职责及相应的义务。责任性意味着管理人员及管理机构由于其承担的职务而必须履行一定的职能和义务。没有履行或不适当地履行应当履行的职能和义务，就是失职，或者说缺乏责任性。公职人员和管理机构的责任性越大，表明善治的程度越高。在这方面，善治要求运用法律和道义的双重手段，增大个人及机构的责任性。

4. 法治（rule of law）。法治的基本意义是，法律是公共管理的最高准则，任何政府官员和公民都必须依法行事，在法律面前人人平等。法治的直接目标是规范公民的行为，管理社会事务，维持正常的社会生活秩序；但其最终目标在于保护公民的自由、平等及其他基本政治权利。从这个意义说，法治与人治相对立，它既规范公民的行为，但更制约政府的行为。法治是善治的基本要求，没有健全的法制，没有对法律的充分尊重，没有建立在法律之上的社会秩序，就没有善治。

5. 回应（responsiveness）。这一点与上述责任性密切相关，从某种意义上说是责任性的延伸。它的基本意义是，公共管理人员和管理机构必须对公民的要求做出及时的和负责的反应，不得无故拖延或没有下文。在必要时还应当定期地、主动地向公民征询意见、解释政策和回答问题。回应性越大，善治的程度也就越高。

6. 有效（effectiveness）。这主要指管理的效率。它有两方面的基本意义，一是管理机构设置合理，管理程序科学，管理活动灵活；二是最大限度地降低管理成本。善治概念与无效的或低效的管理活动格格不入。善治程度越高，管理的有效性也就越高。

7. 参与（participation）。这里的参与首先是指公民的政治参与，参与社会政治生活。但不仅仅是政治参与，还包括公民对其他社会生活的参与。后者可能会越来越重要。善治有赖于公民自愿的合作和对权威的自觉认同，没有公民的积极参与和合作，至多只有善政，而不会有善治。

8. 稳定（stability）。稳定意味着"国内的和平、生活的有序、居民的安全、公民的团结、公共政策的连贯等"。社会的稳定对于公民的基本人权、民主政治和经济发展都具有至关重要的意义。没有一个稳定的社会政治环境，很难有经济的高速发展和民主政治的有效推进。对于发展中国家来说，社会稳定更具有特别重要的意义。因为发展中国家相对于发达国家来说，经济比较落后，制度化程度低，社会的不稳定因素尤其突出。所以，社会政治的稳定程度，也是衡量善治的重要指标。

9. 廉洁（clear and honest）。主要是指政府官员奉公守法，清明廉洁，不以权谋私，公职人员不以自己的职权寻租。严重的腐败不仅会增加交易成本，增大公共支出，打击投资者的信心；而且会破坏法治，腐蚀社会风气，损害社会的公正，削弱公共权威的合法性。所以，公共权威的廉洁直接关系到治理的状况。

10. 公正（fairness and Justices）。作为一种基本政治价值，社会公正就是社会的政治利益、经济利益和其他利益在全体社会成员之间合理而平等的分配，它意味着权利的平等、分配的合理、机会的均等和司法的公正。具体地说，公正指不同性别、阶层、种族、文化程度、宗教和政治信仰的公民在政治权利和经济权利上的平等。在当代，作为善治要素的公正特别要求有效消除和降低富人与穷人、富国与穷国之间的两极分化，维护妇女儿童、少数族群、穷人等弱势人群的基本权利。

总而言之，增量民主是在中国目前特定的条件下，以现实的政治手段达到理想之政治目标的一种政治选择，其重点在于确保民主进程中的帕累托最优，其目标是通过一系列的制度创新来持续地推进中国的民主进程，最终实现善治的政治理想[①]。

参考文献

闫健编，俞可平述：《让民主造福中国——俞可平访谈录》，中央编译出版社2009 年版。

俞可平：《增量政治改革与社会主义政治文明建设》，《公共管理学报》2004 年第1 卷第1 期。

俞可平：《增量民主与善治》，社会科学文献出版社2005 年版。

俞可平：《增量民主——中国特色的政治模式》，《上海教育》（半月刊）2008 年第15 期。

俞可平：《思想解放与政治进步》，社会科学文献出版社2008 年版。

（作者为中央编译局副局长，中国地方政府改革创新研究与奖励计划总负责人，北京大学、清华大学等多所著名高校兼职教授）

---

① 俞可平：《增量民主——中国特色的政治模式》，《上海教育》（半月刊）2008 年第15期，第61—62 页。

协商民主

谈火生

协商民主（Deliberative Democracy）理论是西方民主理论最新的发展，其在西方的产生和发展也不过是最近 20 年的事情。在世纪之交，这一最新的理论被引入中国，并很快在国内掀起了一股协商民主热。本文拟从知识社会学的角度分析这一理论是如何引进中国的，这一视角意味着本文的分析不会将重心放在协商民主理论本身，而是关注这一理论在引进过程中的各种策略选择（理论输入本身的策略、理论与实践相结合的策略），以及这种策略选择所产生的效果。

一 导 言

协商民主理论最早进入中文世界大约是 1998 年，首先登陆的是中国的台湾地区，而且，最早关注这一理论的还不是政治学界，而是社会学界。是年，杨意菁发表《民意调查的理想国——一个深思熟虑民调的探讨》一文，这是笔者查到的关于协商民主的最早的中文论文。①很快，政治学界也跟进，有更为系统的研究成果问世。②与台湾地区不同的是，该理论进入内地则是借了哈贝马斯的东风，随着哈贝马斯《民主的三种规范模式》一文的翻译，内地学者开始接触这一理论，最早

---

① 杨意菁：《民意调查的理想国——一个深思熟虑民调的探讨》，《民意研究季刊》1998 年，第 204 期。

② 陈俊宏：《永续发展与民主：审议式民主理论初探》，《东吴政治学报》1999 年第 9 期；许国贤：《商议式民主与民主想象》，《政治科学论丛》（台湾）2000 年第 13 期。李尚远：《从 Seyla Benhabib 与 Joshua Cohen 谈审议式民主的概念》，台湾大学 2000 年硕士学位论文。

正面处理该问题的可能是汪行福于 2002 年出版的《通往话语民主之路》一书。①次年，北大改革引发争议，许纪霖以协商民主来对之进行解析，其《北大改革的"商议性民主"》一文使得这一理论不胫而走，引起学界的注意。②尽管 2004 年有陈家刚编译的《协商民主》一书问世③，并且，这一年 8 月还在杭州召开了"协商民主理论与中国地方民主国际学术研讨会"，但学界对此的反响并不热烈。在我们的学术期刊上，2004 年仅有 5 篇关于协商民主的论文，其中两篇引论均出自陈家刚之手；另外两篇文章，一篇是译文，一篇是对《协商民主》这本文集的书评。2005 年，有 16 篇文章问世，其中，7 篇是 2004 年的会议成果。但是，从 2006 年开始，关于协商民主的文章猛增，据笔者 2011 年 4 月 28 日在中国知网上检索，2008—2010 年，仅标题中含有"协商民主"或"审议民主"的文章每年都达到 160—180 篇，2011 年第一季度也达到了 38 篇。从 2004 年到 2011 年第一季度，相关文章的总量达到 760 篇。

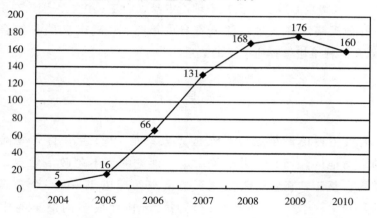

学术期刊中关于协商民主的文章数量：2004—2010

与此类似，与协商民主相关的硕士学位论文也呈逐年上升趋势，根据笔者在中国知网收录的"全国优秀硕士学位论文"数据库检索，从 2004 年到 2010 年，共有 75 篇相关论文，其中，仅 2009—2010 年两年就有 46 篇，占 61.3%！可见学界对协商民主理论的热情仍是与

---

① 汪行福：《通向话语民主之路：与哈贝马斯对话》，四川人民出版社 2002 年版。
② 许纪霖：《北大改革的"商议性民主"》，《中国新闻周刊》2003 年第 28 期。
③ 陈家刚编：《协商民主》，上海三联书店 2004 年版。

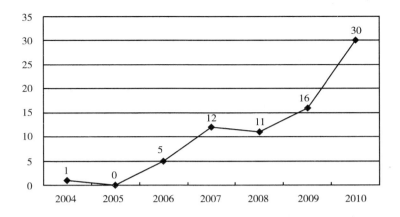

关于协商民主的硕士学位论文数量：2004—2010

日俱增。

　　协商民主理论从引进到现在不过几年时间，但相关的研究不仅数量巨大[①]，而且发表相当集中，83.6% 的期刊论文和 92% 的硕士学位论文是在2007—2010 这四年的时间完成的。非但如此，在短短几年之中，这一理论在中国的实验还引发了国际学术界的兴趣，并很快有相关的文章和论著问世。[②]这就不禁让人感到好奇，为什么协商民主理论引入中国后会引发人们的极大兴趣，而且，其本土经验还很快在西方学术界产生了反响？本文即试图从知识社会学的角度对协商民主理论在中国的研究状况做一个初

---

　　① 如果我们将这一数据与学界对其他的西方理论甚至是其他的民主理论做一个比较，我们会发现，这一数量是非常惊人的。据笔者在中国期刊网数据库检索，截至 2011 年 5 月，标题中包含"精英民主"的文章只有 16 篇；标题中包含"多元主义民主"的文章只有 7 篇；标题中包含"自由主义民主"或"自由民主"的文章只有 76 篇（其中最早的文章是 1952 年的，相当数量的文章是介绍各国自由民主党的，与自由主义民主理论无关）；标题中包含"参与民主"或"参与式民主"的文章有 119 篇；标题中包含"直接民主"的文章有 80 篇；标题中包含"代议民主"或"代议制民主"的文章有 60 篇。所有这些文章加在一起也只有 358 篇（这其中有很多文章还是重复计算的，时间跨度从 1952 年至今），尚不及最近 5 年标题中包含"协商民主"或"审议民主"的文章数量的 1/2。

　　② Leib, Ethan and Baogang He, eds. 2006. *The Search for Deliberative Democracy in China*. New York：Palgrave；Hess, Steve. 2009. "Deliberative Institutions as Mechanisms for Managing Social Unrest：The Case of the 2008 Chongqing Taxi Strike", *China：An International Journal* 7 (2)：336 - 352；Fishkin, James, Baogang He, Robert C. Luskin and Alice Siu. 2010. "Deliberative Democracy in an Unlikely Place：Deliberative Polling in China", *British Journal of Political Science*, 40 (2)：435 - 448；Baogang He and Mark E. Warren, "Authoritarian Deliberation：The Deliberative Turn in Chinese Political Development", Forthcoming, *Perspectives on Politics*, June 2011.

步的探索，本文关注的主要是如下两个问题：协商民主理论作为一种西方理论是如何引入中国的？它是通过什么方式进入我们的知识体系，乃至政治社会实践之中的？

二　中国化：理论输入的策略选择

自五四运动以来，西方理论的引进已经成为中国学术界的一道必不可少的风景，各种西方理论在中国你方唱罢我登台，各领风骚三五年，这种景象对于中国学人来说早就习以为常、见怪不怪了。但为什么有的外来理论输入之后很快就烟消云散，有的则能激发人们长久的兴趣？为什么有的理论能对社会政治实践产生实际的影响，而有的则仅限于象牙塔里的孤芳自赏？对此，学界似乎很少进行相关的探究。协商民主理论最近几年在中国的传播为我们提供了一个很有意思的案例，透过这一案例我们有可能对上述问题有一个初步的解答。在本节中，我们将通过对两个问题——谁在输入？如何输入？——的考察来对之进行透视。当然，这两个问题是紧密联系在一起的，理论输入策略的选择非常明显地影响了输入主体的构成。协商民主理论在输入的过程中出现了一个和以往的理论输入不一样的地方，那就是不少政府部门从事政策研究的人乃至政府官员都加入到关于协商民主的讨论中来，这与当初学界输入该理论时的基本策略——强调这种源于西方的民主理论与中国政治传统之间的相通性——有很大的关系。

一种外来的理论要想在本国产生影响，首先要做的工作就是对基本文献的翻译和对理论自身发展脉络的系统介绍；其次，要自觉对之进行本土化，使之适应本国的土壤。应该说，在这方面，协商民主理论的引介工作做得是比较成功的。

首先，学术界对协商民主理论的翻译工作取得了丰硕的成果。从2004 年第一本关于协商民主的文集问世以来，至今已有 10 本专著或文集被译为中文。中国学者自己主编的关于协商民主的文集有三本：陈家刚编译的《协商民主》，谈火生编译的《审议民主》和陈剩勇、何包钢主编的《协商民主的发展》。①前面两本收集了西方协商民主理论发展过程中的一

①　陈家刚，2004 年；谈火生编译：《审议民主》，江苏人民出版社 2007 年版；陈剩勇、何包钢主编：《协商民主的发展》，中国社会科学出版社 2006 年版。

些核心论文，对其基本脉络、核心观念和争论均有涉及，已经成为中文学界研究该问题的基本参考文献。而且，《审议民主》一书还编制了一个长达 17 页的进一步阅读书目，按照主题收录了截至 2005 年为止的相关参考文献，对研究者的进一步研究提供了很好的指南。后一本书则是 2004 年杭州会议的会议论文集，其中收录了若干篇海外学者（包括费希金、庄泽克等代表人物）的近期研究成果。

除此而外，俞可平主持翻译了"协商民主译丛"，持之以恒地将一些核心文献翻译过来，对协商民主理论在中国的发展起到了重要的推动作用。至今该译丛已推出 8 本，其中，2006 年 4 本，2009 年 4 本。收入该丛书的几本文集均是该领域最重要的文献，其中，既有 20 世纪 90 年代在协商民主理论发展过程中曾发挥重要推动作用的文集，如《协商民主：论理性与政治》、《协商民主：挑战与反思》和《民主与差异：挑战政治的边界》；①也有能反映 2000 年以后最新动态的文集，如《协商民主论争》和《作为公共协商的民主：新的视角》。②

但是，对协商民主理论的翻译工作还是存在一些缺憾，其中，最大的遗憾是，尽管关于协商民主的期刊文章数量庞大（相对而言），但译文很少。已有的翻译工作除了《审议民主》是独立运作之外，其余的几乎均是出于中央编译局之手。在学术期刊上，我们很少能见到关于协商民主的译文。据笔者在中国知网上检索的结果，2004—2011 年，在学术期刊上，标题中包含"协商民主"的译文只有 6 篇，仅占 760 篇论文总量的 0.79%，这对于一个来自西方的理论研究而言似乎太不成比例了。如果再分析这 6 篇文章的分布情况就会发现，2005 年两篇译文系杭州会议的与会论文；2004 和 2006 年各有一篇，也是由中央编译局组织翻译的；2007—2009 年，一篇都没有；2010 年有一篇，发表在中央编译局的刊物《经济社会体制比较》上；只有 2011 年的一篇是出自中央编译局系统之外。

---

① 詹姆斯·博曼、威廉·雷吉主编：《协商民主：论理性与政治》，陈家刚等译，中央编译出版社 2006 年版；塞拉·本哈比主编：《民主与差异：挑战政治的边界》，黄相怀、严海兵等译，中央编译出版社 2009 年版。

② 毛里西奥·帕瑟林·登特里维斯主编：《作为公共协商的民主：新的视角》，王英津等译，中央编译出版社 2006 年版；詹姆斯·菲什金、彼得·拉斯莱特主编：《协商民主论争》，张晓敏译，中央编译出版社 2009 年版。

　　其次，对协商民主理论的介绍工作在最近两三年颇有起色。尽管这几年关于协商民主的文章很多，但真正对协商民主理论本身进行深入探讨的文章并不多。在 2004 年至 2011 年第一季度的 760 篇文章中，对协商民主理论本身进行探讨的文章只有约 171 篇（含 6 篇译文），占 22.5%。这一数量看上去好像也不少，但是，如果再仔细分析就会发现，此类文章中绝大部分是一般性的综述，并未深入到协商民主理论内部对该理论的某个问题进行深入的探讨，文章之间从选题到论述，雷同度都很高。例如，对选举民主和协商民主进行比较的文章就有 25 篇。其结果是，介绍的范围却比较局限，不仅很多重要的问题基本无人问津，而且，对相关思想家的介绍基本局限于哈贝马斯一人（有 13 篇之多）；同时，除了何包钢、陈家刚等少数作者的文章之外，对相关主题进行深入介绍的文章不多。但是，这种情况在最近两三年有了改善，一些年轻学者以协商民主作为其硕博论文的主题，他们在学位论文基础上发表的若干单篇论文，研究较为深入，开始涉及公民精神、理性、平等、共识、合法性、代表问题、偏好、差异政治、公共政策等核心问题，其中不乏精彩之作。[①]就思想家而言，也开始扩展到爱丽丝·杨这样重量级稍微轻一些的人物。[②]

　　与理论自身的相对单薄形成鲜明对比的是，77.5%（共计 589 篇）的关于协商民主的文章都是在谈中国问题。就我们此处所关心的问题而言，这种明确的实践指向有两个方面的问题值得注意。

　　其一，这是理论输入之策略选择的必然结果。学术界在输入协商民主理论之初，其实就有明确的实践指向，理论的输入本身并非仅仅基于求知的冲动，而是为了以之作为理论资源来推进中国的民主政治建设。对 Deliberative democracy 一词的翻译就体现了这一点。据笔者有限的阅读，Deliberative Democracy 一词自引入汉语学界以来，在中文文献中至少有以下 7 种不同的译法："审议民主"（或"审议式民主"、"审议性民主"）（江宜桦、何明修、陈东升、林国明、陈俊宏、谢宗学、霍伟

<hr>

　　① 例如，张秀雄：《审议民主与公民意识》，载《学术研究》2008 年第 8 期；刁瑷辉：《差异政治与协商民主》，载《浙江社会科学》2009 年第 6 期；闫飞飞：《协商民主中的代表问题研究》，载《中共天津市委党校学报》2010 年第 5 期；杜霁雪：《民主审议与正当性》，吉林大学博士学位论文，2009 年。

　　② 马晓燕：《社会正义研究的新视角：交往民主对审议民主的反思与批判》，载《学术月刊》2009 年第 1 期。

岸)、"商议民主"(或"商议性民主"、"商议民主制")(许国贤、许纪霖、李惠斌)、"协商民主"(许纪霖、陈家刚)、"慎议民主"(刘莘)、"商谈民主"(童世骏)、"审慎的民主"(钱永祥)、"慎辩熟虑的民主"(刘静怡)。①在我国台湾地区,最常见的译法是"审议民主",而在大陆,最常见的译法则是"协商民主"。②这其中所透露出来的信息就是,将其译为"协商民主",以便其易于与本土资源结合,并更容易在中国推行。关于这一点,几乎所有的人都是有高度共识的,在中国倡导协商民主实践最力的何包钢先生曾不止一次在私下表示,就译名的正确性而言,可能译为"慎议民主"或"审议民主"更准确,但是,就理论的实践意义而言,译为"协商民主"则更合适。因为"协商民主"的译法能与政协会议和整个群众路线结合起来,使协商民主有一个发展的空间。③对此,即使是像笔者这样主张将其译为"审议民主"的人也是赞成的,而笔者之所以坚持将其译为"审议民主",并不仅仅是为了对理论自身进行深刻的解读,其实也是出于实践的目的。因为当我们将其译为"协商民主",使之能更容易为国人接受的同时,却可能会削弱该理论所具有的启发意义。"审议民主"的译法刻意地和中国拉开一定距离,就是为了造成一种陌生感,从而促使我们据此对我们自身的政治实践进行反思。就此而言,这两种译法的初衷其实是殊途而同归,其出发点均是为了以之作为理论资源来推进中国的民主政治建设。应该说,这一策略是非常成功的,协商民主理论的引入不仅很快引起了学界和社会的广泛兴趣,还在基层的政治社会实践中显示出蓬勃的生命力。早在2006年,中央党校副校长李君如就多次在报纸杂志上撰文,提出"协商民主是一种重要的民主形式",④由于其特殊的身份,这一观点经人民网和新华网等网络媒体转载后,在社会上引起热烈讨论。2010年两会期间,中央电视台新闻频道以"协商民主 在生动实践中美丽绽放"

① 关于这几种译法各自的优缺点,可以参考笔者的相关论述,此不赘述。谈火生编译:《审议民主》,第6—7页。

② 在760篇文章中,使用"审议民主"这一译法的只有21篇,仅占2.76%,使用"慎议民主"这一译法的只有1篇。

③ 何包钢:《协商民主:理论、方法和实践》,中国社会科学出版社2008年版,第144页。

④ 李君如:《协商民主是一种重要的民主形式》,载《同舟共进》2006第6期;李君如:《协商民主:重要的民主形式》,载《文汇报》2006年第7期。

为题，对协商民主在中国政治生活的现实场景做了简短评论。这反映出协商民主不仅为基层民众所接受，而且也为高层所接受。

其二，这些文章所涉及的主题之构成。据笔者统计，这589篇以协商民主理论作为理论资源来讨论中国问题的文章大致可以分为如下几类：

类别	篇数	比例（％）	包含内容
中国特色协商民主	127	21.56	此类文章均是概论性质
政治制度	169	28.69	政协：94篇；政党制度：50篇；统一战线：5篇；人大制度：5篇；宪政制度：15篇
基层治理	85	14.43	主题涉及：新农村建设、村民自治、基层选举、残疾人权利保障、社区治理、工资谈判、乡镇治理、信访、群体性事件、弱势群体、民主恳谈、预算改革
公民社会与政治参与	61	10.36	公民社会：12篇；媒体：23篇；政治参与：21篇
服务型政府与和谐社会建设	51	8.66	和谐社会：33篇；民族问题：5篇；服务型政府：13篇
公共政策	41	6.96	听证会、决策科学化、决策民主化
协商民主与意识形态	13	2.21	主题涉及：群众路线、科学发展观、毛泽东、周恩来、邓小平、江泽民、胡锦涛的协商民主思想
中国现代历史上的协商民主实践	6	1.02	历史时段涉及：抗战、解放战争、新民主主义革命时期、新中国成立初期、旧政协
其他	36	6.11	内容涉及：社区警务、医院、学校、共青团等

　　从表中我们可以发现几个比较有意思的问题：第一，有相当一批文章是将协商民主解读为中国特色社会主义政治实践的重要形式，这些文章的标题往往会突出强调："协商民主是中国特色社会主义民主的重要形式"、"协商民主是中国 30 年政治建设的重要创新成果"、"协商民主：中国式的民主形式"。这其中的大多数文章其实并不关心"协商民主"理论本身到底是怎么回事，它与中国的政治实践之间有何异同，也不关心它对中国的民主政治建设有何意义，而是醉翁之意不在酒。第二，数量最大的是关于协商民主与中国政治制度的讨论，其中，尤其以政治协商制度和与其相关的政党制度为多。这倒是一点都不奇怪，因为学界将 deliberative democracy 译为"协商民主"时，心目中其实就已经暗暗地将这二者挂起钩来。第三，数量居于第二位的是基层治理。如果说强调中国特色的文章大多是"新瓶子装旧酒"的话，那么，关注基层治理的相关文章则大多是"旧瓶子装新酒"（具体情况我们在下一节再予以讨论）。在这部分文章中，涉及的主题范围十分广泛，基层治理中一些重要问题基本上都有相关的文章来加以讨论。如果再加上其他几个类别，我们会发现，几乎所有的热门话题均被贴上了协商民主的标签；几乎所有的国家领导人都成了协商民主的重要代表人物；而且，协商民主几乎成了中国的政治实践对世界最大的贡献。这不禁会让我们心生疑惑，协商民主似乎成了可以包治百病的灵丹妙药，当今中国几乎所有的实践难题都可以通过协商民主的方式来加以对治！这种状况提醒我们，当人们将协商民主急急忙忙地套用到中国以后，其中多少有些误读的成分。尽管早在 2007 年即有学者指出，协商民主理论不应该被如此误读，[①]但这并没有阻挡此类误读的泛滥。甚至可以说，近年来的学界乃至全社会的"协商民主热"正是靠着这种误读推动的。也正是在这股热潮的带动之下，出现了一种以往很少见的现象：不少部门（主要是党群口的部门）从事政策研究的人甚至官员都加入到此次对西方理论的引进过程中来，这些部门主管的相关杂志也成为宣传协商民主理论的重要阵地。据笔者统计，在 760 篇文章中，有 35.3% 的文章是发表在这些杂志上的（具体情况见下表）：

---

　　① 金安平、姚传明：《"协商民主"不应误读》，《中国人民政协理论研究会会刊》2007年第 3 期。

部门	文章数量	杂志分布
政协系统	49 篇	中国人民政协理论研究会会刊：29 篇 江苏政协：11 篇 政协天地：1 篇 同舟共进（政协广东省委员会主办）：2 篇 团结（民革中央主办）：6 篇
统战系统	116 篇	各地社会主义学院学报：113 中国统一战线：1 篇 四川统一战线：2 篇
党校系统	103 篇	各地党校学报：54 篇 行政学院学报：40 篇 党政论坛：6 篇 行政与法（吉林省行政学院学报）：3 篇
合计	268 篇	

　　注：党校和行政学院尽管在中央层面和少数几个省份是分开的，但二者实际上是一个系统，因此，在计算时将二者合并计算。

三　嵌入式发展：寻找理论揳入实践的切入点

　　当我们说学界将协商民主与中国当代政治实践紧密地勾连在一起时存在着某种形式的误读，这并不是说我们不能将二者联系起来，恰恰相反，我们应该将二者联系起来。但是，联系的方式既不能是想当然地将中国的政治实践当做协商民主理想的实现；也不能是削足适履式地将协商民主理论硬套在中国的政治实践之上，要求我们的政治实践严格按照协商民主理论所设定的理想标准来实施。而是应该一方面警醒地意识到此协商（consultation）非彼协商（deliberation），①另一方面则因地制宜，秉承"有限协商民主"的理念，将协商民主的技术嵌入到中国的社会现实中去，通过渐进的方式，不断完善和改进。②事实上，协商民主理论引进之后很快就进入了实践领域，可以说，理论的引进工作和实践领域的试验几乎是同步展开的。但是，到目前为止，尽管已经发展出很多类型的协商民主形式——公民评议会、城市居民议事会、乡村村民代表会议、听证会等，但

---

　　①　金安平、姚传明：《"协商民主"不应误读》，《中国人民政协理论研究会会刊》2007 年第 3 期。
　　②　何包钢、王春光：《中国乡村协商民主：个案研究》，《社会学研究》2007 年第 3 期。

这些试验几乎都发生在基层。因此，下面我们拟以比较成熟的浙江温岭的协商民主实践为例来分析理论与实践之间是如何互动的。

浙江温岭的协商民主实践其实是温岭"民主恳谈会"的一个有机组成部分。正如有论者指出的，无论其政治后果如何，仅就一项活动所产生的学术文献而言，温岭的"民主恳谈"活动就已经创造了一项奇迹。仅在 2003 年 1 月至 2009 年 9 月期间，不到 7 年的时间内，在国内学术期刊上公开发表的、以温岭"民主恳谈"为研究对象的论文达 39 篇，国际学术期刊上公开发表的论文 1 篇。①这些文章从不同的理论视角对温岭的"民主恳谈"进行了解析，但是，就我们此处所关心的问题——理论是如何与实践相结合的？——而言，现有的文献似乎还没有给出一个令人满意的答案。何俊志曾提出，权力、观念和治理技术的结合，是温岭"民主恳谈会"得以形成的根本原因；权力、观念与治理技术的出场顺序和结合方式，是决定温岭何时、以何种方式进行"民主恳谈"的结构性原因。②这一解释是很有启发性的，但是，它仍然没有清楚地说明它们到底是如何结合在一起的。而何包钢和王春光则对结合方式提出了自己的看法，他们认为应该将协商民主嵌入到中国的社会现实中去。③遗憾的是，他们对此只是一笔带过，并未做进一步的阐释。笔者拟沿着他们的思路，提出"嵌入式发展"（embedded development）的概念，来解释协商民主的理论和技术是如何与温岭的"民主恳谈"实践结合起来的。

所谓的"嵌入式发展"指的是，将某种新的异质性成分嵌入到原有的社会政治结构中，通过它激活或改造原有社会政治结构的某些功能，并通过不断的完善、改进和扩展，从而逐步实现整个结构的更新。具体言之，嵌入式发展强调的是以"嵌入"的方式来谋求发展空间，这意味着我们不能削足适履地强求实践来适应理论，而是要让理论适应实践，在现有的社会政治结构不变的情况下，让新的要素以化整为零的方式渗入现有的社会政治结构之中。与此同时，"嵌入式发展"要求新的异质性成分能够"嵌入"，这意味着它必须在原有的社会政治结构中找到某种对应物，以便存活；换句话说，它必须找到与原有体制和意识形态相衔接的结合

①　何俊志：《权力、观念与治理技术的接合：温岭"民主恳谈会"模式的生长机制》，《科学》2010 年第 9 期。

②　同上。

③　何包钢、王春光：《中国乡村协商民主：个案研究》，《社会学研究》2007 年第 3 期。

点。只有这一步实现之后，它才有可能激活原有的某些沉睡的功能，并通过不断完善的方式来实现自身的扩展。而且，其扩展也是在体制内循着现有的权力路径扩散。在这一过程中，以新的方式来理解原有的体制，重新设定原有体制的功能。这种"嵌入式发展"的路径很容易和人们通常所说的"路径依赖"相混淆。在笔者看来，"嵌入式发展"和路径依赖最重要的差别在于，路径依赖是一种被动的适应，而嵌入式发展则可以是主动的选择，通过嵌入的方式，获得发展的空间，获得发展所需的各种资源（体制资源、合法性资源）。

下面，我们就来看看温岭的协商民主实践，乃至整个民主恳谈实践在多大程度上符合笔者所提出的这种解释模式。

众所周知，温岭的"民主恳谈"在创建之初并不是作为一种新型的民主形式，而是作为农村基层思想政治工作的一个创新载体。后来逐渐从"思想政治工作的创新载体"变为"原创性的基层民主形式"，①又通过注入了"协商民主"的成分而成为"协商民主"的实践形式，并跃居当代民主理论的实践前沿。②这每一步都是通过将新的治理技术"嵌入"原有的结构之中来实现的，在既有的框架内实现改进与创新。③在此，既有的框架主要指既有的权力结构和既有的意识形态话语。

从权力结构的角度来观察，当"民主恳谈"这种新的思想政治工作形式在 1999 年诞生之时，它在省委的统一部署下，在台州和温岭市委宣传部门的领导下进行的。当时，市委宣传部门选定松门镇作为"农业农村现代化教育论坛"的试点，并与镇党委和镇政府共同商定了具体操作办法。正是此次借鉴记者招待会而发展出来的"与群众双向对话"的方式成了"民主恳谈"的初始形态。整个过程都是在既有的权力框架内运行的。当"民主恳谈"在现有的制度框架中获得合法地位之后，它就成了后来"协商民主"和"预算民主"实践的培养基。实际上，温岭的协商民主实践其实是将"协商式民意调查"（deliberative polling）的技术植入原有的民主恳谈之中来实现的。在这一过程中，同样是在泽国镇镇党委

---

① 陈奕敏：《温岭民主恳谈会：为民主政治寻找生长空间》，《决策》2005 年第 11 期。

② 何俊志：《权力、观念与治理技术的结合：温岭"民主恳谈会"横式的生长机制》，《科学》2010 年第 9 期。

③ 张小劲：《民主建设发展的重要尝试：温岭"民主恳谈会"所引发的思考》，《浙江社会科学》2003 年第 1 期。

和镇政府的领导下进行的。整个过程就像有学者所指出的，充分体现了中国基层协商式参与的中国特色：政府的主导性。①关于这一点，我们只要看看其操作程序即可一目了然。例如，镇级民主恳谈会的程序是这样的：镇党委、镇人大、镇政府、市镇人大代表或政协委员、各种团体、群众观点→政府民主恳谈信息来源→镇党政人大联席会确定恳谈主题→办公室制订恳谈会实施方案→公布时间、地点、对象、主题、会场布置、人员分工及材料准备→民主恳谈会程序→报告恳谈目的、意义、主题及注意事项，报告主题内容，围绕主题开展平等对话（记录材料和整理建档）→领导班子研究落实意见建议→公布→政府组织实施→党委人大监督并征求反馈意见。②

可以说，"嵌入式"的发展策略之所以能取得成功，就是因为它是由政府主导的，是可控的。"由于不直接冲击既有的权力结构，改革阻力和政治风险大大降低；从技术角度看，温岭模式具有很强的可操作性！对于负责领导工作的干部来说，其可控程度也较大，至少不用担心'翻船'的问题。"③

从意识形态话语的角度来观察，其每一步演变也都是在既有的意识形态框架内展开的。在民主恳谈建立之初，它就很顺利地与主流意识形态接轨，被纳入思想政治工作的话语系统中，被解读为"密切联系群众"的优良传统在新时期的体现。后来，当它从思想政治工作的新方法变为基层民主的新形式后，它又被纳入中共十五大对民主的解释体系之中，按照十五大的解释，民主包括"民主选举、民主决策、民主管理和民主监督"四大环节，"民主恳谈"不但涵盖了其中三个方面的内容，而且还谨慎地避开了民主选举这一地方难以轻易开启的环节。这就既能充分体现落实党的十五大报告的要求，又做到了在政治上比较保险。④而且，按照专家的解读，"民主恳谈"不仅体现了党的领导、人民当家做主和依法治国这三

① 郎友兴：《商议式民主与中国的地方经验：浙江省温岭市的"民主恳谈会"》，《浙江社会科学》2005 年第 1 期。

② 郎友兴：《中国式的公民会议：浙江温岭民主恳谈会的过程和功能》，载《公共行政评论》2009 年第 4 期。

③ 景跃进：《行政民主：意义与局限——温岭"民主恳谈会"的启示》，《浙江社会科学》2003 年第 1 期。

④ 何俊志：《权力、观念与治理技术的结合：温岭"民主恳谈"模式的生长机制》，《科学》2010 年第 9 期。

者的统一，而且它还包含着这样一个命题：中国共产党作为一个执政党执政方式如何改变、执政能力如何提高的问题。①后来，当协商民主的方法被嵌入到民主恳谈中以后，尽管在理论上可以用西方理论来加以阐释，但是，在实践中仍是沿用原有的术语，在"民主恳谈"的帽子下进行。这一点是非常重要的，它为协商民主这样一种完全是源于西方的理论披上了一层合法的外衣。当然，这也与协商民主的进入方式有关，它是以一种技术化的方式（新型的民意调查技术）嵌入进来的。尽管进入之后，它必然会将其蕴涵的平等、自由、理性等价值引入其中，但在进入之初，在某种意义上，它是中性的，是没有什么意识形态色彩的。进一步地讲，这种新型的民意调查技术还可以被解读为群众路线的制度化和程序化，它一方面可以使群众了解并实践以商议式的方式而不必以极端的方式表达自己的政治意愿或对政府的要求，另一方面有可以让政府官员体验到民主行政的具体意涵。因此，协商民主可以说是群众路线在新时期的创新体现。②

可以说，民主恳谈从一种政治思想工作的新方法到协商民主，每一步都在原有的意识形态话语中找到了自身的对应物，并通过新的阐释为自身找到意识形态上的合法性依据。这是其能够获得持续发展的一个重要前提。如果说民主恳谈本身是被"嵌入"思想政治工作的框架中获得其成长空间的话，那么，协商民主和预算民主则是被"嵌入"民主恳谈的框架中获得其成长空间的。民主恳谈在思想政治工作的框架中存活下来以后，又蜕变为"原创性的基层民主形式"，那么，协商民主和预算民主在民主恳谈的框架中存活下来以后，是否能如有些学者所期待的那样，最终走向一种"商议—合作型治理"模式，③ 从而实现中国基层治理的转型呢？这就有待进一步的工作——激活、制度化与扩散。

激活指的是异质性成分被嵌入原有的社会政治结构之后，可能唤醒原有结构中的某些处于沉睡状态的功能。例如，我们前面提到的群众路线，密切联系群众的优良传统等。这就要求异质性成分不是以异质的面目出

---

① 陈奕敏：《温岭民主恳谈会：为民主政治寻找生长空间》，《决策》2005 年第 11 期。

② 郎友兴：《商议式民主与中国的地方经验：浙江省温岭市的"民主恳谈会"》，《浙江社会科学》2005 年第 1 期；王进芬：《群众路线的创新与协商民主》，《马克思主义与现实》2005 年第 5 期。

③ 郎友兴：《中国式的公民会议：浙江温岭民主恳谈会的过程和功能》，载《公共行政评论》2009 年第 4 期。

现，而是以旧貌换新颜的方式出现，如将协商民主的协商式民意调查技术
解读为群众路线的制度化和程序化。这是一种创造性的工作，它一方面需
对原有的功能进行重新阐释，另一方面则需对异质的成分进行本土化的改
造。这样，异质性成分才能逐渐成为原有肌体的一个有机组成部分，逐渐
达到"去腐生肌"的效果。这种创造性的工作需要专家学者的参与，需
要权力、观念和治理技术的结合。①事实上，我们看到，在民主恳谈的整
个发展过程中，专家学者的参与和及时地提升是一个关键性要素。民主恳
谈从思想政治工作新方法转变为基层民主的新形式，就是专家学者提升的
结果。据温岭市委宣传部理论科科长陈奕敏回忆，正是在 2000 年经验总
结大会上，专家学者的意见使他们茅塞顿开："我们当时还以为仍然是一
种思想政治工作的形式，但中央党校和省里的专家则提出，论坛已经超出
了思想政治工作的范畴，是一种新的民主形式"，正是在这次会议之后，
温岭市委宣传部也就正式把这项工作当做一项新的民主形式来进行定
位了。②

协商民主作为一种新的治理技术嵌入民主恳谈之后，不仅对群众路线
具有一定的激活作用，而且对原有政治结构中的核心机制——人大制
度——的激活作用更为明显。泽国镇的协商民主实验中有两个环节与镇人
民代表大会相关。第一个环节是，邀请镇人大代表旁听整个讨论过程。第
二个相关的环节是：将由抽样产生的代表形成的决议再提交到镇人民代表
大会表决。在这个过程中邀请村民代表旁听。这两个环节的设计产生了两
个问题，其一，相互旁听的做法极大地强化人大代表的自我意识。笔者
2009 年 2 月在泽国镇观摩时曾与前来旁听的人大代表交谈，不止一位人
大代表告诉我，他们之所以前来旁听，而且还十分认真，主要原因是感到
了很大的压力，"过几天村民代表要旁听我们的讨论，如果到时候我们的
讨论还不如一般的村民，怎么还好意思当这个代表？"其二，基层人大长
期以来处于沉睡的功能得到了激发。按照制度设计，人大具有对政府预算
进行审议和监督执行的权力。但是，这项权力长期以来一直处于蛰伏状
态，虽然在形式上人大每年也会对政府进行审议，但基本上是走过场。由

<hr>

①　何俊志：《权力、观念与治理技术的接合：温岭"民主恳谈会"模式的生长机制》，《科
学》2010 年第 9 期。

②　同上。

于协商民主实验的开展，镇人大在村民代表对镇财政预算进行审议的倒逼之下，开始真正地履行起自己的权力。同时，村民代表的协商民主实验也为镇人大的审议提供了模板，使他们知道真正的审议究竟该如何操作。

如果说激活迈出了制度更新的关键一步，那么，制度化和扩散则是这种更新可持续发展的重要条件。

在温岭的民主恳谈实践中，制度化是推动其发展的重要动力。从2000年到2004年，温岭出台了一系列关于开展民主恳谈的《意见》，并制定了相关制度，使得每一阶段所取得的成果都能及时地被制度化，而制度化本身又反过来推动其进一步深化。在这个过程中，有两个关键的制度设计：其一，将民主恳谈工作的开展纳入了市委对乡镇进行综合目标考核之中，考核效果好的乡镇班子，将可以在最终的考核中加分。这推动了各乡镇之间相互竞赛、民主恳谈形式百花齐放的局面。其二，建立了自上而下的领导机构，从市委到各乡镇（街道），都建立了"民主恳谈"活动领导小组。市委的领导小组下设的办公室，挂靠宣传部。这种机构性的力量后来成为推动民主恳谈活动持续发展的强大动力，因为一旦建立了专门的机构，它存在的意义就在于为"民主恳谈会"的深入和持续发展而奋斗。[1] 机构自身的扩张需求会推动它不断寻求新的形式和突破口，事实上，正是在这种力量的推动之下，一旦遇到适当的机缘，各种创新性的做法就会破土而出，泽国和新河等地的实践就是这样如雨后春笋般涌现出来。

扩散有两种形式，一种情况是某种创新性做法在不同层级、不同机构和不同领域之间的扩散。例如，泽国镇人大功能的激活不仅将其效应扩散到市人大，而且，市人大常委会开始成为一股新的推动力量，在横向上将"新河模式"推广到了箬横、泽国、大溪和滨海其他4个乡镇，在纵向上将"新河模式"提升进了市人民代表大会的议程之中。另一种情况则是，某种创新性做法引发了其他的创新性做法。例如，各乡镇在具体的操作过程中均对原来的模板进行了某种程度的改进。这种相互激发、互相补充的创新活动正推动包括协商民主在内的民主恳谈活动持续向前发展。

值得注意的是，所有的这些扩散均是沿着现有的权力结构延展开来，无论是由市委宣传部门推动，还是由市人大来推动，力量均是来自体制

---

① 何俊志：《权力、观念与治理技术的接合：温岭"民主恳谈会"模式的生长机制》，《科学》2010年第9期。

内，而且，具体的开展也在各部门的党委和政府的领导下进行，创新也是由他们作出。这就引发了一个问题：包括协商民主在内的"民主恳谈"到底是商议还是政府支配的另一种形式?[①]我们到底该如何看待这种中国特色的协商民主形式?

四　结　语

对于这个问题，学界是存在争议的。郎友兴认为，这种由政府主导的协商民主形式说到底是一种支配性的商议，一种可控性的商议。[②]它同协商民主的理想是有一定距离的。最近，何包钢和马克·华伦联合撰文，基于中国经验提出了威权式协商（authoritarian deliberation）的概念。在他们看来，中国的协商民主是特别重要的一个案例：因为中国尽管是一个由中共领导的威权制国家，但这个威权制政府中渗透着各种参与和协商实践，例如，村民选举、听证会、协商式民调、行政诉讼、信息公开等等。尽管协商在范围上有一定局限，主要是集中在一些特定的治理问题，而对政体层次的民主化本身并没有太大兴趣。虽然这种治理导向的协商实践并非中国所独有，中国的独特之处在于，治理层次的参与是在缺乏政体层次的民主化的情况下发展起来的，它是高度经验主义的，伴随着咨询、协商和各种受限的民主形式。他们将这种现象称之为"威权式协商"。[③]应该说，这篇文章是很有启发性的。但是，笔者仍然认为，"威权式协商"的说法容易引起误解，特别是在中国，威权主义有很强的负面色彩。而且，威权主义作为与民主相对的一个概念，将二者结合在一起终归是让人感到有些牵强（尽管何包钢和华伦在文中特别就此问题进行了阐述，对"民主"和"协商"都限定为一种宽泛意义上的理解，强调"威权主义"和"协商民主"也可能组合在一起）。

相较于"威权式协商"而言，"政府主导型协商民主"的提法可能更合适。尽管中国与其他国家一样是"治理导向的"，但是，与其他国家不

①　郎友兴：《商议式民主与中国的地方经验：浙江省温岭市的"民主恳谈会"》，《浙江社会科学》2005 年第 1 期。

②　同上。

③　Baogang He and Mark E. Warren, Authoritarian Deliberation: The Deliberative Turn in Chinese Political Development, Forthcoming, *Perspectives on Politics*, June 2011.

一样的地方在于，在其他民主国家，它更多地是由民间组织推动的，而中国则是在政府的主导下进行的。但是，这种政府主导型的协商民主本身并不一定像郎友兴所认为的那样负面，相反，笔者倒是认为，政府主导不但是协商民主在中国发展的一个必要条件（这也是所谓"嵌入式发展"的内在要求），而且，可能就如何包钢和华伦所言，它本身就是一种特殊的类型，我们没有必要按照西方协商民主的理想来苛责它。我们更需要思考的问题是，假如政府主导是中国形态的协商民主的一个重要特征，那么，这种"嵌入式"的发展路径如何才能在此前提下，以新的方式来理解原有的体制，并重新设定原有体制的功能，通过蜕变的方式，逐步从"权威型治理"模式转变为"商议—合作型治理"模式。

参考文献

陈剩勇、何包钢主编：《协商民主的发展》，中国社会科学出版社 2006 年版。

陈家刚：《协商民主与当代中国政治》，中国人民大学出版社 2009 年版。

陈朋：《国家推动与社会发育：生长在中国乡村的协商民主实践》，华东师范大学博士学位论文，2010 年。

何包钢：《协商民主：理论、方法和实践》，中国社会科学出版社 2008 年版。

何包钢、王春光：《中国乡村协商民主：个案研究》，《社会学研究》2007 年第 3 期。

何俊志：《权力、观念与治理技术的接合：温岭"民主恳谈会"模式的生长机制》，《科学》2010 年第 9 期。

金安平、姚传明：《"协商民主"不应误读》，《中国人民政协理论研究会会刊》2007 年第 3 期。

景跃进：《行政民主：意义与局限——温岭"民主恳谈会"的启示》，《浙江社会科学》2003 年第 1 期。

郎友兴：《商议式民主与中国的地方经验：浙江省温岭市的"民主恳谈会"》，《浙江社会科学》2005 年第 1 期。

郎友兴：《中国式的公民会议：浙江温岭民主恳谈会的过程和功能》，《公共行政评论》2009 年第 4 期。

袁峰：《中国形态协商民主的成长》，复旦大学博士学位论文，2006 年。

Baogang He and Mark E. Warren, Authoritarian Deliberation: The Deliberative Turn in Chinese Political Development, Forthcoming, *Perspectives on Politics*, June 2011.

（作者为清华大学人文社会科学学院政治学系副教授，博士生导师）

干部公选

陈家喜

在社会主义国家，干部不仅是官员的代名词，还是党和国家的"组织武器"。① 各级干部是共产党领导国家和社会的制度载体，也是贯彻落实党的方针政策的组织凭借。改革以来，我国干部体制发生了许多重要变化，出现领导干部任期制、干部"四化"、分类管理、公务员制度以及干部公选等。其中，公选被看做"近年来最有成效的选人用人改革措施"。② 公选的出现不仅预示着干部选拔方式的重要转型，也意味着干部选拔标准的重大变化。因此解析公选的发生与演进，意义与缺失，有助于把握改革以来执政党精英录用的重要变化，以及这一变化背后执政党对经济社会发展的适应与调适。

一 概念与类型梳理

公选是公开选拔领导干部的简称，是指采取公开选拔、民主测评、考试面试、讨论票决等一系列程序进行干部选拔的方法。公选的实质是党和国家将干部选拔权力与基层干部、普通群众分享，以期提高工作能力和群众信任的选拔制度改革。

与干部公选的多种类型相比，理论界的关注似乎更多地集中在乡镇层面。景跃进从民众参与和领导独断，以及民众参与与技术考试两个维度，构建了从精英指定到民主选举的政治光谱。作为介于光谱中间的一种类

---

① Selznick, Philip. *The Organizational Weapon*. New York: McGraw—Hill, 1952.

① Selznick, Philip. *The Organizational Weapon*. New York: McGraw—Hill, 1952.

② 李源潮：《李源潮就干部人事制度改革答〈学习时报〉记者问（全文）》，新华网2009年12月1日。

型，公选是在组织选拔中引入群众路线的干部选拔方式。他还尝试从试点层级将公选分为村级两推一选，乡镇公推直选和政府机关的公开选拔。①杨雪冬和美国学者托尼·赛奇（Anthony Saich）也持有类似的看法，他们使用"竞争性选拔"来概括乡镇领导人的公推公选过程，认为它是一种比选拔更开放，比选举更保守的干部选拔方式。这一选拔方式的出现与落后地区的政府治理危机和领导人的开拓意识密切相关。②

徐湘林则注意到干部公选的民主含义，并运用"基层民主试改革"来表述包括干部公选在内的乡镇选举改革。他认为，这种"民主试改革"是以扩大党内民主和基层政治民主为主要内容，扩大了干部选拔的公开性、参与性和责任性，是在党管干部体制下扩大干部选任民主成分的制度性改革尝试。③而丹麦学者曹诗弟（Stig Thøgersen）等则使用"协商式选举"来分析乡镇长的公选过程。他指出，在宪法规定和中央约束之下，地方政府在开展乡镇长选举改革中采取了"协商式选举"（Consultative Elections）的规避方法，即村民和干部代表对于乡镇长的选举投票是"协商性"的，最终的任命权仍然掌握在县委手中。④

准确地说，在上述界定中竞争性选拔是一个相对合理的解释，它对公选进行了相对清晰的理论定位，既说明了公选与传统组织选拔干部的区分，也说明了这一选举方式与民主选举制之间的差异。究其质，尽管干部公选过程开放了门槛，引入了竞争，扩大了参与，甚至还采取了党委票决制，但终究没有脱离党管干部的框架。公选不过是干部选拔权力在行政体系内部的扩散，体现的是行政体系的内部民主，与政治选举民主无关。⑤

循着景跃进和杨雪冬等研究的进路，笔者尝试将干部产生方式进行如下划分：委任制（组织选拔）——公选制（竞争性选拔）——选举制

---

① 景跃进：《"公选"与干部制度改革》，《天津社会科学》2003 年第 4 期。

② 杨雪冬、托尼·赛奇：《从竞争性选拔到竞争性选举——对乡镇选举的初步分析》，《经济社会体制比较》2004 年第 2 期；Tony Saich and Xuedong Yang. Innovation in China's Local Governance：'Open Recommendation and Selection'. *Pacific Affairs*, Vol. 76, No. 2（2003）：185 – 208。

③ 徐湘林：《党管干部体制下的基层民主试改革》，《浙江学刊》2004 年第 1 期。

④ Stig Thøgersen, Jørgen Elklit and Dong Lisheng. Consultative elections of Chinese Township Leaders：the Case of an Experiment in Ya'an, Sichuan'. *China Information*, Vol. 22, No. 1（2008）：67 – 89.

⑤ 魏姝：《公推公选：谁推谁选》，《决策》2008 年第 6 期。

（直接选举）。见图1。公选可以看成介于委任制和选举制之间的一种竞争性干部产生方式，与传统的委任制相比，公选在干部选拔的开放性、竞争性和参与性上都有较大提升，但同时在群众参与深度和权重方面无法与选举制相提并论。

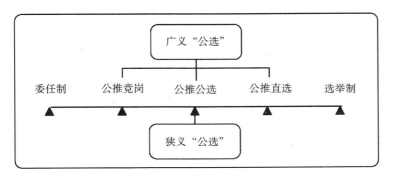

图1 我国干部产生方式类型图

从广义上看，凡是采取公开推荐候选人的干部选拔方式都可以归入公选的行列。因此，在公选的内部我们还可以进行进一步的分类：一是公推竞岗，即公开推荐，竞争上岗，它一般指在单位或者系统内部进行的竞争性干部选拔。二是公推公选，即公开推荐和公开选拔，指的是通过公开职位与资格条件，公开报名推荐，统一考试面试，组织审查以及党委讨论（或票决）的干部选拔方式。三是公推直选，即公开推荐和直接选举，通常是指通过公开推荐、民主测评、组织审查和党内直选等一套选拔与选举相结合的程序，产生基层党组织领导人的办法。由于公推竞岗主要是面向组织内部的竞争性选拔，涉及面窄，影响小；而公推直选又逐步演变为各类基层党组织的竞争性选举形态。因此狭义上的公选仅指公推公选，本文也着重从公推公选的角度来考察干部公选的发展状况。

二 干部体制的变迁与公开选拔的兴起

我国干部体制是围绕党管干部这一核心原则构建起来的，各级党委及其组织部门制定干部路线，掌握着各级各类干部的培养、选拔、任用、考核和监督等权力。党管干部原则孕育于土地革命时期，革命的艰巨性和战争的严酷性使干部对于革命的中国共产党生死攸关，干部的选拔和任用也成为党的中心工作。1938 年六届六中全会提出 "组织工作中国化"，以及 "才德兼备"、"任人唯贤" 等干部选拔的方针。[1] 新中国成立后，执政党延续了革命时期的干部管理体制，并加以放大构建起一元化领导的党国体制，党管干部原则是这一体制的重要支柱。从 1953 年开始，中央将全体干部划分为军队、文教、计划与工业等九类，确定实行分部分级的干部管理体制。改革时期，党管干部原则得到进一步巩固，1989 年的《关于加强党的建设的通知》明确阐释了党管干部原则的内涵，就是制定干部工作的方针、政策，推荐和管理好重要干部，指导干部人事制度的改革，做好对干部人事工作的宏观管理和监督。随后，在历届全国党代会上，党管干部原则都被作为干部体制的核心原则，以及党领导和执政的核心要素加以反复强调。

改革以来，随着党的路线与政策的调整，经济社会的发展，干部体制改革被提上了日程。在党管干部原则的框架下，公开选拔领导干部的探索开始出现。

第一，改革初期的路线调整推动干部素质结构的需求转型。1978 年以来，党的路线和政策调整对干部制度的转型提出了要求。一方面，党内中高级干部多是早期的革命干部，老龄化十分严重，领导层接班和干部年轻化势在必行。另一方面，改革开放的事业起步亟须大批知识化和专业化的人才，而这些人才的供给明显不足。因此，党的十二大明确提出干部革命化、年轻化、知识化和专业化的 "四化" 标准，随后大批高校毕业生和知识分子走上领导岗位，推动了干部队伍从革命官僚到技术官僚的转换。[2]

尽管这一时期 "干部四化" 成为推动干部制度改革的主流，但是领导干部的公开选拔也在同期萌生。一些率先进行改革开放的地区，经济社会的快速发展对高素质人才的需求不断加强，而传统的组织选拔难以满足这一需求，只能通过公开选拔的方式来实现广揽人才的目的。1984—1985 年，宁波、深圳、广州等城市率先开始干部公选的试点。其中，宁波公选已经具备了现在公选的基本程序，如公开推荐、考试与面试，党委任命等

---

[1]　王旸：《新时期党的干部制度建设》，中共党史出版社 2006 年版，第 2 页。

[2]　Hong Yung Lee. *From Revolutionary Cadres to Party Technocrats in Socialist China*，Berkeley：University of California Press，1991；徐湘林：《后毛时代的精英转换和依附性技术官僚的兴起》，《战略与管理》2001 年第 6 期。

环节，被视为全国最先进行的公选实验。① 随后的 1988—1992 年，吉林省先后开展 4 次公开地厅级领导干部的试点。在具体做法上采取了"一推双考"，即实行组织推荐与群众推荐，考试与考核相结合的方法,② 形成了较为完整的公选程序和做法，得到中组部的肯定和推介。

第二，不断恶化的吏治腐败促使中央重视干部选任的公信度。由于党内权力结构易于形成党委书记"一把手"的个人集权，传统的干部选拔体制在实践中出现了异化，党委和组织选拔干部常常演变成"一把手"选配干部，任人唯亲、政治庇护、派系甚至卖官鬻爵的现象滋生，导致干部选拔的公信度受到置疑。1989 年，邓小平提出"要选人民公认是坚持改革开放路线并有政绩的人，大胆地将他们放进新的领导机构里"。③在党的十四大报告中，邓小平的上述讲话得到系统化的阐述，"对坚决执行党的基本路线，有高度革命事业心和为人民服务的强烈责任感，在改革开放和现代化建设中政绩突出、群众信任的干部，要委以重任。"到党的十六大上，这一精神又被概括为"把德才兼备、实绩突出、群众公认的优秀干部及时选拔配备到各级领导班子中来"，十七大报告重申了这一标准。

20 世纪 90 年代，干部公选的快速发展显然得益于与新的干部选拔标准的契合性。采取公开推荐和公开选拔的方式，吸收基层干部和群众参与干部推选，有助于扩大干部的公信度。1995 年到 2000 年 5 月底，全国 31个省区市公开选拔副厅级以上领导干部 700 多名，公开选拔副处级以上领导干部 8200 多名；通过竞争上岗产生的副处级以上党政领导干部 21000多名。④ 1999 年和 2000 年，中组部先后出台《关于进一步做好公开选拔领导干部工作的通知》和《全国公开选拔党政领导干部考试大纲（试行）》，对公开选拔的范围、工作程序、考试科学性等做出较为权威的规范，干部公选进入规范化的轨道。同期，中组部明确要求，从 2001 年至2010 年各地通过公开选拔产生的地厅级以下委任制领导干部人数要达到

---

① 吴瀚飞：《中国公开选拔领导干部制度研究》，中国社会科学出版社 2002 年版，第 52页。

② 中共吉林省委组织部：《坚持和完善"一推双考"创造有利于优秀年轻干部脱颖而出的选人机制》，载中共中央组织部研究室编《十四大以来干部制度改革经验选编》，党建读物出版社 1999 年版，第 101—107 页。

③ 《邓小平文选》第 3 卷，人民出版社 1994 年版，第 380—381 页。

④ 虞云耀：《党的建设研究》，中共中央党校出版社 2004 年版，第 338 页。

新提拔同级干部总数的 1/3 以上。① 2002—2006 年，全国大部分省市都进行了干部"公选"的试点，共公开选拔党政领导干部 1.5 万余人，通过竞争上岗担任领导职务的干部共 20 余万人。②

第三，压力型体制与政绩竞争提升了地方政府对干部素质与能力的要求。除了中央的推动之外，干部公选也得到了地方的响应。尽管干部职务是一个稀缺性资源，是地方领导人激励政治追随者的重要砝码，领导人不会轻易放弃这一权力。但在压力型体制下，自上而下的政绩考核迫使地方领导人在选人时越来越关注其工作能力和业务素质。③ 专业能力较强的下级有助于帮助领导完成工作任务。同时，地方政府间的政绩竞争日趋激烈，也促使地方领导人更为重视提拔那些具有专业素质更具有工作能力的干部。因此，与地方经济发展和政府绩效密切挂钩的部门岗位，如经济、科技、交通、城市规划，往往是容易拿出来进行公选的职位。此外，干部公选还被看成推动落实中央部署，推动政府创新和民主改革的一项政绩。一些地方政府在公选的范围、规模、层级、频率及方法上不断升级和突破，争取轰动效应，实际上已把公选作为了一项政绩工程。从 2002 年以来，我国的干部公选已经从零星试点进入到大规模推广和扩散阶段，一些省市如江苏、北京、四川、深圳的干部公选已经实现了制度化和规范化，成为干部选拔的常态工作。

三　公选与干部选拔体制的创新

作为一种竞争性的选拔机制，公选是传统干部制度的重要创新。这一创新是在坚持党管干部的原则基础上，通过扩大干部选拔的公开性、竞争性和参与性来推动传统组织选拔和干部选拔标准的优化。

第一，与委任制相比，公选提高了干部选拔过程的开放性和竞争性。长期以来，干部选拔过程带有封闭性和神秘性，实际上源自于组织选拔的过程特点，由于干部选拔往往由上级党委和组织部门包办，并有着严格的组织纪律加以约束，因此干部选拔的过程较少公开，其他主体也难以参与

　　① 彭勇、关集双：《实现公选常态化的思考》，《领导科学》2006 年第 12 期。
　　② 《中国官员选任制度改革加快 选人用人更加民主》，《人民日报》2008 年 4 月 9 日。
　　③ 关于压力型体制的研究，请参见荣敬本等著《从压力型体制向民主合作体制的转变：县乡两级政治体制改革》，中央编译出版社 1998 年版，以及本书"压力型体制十年"的条目。

其中。而封闭性的干部选拔方式为个别领导人操纵干部任命提供了机会，选拔过程的公正性和民主性受到置疑。与传统干部选拔方式所不同，公选实现干部选拔过程的公开，从发布公告，公开报名，公开推荐，到竞争考试、面试，竞职演说等环节，通过报纸电台等媒体向社会公开。一些地方还尝试将干部公选的过程进行电视或网络直播，设立新闻发言人，召开新闻发布会，使公选过程更为开放透明。①

表1 组织选拔、公推公选与直接选举的类型比较

特点＼类型	组织选拔	公推公选	直接选举
提名方式	自上而下：组织提名	上下结合：公开推荐	自下而上
参与主体	党组织	党组织、"两代表一委员"、基层干部、群众代表等	选民投票
选拔过程	组织提名、考察、任用	公开推荐、竞争考试、面试、组织考察、党委票决	公开报名、竞争选举
竞争程度	无竞争，无差额	有竞争，有差额	有竞争

此外，公选提高了干部选拔的竞争性。传统的组织选拔大多是一种委任制，上级党委和组织部门进行等额推荐和等额考察，不存在竞争性。各地公选的制度设计都十分注重竞争机制，候选人需要在公选的各环节，从报名推荐到选拔笔试、综合性面试、民主测评和党委票决等，经过激烈的竞争才能够胜出。为了增加干部选拔的竞争性，许多地方公选制定了各环节的差额比例。如2010年江苏公选笔试、民主推荐、面试和组织考察的差额分别是15∶1，6—8∶1，3—5∶1以及2—3∶1。公选通过在传统委任制基础上引入公开和竞争机制，扩大了候选人的范围，有助于优秀人才的脱颖而出。

第二，与"干部四化"相比，公选更契合"德才兼备、注重实绩、群众公认"的选拔标准。干部公选的出现也预示党的干部选拔标准的重

---

① 《公开选拔干部的"北京实践"》，新华网2011年1月6日。

要变化，这一变化有别于改革前的政治素质、忠诚程度和教育标准①，也超越了改革初期的"干部四化"标准。20 世纪 90 年代以来，党的干部选拔条件出现变化，"德才兼备、注重实绩和群众公认"开始取代了"干部四化"标准，对干部的能力，实绩和群众公认更为重视。其一，公选的流程设计，特别是在面试和述职等环节突出对才能和实绩的考察，与新的干部选拔标准具有契合性。2005 年，四川省干部公选采取的"8＋3"模式，将一些企业人力资源管理的办法，如结构化面试、无领导小组讨论、资历评价、心理健康与工作压力测试、外语水平测试等形式被引入公选的面试环节，对干部能力考察日趋精细化和科学化。② 这些做法随后在许多省份的公选中得到普及。一些地方还进行适岗评价、驻点调研、演讲答辩和述职报告等环节，以更为全面考察候选干部的素质与能力。如江苏公选所采取的"适岗评价"，从学历学位、岗位经历、专业背景、基层工作经历、年度考核及奖励情况等方面，将候选人与岗位契合性进行比照评价，先进行一轮评分。广东和北京公选还要求候选人进行述职述廉，将近 3 年的业绩进行公示，供群众和专家参考。

　　第二，公选通过扩大群众参与，增强了干部选拔的公信度，实现了对群众公认原则的贯彻。群众公认是指领导干部要得到广泛的群众认同和民意基础。在选举政治背景下，领导干部可以通过在选举中获得多数选票的方式得到公众的信任。在非选举条件下，公选通过吸收群众参与干部选拔从而也从另一个层面为领导人赢得了群众的认可。当前，各地公选普遍为群众参与干部选拔提供了机会和渠道，包括从报名推荐，到民主测评、面试，以及公示过程的监督举报。不少地方公选还实行"大评委制"，邀请党代表、人大代表、政协委员、劳模代表和基层干部群众代表，参与民主推荐、个人陈述、演讲答辩、现场测评等。③ 一些地方还模仿"超女选秀"，发动亲友团现场助

　　① Zhou, Xueguang. Political Dynamics and Bureaucratic Career Patterns in the People's Republic of China, 1949 - 1994. *Comparative Political Studies*, Vol. 34, No. 1 (2001): 1036 - 1062; Walder, Andrew G., Bobai Li, and Donald J. Treiman. Politics and Life. Chances in a State Socialist Regime: Dual Career Paths into the Urban Chinese. Elite, 1949 to 1996. *American Sociological Review*, Vol. 6, No. 2 (2000): 191 - 209.

　　② 孙琳：《公选副厅级领导干部追踪——"8＋3"公选流程探营》，《四川日报》2005 年 9 月 6 日。

　　③ 周志坤：《广东公开选拔干部进入常态化》，《南方日报》2010 年 12 月 20 日。

威，发动网络投票，更为广泛地动员群众加入其中。① 群众对公选过程的参与，还有助于避免少数人操纵选拔过程和结果的现象，降低用人过程中的腐败现象。

第三，干部公选是在党管干部原则基础上的选拔机制优化。党管干部原则是我国干部体制的核心原则，也是中国共产党执政的重要制度安排。党管干部原则不仅要求党委和组织部门在选任干部上的决定权，也强调候选人具有较高的政治素质。一方面，在干部公选的改革中，党管干部原则一直被要求作为根本的指导思想加以贯彻。"放弃党管干部原则就等于放弃党的领导、放弃党的执政地位。任何时候都不能动摇。"② 在各地公选的实践中，我们也可以看到，不论从公选岗位的确定、职位资格条件，公选流程、民主测评，还是到组织考察及党委票决等环节，上级党委及组织部门仍然发挥着举足轻重的作用。另一方面，在干部选拔的指导方针上，中央强调坚持德才兼备、以德为先的用人标准。其中干部德的评价标准就是对党、国家和人民的忠诚度，这被视为保持马克思主义执政党先进性和纯洁性的根本要求和重要保证。③ 因此，公选过程既重德才、重实绩、重公论用人，同时又防止唯票取人、唯考取人、唯年轻取人。④ 在实践中，这一原则表现为上级党委和组织部门有权从政治上对候选人进行筛选和把关，并将这一标准贯穿于干部选任的全程。

四　干部公选的缺失与悖论

公选是干部选拔的制度改革，而非民主选举的政治实验。干部公选是对党管干部原则的完善和优化，反过来党管干部也为干部公选设定了框架，干部公选只是在组织选拔方式上的探索和尝试，而不会迈向民主选举的方向。因此，公选内生地蕴涵了选举与选拔的张力，并造成了素质与责任，群众参与与权重模糊，以及机制构建与制度漏洞的三个悖论。

---

① 潘慧琳：《不拘一格选人才——株洲海选"80 后"干部探索》，《决策探索》2009 年第 1 期。

② 李源潮：《坚持民主公开竞争择优　推进干部人事制度改革》，《人民日报》2009 年 10 月 19 日。

③ 《中共中央关于加强和改进新形势下党的建设若干重大问题的决定》，《人民日报》2009 年 9 月 28 日。

④ 李源潮：《防止唯票取人、唯考取人、唯年轻取人》，人民网 2010 年 3 月 18 日。

第一，素质提升与责任缺失的悖论。公选是一种竞争性的选拔机制，通过扩大竞争者的参与和科学化的选拔机制，将具有较高专业素质和工作能力的干部选拔出来。然而，这一选举机制无法解决领导干部的责任和回应问题。其一是部门内领导与下属之间的责任错位。我国政府内运行的行政首长负责制，要求行政副职和部门领导对行政首长负责并受其指挥。而当前很多地方干部公选是在"一刀切"的情形下展开，包括政府行政首长副职，部门正副职都是在上级政府"统筹"安排下公选产生。由于这些干部由上级党委和组织部门公选产生，因此产生责任与负责关系的错位。其二是党政正职对同级党代会和人代会的回应错位。尽管在实践中各级党政干部正职领导人都是由上级党委和组织部门来加以推荐和选拔；但根据宪政制度的规定，党政正职领导人应当分别由同级党代会和人代会选举产生，特别是政府正职领导人应严格遵循这一规定。当前，一些地方试行将党政正职领导人纳入公选范围，实际上取消了党代会和人代会对党政领导人的选举权，从而导致了二者之间责任与回应关系发生了错位。

第二，群众参与与权重模糊的悖论。与以往封闭式的干部选拔相比，公选是干部选拔权力分散化的过程，公选让专家学者、"两代表一委员"、民主党派以及基层干部和普通群众都参与干部选拔过程。基层群众和专家学者不同程度地参与到候选人推荐、民主测评以及监督等公选环节，对候选人进行评分或投票。然而，在公选的全程，党的领导、专家评价、群众参与究竟占有多大的权重，发挥怎样的作用，却没有较为明晰的标准。与考试、面试以及票决等量化程度较高的环节相比，群众参与环节的分量和权重十分模糊。如在候选人民主测评中，基层群众反映的意见能够对组织部门评分产生多大影响，并没有量化的指标。而在实际操作中，无论是万人评官，抑或网络海选，都不过是组织部门和党委任用干部的一个"参考"。"参考"是一个十分模糊和暧昧的概念，如果群众意见和组织意图相悖，如何权衡二者的关系未能在现实中得到很好的解决。因此，公选过程常常出现"人民不要，党要"的吊诡局面。

第三，机制构建与制度漏洞的悖论。当前，许多地方公选已形成了一整套相对完备的制度体系，从推荐、考试到票决等，机制日益科学化和精细化。然而，机制的科学化未能有效防范用人的腐败发生。如2008年中部某县"公选"正科级干部，最后产生的12名候选人绝大部分为"干部子女和县里两大房地产老板的亲戚"。① 2011 年某市采取"双推双考"选拔 4 名团干部，结果胜出的 4 人中有 3 人为市领导的子女，"公选成为掌权者瓜分权力的盛宴"。② 还有一些地方，根据拟提拔人选进行"量身定做"，有意制定一些过高甚至苛刻的标准，将竞争者阻挡在外。如 2004 年某市计划公选 47 名处级干部，结果报名者仅有 37 人。③ 由此可以看出，现有的制度设计为个别部门和个别领导人预留了较大的权力，为他们操纵选拔过程提供了空间，如是否进行公选，进行哪些职位的公选，公选职位需要怎样的资格条件，以及在哪些范围进行组织考察，考察结果是否可以量化和公开等等。这一状况最终导致公选流于形式，经过了多轮复杂的公选流程仍然是党委一把手在选人用人，公开、参与和竞争的选拔机制未能得到有效地落实。

五　结论与思路

干部体制是中国共产党执政的重要制度安排，党管干部原则是这一体制的核心。而干部体制改革也成为政治体制改革的核心内容和发展社会主义民主政治的迫切需要。④ 改革以来，公选的兴起与扩展是执政党适应路线与政策调整的需要，也是其克服吏治腐败的安排。通过公选将那些"政治上靠得住、发展上有本事、群众信得过"的干部选拔到领导岗位，有助于巩固党的执政地位。而公选也得到了地方政府的响应，在日益加剧的政绩考核和政府间竞争的压力下，能力突出和群众信任的干部更易出色地完成任务，获得政绩优势。

干部公选是一种竞争性的选拔机制，通过在组织选拔方法基础上引入透明和竞争机制，有助于克服封闭性的组织选拔所带来的弊病。同时，公选也推动干部选拔标准的转型，"干部四化"不断淡化，干部选拔中不再唯学历和唯年龄论；工作能力和群众认同程度不断加强，那些"德才兼

---

① 胡印斌：《公选乡长，以符合程序之名假冒民意》，《中国青年报》2009 年 8 月 26 日。

② 王晨光：《"官推官选"，一个伪民主的样本》，《中国青年报》2011 年 5 月 12 日。

③ 刘喜发、陈新、项晓霞：《关于江苏省干部选拔任用制度改革的调查与思考》，《中共南京市委党校南京市行政学院学报》2006 年第 3 期。

④ 李源潮：《坚持民主公开竞争择优　推进干部人事制度改革》，《人民日报》2009 年 10 月 19 日。

备、注重实绩、群众公认"的干部，更容易在公选中胜出。然而，作为一种处于选拔与选举之间的干部选拔方式，公选内生地存在选拔与选举的内在张力，这一张力在现实中即体现为组织选拔与群众参与的权重分配关系，并导致公选过程中的诸多悖论。

进一步完善干部公选制度，当前除了其他方面之外，至少要解决如下两个问题：一是进行经验梳理与制度扩展。实际上，当前全国许多地方进行了很好的公选试点，也积累了一系列制度体系和操作经验，如制定岗位说明书，进行适岗评价、结合职级确定考试方式、采取结构化面试，进行实地调研、演讲答辩，实行社会公示和媒体报道，实施大评委制和党委会或者全委会票决制等等。目前，亟待解决的是，中央如何结合相对先进和成熟的探索经验，加以梳理、规范和提升，形成完整的制度体系和规范的操作流程；同时解决当前困扰公选的制度配套问题，然后向全国推广，统一规范各地干部公选的实践。

二是实行公选与直选并举。当前，干部公选几乎成为干部改革的代名词，似乎公选能够解决一切干部体制的问题，也使干部体制改革走入另一个极端，忽略了其他一些重要问题，如干部的责任与回应问题、干部的日常监督问题等。要破除对公选的迷信，特别是针对当前干部公选所无法克服的干部责任与回应问题，应当考虑将公推公选与公推直选相结合。一方面，对于空缺的地方政府的行政副职领导人和部门领导人，尽可能采取公推公选的方式产生，着力提升他们的能力与素质结构。另一方面，对于空缺的地方党政正职领导人，建议以公推直选而非公推公选的方式产生，着力解决公信度与责任性问题。只有通过投票选举（推选）的方式，将"群众公认"从口号变为选票，才能确立起党政领导人对群众的问责回应意识。由于目前公推直选主要局限于乡镇层面试点，建议结合干部制度改革提升公推直选试点的层级和范围，将公推直选提高到低级市级政府层面。

参考文献

李源潮：《坚持民主公开竞争择优　推进干部人事制度改革》，《人民日报》2009年10月19日。

吴瀚飞：《中国公开选拔领导干部制度研究》，中国社会科学出版社2002年版。

中共中央组织部研究室：《干部人事制度改革》，中国方正出版社2004年版。

王旸:《新时期党的干部制度建设》，中共党史出版社 2006 年版。

于学强:《中国干部选拔的问题与对策研究》，中国社会科学出版社 2009 年版。

景跃进:《"公选"与干部制度改革》，《天津社会科学》2003 年第 4 期。

徐湘林:《党管干部体制下的基层民主试改革》，《浙江学刊》2004 年第 1 期。

杨雪冬、托尼·赛奇:《从竞争性选拔到竞争性选举——对乡镇选举的初步分析》《经济社会体制比较》2004 年第 2 期。

Tony Saich and Xuedong Yang. "Innovation in China's Local Governance: 'Open Recommendation and Selection'". *Pacific Affairs*, Vol. 76, No. 2 (2003): 185 – 208.

Stig Thøgersen, Jørgen Elklit and Dong Lisheng. "Consultative elections of Chinese Township Leaders: the Case of an Experiment in Ya'an, Sichuan'". *China Information*, Vol. 22, No. 1, (2008): 67 – 89.

（作者为复旦大学政治学博士，深圳大学管理学院副教授，深圳大学当代中国政治研究所研究员）

政治吸纳

郎友兴

"吸纳"概念通常认为源于管理学，是指企业在战略管理中，在对外部知识获取与消化的基础上，将外部知识与企业原有知识有效整合和利用的一系列组织惯例和过程。① 在政治领域中的吸纳，指权力主体将公民或社会组织引导到公共权力系统之中，进行交流与合作。而所谓的"政治吸纳"（Political Inclusion）通常指的是，政治体系对社会变迁过程中新兴利益群体的权利诉求和参与行动的纳入与整合过程。有关此方面的论述主要体现在现代化理论中，尤其是亨廷顿对参政扩大化和政治制度化之间的论述。20 世纪 90 年代金耀基教授提出了"行政吸纳政治"来解释英治时期香港的政治体制。康晓光教授援引金耀基教授的说法来研究中国大陆的政治变迁与发展。自此后陆续有学者关注改革开放以来中国政治发展过程中"政治吸纳"的问题。在学术界，学者们除了用"政治吸纳"概念外，有时更多的是使用"行政吸纳"、"体制吸纳"、"精英吸纳"等概念，以及"政治安排"、"政治嵌入"，这些概念的意思是非常相近的，所指也大体上是相同的，事实上像"政治安排"本身就是"政治吸纳"的一个具体体现。

一 政治吸纳研究文献综述

可以肯定地说，以"政治吸纳"这个分析性范畴来研究中国内地改革开放以来的政治变迁源于曾任香港中文大学校长金耀基教授在解释香港地区政治模式时所采用的"行政吸纳政治"概念。在《行政吸纳政

---

① 高展军、李垣：《企业吸收能力研究阐述》，《科学管理研究》2005 年第 6 期。

治——香港的政治模式》一文中，金耀基教授给"行政吸纳政治"的内涵作了说明："'行政吸纳政治'是指一个过程，在这个过程中，政府把社会中精英或精英集团所代表的政治力量，吸收进行政决策结构，因而获致某一层次的'精英整合'，此一过程，赋予了统治权力以合法性，从而，一个松弛的、但整合的政治社会得以建立起来。"他分析了香港"行政吸纳政治"的两个途径，一个是"由英国统治者与非英国的（绝大部分为中国人）精英共同分担决策角色的行政体系"的"共治"，另一个途径是"咨询"。他把这一切称之为"政治的行政化"或"行政的政治化"，并指出"行政系统被赋予了政治功能，使行政系统承担及发挥纯技术性专业性之行政以外的功能，这使香港的行政与韦伯的'科层组织'的理型有所不同"。①

　　自金耀基教授使用"行政吸纳政治"概念之后，相关的概念就开始为学者们所使用。其中最有影响的学者莫过于康晓光教授。康晓光运用"行政吸纳政治"概念分析了改革开放以来中国内地的政治变迁。在《行政吸纳政治——90 年代中国大陆政治稳定性研究》一文中康晓光认为，20 世纪 90 年代以来的中国内地已经具备了"行政吸纳政治模式"的所有基本要素，并且指出"行政吸纳政治"的本质就是"政府主动、自觉地制定有利于社会精英的公共政策"。在他看来，"咨询性政治"和"行政吸纳政治"这些概念对于执政的中国共产党来说也许有点陌生，但是其中所"蕴涵的统治策略"则是熟悉的：从新中国成立前的"群众路线"、"统一战线"到新中国成立初期的"政治协商制度"，再到权威主义时期的"行政吸纳政治"直至"三个代表"，具有内在的一致性和连续性。康晓光认为，"行政吸纳社会"是一种在现实中有效运行的体制。② 在《行政吸纳社会——当前中国大陆国家与社会关系再研究》中，他认为，"行政吸纳社会"是政府适应内外环境的变化，追求自身利益最大化的结果。康晓光将"行政吸纳社会"的核心机制归结为三个：一是限制，即限制被统治者运用"非政府的方式"挑战政府权威；二是功能替代，即通过

---

① 金耀基：《行政吸纳政治——香港的政治模式》，《中国政治与文化》，牛津大学出版社 1997 年版，第 21—45 页。

② 康晓光：《行政吸纳政治——90 年代中国大陆政治稳定性研究》，《二十一世纪》2002 年 8 月号。

拓展行政机制满足被统治者的利益要求；三是优先满足强者利益。①

在一篇题为《民间政治参与和体制吸纳的互动——对深圳市公民自发政治参与三个案例的解读》的文章中，黄卫平、陈文根据深圳市南山区的经验提出了"立法吸纳"、"组织（机构）吸纳"和"行政吸纳"等多种吸纳的方式及机制。② 而后他们又提出代议性吸纳、机构性吸纳、机构性吸纳和精英性吸纳等四种类型。

陈家喜在其博士论文《改革时期中国民营企业家的政治影响》中指出，由于党和国家拥有关键性政治资源的掌握权和分配权，它们采取了带有"精英吸纳"性质的政治安排制度，而这种政治安排在私营企业主成长的初始阶段，就将他们纳入现有的政治体制内，成为体制内的拥护力量。精英吸纳使企业家在继经济上获益的同时也得到了政治上的认可，成为政治上的受益者，因而失去了政治对抗与政治变革的要求。企业家群体当中那些最有能力也最有可能发挥政治影响、进行政治参与的那部分成员被党和国家安排进各级政治代议机构当中，成为体制内的政治行动者，从而实现了精英吸纳与政治整合。企业家的政治行动发生转向，即由体制外的政治对抗和政治博弈，转变为体制内的利益表达与政策反馈，从而巩固了现政权的政治合法性基础。

徐家良认为，政府与公民之间"体制吸纳问题"新关系的构建，反映出政府、公民之间权利与义务的对等性，而政府的吸纳涉及五个方面的内容：一是吸纳的主体；二是吸纳的渠道；三是吸纳机制；四是吸纳指标；五是吸纳的效果。在他看来，"体制吸纳问题"关系模式有四方面的特点：一是吸纳的问题都与公民利益密切相关；二是新旧问题并存；三是问题解决的直接性与补救性；四是权力让渡与权力约束。③

郎友兴提出用"政治投资"与"政治吸纳"两个概念来解释先富群体的政治参与现象。前者用来解释先富者自身政治参与之动机，即

---

① *Kang Xiaoguang* and *Han Heng*, "Administrative Absorption of Society: A Further Probe into the State—Society Relationship in Chinese Mainland", *Social Sciences in China*, Summer 2007, pp. 116 – 128.

② 黄卫平、陈文：《民间政治参与和体制吸纳的互动——对深圳市公民自发政治参与三个案例的解读》，《马克思主义与现实》2006 年第 3 期。

③ 徐家良：《新组织形态与关系模式的创建——体制吸纳问题探讨》，《北京大学学报》（哲学社会科学版）2008 年第 3 期。

为何他们现在热衷政治参与以致出现所谓的"富人从政"之政治现象；后者用来解释政府为什么接纳或如何对待先富群体的政治参与之热情和要求。他在金耀基教授"行政吸纳"的基础上对"政治吸纳"概念作了界定："政治吸纳"主要"指执政党建立一种能够表达政治意愿的政治结构，让社会上有些群体或阶层可通过这个结构表达出他们的政治意愿，从而使其利益得以实现"。郎友兴从两个方面分析执政党进行政治吸纳的原因：一是客观使然；二是政治发展面临一些挑战，这其中包括财富对于执政党所带来的挑战。他进而分析了政治吸纳的两种基本功能：一是通过"吸纳"包括先富者在内的新社会阶层，例如吸收先富群体中的优秀者入党，获得先富群体的政治认同；二是其政治参与纳入有序的轨道，促进了政治体系的整合，避免挑战或麻烦。①

储建国在《当代中国行政吸纳体系形成及其扩展与转向》一文中指出，中国共产党的行政吸纳过程事实上早在新中国成立后就已开始了，其特点是通过吸纳过程对社会精英进行改造，也就是精英改造式的行政吸纳。而改革开放以来政府通过行政吸纳的方式赢得了经济精英和知识精英的某种合作，但是此过程也带有一定政治风险：一是精英联盟过程培育了大量的腐败；二是精英联盟过程毁灭了精英的责任；三是精英联盟过程加剧了中国社会的分裂；四是精英联盟过程导致政府功能错位，降低了政府信用度。上述问题主要是行政吸纳过程过于倾向精英的利益，而忽视了大众的利益，因此，他认为，让行政体系向大众敞开大门，让决策过程更多地倾听来自弱势阶层的声音，许多问题可能会得以克服，而中国第四代领导人已经意识到这些问题，并努力让现有的行政体系以及施政过程更加贴近老百姓，即"行政体系不仅要吸纳精英，而且要吸纳平民"。不过，政府也试图在行政吸纳之外寻找一些其他办法，如扩大司法体系的吸纳通道，基层民主的经验向上推广，推进党内民主和人大民主，以扩充政治通道。事实上，更早些时候，储建国在《从行政吸纳到政治吸纳——再论"一党立宪"》一文中已经指出过，以上试验和探索尽管还不能改变行政吸纳这个主流，但它们意味着一种新的路向，那就是政治吸纳，表明从行政吸纳向政治吸纳的转向，而"一党立宪"的视角"有助于让这种方向

① 郎友兴：《政治吸纳与先富群体的政治参与》，《浙江社会科学》2009 年第 7 期。

和安排变得清晰化"。①

中央党校科学共产主义教研室的常欣欣在其《中国特色政党制度的政治吸纳和整合功能及其建设》一文中指出，中国特色的政党制度所具有的独特制度优势，就是它有强大的政治吸纳和整合功能。她从五个基础加以分析：执政党中国共产党的先进性是中国特色政党制度具有强大政治吸纳和整合功能的政治基础；参政党各民主党派的进步性是中国特色政党制度强大政治吸纳和整合功能的社会基础；中国特色社会主义的旗帜和理论是中国特色政党制度强大政治吸纳和整合功能的思想基础；规范有序的组织结构是中国特色政党制度强大政治吸纳和整合功能的组织基础；高度聚集的政治和社会精英是中国特色政党制度强大政治吸纳和整合功能的人才保证。同时她还提出"进一步增强中国特色政党制度的政治吸纳和整合功能的建设路径"。②

而就职于海外学术机构的吴国光教授在《政治改革、政治镇压与政治吸纳：中国政治发展及其挑战》文章中对当代中国的政治吸纳作了较为系统而深入的分析。

也有一些研究中国问题的西方学者关注到政治吸纳的现象并作了解释。在一些西方学者看来，改革开放时期中国政治的一个变革就是，为了适应改革所带来的经济结构与社会结构所带来的政治冲击，中国共产党和政府主动采取笼络（Cooptation）、防范（Preempt）和吸纳（Inclusion）战略来消除这一变化所带来的威胁。"这些概念的基本内涵就是通过吸纳亲近体制各社会阶层当中的精英人士，排斥那些对抗体制的敌对分子，从而实现巩固体制的目的。"③ 澳大利亚的古德曼教授（David Goodman）认为，与其他威权体制国家相比，中国的新经济精英（私营企业家）并没有发挥与其经济实力相称的政治作用，也没有提出政治要求，其原因在于这些新经济精英借助于体制力量，通过不同的渠道得到了笼络，已经成为政党—国家体制的一部分。④ 而美国马里兰大学政府与政治系裴松梅

---

① 储建国：《当代中国行政吸纳体系形成及其扩展与转向》，《福建行政学院学报》2010 年第 2 期（总第 120 期）。

② 常欣欣：《中国特色政党制度的政治吸纳和整合功能及其建设》，《科学社会主义》2010 年第 4 期。

③ 陈家喜：《改革时期中国民营企业家的政治影响》，复旦大学博士学位论文，2007 年。

④ David S. G Goodman, "New Economic Elites", in Robert Benewick and Paul Wingrove eds. , *China in the* 1990*s*, MacMillan Press Led. , 1995, pp. 132 – 144.

（Margaret M. Pearson）教授用笼络（Co—optation）来描述社会主义国家中间组织所具有的独特作用。她认为，笼络是国家创造出来用来建立国家与社会间的互动通道，尤其是在这些经济精英没有代表自己的利益采取独立行动之前，试图吸纳他们，例如，国家组建和拉拢一些比如工会、商会和企业家等关键性功能组织。①

著有《中国的红色资本家：党、私营企业主以及政治变迁的前景》的美国华盛顿大学爱略特国际关系学院政治学和国际关系教授狄忠蒲（Bruce J. Dickson）指出，中国共产党通过对私营部门进行策略性笼络（strategic cooptation）以及具有法团主义风格（corporatist—style）的联系做法使其能够适应不断变化的经济和社会环境，并且事实上已经证明这种战略是成功的。他认为，在中国，这些吸纳政策包括对私营企业家的吸纳和技术精英的吸收，以及创建各种联系国家与社会的各种市民组织，而这其中商会是最突出的一个。② 因此，他认为，在当前中国的政治背景下，要想找出私营企业家改变政治体制的明确证据很可能是不现实的：私营企业家，很可能成为国家的伙伴，而非反对者；他们可能关注地方事务和程序问题，而非抽象的公共、政治与社会权利，而这其中的原因在于政党国家采取了有效的吸纳战略使得私营企业家成为体制的伙伴。③

二 政治吸纳的背景、机制与渠道

政治吸纳的发生取决于两个因素，一是被吸纳者④具体来说就是非主流的即体制外的精英希望为主流即执政党和政府所吸纳，另一个是主流者鉴于形势使然而愿意或者不得不进行吸纳。对于非主流的群体或者称之为新社会阶层尤其民营企业主来说，他们积极寻找政治参与的机会与渠道，出于一种"政治投资"。那么为什么要进行政治投资？这是他们基于自身

---

① Margaret M. Pearson. *China New Business Elite*: *The Political Consequence of Economic Reform*. Berkeley: University of California Press, 1997, pp. 140 – 141.

② Bruce Dickson. *Red Capitalists in China : the Party, Private Entrepreneurs, and Prospect for Political Chang*. Cambridge University Press, 2003, p. 9.

③ Ibid. , p. 23.

④ 被吸纳者的类型当然是多样的，包括各方面的人士，其中包括海归、自由职业者，但主要的吸纳对象是新社会阶层尤其是民营企业主，因为对于执政党来说重点是放在民营企业主为代表的新社会阶层身上，并且被成功地吸纳且成为社会引人关注的多数是民营企业主。

社会地位、环境及制度安排所作的一种理性选择的结果，它不只反映了这些群体的价值观和人生观，更是反映出了中国的政治现实。当代中国的新的社会阶层积极参与政治、进行政治投资离不开中国独特的制度环境。玛丽亚·乔纳蒂曾经指出，在社会主义国家，经济行为与政治权力的依附连带十分紧密。①在中国，政治权力仍然支配着社会资源的获取。某种意义上正如《政治与市场》一书的作者林德布洛姆所说的，"各人不断地努力为自己所能支配的资本找到最有利的用途"。② 他们的政治投资旨在获得自我保护之机会与渠道，当然也包括对政策制定与执行之影响。政治权力作为公共权力的表现载体在社会制度体系中占据着重要的地位，不仅因为政治权力代表着一定的政治地位，蕴涵着极大的名誉性，其效能不仅能维护和保障个人既得的经济利益，可以使有志于服务社会、回报社会的新社会阶层个人报效社会的愿望成真，更在于权力和经济的联姻还可以产生更大的经济效益，促使先富阶层个人经济事业更大的发展。史天健教授在《北京人的政治参与》一书中就指出过，北京人并非完全消极地等待体制的转变，而是积极参与政治过程以求得符合自身利益的改革。③普通公民都如此，更何况像民营企业主那样的新社会阶层。事实上，"企业家不仅仅将自己看成是经济舞台上的角色，也视自身为政治行为体，他们渴望参与政治决策、关注政治事务并为此发生浓厚的兴趣。他们尽管不是一个阶层，但是已经成为一个战略群体，在政治发展和变革中发挥着重要的作用。执政党与政府都将不得不重视这个群体。"④ 正式的如入党、竞选人大代表、争当政协委员，非正式的如与政府官员建立私交，如此种种构成新社会阶层"接近政治"之图景。

　　面对因现代化会而导致的政治不稳定和政治衰朽，亨廷顿指出，第三世界国家必须建立强大的政府，建构具有吸纳能力的政治体系，缔造强有力的政党，加强政治改革等，"一个正在进行现代化的制度必须具有将现代化造就的社会势力吸收进该体制的能力"。⑤ 传统国家政治现代化的一

---

① 玛丽亚·乔纳蒂：《转型——透视匈牙利政党—国家体制》，吉林人民出版社 2002 年版。

② 林德布洛姆：《政治与市场》，上海三联书店 1992 年版，第 239 页。

③ Tianjian Shi. *Political Participation in Beijing*. Cambridge, Mass.: Harvard University Press 1997.

④ 张厚义：《从阶层意识看私营企业家的政治要求》，《中国企业家》2003 年第 5 期。

⑤ 塞缪尔·P. 亨廷顿：《变化社会中的政治秩序》，王冠华等译，三联书店 1989 年版，第 129 页。

项重要目标就是能够建立起吸纳精英特别是地方精英的制度。中国的情况确实也是如此。作为执政党的中国共产党进行政治吸纳，一是客观使然；二是政治发展面临一些挑战，这其中包括财富对于执政党所带来的挑战。事实上，回顾近代中国地方自治的历史，人们不难发现有类似的现象：清末新政地方自治的试验为地方绅商进行政治参与提供了合法的途径，通过清末地方自治运动拓宽了政治参与的渠道和广度。改革开放以来，我国社会阶层结构已经发生了深刻的变化。首先是社会阶层结构从结构简单、分化有限向结构复杂、分化明显转变。改革开放以来出现民营科技企业的创业人员和技术人员、受聘于外资企业的管理技术人员、个体户、私营企业主、中介组织的从业人员、自由职业人员等新的社会阶层，而且，这些阶层成员的人数还在不断增长中，中国的社会结构早已超出了过往由工人、农民以及知识分子组成的简单模式。其次，社会组织由一元向多元发展。改革前，组织高度单位化、一元化是中国社会的一大特色。由于国家垄断资源，每个单位都依赖国家，每个成员都依靠单位。每个单位不仅是生产组织，而且是政治、生活、福利机构，具有严密的控制性，成了国家控制社会成员的间接工具。改革后，组织结构有了很大变化：一是组织自主性增强。国家的行政指令作用大大削弱；二是组织的非政治性和经济利益性色彩大大增强。

新社会阶层的崛起是改革开放以来我国社会政治经济生活中的一个重要现象。从宏观制度背景来看，其产生是市场经济改革、社会变迁以及公共政策共同作用的结果。他们正产生着巨大影响力。随着财富的积累，这些群体有了自己的政治经济利益诉求。这些新阶层的一个共同特点是，他们的成员收入比较高，许多人有资格列入中产阶级，有的甚至可称为富豪。由于是一个比较特殊的社会群体，这一社会群体具有私人拥有生产资料和雇工实现资本增值和企业发展的特点，因此随着这一群体经济实力的不断增长，他们参与政治的愿望也不断增强。他们希望通过各种渠道如参加政协、人大等更多地参政议政，谋求在各政治组织中的职位，追求政治代表性，并传达出自己的声音。他们从政治边缘向政治中心走去。社会阶层的分化，阶层结构的重大变迁，给我国的政治参与机制带来了十分复杂的影响。

因此，体制外的新社会阶层的政治参与诉求如何在体制内得以有序的释放，就成为执政党所面对的一件大事。更何况，这些新的社会阶层尤其民营企业家拥有大量的经济财富，因而其政治影响力是不能低估的。因此，是将他们拒斥到体制之外，还是将他们吸纳到体制之内？是任由他们的政治行动，还是对他们进行政治引导？这就成为执政党的一大战略选择或者说一个政治考验。事实上，面对这些事实，执政党没有更多的可选择余地。社会政治结构的变化客观上要求执政党作出回应。从 1990 年代初，执政党和国家确定了针对新崛起的阶层尤其私营企业家的战略，那就是政治吸纳战略。1991 年 7 月中共中央下发了中央 15 号文件是私营企业主政治安排的第一个规范性文件《中共中央批转中央统战部"关于工商联若干问题请示"的通知》。文件指出，"做好非公有制经济代表人士的思想政治工作，对巩固和发展爱国统一战线具有重要意义。对非公有制经济代表人士进行团结、帮助、引导、教育，通过工作，在他们中逐渐培养起一支坚决拥护党的领导的积极分子队伍，以带动他们的同行为社会稳定、改革开放、四化建设和祖国统一服务。"文件的颁布为私营企业家政治安排提供了政策依据，并且安排也不再是私营企业主单方争取的行为，还上升到政治统战的高度，成为工商联的重要工作任务之一。[①]早在 20 世纪 90年代初期，民营经济发展较快的地区尤其像浙江，已经开始将这些新型的经济精英吸纳到人大、政协、工商联或者其他组织之中，同时也为其提供一些表达利益、影响政策制定的渠道。与此同时，人们也不难看出，执政党能够及时地进行意识形态创新。一个较有标志性意义的举措就是所谓的吸纳"资本家"即私营企业主为中共党员。自 90 年代中期以来，执政党开始主动调整了党员吸纳的策略，开始吸纳非公有制经济组织、社会中介组织中的积极分子加入党组织。2001 年 7 月，江泽民同志在建党 80 周年讲话中明确提出"来自工人、农民、知识分子、军人、干部的党员是党的队伍最基本的组成部分和骨干力量，同时也应该把承认党的纲领和章程、自觉为党的路线和纲领而奋斗、经过长期考验、符合党员条件的社会其他方面的优秀分子吸收到党内来"[②]。2002 年召开的中共十六大也强调了要发展各阶层、各群体的优秀分子入党。由此，越来越多的民营企业家

---

　　① 《中共中央批转中央统战部"关于工商联若干问题请示"的通知》，载于中共中央统一战线工作部、中共中央文献研究室编：《新时期统一战线文献选编（续编）》，中共中央党校出版社 1997 年版，第 333—343 页。

　　② 江泽民：《在庆祝中国共产党成立八十周年大会上的讲话》，《新华每日电讯》2007 年 7月 2 日。

群体开始成为中国政治舞台上的重要行动者，"他们进入了政治参与的'激情燃烧岁月'"①。

而以上的两个因素又是在现有的执政党对政治权力结构和政治参与渠道的掌握、控制和分配之框架下发生的或运作着的。

政治吸纳的机制就是执政党与新社会阶层、主流与非主流、体制内与体制外力量之间的合作，其间，尤其要强调的是执政党本身的主导性与选择性，其使命在于借助吸纳以巩固和拓展执政的基础从而维系已有的政治治理的秩序。政治吸纳的主体自然是执政党及其领导下的各国家机构及授权的组织。吸纳机制使然，新阶层中部分精英分子已经被吸纳成为各级人大代表、政协委员、工商联领导，甚至为政府官员，有些加入了中国共产党，成为党代表。除此之外，这些精英还允许进入执政党内参与方针、路线、政策的制定过程，被邀请监督政府过程。

如果说政治动员的方式是大张旗鼓的话（政治动员的方式或渠道主要是宣传、鼓动、号召，利用大规模的群众运动造成声势，使民众形成从众心理，自觉或不自觉地参与动员主体所发起的政治活动），那么，政治吸纳的方式则是小心谨慎的、平和的。新社会阶层被成功地吸纳的渠道从20世纪90年代初以来，如果归纳起来大概有以下这些：行政吸纳、体制吸纳、立法吸纳、政协吸纳、政党组织吸纳。"体制吸纳"与"行政吸纳"的核心价值理念是一致的，即通过行政运作模式吸纳社会力量尤其是社会精英进入行政权力系统，吸收民意将其反映到决策系统之中。"立法吸纳"指的是"立法机关通过立法渠道来反映、汲取、协调和整合民意，以回应社会对制度性改革要求的方式"②。通过政治协商会议的政协吸纳是执政党长期以来运用的方式。而政党组织吸纳主要指作为执政的中国共产党吸收新社会阶层尤其私营企业主成为中共党员。政治吸纳途径多种多样，各地、各层级不尽相同，主要的有信访、民主恳谈会、热线电话、听证会、讨论会、政策咨询会等。利用网络吸纳网络民意尤其青年人参与政治成为一个新的途径，其重要性日益显现。2008年6月20日，中共胡锦涛总书记到人民网强国论坛同网友在线交流，成为"中国第一网

① 陈家喜：《改革时期中国民营企业家的政治影响》，复旦大学博士学位论文，2007年。
② 黄卫平、陈文：《民间政治参与和体制吸纳的互动》，《马克思主义与现实》2006年第3期。

民"，其重视程度可见一斑。事实上，改革开放以来所进行的政治吸纳就是新时期统一战线一种新的制度设计，一种新的形态。统一战线是中国共产党整合政治资源的一个重要机制，它具有"大团结、大联合"的性质，具有吸纳融入功能，而新的社会阶层就是新时期统战工作的着力点，通过多党合作和政治协商制度可以将新的政治力量吸纳到政治体系内加以整合，保证有序的政治参与。

三 政治吸纳的功能与政治意涵

执政党能够及时将这一新兴利益群体吸纳进现有政治体系这一事实表明，中国共产党适应性是很强的，其策略应该说是成功的。因为这种吸纳基本上实现了两个功能。第一，通过吸纳新社会阶层，例如吸收私营企业主加入中国共产党，以获得这些群体的政治认同，从而累积其治理的合法性。香港中文大学金耀基教授认为，港英政府治理香港时所采用的"行政吸纳政治"的手段，促成了英国统治者与华人精英共同分担决策角色的"共治"局面，使港英政府成为政治上的"精英构成的共识性政府"。事实上，中国改革开放以来所采用的政治吸纳策略起到同样的作用。美国中国问题专家 Bruce J. Dickson 教授指出，中国私营企业主"还远远不是变化的推动者，而是将显示出讨好的政治现状，而不是表达反对"，企业家"更有可能与国家成为合作伙伴，而不是对手"。[1] 重庆力帆集团董事长、重庆市政协副主席、重庆市工商联会长尹明善曾经坦言，对中国大批民营企业人士进入政界，一些不友好的人曾有这样那样的传言和期盼，他们以为，中国的非公人士不会跟党走，不会坚持社会主义，"然而他们的估计错了"。[2] 兼任浙江省政协副主席和省工商联会长的浙江传化集团董事长徐冠巨也有类似的表述："没有党的改革开放政策，就没有传化集团的崛起：没有党的正确领导，就没有传化集团蓬勃发展的今天。私营企业的健康发展时时刻刻离不开党的领导。" 总之，通过政治吸纳让"体制外的政治对抗和政治博弈，转变为体制内的利益表达与政策反馈，从而巩固

① Bruce Dickson. *Red Capitalists in China*: *the Party*, *Private Entrepreneurs*, *and Prospect for Political Chang*. Cambridge University Press, 2003, p. 23.

② 张帆、雷霞：《民营企业家步入高级政坛第一人》，《中国经济时报》2003 年 2 月 28 日。

了现政权的政治合法性基础。"①

第二，将政治参与纳入到有序的轨道，促进了政治体系的整合，避免挑战或麻烦。把不同阶层尤其新的社会阶层吸收到执政党的权力体系之中，可以直接反映不同阶层的声音，使制定政策时更能平衡不同阶层的利益，有利于维持国家的稳定和发展。现代民主理论认为，政治参与是公民沟通政治意愿、制约政府行为，从而实现公民政治权利的重要手段。中国新的社会阶层尤其私营企业主政治参与的主要目的是，寻求反映其参与政治的渠道，寻求参与公众事务的政治舞台，寻求实现自身政治愿望与价值的载体，寻求保护其合法权益的政治机制。执政的中国共产党认识到把政治参与纳入现有的组织架构之内，使公民政治参与进入秩序化轨道之状态。正如亨廷顿所言，"没有组织的参与将堕落为群众运动；而缺乏群众参与的组织就堕落为个人宗派。"② 美国学者白鲁恂认为，在政治现代化的进程中，当不同利益主体的政治要求扩大时，必须防止政府权威的流失，提高政府体系吸纳社会不同阶层政治参与的能力，协调好不同利益主体之间的关系，确保政治参与的速度和广度限制在一定的秩序之内。中共十七大报告所提倡的扩大政治参与者就是有序的政治参与："坚持国家一切权力属于人民，从各个层次、各个领域扩大公民有序政治参与，最广泛地动员和组织人民依法管理国家事务和社会事务、管理经济和文化事业；坚持依法治国基本方略，树立社会主义法治理念，实现国家各项工作法治化，保障公民合法权益；坚持社会主义政治制度的特点和优势，推进社会主义民主政治制度化、规范化、程序化，为党和国家长治久安提供政治和法律制度保障。"

从政治吸纳的角度来看，这种"有序的政治参与"实际上是一种可控制性的参与，它是在宪法和法律所赋予的民主权利的范围内进行的政治活动，是在执政党的领导与监督之下的政治参与。这种吸纳本质上属于一种控制，就是康晓光教授所说的"分类控制"③。"控制性"体现于这一情

---

① 陈家喜：《改革时期中国民营企业家的政治影响》，复旦大学博士学位论文，2007 年。

② 塞缪尔·P·亨廷顿：《变化社会中的政治秩序》，三联书店 1989 年版，第 371 页。

③ 康晓光认为，政府建立分类控制体制的根本目的有两个：一是维护既得利益，即防范社会组织挑战自己的政治权威；二是"为我所用"，即尽可能发挥社会组织提供公共物品的功能。请参见康晓光、韩恒《分类控制：当前中国大陆国家与社会关系研究》，《社会学研究》2005 年第 6 期。

形：限定政治参与的空间、方式与内容，任何超越框架下的政治参与都是不允许也是不太可能的，即纳入可控的有序化的参与轨道，而新社会阶层可以有限度地政治参与达到自己政治参与的目的或者愿望。正如亨廷顿在《变革社会中的政治秩序》一书中所指出的，一个强大的政党体系有两种能力：第一，通过体系扩大参与，控制或转移动乱以及革命性的政治活动。第二，缓和并疏导新近被动员的集团参与政治活动，使之不破坏体系，一个强大的政党体系可以为吸收新的集团进入体系提供制度化的组织和程序，这种政党制度的发展是现代化中国实现政治稳定的先决条件。①因此，执政党在吸收新社会阶层的政治参与方面起着决定性的主导作用，政治参与必须在执政党限定的制度规则内进行。史天健教授考察北京的政治参与的特征，发现在北京人的政治行为中，集体性政治表达相当有限，但是个人通过官方认可或默许渠道的政治表达相当活跃，即体制有效地遏制了组织化的利益表达，却无法阻挡个人化的政治参与。史天健教授认为，政治动员理论只能部分解释有限的集体性政治表达的原因，却不能给出北京人为何活跃参与"低层次政治"的答案。在史天健看来，答案需要从独特的体制背景中寻求。实际上，至少部分的答案就在执政党所采取的"政治吸纳"策略之中。

政治吸纳当然是一次政治融合的过程，并且这种融合实际上主要是一种精英的整合，因为它是一种选择性的吸纳。所谓选择性的吸纳就是以执政党和政府自身为本位，以是否有助其统治合法性的维系、秩序的稳定作为标准来选择被吸纳的对象。目前执政党政治吸纳的对象主要是社会各群体的精英分子，因为这是"一种自上而下的，由国家主导下进行政治职位或荣誉的分配，只有取得一定的成就或者作出一定的贡献的人士才有可能得到安排"②。但是，这种政治吸纳策略是一把双刃剑。正因为被吸纳到体制中成为体制内的政治行动者是那些最有能力与影响力的新社会阶层群体的成员尤其民营企业主，其结果对于体制的挑战也最具有可能性，其挑战的后果也可能最具严重性，如果在中国发生的话。

---

① 塞缪尔·P.亨廷顿：《变化社会中的政治秩序》，三联书店1989年版，第399页。
② 陈家喜：《改革时期中国民营家的政治影响》，复旦大学博士论文，2007年。

四　结语

　　如果说政治动员是改革开放前三十年中国政治一个重要特征的话，那么，政治吸纳则是改革开放以来中国政治变迁与发展历程中的一个引人注目的现象，其本身就是三十年政治发展和政治变迁的一个组成部分。政治吸纳本身就说明了中国政治体制正在发生深刻的变化，从被吸纳的对象尤其民营企业家政治地位的变迁，人们不难看出改革时期中国政治变迁的轨迹。

　　政治吸纳是作为执政党的中国共产党整合社会各政治力量的一个重要策略，充分地说明中国现有政治体制具有较强的灵活性和环境适应性，表明"可以突破体制本身的束缚，突破意识形态和革命传统的羁绊"[1]。因此，可以相信，在相当长的时间里，政治吸纳依然可以成为研究中国政治变迁的一个有相当分析意义与价值的概念。

参考文献

陈家喜：《改革时期中国民营企业家的政治影响》，复旦大学博士学位论文，2007年。

储建国：《当代中国行政吸纳体系形成及其扩展与转向》，《福建行政学院学报》2010年第2期（总第120期）。

董明：《论当前我国私营企业主阶层政治参与》，《中共宁波市委党校学报》2005年第1期。

塞缪尔·P.亨廷顿：《变化社会中的政治秩序》，三联书店1989年版。

黄卫平、陈文：《民间政治参与和体制吸纳的互动——对深圳市公民自发政治参与三个案例的解读》，《马克思主与现实》2006年第3期。

康晓光：《行政吸纳政治——90年代中国大陆政治稳定性研究》，《二十一世纪》2002年8月号。

康晓光、韩恒：《分类控制：当前中国大陆国家与社会关系研究》，《社会学研究》2005年第6期。

郎友兴：《政治吸纳与先富群体的政治参与》，《浙江社会科学》2009年第7期。

青木昌彦：《比较制度》，上海远东出版社2001年版。

---

①　陈家喜：《改革时期中国民营企业家的政治影响》复旦大学博士学位论文，2007年。

唐文玉：《行政吸纳服务——中国大陆国家与社会关系的一种新诠释》，《公共管理学报》2010 年第 1 期。

常欣欣：《中国特色政党制度的政治吸纳和整合功能及其建设》，《科学社会主义》2010 年第 4 期。

谢岳：《市场转型、精英政治化与地方政治秩序》，《天津社会科学》2005 年第 1 期。

徐家良：《新组织形态与关系模式的创建——体制吸纳问题探讨》，《北京大学学报》（哲学社会科学版）2008 年第 3 期。

张建君、张志学：《中国民营企业家的政治战略》，《管理世界》2005 年第 7 期。

赵丽江：《私营企业家阶层政治参与的途径及方式分析》，《中共四川省委党校学报》2005 年第 1 期。

Bruce J. Dickson. *Capitalists in China : The Party , Private Entrepreneurs , and Prospects for Political Change* . New York：Cambridge University Press，2003.

Kang Xiaoguang and *Han Heng*， "Administrative Absorption of Society：A Further Probe into the State—Society Relationship in Chinese Mainland"， *Social Sciences in China*，Summer 2007.

（作者为浙江大学政治学系主任、教授）

宪法司法化

于晓虹

"宪法司法化"是十年来中国的法律从业者为摸索中国宪政之路而独创的概念，起源于一次旨在于中国建立普通法院行使司法审查权的美国模式的暗度陈仓式的操作，并随着学界的深入探讨及实践中的修正最终以剥离"抽象审查"① 的方式存续下来。

宪法司法化这一独特概念的提出有着深刻的中国式背景：其一，在传统上，中国的法院在整个政权体系中处于弱势地位（特别是相较于行政权而言）。② 而90年代末期以来，社会主义法治被正式记入宪法，标志着官方对法治理念的认可。在这种大环境下，中国法院作为实践并保障社会主义法治的主体，受益于长达三十年的技术性的司法改革，从组织到人员已经具备了进一步扩张权威的条件。

其二，司法审查权通常被认为是保障宪法权威、建设宪政的首要制度，③ 而我国的宪法对此却语焉不详。④ 在自1982年宪法以来的历次修宪

---

① 抽象审查，abstract review，特指宪法审查中对规范性文件合宪性的审查；对应具体审查，concrete review，即宪法诉讼，在具体诉讼过程中审查宪法问题。司法审查或宪法审查制度通常同时包含抽象审查和具体审查两种功能。参见 Gustavo Andrade. (2001). "Comparative Constitutional Law: Judicial Review." University of Pennsylvania *Journal of Constitutional Law* 3 (May): 979; see also John Ferejohn. (2002). "Constitutional Review in the Global Context." *Journal of Legislation and Public Policy* 6: 49。

② 司法相较于行政、立法等权力而言，通常是弱势权力。然在中国语境下，司法在很大程度上依附于行政权，比如我国法院的人、财、事权通常都掌握在当地政府手中。也因此，中国的司法独立状况一贯受人诟病。参见 Lubman, Stanley. (1999). *Bird in a Cage: Legal Reform in China after Mao*. Stanford, California, Standford University Press。

③ 参见 Stone Sweet, A. (2000). *Governing with Judges: Constitutional Politics in Europe*. Oxford; New York, Oxford University Press。

④ 我国现行1982年宪法中只规定了"监督宪法"、"解释宪法"的权力，参见《中华人民共和国宪法》第62、67条。通常认为，宪法的解释与监督并不等同于违宪审查机制。

中，呼吁明确设立司法审查权的动议也屡次搁浅。① 宪法及立法法中所规定的相似的"法规审查"机制的运作也不过差强人意。② "宪法司法化"概念正诞生于法院系统由弱转强而司法审查权花落谁家尚无定论之时。

作为一个背负着特有使命的概念，"宪法司法化"概念自诞生以来不断地进行着概念与理论的修正，并在此过程中与实践紧密结合。本文的主旨在于分析概念的源起与变迁，并探讨与之相关联的中国学人相继探索过的四条不同的宪政路径，即最高法院主导的宪法私法化路径（齐玉苓案），全国人大主导审查的路径（孙志刚案），地方法院主动抽象审查的路径（河南种子案），以及地方法院的宪法诉讼路径（身高歧视案等）。

宪法司法化是近十年来我国公法学界的显学，探讨其概念内涵的文章不可胜数。然则在梳理改革开放三十年政治学关键词的大前提下，本文拟对此概念进行政治解读：宪法司法化概念的提出，是否标志着中国技术性的司法改革已经逐渐涉入政治领域？宪法司法化概念的一再修正以及其在实践中的种种发展，是否体现了一种中国式的司法扩张？③ 换言之，在宪法司法化概念变迁并实践的十年中，参与这场角力的各方：最高法院、全国人大、地方法院、地方人大以及包括法官、法学家、律师等在内的法律从业者是如何互动的，各方角力的结果是否导致了在政治特别是地方政治中的权威结构的调整？

也因此，本文主要探讨四个问题：第一，宪法司法化概念本身的源起与变迁；第二，宪法司法化的四条实践路径（这与概念本身的演进交织在一起）；第三，宪法司法化的政治意义；第四，中国的宪法司法化的比较意义，如何在比较的框架内看待中国的宪法司法化运动。

一　"宪法司法化"的源起

早在 20 世纪 90 年代，某些法学者已在研究中提出"宪法司法化"

---

① 关于历次修宪中关于宪法监督议题的搁置，参见 Cai, Dingjian. (1995). "Constitutional Supervision and Interpretation in the People's Republic of China." *Journal of Chinese Law* 9: 219 – 245。

② 参见后文。

③ 司法扩张，Judicial expansion，有多层解释，通常指司法权相对于其他权威，比如行政与立法权的扩张。参见 Tate, C. N. and T. Vallinder, Eds. (1995). *The Global Expansion of Judicial Power*, New York and London, New York University Press。

的概念①，王磊教授更在 2000 年出版的《宪法的司法化》一书中以 30 多个案例来剖析这一概念。② 然则真正在公法学界引发热议的，还是齐玉苓案以及黄松有对"齐案批复"的解读。

齐玉苓原是山东某市的中学毕业生，在 1990 年考上一所中专学校，然而其同学陈晓琪却从中学那里拿到了招生学校给齐玉苓的录取通知书，冒充齐玉苓上了学并在毕业后得到一份相当不错的工作。直到 1999 年齐玉苓发现被冒名顶替后，将陈晓琪及其他被告起诉到法院，请求责令被告停止侵害、赔礼道歉并赔偿经济损失。一审后，案件上诉到山东省高级人民法院。省高院就案件中法律适用上的疑难报请最高法院进行司法解释。最高法院在其《批复》中称，"经研究，我们认为，根据本案事实，陈晓琪等以侵犯姓名权的手段，侵犯了齐玉苓依据宪法规定所享有的受教育的基本权利，并造成了具体的损害后果，应当承担相应的民事责任。"

倘若没有最高法院黄松有、宋春雨法官同时在《中国法院报》上发表的两篇文章，仅仅规定宪法条文可以在案件中适用的齐案批复很可能会被法学家们忽视。③ 黄松有在文章中直言齐案批复开创了宪法司法化的先例，即"宪法可以像其他法律法规一样进入司法程序，直接作为审判案件的法律依据"。根据对美国与德国两种宪法司法化模式的比较，黄松有更在文中断言，"由于我国没有设立专门的宪法法院，因此，我国宪法司法化的模式可以参考美国的普通法院模式，凡是有关宪法问题的纠纷都由我国普通法院按照普通程序审理，法院在审理此类案件时直接以宪法作为裁判的依据。"

尽管黄松有对宪法司法化的定义存在着极大的含混甚至冲突（见后文），齐案批复一出，中国公法学界的反应仍然是一片欢腾。毕竟这"对于许久以来仅仅在枯燥文本中认知宪法的国人而言，确是一个极具鼓舞力的理念和鲜活实例"。④ 然而，在最初的喧嚣沉淀之后，法学家们开始对齐玉苓案以及齐案批复进行批判性反思，问题争论的焦点在于：（一）受

---

① 见胡锦光《宪法司法化的必然性与可行性探讨》，载《法学家》1993 年第 1 期。
② 王磊：《宪法的司法化》，中国政法大学出版社 2000 年版。
③ 黄松有：《宪法司法化及其意义》，载《中国法院报》2001 年 8 月 13 日；宋春雨：《齐玉苓案宪法适用的法理思考》，载《中国法院报》2001 年 8 月 13 日。
④ 沈岿：《宪法统治时代的开始？——"宪法司法化"第一案存疑》，载《宪政论丛》，法律出版社 2003 年版。

教育权是宪法权利吗，换言之，齐玉苓案是否有必要适用宪法进行判决？（二）黄松有所主张的参照美国模式，由"普通法院"审理宪法问题的纠纷，是否得到了最高法院的首肯？最高法院在齐案批复甚至宪法司法化上的立场究竟是怎样的？

黄松有在其文章中，将公民的受教育权定义为"一种在宪法上有明确规定而又没有具体化为普通法律规范上的权利"。对此，童之伟、沈岿先后撰文指出，"受教育权"在我国《教育法》第 9 条、第 81 条已经有规定。判定陈晓琪等人在齐案中承担民事责任，完全可以适用《教育法》。① 童之伟因此批判齐案批复的发布过于草率，"其草拟者和参与讨论者事前没有做过必要的调查研究，不了解《教育法》的有关规定"。

其实，从宋春雨法官同时在《中国法院报》上刊发的文章看，批复的草拟者们并非没有认识到《教育法》的相关规定，相反，宋法官将《教育法》诠释为"宪法类法律"，并对"宪法"做了扩张性理解，指"包括宪法典在内的宪法类法律"，从而应和了黄松有关于"受教育权是宪法权利"的判断。这一点也同样引起了法学家的质疑，沈岿指出，"是否凡是适用《教育法》、保护公民受教育权的裁判，都应该列为宪法案件？"对宪法做如此扩张性提法，对中国宪政之路是否真有益处？此外，有学者指出，齐案批复也并非第一次在司法批复或法院判决中引用宪法。② 可以说，在"齐案批复"发布十年后的今天，法学界已经基本达成共识：将"齐案批复"等同于"宪法司法化"是一种误识。

既然如此，最高法院在齐案批复上的高调就更耐人寻味：毕竟，在批复发布的同时在官方报纸上发表批复作者的评论文章并不是常规模式。这种异乎寻常的高调是否表明了最高法院的一种策略性选择？最高法院的意图是否通过某个不具争议性的案件（比如齐案的民事诉讼性质）来确立其在将来的案件中行使宪法审查或解释权的先例？

黄松有在文章中憧憬的"普通法院宪法审查"的模式迅速受到了最高法院的多重否认。在齐案批复发布几周后，三名来自青岛的高考生向最高法院提交诉状，状告教育部的招生计划侵害了他们受宪法保障的平等的

---

① 参见童之伟《宪法司法适用研究中的几个问题》，载《法学》2001 年第 11 期；另见沈岿：《宪法统治》。

② 参见王振民《法院与宪法——论中国宪法的可塑性》，法律出版社 2001 年版。

受教育权。教育部每年发布的招生计划是根据不同地域范围对招生人数做了不同限定，实际上造成了来自不同区域的考生录取线的高低不等。比如当年山东省的考生重点大学录取线比北京市考生高出 100 多分。三考生因此诉请最高法院判定教育部招生计划违法。然而，一周后，最高法院电话通知原告及其代理人，此案因管辖误判的原因驳回起诉。最高法院认为根据行政诉讼法第 14 条第 2 款规定的属地原则，本案应当向北京市一中院而非最高法院提起。

本案的代理律师在解释管辖法院的选择时提到，之所以选择最高法院为一审法院，一方面是受到齐玉苓案以及齐案批复的鼓舞；另一方面也认为这在法理上是站得住脚的。根据我国法律的相关规定，最高法院有权提审辖区内具重大社会影响的案件。而在本案中，教育部每年的招生计划影响到全国千万考生，本案所涉及的"平等保护权"以及"受教育权"或是经典意义上的宪法性基本权利，或是最高法院刚刚在齐案批复中确认过的宪法性权利。最高法院如有意愿，完全可以将本案定义为有重大社会影响的案件。①

可以说，刚刚发布了"齐案批复"并将受教育权定义为"宪法基本权利"的最高法院，在目标直指教育部及其招生计划的"三考生案"中收回了探索的步伐，以技术原因驳回此案。最高法院的审慎态度在某种程度上也印证了学者们所猜测的齐案批复中所存在的策略性。

旋即，最高法院以内部电文的方式通令全国，严禁地方法院受理宪法相关的案件或在判决书中引用宪法条文或提及宪法司法化。后来在接受采访中，最高法院某负责人更明确声称，齐玉苓案绝非最高法院接受"宪法司法化"或"宪法诉讼"的标志。有趣的是，最高法院后来在 2008 年末正式废止"齐案批复"时的措辞也间接证明了内部电文的存在：其废止理由正是"已停止适用"。②

最高法院在"齐案批复"上的反复，并不能阻止法学家以及法律实践者们在"宪法司法化"的概念辨析以及实现路径上的尝试。批判这一概念的法学家们强调发挥现有法律框架的既有制度；而站在支持立场上的

①　笔者访谈。
②　参见《最高人民法院关于废止 2007 年底以前发布的有关司法解释（第七批）的决定》（法释〔2008〕15 号）。

法学家们则试图通过摒弃"抽象审查"意涵来重新搭救这一概念。

二　对"宪法司法化"的批判

当黄松有将"宪法司法化"与美国的普通法院违宪审查模式类比，并主张中国法院在审理案件中直接以宪法作为裁判的依据时，黄松有本人实际上是将"宪法司法化"等同于"违宪审查"概念并直接主张美国模式。这也引发了来自许崇德、童之伟等学者的批判。

许崇德、郑贤君著文明确反对"宪法司法化"的提法，指出这种提法模糊了公法与私法之间的差异，降低了宪法作为根本法的地位。① 童之伟更进一步指出，宪法司法化"意味着根本改变我国的政权组织体制"。童之伟认为，如果在中国实行所谓的宪法司法化，将"意味着主张将现在的由全国人大及其常委会行使的宪法监督实施权和全国人大常委会行使的宪法解释权转移到各级法院手中，意味着可以对全国人大或其常委会的立法进行合宪性审查，意味着最高国家审判机关取得与最高国家权力机关相同或平等的宪法地位"。② 也因此，宪法司法化从根本上不可行。

简而言之，对"宪法司法化"概念持批判态度的主张可以总结为两点：一、依据宪法，我国司法机关完全没有违宪审查的职权；二、在我国实施宪法适用的唯一途径是由全国人大及其常委会，根据宪法第 62 条和第 67 条的规定解释宪法，监督宪法实施。

基于某种巧合，2003 年先后出现的河南种子案与孙志刚案刚好为理解这两种主张做了最好的现实意义上的注脚。河南种子案应和了许、童诸位学者的批判意见，在现实中由法院来审查规范性文件的合宪合法性行不通；而孙志刚案件则说明了这些学者寄予厚望的"全国人大及其常委会主导的审查模式"所面临的尴尬与无奈。

2003 年 5 月，洛阳中院作出民事判决书，对两家种子公司的合同纠纷案作出判决。此案的核心问题在于赔偿损失计算的法律适用问题：适用国家《种子法》和适用河南省某地方法规将导致 60 万元的差价。审判长

---

① 参见许崇德、郑贤君：《"宪法司法化"是宪法学的理论误区》，载《法学家》2001 年第 6 期。

② 参见童之伟《宪法司法适用研究中的几个问题》，载《法学》2001 年 11 期；另见沈岿：《宪法统治》。

李慧娟最终决定适用《种子法》规定的"市场价"执行原则，然而其在判决书中同时认定河南省《农作物种子管理条例》"作为法律阶位较低的地方性法规，其与《种子法》相冲突的条款自然无效"。这一判决书激怒了当地人大机关，同年10月，河南省人大常委会发文指出"洛阳中院在其民事判决书中宣告地方性法规有关内容无效，这种行为的实质是对省人大常委会通过的地方性法规的违法审查，违背了我国的人民代表大会制度，侵犯了权力机关的职权，是严重违法行为"，要求洛阳市人大常委会"对直接负责人员和主管领导依法作出处理"。11月，洛阳中院党组拟出决定，准备撤销民庭负责副庭长以及审判长李慧娟的职务，免去李慧娟的助理审判员资格。

事实上，自20世纪80年代起，就曾发生多起地方法院审查地方法规合法性的案件，涉案法官多半接受了解除职务的处分。地方人大通过与地方法院在此问题上的一再交锋，明确表明了自己的态度：宪法赋予的地方立法及解释权不可侵犯。地方人大的强势态度在某种程度上是可以理解的，自改革开放以来，人大系统的改革高歌猛进，人大已经或者正在摘掉"橡皮图章"的帽子，向着更有权威的机关迈进。在人大权威上涨的大背景下，冀望于全国人大或地方人大主动放弃宪法规定的"宪法解释"权或宪法监督权是不理智的。

如果说河南种子案确认了由普通法院法官审查规范性文件的合宪合法性不可取，那么2003年更早时期发生的孙志刚案件则凸显了全国人大常委会同样无法轻易启动违宪审查制度。

2003年3月，暂住广州的湖北居民孙志刚死于广州某收容所内，尸检结果显示其系被殴打致死。由于诸多媒体的介入，本案迅速成为互联网上热议的案件，大众将孙志刚之死与同期发生的其他几件收容所惨剧相联系，并将愤怒直指收容孙志刚的法律依据：1982年国务院发布的《城市流浪乞讨人员收容遣送办法》（以下简称《收容遣送办法》）。2003年5月北大法学院的三位博士生和五位教授相继上书全国人大，要求全国人大重新审查《收容遣送办法》的合宪性。然而两次上书都没有收到正式回应，只有上书的参与者贺卫方教授说，通过内部消息得知，"相关部门检讨了一些问题，收集了各地的地方法规，进行了调研"①。

---

① 《〈收容遣送办法〉废止始末》，《外滩画报》2003年7月2日。

　　耐人寻味的是，最终废止《收容遣送办法》的机构并非全国人大常委会而是国务院自身。6 月 20 日，国务院发布第 381 号令，施行《城市生活无着的流浪乞讨人员救助管理办法》，同时废止 1982 年的《收容遣送办法》，新办法提出了全新的自愿救助原则，取消了强制手段。据马怀德教授回忆在国务院法制办参加专家论证会的情景，国务院的行为与孙志刚案件的关联似乎并非如学者想象般紧密。

　　值得一提的是，上书全国人大常委会请求违宪审查的模式自 20 世纪 80 年代以来即见诸报端，2003 年末尚有四律师上书和 1611 名公民联名上书的事件。此类上书通常无声无息。甚至坚持应由全国人大进行宪法审查的童之伟教授谈及现实也不过一声喟叹："笔者常想，当年孙志刚案发生后，国务院对《城市流浪乞讨人员收容遣送办法》的处置虽然是值得充分肯定的，但可惜没有形成制度创新。"①

　　自 2006 年 5 月以来，全国人大常委会相继成立了法规审查备案室，随后出台了审查工作程序，并规定了专门委员会的主动审查权。然则几年之后，这个被法学者视为"我国建立违宪审查机制的一个试验"的创举依然只是无声无息地运作着，距离真正的"违宪审查机制"的建立为时尚远。

　　显然，在以许崇德、童之伟等学者为代表的法学家们对"宪法司法化"概念进行激烈批判的同时，他们所寄予厚望的全国人大常委会主导的宪法审查方式离我国的实践尚远。而支持"宪法司法化"提法的法学家们则开始通过对"宪法司法化"的概念辨析，试图重新明确此概念的内涵外延，将"抽象审查"的意涵从"宪法司法化"中摘出去，以此为现实运作提供理论基础。

三　摒弃"违宪审查"之后

　　强世功将"宪法司法化"概念比作一个概念含混的特洛伊木马，指出学界如火如荼的讨论的实际效果是将美国宪政模式的"司法审查"概念偷运到中国宪政中来。他首先区分了"司法判断"与"违宪审查"两个概念。所谓"违宪审查"，就是立法机构或行政机关制定的法律或法规

---

　　①　童之伟：《宪法适用如何走出"司法化"歧路》，载《政治与法律》2009 年 1 月。

因为与宪法相抵触而无效，实际上是分权制衡机制中的一个环节。而"司法判断"则意味着在司法过程的法律推理中，必须考虑社会的、政治的、道德的各种因素，而不是仅仅考虑法律规则的三段论推理；法院是否适用实定法之外的原则，比如道德情理等。

基于这样一种概念区分，强世功进一步指出，黄松有对"宪法司法化"的原初定义——"宪法可以像其他法律法规一样进入司法程序，直接作为裁判案件的法律依据"，只是一个司法判断问题。亦即法官在司法过程中把宪法作为法律渊源来适用的司法判断。而在后文中，当黄松有论及马伯里诉麦迪逊、论及美国的普通法院违宪审查制度时，则做了一个概念拉伸，实际上已经将"宪法司法化"当做了特洛伊木马，试图为中国实践运送美国模式。① 从这个意义上说，宪法司法化概念产生以来学者们热切然则混乱的讨论，正是由于没有及时区分这两个概念。

蔡定剑教授的主张与强世功有异曲同工之妙，他同样建议把违宪审查机制排除在"宪法司法化"概念之外；这种排除是以扩张理解"宪法司法化"概念为基础的。蔡定剑指出，"所谓的宪法司法化，主要是指宪法作为法律裁判案件的直接或间接的法律依据。一种是指法院直接依据宪法对国家机关权限等有争议的事项进行司法裁决，亦即违宪审查；另一种情况则是将宪法直接适用于侵害公民权利的案件，包括政府侵害与私人侵害。"② 蔡定剑继而提出依据宪法的规定，由人大机关来执行违宪审查权，而由法院来执行第二种宪法司法化，亦即"宪法诉讼"。

蔡定剑继而将"宪法司法化"重新定义为"宪法私法化"，并针对沈岿的反对意见专门回答了宪法可不可以适用来解决私人之间的问题。蔡定剑认为，首先，中国政治社会发展的道路有别于西方，西方国家是从"弱国家权力、强公民权利"向"国家权力强化和限制公民权利"的方向演进，先相互制约自己的权力，然后慢慢地用来保护公民的权利。而中国可能更适合走一条先保护公民权利，然后再来约束国家权力的道路。这也

---

① 强世功：《立法者的法理学》，生活·读书·新知三联书店 2007 年版。

② 蔡定剑所称的两种宪法司法化，第一种"违宪审查"实际上指抽象审查；而后一种则指具体审查，参见第 129 页注①。本文采用了抽象审查与具体审查的说法。

是出于策略性的考虑，宪政建立的强大的挑战是以弱势的法律去约束、限制强势的政府权力，所以在权与法的较量中，法律往往会受到严重伤害，难以建立起公众对法律的权威和信念。因此，我国宪法实施机制的建立应先避锋芒。"大路不通走小路，正门不通走旁门"，这是一个策略上的选择。①

遗憾的是，当蔡定剑将"宪法诉讼"狭义理解为"宪法私法化"时，他忽略了通过行政诉讼这一公法诉讼来伸张宪法权利的路径，而通过行政诉讼或民事诉讼来伸张公民宪法基本权利这一路径正是"宪法司法化"讨论以来在实践中一再取得突破的领域。

当最高法院从颇有争议的"齐案批复"的立场后退，事实上否定"宪法司法化"，禁止地方法院接受宪法相关案件时，中国的地方法院在过去十年中却出人意料地此起彼伏地积极受理并审理有宪法意义的案件。类似的案件包括 2002 年的四川身高歧视案，2003 年乙肝歧视案，2004 年曹兵、王金山诉海南省公安厅录用人民警察身体健康歧视案，2005 年张继延诉合肥工业大学英语水平歧视案，黄永顺等诉成都空气压缩机厂破产清算组性别歧视违反宪法男女平等案，李东照、任诚宇诉深圳龙岗公安分局悬挂横幅内容不当构成地域歧视案，朱素明诉昆明市公安局交通警察支队一大队公安交通行政处罚案，2006 年周香华诉中国建设银行平顶山支行强制女性干部 55 岁退休案，2008 年四川宪法自由权案（王登辉工伤认定案）等。这些案件的共同特点是原告在诉状中都提出了一定的宪法诉求，请求法院保护自己由宪法保障的宪法基本权利（多是平等保护权或自由权）。

齐玉苓案后，再次引发"宪法司法化"讨论的是 2002 年的身高歧视案。本案中，四川大学应届毕业生蒋某对人民银行成都分行提起行政诉讼，控告其《招录行员启事》中关于男性申请者身高必须在 168 厘米以上的规定侵犯了其"平等保护权利"，因而诉请法院判定此启事违法。成都武侯区法院受理此案，并在开庭后发布行政裁定书，指出被告"对招录对象规定身高条件这一行为，不是其作为金融行政管理机关行使金融管理职权，实施金融行政管理的行为。因此不属于被告的行政行为范畴，依

---

① 蔡定剑：《中国宪法的实施之道——谈宪法的司法化与私法化》，载《宪政讲堂》，法律出版社 2010 年版。

法不属于人民法院行政诉讼的主管范围"。法院因此裁定驳回原告的起诉。①

2003 年另一件基于"平等保护权"的案件是发生在安徽芜湖的乙肝歧视案,这一案件当选当年十大案件,再次将"宪法司法化"概念提到风口浪尖。本案的原告张某向安徽省芜湖县县委办公室申请公务员职务并在公务员考试中排名第一。然而在随后的体检中,张被检验出是乙肝病毒携带者并因"不符合公务员身体健康标准"而不被录取。张某于 2003 年 11 月将芜湖县人事局告上法庭,新芜区法院在 2004 年 4 月作出确认判决,确认被告取消原告张某进入考核程序资格的具体行政行为主要证据不足。

在这一系列案件引发热议的同时,中西方学界也对案件提出了质疑:(一)这些案件是真正的宪法案件,还是某些法律从业者意图支持"宪法司法化"而导演的招数?(二)在多数案件中,当事人并未获得期待中的救济,这在多大程度上可以视作成功的案例?

童之伟指出这一系列看似令人激动的案件不过是某些法律从业者处心积虑制造出来的轰动效应,他们所使的招数不过是"千方百计在起诉状、答辩状、上诉状等诉讼文书中向法院提出宪法问题,迫使法院在裁判文书中对宪法问题作出回应。如果法院一不小心对宪法问题作出了回应,那就正中了这些人士的下怀,给他们提供了渲染'宪法司法化'的活材料"。② 童之伟的批判在某种程度上反映了半数以上前述案件都由同一团队代理的事实。然则,即便是案件的提出带有随机性甚至强烈的设计性质,地方法院何以愿意受理并审判这些案件并在其力所能及的范围内作出判决?特别是在最高法院的审慎态度的对比下,地方法院在此类案件中所展示的能动性更是耐人寻味:地方法院受理并审判此类案件究竟带有怎样的动机?

笔者在调研中发现在多数情况下,地方法院对此类案件的风险有相当程度的认识,而促使他们决定受理并审判案件的往往是他们的法律素养,以及对社会政策的某种偏好。换言之,法官的受理决定绝非简单的被设计的结果而是基于法官自身偏好的一种理性选择。

---

① 成都市武侯区人民法院:《行政裁定书》,(2002)武侯行初字第 3 号。另参见《受理宪法平等权案引发的法律问题》,《北京周报》2002 年 9 月。

② 童之伟:《宪法适用如何走出"司法化"歧路》,载《政治与法律》2009 年 1 月。

　　比如在身高诉讼案中，法官在谈到受理案件的决定时，谈到其本人对社会招工启事中普遍存在五花八门的限制条件这一现象的不满，认为这种现象应当有一定的社会政策予以调解。而法官个人在判决后受到来自上级法院的质疑后，正是这种歧视现象的缓解减轻了法官自身的压力。乙肝诉讼中的新芜法院在接受案件时并未意识到此案的宪法意义，并在原告接受了包括中央电视台在内的媒体的一系列采访并宣扬此案的宪法意涵时承受了大量的关注与压力。作出确认判决后，其在法院系统内部的反响是每一位法官都梦寐以求的。言下之意，透露了法官本人对社会责任的认识与承担。在 2006 年的男女平等案中，受案的平顶山湛河区法院将此案定为重点宣传对象报送全国法院报，此案在开庭当日一举成为当日头条。

　　很显然，在这一系列案件中，地方法院及法官展现了强烈的能动性以及对社会的责任感，更表现出其在权益衡量上与最高法院存在一定的异质性。这种异质性何以产生并将如何发展，不仅将对中国的司法改革产生深远影响，更是一个尚待解决的有趣话题。

　　对案件成功度的质疑在很大程度上来自西方学界，这在某种程度上，再次反映了西方学人无法理解中国改革始终处于“螺蛳壳里做道场”的特有限制中，从而不可避免地带有的渐进性。与中国的经济社会改革的渐进模式类似，冀望于法院莽撞的大跨步前进不仅是不现实的，更是不可欲的。更为紧要的是，在单一追求“原告胜利”的诉求下，西方学人往往忽略了这一系列案件中中国法院谨小慎微所取得的成果。在身高歧视案中，在案件进入到法庭程序之后，成都分行已经取消了招录启事中关于身高的限制，并在实际中招录了数名身高不符原规定的行员。而在乙肝歧视案后，安徽省修改了省级公务员招录标准，其他各省市也相继修改了招录标准。更为直接的进步也许是，在 2005 年身体健康歧视案、2005 年朱素明案、2008 年工伤认定自由案中，地方法院无声无息地进行了诸多规则性的探索：在身体健康歧视案中，法院明确认定某些规范性文件“内容并没有与宪法和法律等上位法相抵触”。在 2005 年的朱素明案中，法院实际上对全国人大与全国人大常委会制定的法律在位阶上是否一致给出确认；而在 2006 年的工伤认定案中，法院更以“与我国宪法精神相悖”为由，不予支持原告诉求。

　　在某种意义上，“宪法司法化”的真正活力在摒弃掉“违宪审查”的含义后才真正迸发。法学家们的论辩与地方法院鲜活的实践都指向了对"宪法司法化"最原初的理解，即宪法在司法中的适用。

"宪法司法化"其实就是指宪法的司法适用，西方学界与之最类似的概念正是宪法的直接审查，亦即宪法诉讼。① 这一概念在法学界引发的混乱争论在某种程度上是概念的发起者本身对概念作了过分引申，试图引入美国的普通法院审查模式。然而丰富的司法实践显然远超一两位学者或法官所能预测。在本文中所探讨过的与宪政（宪法司法化）相关的路径可以简单地归纳为四条：（一）以"孙志刚案"为代表的启动全国人大宪法审查机制的路径，这正是我国法律框架中所明示的路径；（二）以"河南种子案"为代表的法院进行抽象审查的路径，这显然是违反现有框架并引发人大方面强烈反弹的路径；（三）以"齐玉苓案"为代表的最高法院宪法诉讼路径，随之而来的"青岛三考生案"不仅揭示了最高法院的高度审慎更预示了最高法院随后正式废止齐案批复的立场；（四）以"身高歧视案"为代表的地方法院宪法诉讼路径，显然，这是一条生机盎然但同样前路崎岖的选择。

结合法学家们的理论探寻与法律从业者的鲜活实践，似乎可以对"宪法司法化"概念作如下总结：（一）齐玉苓案在某种程度上是一种误读；（二）抽象审查权属于全国人大；（三）地方法院通过宪法诉讼的形式正在实践着宪法司法化。换言之，宪法司法化以"司法能动地方化"的形式仍然在实践中鲜活着。

四 宪法司法化的政治意涵

宪法司法化的政治意涵主要涉及三个方面。第一，宪法司法化概念以及相关实践对于中国宪政建设的理论及现实意义。如前所述，我国现行宪法对司法审查权语焉不详而相关修宪动议也屡次被搁置。"宪法司法化"概念的提出直接应对的就是如何把宪法转化为"活法"，从而实践中国的宪政。从这个角度理解，宪法司法化运动实际上可以理解为一种集中的"规则确认"的进程。从最高法院在齐玉苓案后的一再退缩，全国各级人大在诸如河南种子案等事件中的强硬态度来看，中国的法律法规审查权

---

① 参见第 129 页注①与第 137 页注②。

（或曰抽象审查权）应是全国人大的专属权力；全国人大随后先后建立相关办公室并公布具体规则，也可视作对这一专属权力的再次伸张。同样地，在摘除"抽象审查"概念后的宪法司法化运动实际上是以"司法能动地方化"的模式由地方法院以宪法诉讼的方式在悄无声息地进行着。换言之，地方法院主动而坚定地把持了宪法诉讼（具体审查）的权力。"二元制"的宪法审查机制已经初现雏形。

第二，宪法司法化概念的源起与变迁，以及各级法院随后的各种行为是否意味着一种中国式的司法扩张，即司法权威相对于其他权威（特别是行政权、立法权）的扩张？也许以单个概念十年间的修正与实践而言，此时谈论中国的司法扩张为时尚早，但各级法院在诸案件中已经展现出鲜明的主观能动性：无论是最高法院在齐玉苓案件中初期所表现的高调，还是地方法院如成都武侯法院在身高歧视案中对受案的坚持，都展示了改革开放三十年来整个法院系统的发展与崛起，中国的司法改革逐步涉入了政治领域，司法能动主义[①]同样初具雏形。

一个进一步的问题则是，这种司法能动主义的表现是否有制度性的因素，换言之，是否具有可持续性？篇幅所限，不能就这个问题展开充分的讨论，但可能影响司法能动主义的制度性因素包括：由诸种因素（如教育等）所引致的法官偏好的生成，基于自身偏好的法官行为的策略性等。这是值得中国法律学人与政治学人进一步探讨的话题。

第三，如果说在宪法司法化的运动中，中国各级法院体现了一定的司法能动性，则这种司法能动性相较于其他比较经验而言（比较经验见下文简短讨论），有着特殊的地方性的特色。这种司法能动的表现有鲜明的地方化趋势：地方法院在宪法诉讼方面的步伐远超上级法院，甚至在受理和判决宪法性案件中存在与上级法院异质性的问题。如何解释司法能动的地方化？这种地方化所带来的后果如何，是否能够达到从地方到中央的权威生成与传递机制？这同样是值得进一步发掘的问题。从这个角度而言，中国法院的发展又进一步体现了政治学讨论的经典课题：中地关系问题。

---

① 本文所用的"司法能动主义"，judicial activism，不同于现行的官方法院用语，"能动司法"。具体区别参见张志铭《中国司法的功能形态：能动司法还是积极司法》，《中国人民大学学报》2009 年第 6 期。

五　宪法司法化的比较意义

宪法司法化的概念与实践直指中国的宪政建设，而一个相关的问题则是，宪法司法化是个本土概念吗？换言之，中国的宪法司法化进程在何种程度上可以参考国外经验？学界目前的回答是极其含混的。多数学者认可宪法司法化是极具中国特色的提法，毕竟中国法院面临的宪法环境是极为特殊的，"世界上自有宪法以来，从来不曾有过没有合宪审查权而能够适用宪法，进行宪法性裁判的法院"。但同时，我国的学界也以异乎寻常地热情宣扬并建议参考美德法院的模式。然而中国法院所面临的事实始终是一个历史上处于弱势地位甚至从属地位的机构如何在社会变革中创造更大空间的问题。从某种程度上，目前正在兴起的"比较司法政治学"所研究的变革社会中的法院经验：拉美、中欧、东亚等的比较经验也许更可借鉴。

在后发展国家的司法扩张经验中，司法权威的增长通常外生或内生于司法改革本身。在诸如智利、阿根廷、韩国等后发国家，其法治宪制化进程在很大程度上取决于一种保险机制，即权力间隙的存在给予法院一定的制度空间；[1]　而在我国台湾等地区，司法权威的扩张则很大程度上取决于法院本身谨小慎微的渐进的改革方式。[2]

中国的宪法司法化的概念与实践，面临着与上述后发国家的司法扩张进程相类似的基本问题，即弱势的司法系统权威增长的问题。从这个角度理解，中国的宪法司法化在某种程度上结合了上述两种路径：在这场宪法司法化运动中，既有来自法院本身的谨小慎微的尝试，也有法院相对于其他权威的试探与碰撞。"宪法司法化"虽然是针对中国缺乏正式宪法审查制度而提出的"权宜之计"，却在一定程度上丰富了司法扩张的比较经验。

---

[1]　参见 Barros, R. (2008). Courts Out of Context: Authoritarian Sources of Judicial Failure in Chile (1973—1990) and Argentina (1976—1983); Rule by Law: The Politics of Courts in Authoritarian Regimes T. Moustafa and T. Ginsberg. Cambridge, Cambridge Univeristy 156—. 以及 Helmke, G. (2002). "The Logic of Strategic Defection: Court—Executive Relations in Argentina under Dictatorship and Democracy." *American Political Science Review* 96 (2): 291–302. 又见 Ginsberg, T. (2003). "Judicial Review in New Democracies: Constituional Courts in Asian Cases"。

[2]　参见 Ginsberg (2003), 见前注。

参考文献

黄松有：《宪法司法化及其意义》，载《中国法院报》2001 年 8 月 13 日。

沈岿：《宪法统治时代的开始？——"宪法司法化"第一案存疑》，载《宪政论丛》，法律出版社 2003 年版。

童之伟：《宪法司法适用研究中的几个问题》，载《法学》2001 年第 11 期。

童之伟：《宪法适用如何走出"司法化"歧路》，载《政治与法律》2009 年 1 月。

强世功：《立法者的法理学》，生活·读书·新知三联书店 2007 年版。

蔡定剑：《中国宪法的实施之道——谈宪法的司法化与私法化》，载《宪政讲堂》，法律出版社 2010 年版。

Cai, Dingjian. (1995). "Constitutional Supervision and Interpretation in the People's Republic of China." *Journal of Chinese Law* 9: 219 – 245.

Ginsberg, T. (2003). "Judicial Review in New Democracies: Constituional Courts in Asian Cases."

Hand, K. J. (2006). "Using the Law for a Righteous Purpose: Sunzhigang and Evolving Forms of Citizen Action in the People's Republic of China." Columbia Journal of Transnational Law 45: 114 – 193.

Kellogg, T. E. (2008). "Constitutionalism with Chinese Characteristics? Constitutional Development and Civil Litigation in China".

Balme, S. and M. W. Dowdle, Eds. (2009). *Building Constitutoinalism in China*, Palgrave Macmillan.

（作者为美国哥伦比亚大学政治学博士，哈佛大学博士后，清华大学政治学系讲师）

政策主导型改革

史卫民

"政策主导型改革"是"政策主导型的渐进式改革"的简称，它是一个基于中国政治发展因素分析概括出来的描述性概念。笔者以为可以用这样的概念来解释改革开放以来中国的政治发展道路。

一　基本含义与解释框架

"政策主导型的渐进式改革"作为一个解释性概念，主要有四个层面的含义：

第一个层面是"政策"，强调公共政策因素在中国政治发展中具有最重要的地位，其他因素的重要性都不能与之相比。

第二个层面是"主导性"，包含两方面的内容：一是在影响中国政治发展的各因素中，是政策因素主导其他因素，而不是其他因素主导政策因素（或政策因素的重要性大大高于其他因素）。二是中国共产党对中国的公共政策具有绝对主导权，并通过主导公共政策引领中国的政治发展。

第三个层面是"渐进性"，说明中国的发展是一个渐变过程，而不是一个"激进"过程；无论是中国公共政策的发展，还是中国的政治发展，尤其是中国现代化的进程，都呈现出了渐变的特征。

第四个层面是"改革"，表明中国走的是"改革"之路，而不是"革命"之路，更不是因循守旧的"回头之路"。

基于影响政治发展的因素研究，并以"政策主导型的渐进式改革"解释改革开放以来中国的政治发展，大致形成了一个不同于其他研究中国政治发展的理论解释框架，主要包括三个步骤：

（1）从政治发展理论中归纳出可能影响中国政治发展的十大因素。

改革开放以来的中国政治发展，主要受经济、制度、民主、法治、政治文化、公民社会、社会冲突、国际影响、政策、发展方式十大因素的影响。"政党因素"也是影响政治发展的重要因素，尤其是分析中国的政治发展，不可能忽视中国共产党的主导性作用；影响中国政治发展的十大因素，亦大都涉及政党的影响问题；由于政党的影响无所不在，所以"政党因素"与这十个因素不是简单的并列关系，既可以将其看做一种"统领性"的要素，尤其是在中国现行的政治体制中，政党的"统领性"极强；也可以将其看做一种"内在性"要素，分植在影响政治发展的十个因素之内。

（2）分析经济、制度、民主、法治、政治文化、公民社会、社会冲突、国际影响八大因素的理论依据和实践情况，说明这些因素都不能被解释为决定中国政治发展的根本性或主导性因素。

（3）解释中国的政策模式，说明政策因素对中国政治发展的主导性或根本性作用，并将其与发展方式因素相结合，提出"政策主导型的渐进式改革"的观点。

三个步骤涉及的理论和研究内容，见图1。

二　基本内容

"政策主导型的渐进式改革"着重于影响中国政治发展的因素分析，并重点分析了非主导性因素与主导性因素之间的关系。

（一）经济因素

经济发展是政治发展的基础，政治发展影响经济发展，经济发展与政治发展的辩证关系，在理论上容易形成共识。改革开放以来，中国经济之所以能够快速发展，中国学者已经作了不少分析，但是有一点强调得不够，就是公共政策对经济发展的作用。实际上，中国经济发展对政策的依赖性极强，或者可以说是一种"政策主导型"的经济发展模式，主要表现为以下几个特征：（1）政策给予公民经济自主权，为中国经济发展提供了基本动力。（2）改革开放政策为有效利用资本和市场扫清了障碍，给中国经济发展创造了必要的条件。（3）中国政府不断以政策争取经济的"发展红利"和回旋空间。（4）市场经济更适应于政策干预而不是行

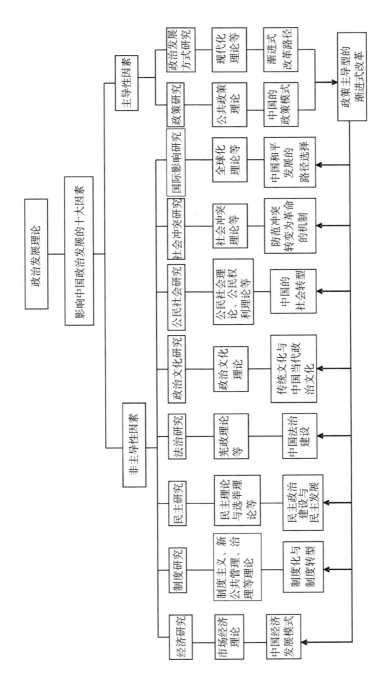

图1　中国政治发展理论解释框架图

政干预。

（二）制度因素

中国的政治发展，如果以制度为核心因素或主导性因素，其基本逻辑应该是：（1）中国既有的制度形态已经全面阻遏中国现代化的发展，需要对既有的制度进行颠覆性的制度再造；这样的制度再造，实质上是一次具有深刻影响的"制度革命"。（2）制度的根本性变化要求民主和法治的支持，即以发展民主的思路彻底、快速地建立新的制度形态，并将新制度法制化；在这样的变化过程中，制度、民主、法治三大因素可以融为一体，以"制度革命"的彻底与否决定政治发展的基本方向。（3）在新制度形态下，公民社会可以获得充足的发展空间，并逐渐培育出新的政治文化；公民社会的成长和政治文化的变化，都取决于是否有彻底的"制度革命"。（4）快速的制度变化可能加剧社会冲突，影响社会稳定和经济发展，甚至出现类似"苏联解体"一类的重大"变局"，但这恰恰是"制度革命"必须承载的风险和需要付出的代价。（5）中国的"制度革命"，极可能以西方国家的既有制度形态为蓝图，并得到西方国家的支持，被纳入"全球民主化"的进程。（6）在制度的制约下，政策不过是维系制度的手段，所有的政策选择都应该在新制度或新机制下展开。（7）摈弃"渐进式改革"的政治发展道路，选择激进变革或革命的政治发展道路。

改革开放以来的中国政治发展，显然不是按照这样的逻辑进行的。中国在整体制度结构稳定或"不变"的前提下（根本政治制度不变、中国共产党的领导不变、中央集权体制不变），确实发生了一系列的制度变化，这些制度变化，实际上都有重要的政策诱因，并且出现了两种不同的"制度创新"结果。

第一种是在政策推动下形成新的根本制度。政策主导下的中国农村改革，推动了农村管理制度和管理体制的重大变革，不仅以乡镇政府体制取代了原来的人民公社制度，还逐步建立了村民自治制度。政策主导下的中国城镇改革，亦推动了城市居民自治的发展，并且在"城市社区建设"的政策导向下，将城市社区建设与居民自治结合，形成居民自治制度。中国的基层群众自治制度（包括村民自治制度和居民自治制度），已经被列入中国的根本政治制度，显示政策诱导不仅仅作用于制度微调，还可以在一定范围内"创设"全新的根本制度，当然前提是这样的"创设"只是对既有制度体系的补充，而不是颠覆。

第二种是政策推动的制度微调或制度变更。改革开放以来中国的"制度创新"，除了为当代中国增加了一项根本制度外，大都是在政策诱导下，对原有的制度进行微量调整或局部变更，尤其是在政治体制改革方面，由政策诱导的制度变化可以划分为三个阶段：第一阶段（1977—1991年）是恢复性变革阶段，在全面否定"文化大革命"和"以经济建设为中心"的政策导向下，恢复并发展选举制度、建立干部离退休制度和进行政府机构改革等。第二阶段（1992—2000年）是适应性变革阶段，为适应"建立社会主义市场经济"的政策导向，不仅对政府机构作了进一步调整，正式建立公务员制度，还建立了以"分税制"为基础的新财政体制，并大规模推进"企业转制"和"政企分离"等。第三阶段（2001年至今）是"绩效性"或发展性变革阶段，在"科学发展观"的政策导向下，强调责任、服务、绩效、公平，不仅进行了大规模的行政审批制度和政府机构改革，普遍建立行政服务中心并不断探索建立公共服务的新机制，还全面推行政务公开与绩效考核，积极发展电子政务，并使"问责制"逐渐强化。这样的制度变迁，显示的逻辑是政策推行需要克服"制度性障碍"，可以将政策压力转换为制度微调或制度变革，使制度适应政策。这样的逻辑过程，至少在一段时间内还会在中国的政治发展中扮演主要角色，直到制度完全"稳定"后才会出现新的形态。

改革开放以来中国政府管理理念发生的重大变化，亦大多与政策发展有密切关系。（1）政策主导的经济体制改革和社会改革，不仅要求改变原来的权力结构，还要求改变传统的权力观念，适度分权、控制行政权力对市场的过度干预、对权力须进行有效的监督等理念，逐渐成为主流思想倡导的权力观念。（2）新政策要求新的管理方式和管理观念，不仅引入了"治理"、"善治"、责任政府等管理理念，还使管理者越来越认识到公民不是纯粹的被管制或被统治的对象，而是积极的参与者和监督者。（3）改革开放后形成的政策环境，要求加强公共服务，并由此增强了公务人员的公共服务意识，使服务型政府成为普遍认可的理念。（4）更有意义的理念变化，是中国共产党以"改革"方针替代了"革命"方针，以"改革理念"替代了"继续革命理念"，这样的理念转换，同样是政策变化的结果。

中国政治发展的制度和政策两大因素，从改革开放30年的历程看，基本逻辑关系是政策主导制度变迁。应该看到，这是一种带有"过渡性"特征的逻辑关系，"过渡期"的长短将取决于"制度积淀"或"制度达到稳定状态"的速度。改革开放初期，由于每前进一步都要破除"制度性障碍"，所以"政策主导制度变迁"有相当宽泛的应用空间；经过一段时间的发展，在政策诱因下建立的新制度趋于稳定，"制度性障碍"逐渐减少，"政策主导制度变迁"的应用空间亦随之收窄。一些重大制度如行政审批制度、政务公开、问责制、电子政务、公共服务等全面制度化或法制化后，"政策主导制度变迁"更会缩窄到微观层面，主要引导"政策执行力"和政府规制的发展。2003年以来，能够影响全国的"制度创新"已很少见到，表明"政策主导制度变迁"已经开始"转型"，但现在还难以预言这样的"转型"何时才能完成。

（三）民主因素

中国的政治发展，如果以民主为核心因素或主导性因素，可能出现多组逻辑关系，但具有代表性的应是以下三组关系。

第一组将民主定位为以"选举民主"为核心内容，其基本逻辑应该是：以选举民主主导制度变迁（这样的"民主改革"符合"全球民主化"的进程，可以得到国际支持），建立维系选举民主的法治体系，出现"选民社会"并形成"选举文化"，"选举冲突"常态化并由当选者主导政策。

第二组将民主定位为非选举的政治参与，其基本逻辑应该是：广泛的政治参与可以涵盖各种公共政策问题和社会冲突问题，但是需要成熟的公民社会和理性的公民，并且有制度化的参与途径和法治保障；这种比较"内在"的民主发展形式，可以得到"协商民主"论者或社会民主党人的支持。

第三组倡导以组织或制度为代表的民主，其基本逻辑是强调中国既有民主制度的重要性、合理性和有效性，与之相关的政治体制改革、法治、政治文化等，都可以用民主的有效性加以解释。

中国的政治发展，显然不符合第一组逻辑关系，因为中国从未将"选举民主"作为发展民主的核心内容。中国的政治发展也不符合第二组逻辑关系，因为中国既没有成熟的公民社会，也还缺乏公民的广泛政治参与。中国的政治发展基本符合第三组逻辑关系，但是在这组逻辑关系中，民主与其他政治发展因素基本上是并列关系，而不是民主主导其他因素。

逻辑推导可以更清楚地揭示一个现实，民主并没有成为主导中国政治发展的根本性或决定性因素。

在中国政治发展中，政策与民主两大因素的关系，不是谁主导谁的问题，而是谁对于中国的政治发展更为重要的问题。对中国的"选举民主"（以选举为代表的民主）和"政策民主"（以政策民主化及公民参与公共政策过程为代表的民主）作比较，可以看出中国的"选举民主"的总体水平不是很高，"政策民主"的总体水平更大大低于"选举民主"，但是在未来一段时间内，"政策民主"可能有更大的发展空间。

第一，在"政策民主"和"选举民主"两种民主方式中，主政者更倾向于积极发展"政策民主"，因为"政策民主"对执政党的"安全性"大大高于"选举民主"，"政策民主"也能够更充分地表现执政党对不同意见甚至极端意见的包容性，"政策民主"还能及时得到民众的积极回应和正面肯定，对主政者的"合法性"有极重要的保障作用。近年来中国共产党对公共政策科学化、民主化、法治化的高度重视，实际上已经清晰地反映出了主政者对两种方式的选择态度。主政者的倾向对两种民主方式的发展具有决定性的作用，绝对不能低估这种作用。

第二，选举是一种周期性的公民政治参与方式，尤其将各级人大代表选举的时间统一为五年一次后，公民参与选举的密度已大大下降。政策参与则较少受时间限制（就某一具体政策而言，民众的参与会受到政策过程的制约，有一定的时间限制，但是政策参与并不局限于某一政策），公民可以随时参与不同政策的讨论，并对政策效果等作出自己的评估。从发展公民参与的角度看，更多地提供持续性参与机会（政策参与），其重要性至少应该与周期性参与（选举参与）持平。政策参与的机会多于选举参与这样的事实一旦被民众广泛认知，将会大大推动"政策民主"的发展。

第三，中国"选举民主"中的公民参与，带有一定的"动员性"和"被动性"，并且这样的"动员性"和"被动性"受既有选举制度的限制，在短期内还难以改变。中国"政策民主"中的公民参与，尽管参与者还不是太多，但"主动参与"应是政策参与者的普遍特征。"主动参与"的积极性越高，范围越大，越能体现民主的真实性，使"政策民主"在未来可能越来越多地承载"民主真实性"的指标性功能（这样的指标性功能本应由"选举民主"承载，但至少到目前中国的"选举民主"仍无法充分展示这一功能）。

第四，选举参与和政策参与都是一个选择过程，选举参与在候选人之间进行选择（在中国的选举中，较少涉及候选人所持政策的选择）；政策参与既可能是不同政策方案的选择，也可能是政策细节的抉择。体现选择过程的两种参与，都会涉及开放性和竞争性问题。中国的选举，总体而言竞争程度较低，开放性不够（尤其是间接选举）。中国的政策过程，同样存在开放性不够和竞争程度较低的问题，但近年来政策开放性和竞争性的增强，是选举所无法与之相比的；如果这一趋势能够延续下去，更将大大提升"政策民主"的地位。

在中国政治发展尤其是民主发展的光谱中，"政策民主"已越来越靠近核心位置，"选举民主"则依然处在"边缘位置"。以两种"民主"反映影响中国政治发展的民主与政策两大因素，更易得出的结论是政策因素对中国政治发展的影响更为直接，也更为重要。

（四）法治因素

中国的政治发展，如果以法治为核心因素或主导性因素，其基本逻辑应该是：以宪政为核心，以民主和制度为保障，发展法治文化和法治社会，更倚重于法律手段而不是政策手段解决社会冲突问题，并将政策限定在法治框架中，尤其是要将"文件治国"转变为"法律治国"。

这样的基本逻辑，反映的应是中国政治发展的一种理想模式或一个努力方向，着眼于未来而不是现在，还不能用它来解释中国当前的政治发展状况。综观中国法治的发展，可以看到有待解决的问题大大多于已经解决的问题，不仅发展宪政在中国受到很大阻力，中国是不是应该有自己的违宪审查，宪政对司法的控制，对人权的保障，以及宪政对政党的限制，要求中国共产党带头执行宪法，都还是需要认真讨论和解决的问题。但是至少有一点是清楚的，即法治目前仍然是作为长远目标影响着中国的政治发展，还没有成为规范中国政治发展的主导性因素。

中国政治发展中政策与法治两大因素的关系，在发展宪政还缺乏共识的前提下，可以用"先政策，后法律"的经验式模式概括。"政策法律化"是"先政策，后法律"的基本形态，"政策内容入宪"是"先政策，后法律"的最高形态。由于政策转换为法律需要较长时间，为"文件治国"留下了较大的空间，但应该认识到，"文件治国"在一定意义上是

"依法治国"的基础,"依法治国"则是"文件治国"的合理发展。只要"先政策,后法律"的模式依然存在,"文件治国"的现象就不会消失。问题的核心点其实并不在于是否尽快摈弃"文件治国"的方式,而是"文件治国"给予各级党政人员过多的自由裁量权。自由裁量权不仅大量体现在政策执行过程中,亦体现在政策文件的制定中。有效地控制各级党政人员的自由裁量权,既是法治要解决的问题,也是中国公共政策过程面临的主要问题。与之相关的,还有"潜规则"、"共谋"等问题。如果不认真解决自由裁量权等问题,即便中国公共政策全部达到了"政策法律化"水平,还是无法达到法治的要求。从这一点看,中国公共政策的科学化、民主化、法治化,尤其是法治化,还有相当长的路要走。

(五) 政治文化因素

以"文化中心论"的观点看待政治文化在中国政治发展中的作用,既可以强调儒家文化的核心地位及其在中国现代化中的作用,也可以强调马克思主义的核心地位及其在中国现代化中的作用,还可以将儒家文化与马克思主义糅合在一起,强调"中国模式"就是"中国化马克思主义"。但是,"文化中心论"显然难以全面解释中国的政治发展,因为基本事实是中国的政治发展带动了政治文化发展,而不是政治文化限定并制约了中国政治发展。

政治情感和政治评价的变化,是政治文化研究的重要内容。中国民众政治情感的变化,尤其是生活满意度、幸福感的提高,与"政策依赖性"有密切关系。中国民众对政策的依赖,可以区分为"间接依赖"和"直接依赖"。"间接依赖"政策(包括政治政策、经济政策和国家基本建设政策)为全社会或全体公民提供了较好的环境,使民众生活得到了一定的"硬件"保障;对这些政策的认可和较高评价,整体提升了民众的生活满意度和幸福感。"直接依赖"政策(包括社会政策、科教文政策、三农政策等)较多涉及公民自身利益,社会各群体因获益程度不同,政策评价差异较大,并且总体评价偏低,对生活满意度和幸福感应有一定的"拉低"作用。中国民众的生活满意度和幸福感之所以不是太高,应与"直接依赖"政策对个人影响过大有密切关系。多样化的政策评价,是中国当代多样化政治评价的一个组成部分。民众对"间接依赖"政策和"直接依赖"政策的不同评价,就是多样化政策评价的具体表现。

（六）公民社会因素

以日渐成熟的公民社会作为影响中国政治发展的核心因素或主导性因素，其基本逻辑应该是：经济快速增长大大提高了公民的收入（如人均收入超过 3000 美元），公民的自主意识不断增强，公民的社会组织不断壮大，不仅要求公民的自由和权利得到法律的保障（法治诉求），还要求给予公民更多的参与机会（民主诉求），进而要求改变阻碍公民社会发展的制度（制度诉求），挑战"正统"思想与威权意识（发展新型的公民文化或政治文化），并可能向对抗公民社会的政治力量采取行动（引发社会冲突甚至爆发革命），推动国家快速"转型"（这样的国家"转型"，在第三波民主化中不乏先例，能够得到来自国际力量的支持）。在这一基本逻辑中，公共政策的作用并不明显，因为公民社会将不断挑战权威力量对政策的主导权和公正性，并在要求制度变更中包含了变更政策模式的内容。尽管改革开放以来中国的人均收入有了较大提高，但是中国的公民社会还远未形成，公民社会的发展还面临一系列需要讨论的问题，公民社会主导政治发展的基本逻辑至少到目前还不成立。

中国的传统社会以父权制的家庭为基本细胞，形成国家、社会、家庭（家族、宗族）的三角关系。在中国的现代化进程中，以家庭为社会基本细胞的形态逐渐改变为以个人为社会基本细胞的形态，形成国家、社会、个人的新型三角关系。在这样的新型三角关系中，国家将个人塑造成公民，致力于构建国家与公民的直接联系，无论是公共政策还是公共服务，都会重点考虑国家与公民的关系问题。在一个有十几亿人口的大国，建立国家与公民直接联系的成本过高，原来被认为不可能实现，但是借助当代科学技术手段，使不可能变成了可能，无论是个人所得税交纳、"新三农政策"涉及的各种补贴，还是最低生活保障、医疗保险、养老保险等，都顺利地实现了公民个人与国家的关系对接。在构建国家与公民的直接联系中，各级政府尤其是中央政府无疑起了重要的作用，公民的合作也起了重要的作用（构建国家与公民的直接联系，尤其是为公民提供基本社会保障，不仅需要国家的支出，往往还需要公民个人承担一定的支出；公民乐意合作，一方面可能是基于中国文化传统的对国家权威的认可和信任，另一方面可能是基于当代多元文化的"理性"计算，相关问题还需要作进一步探讨）。国家与公民建立直接联系，在一定程度上阻遏了公民与社会的结合，不仅在短时间内难以形成与国家对立或合作的公民组织和公民社会，亦使各种组织形态的自治往往徒具形式。换言之，如果以公民社会的形成作为政治发展的目标，以公民作为社会基本细胞应该是一个带有前提性意义的重要步骤，但这一步骤完成后，可能出现不同的走向，或是国家与公民结合创造一个适应性的社会（当前形态），或是公民与社会结合创造一个适应性的国家（可能的未来形态），或是国家与社会结合管控公民（回到过去形态）。目前中国正在发展的是当前形态，所以研究中国社会"转型"的视角，应从公民的基点出发，揭示公民与国家和公民与社会的关系，并最终说明国家和社会对公民的影响（可称为"从公民到公民"的理论视角）；而不是以公民社会为基点，揭示公民社会与国家和公民社会与公民的关系，并最终说明国家和公民对公民社会的影响（可称为"从公民社会到公民社会"的理论视角）。

以"从公民到公民"的理论视角分析中国社会，需要重点关注的是公民的权利问题。在讨论公民权利问题时，强调法治和制度的保障功能无疑是重要的，但是亦不能不看到政策对公民权利的支持功能，如经济政策对经营自主权、财产保护权的支持，社会政策对改变农民"二等公民"地位的支持等，都起了重要的"赋权"作用。甚至可以这样说，在中国公民社会的成长中，尤其在中国公民的"充权"过程中，政策主要承担的是"赋权"作用，制度和法治主要承担的是"赋权"后的保障作用。这样的论点不一定适合所有的公民基本权利，但至少适用于一部分权利。

中国的社会"转型"，需要动力支持。政策可以用不同方式激活社会力量，产生"政策活力"：（1）直接刺激个人，为公民个人发展提供政策支持，如以"联产承包制"刺激农民的生产积极性，以发展个体经济刺激城乡居民的创业热情等。（2）直接刺激企业或社会组织，对"优胜劣汰"的竞争给予政策支持，如中小企业改制、国营企业改革等，鼓励相关人员等"以发展谋生存"。（3）直接以"给政策"的方式刺激特定地区发展，如沿海地区开放和进行"特区"建设等，吸引不同社会群体共创发展机会。（4）以政策导向刺激社会，如支持股票市场、住房市场等发展，激发民众的投资热情等。改革开放初期，较多采用的是前三种方式（可统称为"直接刺激"方式）；进入21世纪后，更多采用的是第四种方式（可称为"间接刺激"方式）。由政策"直接刺激"或"间接刺激"产生的活力，不仅作用于经济领域，也作用于社会领域（或者可以说是先作用于经济领域，后作用于社会领域），成为社会"转型"的动力来源。"政策活力"显然不是中国社会某一阶层或某一群体所独有的，而是几乎涉及了每个阶层或群体，涉及了每个公民。中国社会的"转型"，应是社会各种力量（包括各阶层、各群体）"合力"推进的结果，公共政策对形成这样的"合力"起了重要的刺激作用。

（七）社会冲突因素

社会冲突主导的政治发展，可能产生两组逻辑关系。一组是社会冲突导致革命（既可能是暴力的，也可能是非暴力的；既可能有强大的外力支持或介入，也可能外力支持或介入较弱），革命不成功就不断革命，革命成功后重构制度、法律、社会，并在革命进程中发展政治文化；在这组逻辑关系中，公共政策的因素可以忽略不计，因为充其量公共政策只是公众不满的对象之一，并且很快会把不满集中到制定公共政策的权威力量身上。另一组是社会冲突接近革命的临界点，但还没有引发革命，形成较长时间的社会震荡，弱化既有的制度、法律和政策功能，并且在震荡中寻求出路，或者依赖公民社会成熟，或者依赖外力的介入，或者依赖民族主义的强化，其结果或是走向国家分裂，或是实现"民主化"或"半民主化"，也可能走向"独裁"和"专制"。社会冲突主导政治发展的两组逻辑关系，都不适合中国改革开放以来政治发展的实际。改革开放之后，中国的社会冲突确实有较大变化，但多数冲突是"积极冲突"而不是"消极冲突"，并且有效地抑制了"冲突引发革命"的势头，基本维系了社会的稳定。

维系社会稳定，除了"体制因素"（中国共产党的领导、中央集权的制度保证等）外，还有重要的"政策因素"，突出表现的是公共政策的社会"降压"和"抗压"功能。

公共政策的社会"降压"功能，主要体现在以政策改善公民的生存条件，为公民提供必要的发展条件和基本的生活、社会保障，整体降低民众的不满情绪或"被剥夺感"、"被遗弃感"，以此来化解可能产生重大社会冲突尤其是利益冲突的因素，降低冲突概率。但需要注意的是，公共政策既可能具有社会"降压"功能，也可能具有社会"加压"功能，重大决策失误或失当的公共政策，可能引起社会混乱，成为社会冲突的"加速器"，对此不能不有所警惕。

即便有各种公共政策为社会"降压",也难免产生局部的社会冲突,所以还需要完整的"维稳体系",准备应对社会冲突和抗击社会压力。在"维稳体系"中,"政策抗压"应成为重要因素,并高度关注四个方面的问题,一是认清压力来源;二是以适当政策应对压力;三是建立"危机防范"政策体系;四是使民众了解和支持政策。

维系社会稳定,缓解社会矛盾,降低社会冲突的概率,一种有效的方法是为社会建立"安全阀",并保证"出气孔"的畅通。公共政策在一定程度上也能够承载"出气孔"的功能,既可以通过广泛吸引民众参与公共政策讨论,听取来自社会的不同意见;也可以在政策执行过程中允许公民参与和鼓励公民监督;更可以为公民的政策评价和政策批评提供多种途径(尤其是为网络的政策评价给予保障),容忍不同意见甚至极端意见,让民众以"开骂"的方式"泄愤"。以公共政策为"出气孔",政治风险较小,可"出气"的机会较多(因为政策众多),是一种低成本的"安全阀"制造方法,关键在于主政者是否认识到了这种"安全阀"的作用,能否包容对政策的激烈批评。

公共政策的社会"降压"和"抗压"功能,已经在弱化中国社会冲突方面起了重要作用,但是公共政策的"安全阀"作用还不够明显,今后显然应强化这方面的功能。

(八) 国际因素

中国的政治发展,如果以国际因素或外来因素为核心因素或主导性因素,其基本逻辑或是突变型的"颜色革命",或是渐变型的"党国体制"逐步瓦解,向"西式民主化"或"社会民主党化"的国家形态转型;无论是突变还是渐变,在当代国际环境下,都会强烈要求发展民主(可能主要是选举民主),改变制度,加强法制(尤其是建立宪政体制),发展公民社会,使政治文化全面摆脱意识形态的束缚。在这样的基本逻辑关系中,公共政策显然处于无足轻重的地位。中国自改革开放以来,既注意吸收政治发展的国际经验,也注意坚持独立自主的政治发展道路,所以国际因素或外来因素主导政治发展的基本逻辑不符合中国的实际,不仅中国的政治领导人对外部压力和外国介入主导中国政治发展有高度警惕,越来越多的学者也已认识到中国"自主"发展道路的重要性;"中国模式"之所以不断被"炒热",正是这种现实的积极反映。

面对国际压力，尤其是"全球化"的压力，中国的公共政策并不是无足轻重，而是地位越来越重要，需要以中国的政策范式应对国际挑战，并主要注意以下几方面的问题。

第一，在全球化背景下保持中国公共政策的基本特性。改革开放以来，中国公共政策逐渐具有了"自主"、"自为"、"自新"和"自信"的特征。"自主"即始终把握公共政策的自主性，不屈从于外来压力。"自为"既要求对政策问题有所作为，也要求对公共政策的结果负责。"自新"表现为较强的公共政策自我更新能力，依托的是科学解决政策问题的自觉意识。"自信"显示出对公共政策的信心，尤其是相信政策能够得到广大民众的认可和支持。在全球化背景下，面对影响决策的多种因素，要使中国的公共政策继续保持高度的"自主性"，就应该努力维系中国公共政策的这些基本特性。

第二，国内政策需要国际视野。中国国内政策问题的解决，一方面需要借鉴政策范畴的国际经验，补充或改变中国的政策模式；另一方面需要考虑国际因素对国内政策问题的影响，尤其是汇率、石油价格等波动对国内相关政策的影响，尽量避免因误判国际、国内形势而作出错误的政策选择。

第三，涉外政策重视国际规则、国际标准与政策尺度的把握。由于中国经济实力不断增强，不仅人民币汇率政策、外贸政策、利用外资政策等涉外政策对国际经济变化有一定影响，一些国内政策如证券政策、住房政策、物价政策、产业政策、环境保护政策、食品药品安全政策等，也会产生一定的国际影响；反之，这些政策也会引来国际压力，甚至引发贸易争端、产品召回等纠纷。中国在制定或调整这些政策时，不仅需要重视国际规则和国际标准，还要注重把握政策的尺度，尤其是政府干预市场的尺度。中国政策的成熟性，将越来越多地接受来自国际社会的检验，这对中国来说未必不是好事。

（九）政策因素

以政策因素作为影响中国政治发展的核心因素或主导性因素，符合中国的政治发展实际情况，其基本逻辑是：（1）中国的改革开放，始于经济政策的"放开"；中国经济的持续快速增长，亦主要依赖政策的"保驾护航"。由于公共政策直接作用于中国的经济发展，使经济发展对政策的依赖性极强，或者可以说中国是一种"政策主导型"的经济发展模式。（2）中国各项政策的实施，需要法律和法治的保障。改革开放以来，因应政策变化的需求，中国法治的水平不断提高，并形成了"先政策、后法律"的经验式模式。这样的经验式模式，不仅彰显了政策对法治的基础性作用，也大大充实了法治的内容；在"宪政"缺位的状态下，加强法治的实际内容主要体现为政策与法治的结合。（3）政策的顺利实施，需要良好的制度环境。改革开放以来，一方面中国的制度形态基本稳定，为各项政策的推行提供了基本的制度保障；另一方面也有一定的制度变化，其主旨就是为政策实施扫除"制度性障碍"。中国已经出现的制度变化，主要基于政策诱因，形成了"政策主导制度变化"（局部变化）的基本格局。（4）中国的"政策群"主导了中国社会结构变化，① 公共政策还在"公民充权"中发挥了关键性作用，对推进中国社会进步具有重要意义，但是中国的公民社会还未形成，只是在社会转型中凸显了公民的地位和作用。（5）中国公共政策自改革开放以来已形成较强的社会"降压"、"抗压"功能，未来还将承载"社会安全阀"功能，在缓解社会冲突方面发挥更重要作用。（6）政策与民主两大因素的关系，主要不是谁主导谁的问题，而是谁对于中国的政治发展更为重要；尽管中国"政策民主"比"选举民主"有更大的发展空间，但中国民主发展并不理想则是不可回避的现实。（7）在改革开放以来的中国文化"转型"中，公共政策扮演了重要的角色，但这样的作用还没有被普遍认知。（8）在全球化背景下坚持中国政治发展的自主性，需要保持中国公共政策"自主"、"自为"、"自新"和"自信"特征，以应对来自国际的影响和压力；中国公共政策虽然有一定的"涉外性"，但主要还是解决自己的问题。（9）中国的政策发展是一个渐进过程而不是一个急进过程，由政策主导的改革，亦带有明显的渐进性特征。

政策因素能够成为主导性因素，是因为中国共产党对公共政策具有绝对的主导权。中国共产党从大到国家发展方向、社会利益整合与分配，小到具体政策过程的深层次介入，不仅整体性地主导着中国的公共政策，并且绝对性地主导着中国的公共政策。在当前的中国政治结构中，还没有任

---

① "政策群"主导中国社会结构变化，是李强提出来的观点，见李强《国家政策变量对于社会分层结构的重大影响》，"中国社会学网"2010年7月1日。

何政党、社会组织或机构可以取代中国共产党对公共政策的主导地位，并且这样的绝对主导地位在改革开放以后，不仅没有弱化，还更趋强化。

中国共产党对公共政策的绝对主导权，影响并决定了中国公共政策的发展方向，因此中国共产党本身对公共政策的认知和把握，就成了中国公共政策发展的核心问题。中国共产党的决策理念，从总体上看，并不是要改变"党政不分"的政策模式或政策体制，甚至要继续强化这种政策模式或政策体制，要改变的是政策意识和政策方法，大体包括三方面的内容：一是建构科学决策、民主决策、依法决策的政策意识；二是注重完善党内民主决策机制；三是维系党的政策权威性。

中国的改革开放，无论是政策选择还是政策执行，都体现了中国共产党的自觉意识和自我更新能力。支撑中国共产党自觉意识和自我更新能力的，是改革开放以来不断得到强化的精英体制。首先，中国共产党作为中国工人阶级的先锋队以及中国人民和中华民族的先锋队，本身就是不断发现人才、培养人才和吸纳人才的庞大组织系统，并凝聚成了中国最大的精英群体。其次，中国共产党为精英的成长提供了政策支持，典型的例子就是在农村改革政策下出现了一大批农村经济精英，在城市改革政策下出现了一大批城市经济精英，恢复高考和重视教育、科技政策推动了中国知识精英的发展，重视"第三梯队"培养等造就了中国的政治精英，鼓励海外留学人员回国创业政策催生了"海归"精英等；尤其是当前正在全面推进的"人才战略"，更是着眼于未来的"精英战略"。再次，中国共产党构建了精英合作机制，不仅注重党内精英与党外精英的合作，中央精英与地方精英的合作，亦注意到了政治精英、经济精英、知识精英之间的合作问题，尤其是在政策层面上的合作问题，以合作来平衡各种精英之间的关系（尤其是利益关系）。当然，精英之间的合作，尤其是精英之间的利益勾连，可能有损社会公平，可能滋生腐败，甚至可能对一些政策形成挑战，但在"党政不分"的政策体系内，精英互动甚至精英之间的竞争，都要服从"基本利益一致"的前提，在重大决策方面不得不采用服从或合作的态度，而不是持强硬的对抗态度。换言之，中国的精英体制是由中国共产党培育和主导的，无论是党内精英还是党外精英，都认可中国共产党的主导性，所以到目前为止，中国还没有出现自主性极强的精英群体。

就中国共产党而言，在各种合法性问题中最重视的应是"政策合法性"。正如邓小平所言，"对内搞活经济，对外经济开放，这不是短期的政策，是个长期的政策，最少五十年到七十年不会变"①；"我们现在的路线、方针、政策是在总结了成功时期的经验、失败时期的经验和遭受挫折时期的经验后制定的。历史上成功的经验是宝贵财富，错误的经验、失败的经验也是宝贵财富。这样来制定方针政策，就能统一全党思想，达到新的团结。……人民有自己的亲身经历，眼睛是雪亮的。过去吃不饱，穿不暖，现在不仅吃饱穿暖，而且有现代化生活用品，人民是高兴的。既然如此，我们的政策还能不稳定？政策的稳定反映了党的稳定"②；"新的领导机构要坚持做几件改革开放的事情，证明你们起码是坚持改革开放，是真正执行十一届三中全会以来的改革开放政策的，这样人民就可以放心了"③。从这些论述可以看出，邓小平尽管没有明确提到政策的"合法性"，但是强调了人民拥护政策的"认授性"，实际上涉及的就是合法性问题。这样的认识，不仅被后来党的领导人所继承，还有所发展，如江泽民强调一定要像邓小平要求的那样，把"人民拥护不拥护"、"人民赞成不赞成"、"人民高兴不高兴"、"人民答应不答应"，作为各项工作的出发点和归宿；④ 胡锦涛强调中国共产党必须坚持以人为本，始终把实现好、维护好、发展好最广大人民的根本利益作为党和国家一切工作的出发点和落脚点；⑤ 都是从"认授性"的角度继续强化对"政策合法性"的认识。中国共产党几代领导人对"政策合法性"的关注和阐释，反映的不仅仅是领导人如何进行政策选择，更重要的是领导人亦已认识到了公共政策在中国政治发展中所起的根本性作用，并以这样的认识来影响全党，从而使中国共产党始终能够保持对公共政策的绝对主导权。

---

　　① 邓小平：《我们的宏伟目标和根本政策》，《邓小平文选》第3卷，人民出版社1993年版，第79页。

　　② 邓小平：《改革开放使中国真正活跃起来》，《邓小平文选》第3卷，人民出版社1993年版，第234—235页。

　　③ 邓小平：《组成一个实行改革的有希望的领导集体》，《邓小平文选》第3卷，人民出版社1993年版，第299页。

　　④ 《江泽民论加强和改进执政党建设（专题摘编）》，中央文献出版社、研究出版社2004年版，第446页。

　　⑤ 胡锦涛：《高举中国特色社会主义伟大旗帜，为夺取全面建设小康社会新胜利而奋斗》（在中国共产党第十七次全国代表大会上的讲话），第17页。

三 "政策主导型的渐进式改革"的三个发展阶段

"政策主导型的渐进式改革"，只适用于解释改革开放以来的中国政治发展，不适用于解释改革开放以前的中国政治发展。中华人民共和国成立以来的政治发展，实际上分为两大时期。1949—1976 年为第一个时期，是以毛泽东为核心的"领袖魅力型的政治发展"，领袖是政治发展的根本性因素。1977 年以来为第二个时期，应该是"政策主导型的渐进式改革的政治发展"。只有明确区分了中华人民共和国政治发展的两个不同时期，才能对中国政治发展作出更符合实际的解释。

改革开放以来，"政策主导型的渐进式改革"的中国政治发展，大致可以分为三个发展阶段。

（一）"被动回应"政策范式主导的政治发展（1978—1992 年）

1978—1992 年是改革开放以来"政策主导型的渐进式改革"的第一个发展阶段，这一阶段中国公共政策的主要形态是以"政策松绑"的形式应对各种政策问题，带有明显的"被动回应"特征，但已奠定了政策主导政治发展的基本格局。

1978 年中央领导层政策思维的重大变化和随后改革开放总体政策框架的形成，首先作用于经济领域，"以政策搞活经济"，对解放生产力具有重要意义，使中国经济开始较快发展。经济领域的变化传导到社会，不仅增强了社会的流动性，亦开始改变中国的社会结构，出现了一些新的社会阶层。经济体制改革和社会变革要求制度和法制保障，在制度恢复和重视法制的进程中，制度因应政策的需求和经济社会的变化，不仅有一些重要的调整（如建立乡镇政府、建立公务员制度和政府机构改革等），亦开始尝试建立一些新的制度（如基层群众自治制度）。中国的经济社会变化以及打开国门后其他文化因素流入中国，不仅使中国的政治文化开始走向多元化，亦使中国在 1989—1990 年经历了一次重大的社会震荡，使人们不得不再次检视中国的民主发展问题，并将其定位于坚持和保障渐进式的改革开放政策的基本路径之下（1978—1992 年影响政治发展各因素的基本逻辑关系，见图 2）。

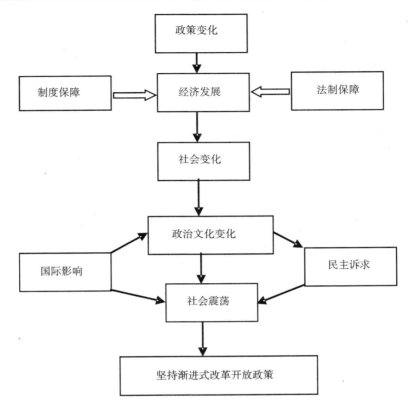

图 2   1978—1992 年各政治发展因素关系图

（二）"主动回应"政策范式主导的政治发展（1993—2002 年）

1993—2002 年是改革开放以来"政策主导型的渐进式改革"的第二个发展阶段，这一阶段中国公共政策的主要形态是在建立社会主义市场经济的基本政策导向下，主动应对各种政策问题，对各种政策作重大调整，带有明显的"主动回应"特征。

明确建立社会主义市场经济体制的政策目标后，1993—2003 年不仅注重以宏观调控政策等保证中国经济快速发展，亦注意因应政策变化以及经济全球化和加入世界贸易组织的需求，一方面为市场经济发展扫除"制度性障碍"，在机构改革的基础上，展开行政审批制度等改革，并通过一系列发展民主的试点，固化了基层群众自治等制度；另一方面强调法治的保障性功能，积极发挥"先政策、后法律"经验式模式的作用。在多种因素作用下，中国的社会转型加速，与利益多元化相关的社会冲突增多，计算机、手机等新技术手段亦开始对中国的政治文化产生重要作用（1993—2002 年影响政治发展各因素的基本逻辑关系，见图 3）。

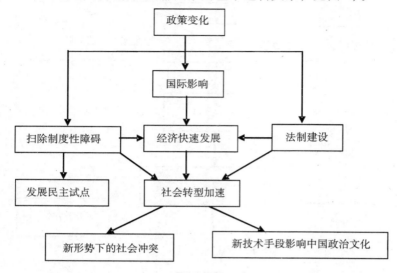

图 3　1993—2002 年各政治发展因素关系图

（三）"积极进取"政策范式主导的政治发展（2003—2011 年）

2003—2011 年是改革开放以来"政策主导型的渐进式改革"的第三个发展阶段，这一阶段中国公共政策的主要形态是以科学发展观"规划"各种政策问题，带有明显的"积极进取"特征，政策主导政治发展的优势正被越来越多的人所认知和认可。

在科学发展观指导下的政策"规划"，将前两个发展阶段"重经济、轻社会"的基本政策取向改为经济、社会并重的基本政策取向，并以相应的制度建设（如服务型政府、责任型政府的制度建设等）和法治建设（如强调司法公正等）保障经济、社会的良性发展。在经济发展方面，既注意以政策推动中国经济转型，亦积极应对全球金融危机的挑战。在社会发展方面，注重以公民为基点的社会建设，除了构建公民权利保障机制和缓解社会冲突的各种机制外，还在社会建设中引入民主机制，扩大公民参与，并以提高公民的幸福感和满意度等影响公民政治文化的发展（2003—2011 年影响政治发展各因素的基本逻辑关系，见图 4）。在今后的一段时间内，可能将继续保持这样的基本态势。

基于政治发展因素划分的发展阶段，可能过于简单或武断，但至少可

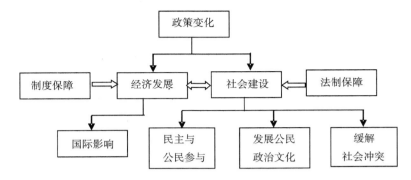

图4 2003—2011年各政治发展因素关系图

以提供一种不同的解释方法。尤其是以"政策主导型的渐进式改革"解释中国的政治发展，只是一次初步的尝试，不少论点还需要进一步展开，各种政治发展因素之间的逻辑关系还需要进一步研究，"政策主导型的渐进式改革"的概念等可能还需要更多的理论说明。这些工作，不仅需要学术界的充分讨论和批评，亦需要更多的人关心此类研究，因为只有科学地解释中国已经发生的和正在发生的各种政治现象，才能更好地规划中国未来的发展道路。

（作者为中国社会科学院政治学所研究员）

压力型体制

杨雪冬

一 前 言

如何理解当下中国的政府运行（这里所说的政府，是广义的，指的是党国体制），是理论界关注的热点问题。在纪念中国改革开放 30 周年的背景下，这个问题更值得关注。实际上，过去十多年来，来自经济学、社会学、政治学等学科的学者都曾经根据本学科的理论前提、基本范式以及案例经验总结出不同的模式，来描绘中国体制运行的特点，分析其本质，讨论其存在的问题。[①] 比如，依据经济人假设，从财政收入入手，一些经济学、社会学学者提出了"地方公司主义"[②]、"地方政府公司"[③]、"基层政府公司化"[④] 以及进取型地方政府、保护型地方政府和掠夺型地方政府等模式[⑤]，认为地方政府为了获得更多的财政收入，有意识地卷入到地方经济发展过程中，并且在其中发挥了积极的作用。地方政府的运行带有了明显的经济人色彩。一些社会学、政治学学者则从国家—社会关系

[①]　丘海雄、徐建牛：《市场转型过程中地方政府角色研究述评》，《社会学研究》2004 年第 4 期。雷志宇：《政权性质、政企关系和政市关系：转型期中国地方政府经济行为经验研究的三维视野》，《二十一世纪》网络版 2007 年 12 月号，总第 69 期。这两篇综述性文章比较全面地介绍了经济学、社会学对地方政府行为模式的探讨。

[②]　Jean Oi. 1999, *Rural China Takes Off*: *Institutional Foundations of Economic Reform*, University of California Press.

[③]　Andrew G. Walder, 1995 , "Local Governments as Industrial Firms : An Organization Analysis of China's Transitional Economy", *American Journal of Sociology* , Volume 101 , Number 2.

[④]　赵树凯：《农村发展与"基层政府公司化"》，http：// www. chinado. cn/ReadNews. asp? NewsID = 737。

[⑤]　周业安、赵晓男：《地方政府竞争模式研究——构建地方政府间良性竞争秩序的理论和政策分析》，《管理世界》2002 年第 2 期。

范式出发，把地方政府看做地方社会的代理人，从而归纳出"代理型政权经营者"／"谋利型政权经营者"模式①，或者汲取型政权／"悬浮型"政权模式②。也有一些学者从国家建构理论出发，把中国地方政府的运行看做国家管理的理性化与民主化的过程，地方政府规模的扩展、职能的调整以及竞争性选举的出现都是这个过程的具体表现。③ 这些理论模式一方面帮助我们拨开纷乱变化的现象，看到整个体制运行的基本轮廓；另一方面也提醒我们任何一种理论归纳都由于理论出发点不同和经验依据的有限，有自己的解释边界。

与这种从理论范式出发推导出现实模式的研究路径并行的，还有一种路径，即从历史过程和经验比较出发，抽象出一种模式，来总括性描绘现实的状态。"压力型体制"的提出和完善，就是这种研究路径的产物。这个概念首先出现于中央编译局荣敬本教授领导的课题组在《经济社会体制比较》杂志 1997 年第 4 期上发表的报告《县乡两级的政治体制改革：如何建立民主的合作新体制》中。这个报告发表后不久就被当年的《新华文摘》第 12 期转载。1998 年，这个报告连同其他的几篇分报告以《从压力型体制向民主合作体制的转变》为书名，由中央编译出版社出版。三年后，该课题组又出版了《再论从压力型体制向民主合作体制的转变》（中央编译出版社 2001 年版）一书。

在概念的提出者看来，压力型体制与其说是对现实的理论抽象，不如说是对现实的理论描绘，生动描绘出中国各级政府是在各种压力的驱动下运行的，从上而下的政治行政命令是其中最核心的压力；压力型体制并不是新的现象，而是传统的动员体制在市场化、现代化这个新背景下的变形。

也许正是由于该概念的生动性和形象性，所以在提出之后，得到了国内外学者的较高认同，运用于对基层政权、地方政治运行的研究和分析中。依据知网（www.cnki.net）的统计，1999—2007 年，全国有 776 篇

---

① 杨善华、苏红：《从"代理型政权经营者"到"谋利型政权经营者"——向市场经济转型背景下的乡镇政权》，《社会学研究》2002 年第 1 期。

② 周飞舟：《从汲取型政权到"悬浮型"政权——税费改革对国家与农民关系之影响》，《社会学研究》2006 年第 3 期。

③ 杨雪冬：《市场发育、社会生长与公共权力构建：以县为分析单位》，河南人民出版社 2002 年版。

博士和硕士论文引用了这个概念。中国期刊、重要报纸和重要会议数据库中，通过关键词索引有 137 篇。在谷歌网的检索中，约有 6170000 项符合压力型体制的查询结果（2008 年 12 月 5 日）。

2008 年是改革开放 30 周年，许多机构和个人都以不同的方式举行了纪念活动。今年也是"压力型体制"这个概念产生 11 周年。当年课题组的领导者荣敬本教授嘱咐我（作为课题组成员之一），可以写一篇文章纪念一下。因此，我就根据自己的研究经历，结合"压力型体制"概念的产生和发展过程，来分析一下压力型体制过去 10 年来发生的变化。这应该是一种有意义的纪念活动。

二　压力型体制概念的形成过程

1996 年初，以荣敬本教授为首的课题组获得福特基金会支持，成立了"县乡人大运行机制研究"课题。课题组成员包括崔之元（现在的清华大学教授，当时在美国麻省理工学院任教）、王栓正（当时的河南新密市人大常委会副主任）以及中央编译局的俞可平、罗燕明、高新军、何增科教授以及笔者。之所以要研究这个问题，用课题组负责人荣敬本教授的话说，随着市场经济体制的建立，有必要对中国的政治行政体制的改革进行深入研究。由于问题的敏感性，课题组经过讨论，决定先从县乡两级政府入手。为了加强实证研究的深刻性，课题组选择了一直有着密切联系的河南省新密市。调研是在 1996 年 6 月份进行的，除了在新密市走访市级党政部门外，课题组还分为三个小组分别去大隗镇、超化镇和曲梁乡进行调查。三个小组分别完成了三个乡镇调查报告，但总报告的写作则是在第二年夏天完成的。

报告中的核心概念"压力型"体制是在笔者负责的大隗镇报告中提出并给予初步界定的，① 然后经过课题组讨论和完善，被吸收到总报告中。实际上，这个概念并不是课题组的创造，而是当地官员的发明。在新密调查中，我们接触到官员在谈到政府是如何运行时，常常提到三句话："加压驱动"、"热锅理论"（形容官员是热锅里的蚂蚁，必须不断运动来

---

① 该报告的主要部分后来以"利益的分化与保护：现代化与市场化进程中的中原农村"为题，发表在《中国社会科学季刊》（2000 年春季号）上。

避免被灼伤)、"一手乌纱帽、一手高指标"。显然，这三句话形象地描绘出政府运行的基本模式。在这个基础上，我们提出了"压力型"体制概念，将其定义为"一级政治组织（县、乡）为了实现经济赶超，完成上级下达的各项指标而采取的数量化任务分解的管理方式和物质化的评价体系"。①

课题组的总报告运用系统论的方法分析了压力型体制的运行过程，提出"关系"和"统计"是各级政府缓解上级压力的"减压阀"。而在本质上说，则把压力型体制看做中国计划经济中的动员体制在现代化和市场化压力下的延续，是经济转轨过程的产物。由于调查地点处于中部并且是资源型经济，有着自己的独特性，所以课题组的报告并没有明确提出"压力型体制"是一个适用于全国的概念。尽管如此，该概念出来以后，依然获得学术界，尤其是当时兴起的农村问题研究领域学者的认可。

从1998年开始，课题组围绕"县乡两级政治体制改革"启动了第二个研究课题，除了继续在河南新密调查外，还增加了陕西省咸阳市秦都区、江苏省无锡市，使研究带有了比较的色彩。笔者负责陕西省咸阳市秦都区的调查。课题的总报告讨论了不同的民主理论以及在中国发展民主政治的可能性。子课题报告分析了三个地方民主政治的发展情况。然而，由于研究的重点从分析县乡政治体制运行转变为讨论其改革的路径与方向，所以整个报告并没有比较压力型体制在三个地方的异同表现。研究的最后成果以《再论从压力型体制向民主合作体制的转变》为书名，2001年出版。

2000年开始，笔者开始准备博士论文写作。论文的主题是选择笔者的家乡（河北某县），来分析国家、社会、市场三者关系自新中国成立以来的变迁，使用的理论工具是国家构建理论。在笔者看来，中国的地方政治变动过程是国家应对社会、市场变化的过程。论文在原来的"压力型体制"的概念和分析的基础上，又对其进行了讨论。②

笔者在1997年报告的压力型体制两要素结构（管理方式和评价体系）的基础上，提出三要素结构，即：（1）数量化的任务分解机制。体现为在制定了社会经济发展目标和接到上级任务后，党委政府把它们进行

---

① 荣敬本等：《从压力型体制向民主合作体制的转变》，中央编译出版社1998年版，第28页。

② 杨雪冬：《市场发育，社会生长与公共权力构建：以县为分析单位》第四章"压力型体制：地方国家的基本运行机制"，河南人民出版社2002年版。

量化分解，通过签订责任书的形式层层下派到下级组织以及个人，要求其在规定的时间内完成。（2）各部门共同参与的问题解决机制。有两种表现方式。一种是各部门的工作要围绕党委政府的工作计划和工作重点进行安排，这是纳入下级工作计划的常规方式；另一种是各部门抽调人员或者整个部门一起行动完成来自上级的临时性任务或工作。（3）物质化的多层次评价体系。对于完成指标任务的组织和个人，除了采用授予称号这样传统的精神鼓励的方式外，还增加了包括升级、提资、提拔、奖金等物质奖励。在惩罚上一些重要任务实行的是"一票否决"制，即一旦某项任务没有达标，就视其全年工作成绩为零，不能获得任何先进称号和奖励。多层次体现为评价主体不仅包括党委系统的组织部门、政府系统的人事部门、本部门的组织人事部门，还增加了纪律检查委员会、部门内部的下级干部和普通工作人员等。

笔者还对压力型体制与动员体制进行了区分，认为二者的区别主要表现在三个方面：（1）在宏观背景上，动员体制所依赖的国家控制和配置一切资源的"总体性"社会出现了变动，市场化的推进、社会的分化以及自主性的提升提供了新的替代性资源以及配置方式。强制性命令权力、行政性强制控制的意义下降，上级无法通过简单的、无成本的命令来实现自己的意志，以责任书体现的任务分解方式有利于划分上下级之间的责任，为上级的行为提供更合理的依据；而物质刺激则表明了交换关系在政治体系中合法化了。原来单纯的行政命令关系带上了经济色彩。（2）在行为主体上，动员体制下的各级政府以及各种组织没有取得合法的独立地位，不能公开追求自己的利益。而在压力型体制下，这些主体的独立利益得到了制度化认可，因此它们的行为带有更强烈的主动性。（3）压力型体制下的"讨价还价"关系更加明显，下级调整自身的能力似乎更强，因为它们必须学会处理与社会以及市场的关系。

随着调研范围的扩大，笔者还对压力型体制的时空存在进行了分析。（1）在时间上，压力型体制是在20世纪90年代明显化的。笔者通过对中国东部、中部以及西部几个县（包括县级市、区）的比较研究发现，在1992年后的党代会和人代会文件中，都出现了"加温加压"、"驱动发展"、"跳跃发展"、"超常发展"等字眼。这一方面反映了邓小平"南方谈话"后，全国经济发展的加速；另一方面也说明了地方危机意识的明显增强。（2）在空间分布上，压力型体制是一个全国性的体制，不论是经济发达的东部还是经济欠发达的西部都可以看到它运行的迹象。（3）压力型体制在空间存在上还有不平衡特点。这种不平衡性体现为两点：一是在处于经济起飞阶段的地区，压力型体制的表现更加明显。因为这类地区的发展任务更加紧迫，行政力量的干预程度也越强。二是在地方政治中，县级压力型体制表现得更加突出。这与县在整个体制中所处的地位有着密切关系。一方面县作为最完善的基础政治体系承担着来自上级的各种命令任务；另一方面这些任务是在与社会、市场的直接接触中完成的，必须采取具体行动。

三 压力型体制的发展

2007 年，在福特基金会的支持下，笔者重访了 10 年前调研过的三个地方：河南新密、江苏无锡和陕西咸阳。笔者发现，过去 10 年中，这三个地方的工业化、城市化以及全球化水平快速提高，经济发展水平在所处区域中处于领先地位。快速的城市化使它们与周围大中城市紧密联系在一起。咸阳市正在实现与西安市的城市一体化，无锡市积极加入到与上海市的对接中，新密市与郑州市的联系也日益紧密。此外，经济的发展，特别是对外来投资和产品出口的高度重视，使得三个地方也加入到经济全球化进程之中。在这方面，处于东部经济发达地区的无锡市的经济全球化程度更高，但是咸阳市也在那里成为台湾资金在西部的重要地点。

然而，推动这些成就实现的政府运行机制似乎并没有发生根本的改变。一方面，地方政府面对的压力更大、更复杂；另一方面，压力型体制不仅继续在经济领域中发挥着作用，而且扩散到社会管理等领域。

由于三个地方在各自区域中处于发展领先的地位，所以当地政府比落后地区政府面临着更大的、更复杂的发展压力。压力的复杂性体现在三个方面。首先，作为本区域的经济领跑者，上级政府对它们继续领跑给予了很高的期望。这是一种自上而下的政绩要求压力。其次，三个地方还要应对来自周边城市赶超自己以及自己要赶超其他城市的压力。这是一种水平方向的发展速度压力。第三，作为已经在经济社会发展方面取得一定成就的地方，三个地方政府还要应对当地公众不断增加的要求。这是一种自下而上的需求满足压力。

这三种方向的压力不仅在内容上有所不同，而且各自的内容结构也在不断调整。过去 10 年中三种压力在内容上的最大变化也许表现在两个方面：一是地方政府发展经济遇到的约束条件逐步收紧，环境、土地、就业等因素成为地方政府追求经济高速增长时必须考虑的因素；二是，除了经济增长压力外，地方政府必须承担起经济增长带来的问题以及经济增长不能单独解决的问题，比如环境破坏问题、社会差距拉大问题，政府的社会服务和社会管理功能必须得到加强。

尽管压力的来源和内容存在着差别，但是在经济增长这个目标上三种压力实现了聚合。对于上级政府来说，保持经济持续增长是国家战略、政治任务；对于地方政府来说，只有实现经济增长，才能在与其他地方竞争中保持领先优势；对于当地公众来说，保持经济增长与他们的就业和生活水平的改善有着直接关系。因此，经济增长成了一种社会共识。尽管需要解决经济增长带来的各种问题，但是经济不能停滞，必须保持增长。当然，官方的话语用"发展"替换了经济增长，将这个逻辑表达为：要在发展中解决问题，只有通过发展才能解决问题。但是，地方政府在行动中，把发展又简化为经济增长。

为了实现经济增长，地方政府所选择的最有效方法一是不断加强招商引资，吸引资本到本区域，以维持经济的高速增长，增长财政收入，从而同时满足上级的政绩要求、保持与其他地区竞争的优势以及当地公众的需求。当然，政府也开始重视服务职能和社会管理职能。二是政府开始更加重视自身社会管理职能的履行。但是，政府职能的转变最快的领域是与经济增长相关的领域。这尤其体现在政府审批改革和政府将企业管理中的一些方法引入政府管理方面。政府干预经济的权力受到了明显约束，管理效率得到了提高。因此，我们看到三个地方政府都声称要建设"亲商"型政府，并积极推动投资环境建设。

由于经济增长的共识，资本也成了地方政府的压力施加者，与其他三种方向的压力形成了合力，并且借助后者对经济增长的需要提升了自己的重要性。因此，我们看到三个地方政府在招商引资方面都花费了大量的时间和精力，将其列为政府的工作重点，提出本辖区之外的资本都是吸引和争取的对象，动员所有政府部门参与进来。对于地方政府来说，资本的压力并不是单一的。这表现在两个方面：一是地方政府不仅要创造环境吸引新的资本进入，也要为已有的投资提供长期发展的条件；二是地方政府不仅要吸引外来投资，还要支持本地民间资本的发展。尤其是在对待民间资本的态度上，我们可以清楚地看到，三个地方政府发生了巨大的转变，都把发展民营经济作为本地经济发展的重要支柱，为其提供更好的发展环境，特别是制度环境，甚至推动它们上市。地方政府从制度完善角度出发来改善投资环境，不仅是对中央政府相关理念的落实，也为制度创新提供了经验。因此，我们可以看到，在市场因素最活跃的领域，政府的自我调整能力和管理能力也最强。

但是，值得注意的是，三个地方招商引资的工作模式并没有大的区别，依然采取的动员模式，即将其确定为工作重点；党委政府领导亲自挂帅；任务层层分解；各个部门参与；根据招商引资结果进行奖惩。招商引资不是某个政府职能部门，比如招商局的工作，而是整个政府的中心工作，其他政府部门都要围绕这个中心工作来履行职能，甚至调整人员和时间。更重要的是，这不仅是政府内部动员模式，还是全民动员模式。我们在三个地方都看到当地政府提出要实行"全民招商"。然而，政府部门全体动员并非这三个地方的特点，而是全国普遍现象。根据一个对安徽省55个县市领导的调查，招商引资工作是当地经济发展的"一号工程"，是县市长们"在工作中最关注的三个方面的问题"之一。①

对于地方政府来说，由于四种压力借助经济增长这个目标会聚在一起，所以政府对社会管理问题的重视也带有明显的经济倾向，即为经济增长服务。这样，就使资本的压力突出出来，成为引导地方政府行为调整和变化的主要力量。在三个地方，我们可以清楚地看到，无论是投资环境的全方位完善，土地利用方式的改变，还是城市管理水平的提高，都带有明确的经济目的。然而，由于对资本的过度倚重，地方政府的责任机制出现了扭曲，对资本的责任压倒了对上级和民众的责任。部分地方政府冒着违反上级政策，侵害当地民众利益的危险，对资本的要求大开绿灯，甚至放纵一些明显的违法行为。而部分地方官员为了个人利益，利用掌握的权力与某些投资者进行权钱交易，达成利益勾结关系，导致一些职能部门行为的倾斜，严重削弱了其公共身份。

尽管三个地方政府因为经济增长目标的驱动对获得资本的青睐非常重视，并且为此调整着自己的行为方式以及组织结构，但是它们对于资本的要求依然保持着一定的自主性。换句话说，地方政府在不断为资本提供发

---

① 杨敏：《2007县市长最关注的话题》，《决策》2007年第10期。

展的优惠条件的同时，也在努力根据自己的计划和意志规范着资本的运行。这突出体现在 2003 年以来，三个地方政府根据在招商引资中调整了招商对象，从对所有投资来而不拒转变为根据本地的环境、土地等约束条件进行有针对性的招商。在无锡市这种变化表现得最为明显。土地和环境的压力迫使当地政府加快产业结构调整，除了建立产业园区集中生产外，还推动一些高污染、高耗能企业离开本地。尤其是在 2007 年太湖蓝藻危机发生后，这种改变投资结构的动机更为强烈。

地方政府对资本保持的相对自主性并非自发的，而是由于来自上级政府的压力和当地公众的压力在内容上发生了较大的调整。虽然都承认经济增长的重要性，但是上级政府和当地公众对社会问题、环境问题给予了更高的重视。科学发展观、和谐社会、服务型政府建设等理念的提出标志着中央政府对地方政府的要求在指导原则上发生了巨大的转折。这相应地导致了上级政府对下级政府考评指标结构的调整，与社会发展、环境保护等相关的指标列入了考核内容。同时，当地公众的权利意识也在增强，迫使地方政府承担起更多的公共服务职能。在三个地方，我们看到近年来的上访案件中许多都涉及土地征用、环境污染等问题。因此，地方政府在谋求经济增长的同时，也必然把注意力转移到经济增长带来的问题以及不能解决的问题上。

有意思的是，从三个地方政府的运行过程中，我们可以看到，它们在处理这些问题时带有明显的"路径依赖"特征，并没有创造出一套新的工作机制或模式，而是把在经济领域中应用有效的压力型体制照搬到这些新的问题领域，甚至将之强化，从而使之成为地方政府为解决重要问题、完成重要任务所采用的通用模式。之所以如此，除了政府行为惯性之外，更重要的是它们在解决紧迫问题时依然有效。

但是，有必要区分压力型体制在经济领域和社会管理领域中都具有有效性的原因。在经济领域，资本追求的目标是利润的最大化，需要政府给其提供更有利的经营条件和更有效率的服务。政府各个部门参与的招商引资模式自然能够满足资本的这些要求。这特别体现在投资优惠条件以及审批程序简化方面。政府通过动员各个职能部门参与招商引资缩短了它们与投资者间的关系，并且用严格考核奖惩的方式约束了部门利益对投资的干扰。因此说，压力型体制是符合资本运行要求的。在社会管理领域，压力型体制依然有效的原因在于，它能够在短时间集中资源来解决重大问题，克服政府职能部门的抵制，减少问题的不确定性。在新密市的跨越式发展战略实现过程中，我们可以清楚地看到当地政府频繁运用政府动员来实现既定目标。

观察运行于政府管理诸领域的压力型体制，笔者提出这种体制的核心机制是"政治化机制"，即上级政府，特别是中央政府和各级党委为了完成某些重要任务，就会将它们确定为"政治任务"，要求下级政府以及职能部门全力完成，并相应给予政治上和经济上的激励和惩罚。经济建设在改革开放之后被确定为政治路线，成为"最大的政治"。而其他任务则由于其重要性也先后被提升到政治任务的高度。它们包括，为实现社会稳定这个"政治任务"而开展的社会治安、信访事件、物价变动、安全生产、食品安全、环境保护等，都是各级政府必须承担起来的具有"高度政治性"的责任。① 除了经济发展和社会稳定这两个根本"政治任务"外，还有其他一些被提到"政治高度"的任务，比如计划生育控制。中央政府和各级地方政府还会根据不同时期的工作重点，来增加新的"政治任务"。

当某项任务具有"政治性"后，那么就会采取特定的责任实现机制。这个机制包括两个主要部分：完成过程采取"一把手"工程方式；奖惩采取"一票否决"。②

所谓"一把手"工程指的是各级政府或职能部门的行政首长（俗称"一把手"）要对上级确定的任务负首要责任，亲自参与和管理。"一把手"可以利用行政权力来调动资源和人力保证任务的完成。在"一把手"的直接参与下，许多工作任务的完成效率大大提高了，所谓"老大难，老大难，老大出马就不难"；但是这种直接领导的方式，也由于突出了个人意志的作用，在很大程度上破坏了地方政治的制度化、法治化进程。各地出现的各类政绩工程，多是"一把手"工程。而任期制的执行不力，

---

① 在《关于构建社会主义和谐社会若干重大问题的决定》中，列举了一些影响社会和谐的主要问题："城乡、区域、经济社会发展很不平衡，人口资源环境压力加大；就业、社会保障、收入分配、教育、医疗、住房、安全生产、社会治安等方面关系群众切身利益的问题比较突出；体制机制尚不完善，民主法制还不健全；一些社会成员诚信缺失、道德失范，一些领导干部的素质、能力和作风与新形势新任务的要求还不适应；一些领域的腐败现象仍然比较严重；敌对势力的渗透破坏活动危及国家安全和社会稳定。"

② 据说"一票否决制"是借用的联合国安理会的表决方式。在联合国安理会，只要5个常任理事国有一个投了反对票，决议就无法通过，即所谓一票否决。

进一步推动了"一把手"直接参与地方各项工作。

　　所谓"一票否决"指的是承担具体任务的单位和单位负责人在每年的各项评奖中，要根据该任务的完成情况来决定它/他/她全年工作的最终评价。一旦没有完成这项具有高度"政治性"的任务，就无法参加全年各个方面的先进评选。当然，并不是所有实行"一票否决"奖惩方式的任务都是"一把手"工程。但是，越来越多的政府责任在考评时候实行"一票否决"。比如文物保护、安全生产、卫生考核、广告违法、节能减排。"一票否决"不仅用于政府内部，还运用于政府对企业、事业单位的评价。比如有的地方就规定，在环保方面，凡未达要求的企业将取消市级各类先进评选，企业负责人也不得评劳模之类的荣誉称号。① 有学者认为，"一票否决"是一种责任承担机制，在还没有普遍实行引咎辞职制度的现实下，它可以凸显某项工作的重要性，鞭策下级依法行政，促进工作争一流，在一定程度能起到"警戒线"、"高压线"的作用。②

　　在"一把手"责任和"一票否决"机制推动下，各级地方政府及政府部门在某些"政治性"任务上承担了"无限责任"。在压力型体制下，重要任务的"政治化"可以达到四个基本目的：（1）通过把某些任务变成"政治任务"，提高了它们在各级政府所承担的诸多责任中的地位，突出了它们的重要程度。（2）当这些任务转变成"政治任务"后，有关负责的政府或职能部门就会调整资源和人员的分配方案，把资源和人员向这些任务倾斜，以保障它们的实现。（3）当这些任务转变为"政治任务"后，来自下级或职能部门的抵触或不执行行为会得到一定程度的控制，以实现政令的统一。因为抵触或不执行会受到政治上的惩罚，有关负责人的"政治前途"将受到影响。（4）对于确定"政治任务"的上级政府，尤其是中央政府来说，这展现了它们对问题的高度重视，有利于维护和改善它们在社会公众中的形象，提高合法性。

　　毫无疑问，在一种快速变化的环境中，通过"政治化"突出了政府要承担的主要责任，推动了一些重要问题和难题的有效解决，保证了政府责任的基本实现。但是，通过层层施加压力来推动各级政府部门运行毕竟

---

① 2006 年，甘肃金昌市委在干部选拔任用上推出新招：不尽社会义务、不孝敬父母、不关爱妻子儿女的干部，在提拔任用时就要被"一票否决"。

② 杨锦江：《"一票否决"勿过滥》，《中国党政干部论坛》2005 年第 9 期。

不能成为一个国家的政府实现责任的常态。更重要的是，从长期来看，用政治手段来推动经济发展也不符合完善的市场经济运行的要求，并产生了多方面的消极后果。

首先，地方政治的运行带有强烈的"个人化"色彩。在压力型体制下，作为第一责任者的"一把手"的权力被放大。在集中体制下，"一把手"掌握着资源调配、人事任免等诸多权力，同时又是本单位的第一责任者。由于制度的不健全，一把手为了保证责任的完成，往往会过度动员行政权力来督促下属。更重要的是，在用人方面，也尽可能使用自己信任的人，并用"不讲政治"的理由来打击那些提出异议的人，从而很容易形成"庇护—附庸"特征的关系网，"一把手"的权力被放大了，因此也更容易腐败。

第二，政府承担的各项任务在下解过程中被"虚夸"。表现为一级政府接到上级下达的指令后，一般都要"打提前量"，将各项计划指标按一定比例放大，然后再分解给所辖各下级政府。下级政府接到指令后，再次放大，然后再分解给下下级政府。民谚中所谓"一级压一级，层层加码，码（马）到成功"说的就是这个道理。

第三，政府行为的暴力化。职能部门具有天然的暴力倾向，而缺乏有效且有力的约束和监督，这种倾向就会转化为现实。行政行为的暴力化通常是在三种情况下产生的：第一种是上级交付的任务超出了执行者的能力，诱使后者借助强制性手段来执行。第二种是职能部门滥用自己的执法权力。现在许多部门都建立了自己的专门执法队伍，着装统一，以提高执法的权威性。这虽然有助于行政执法的力度，但也为一些人滥用权力提供了支持。第三种是完全个人化。一些人为了自己的利益，借助公共权力的权威性来达到自己的目的。典型的是一些领导所追求的"政绩工程"。在其背后，往往隐藏着双重的利益取向：政治上以政绩求得上级提拔，经济上以项目捞取一己实惠。

第四，"政治性"任务挤压了政府应该履行的其他责任，导致了政府责任机制的失衡。督促政府完成和加强责任的机制不仅有政治机制，还有法律机制、道德机制等，只有各种机制完善起来、运转起来，才能从根本上加强政府责任。然而，由于过度使用政治机制，政府主要责任的"泛政治化"，所以法律机制虽然不断完善，却没有完全得到运用；道德机制疲软无力。之所以如此，有两个原因。一是在追究政府官员失责时，首先采用的是政治机制，最有效的也是政治机制，即给予党内处分和改变其政治升迁。因此，许多政府在完成责任的时候，首先考虑的是是否在政治上"正确"，而不是是否遵守了法律。二是许多政府为了完成上级交付的任务，不惜动用各种手段，其行动破坏了基本的道德规范。政府失去了遵守道德的楷模。更重要的，这种以党管干部原则支撑的政治机制也影响了体现人民授权原则的人民代表大会制度的发展和强大。因为，从根本上说，对代议制的责任才是真正的"政治责任"。

第五，政府责任实现机制的"泛政治化"诱使一些政府部门和官员采取各种方式来逃避责任。在"泛政治化"的责任实现机制中，要使下级部门和官员完成任务依靠的是行政命令和政治觉悟。但是，行政命令的监督成本很高，政治觉悟又是一种"软约束"。因此，在层层施压的条件下，下级部门和官员必然会采取方式来逃避责任。常用的方式有两种：一种是利用信息的收集和整理权，来虚报数字应付上级部门的考核；[①] 另一种就是利用规则和文件的制定权来改变自己与责任对象的关系，尽量把自己要承担的责任推卸给责任对象。这样一方面实现了形式上的"依法行政"，另一方面也强化了自己掌握的权力。比较典型的行为就是利用部门立法来强化自己的权力。

四　压力型体制的前景与理论启发

许多以现实经验为基础的概念都有生命周期，压力型体制也不例外。按照提出者的设想，它应该是对当时经济发展阶段的体制状态的描述和抽象，具有明显的过渡性，最后会被"民主合作制"替代。遗憾的是，过去 10 年了，这个过渡并没有结束。相反，无论在地理空间上，还是在政府管理领域中，随处都可以看到压力型体制的影子，尽管或轻或重，程度不同。

之所以如此，有两个制度性原因。一是集中的权力体制依然控制着大量的资源，激励地方各级政府为获得这些资源而服从于自上而下的行政控制体系，继续"跑部钱进"。比如 2008 年 10 月 7 日，东莞市召开全市领

---

① 杨雪冬：《市场发育、社会生长与公共权力构建：以县为分析单位》，河南人民出版社 2002 年版。

导干部大会，东莞市委书记在总结9月底对四川、重庆、云南等西南省市考察的收获时说："东莞对上的争取力度和在中央、省的人脉资源远远不够。所以要有人去跑，争取更多的资源。"①笔者在浙江调研的时候还发现，一些地方政府为了更有效地向上级争取项目，还专门举办"项目包装"培训。另一个原因是地方政府之间的竞争更加激烈，而为了在上级考核体系中取得好的名次，各级政府也必须对自己的部门和官员"加压驱动"。各地政府对招商引资的高度重视突出地说明了这点。比如，为了减少长三角各级政府之间的恶性竞争，2008年9月国务院出台了《关于进一步推进长江三角洲地区改革开放和经济社会发展的指导意见》，提出"规范招商引资行为，实行相对统一的土地、税收政策，营造公平、开放的投资环境"。

当然，在压力型体制扩散的同时，随着社会经济条件的变化，它对社会和政治系统的全面动员能力也受到了限制，其动员方式和手段有所改变。就地方政府来说，其全面动员能力受到限制集中体现在三个方面。

首先，地方政府对当地社会的动员能力受到了限制。尽管一些重大任务确定后，地方政府通常都会向全社会发出号召，要求全社会参与，但许多时候这种号召更具有象征性，不可能要求社会各个组织和个人都参与进来。因为单位制度已经不再是社会的基本组织基础，地方政府不能通过传统的人财物的手段直接控制社会组织和个人。其次，地方政府对下级部门的动员能力也受到了限制。"层层下指标，逐级抓落实，签订责任状，分级去考核"是政府上下级关系的形象写照。尽管现在有更多的任务采取了"一票否决"的考核方式，但是我们必须看到，随着公共财政体制的建设以及社会权利意识增强，一些容易激化社会矛盾的任务被取消了（比如农村的税费），上级政府也更趋向从实际情况出发来考核下级，尽量避免"一刀切"情况的出现。因此，上级对下级的压力和动员在方式和手段上更趋向合理。第三，地方党政核心对政府系统各部门的动员能力也受到了限制。之所以如此，一个根本原因是许多政府职能部门实行了垂直管理，它们在人事、财政等方面不再受所在地党委政府的直接控制。毫无疑问，这缩小了地方党政核心在体制内的动员范围。

尽管压力型体制全面动员能力受到限制还属于潜在趋势，但是我们有

---

① 《南方都市报》2008年10月8日。

理由相信，这个潜在趋势会随着政府职能的转变、中央地方分权的深入、公民社会的成长等因素的出现，而变成显性趋势，并且引发体制机制的改革。"民主合作制"作为一种理论设想也会获得越来越强大的现实支撑。

客观地说，尽管"压力型体制"概念的提出者对其进行了较为详细的阐述，分析了其产生的原因、组成的要素、运行的方式、产生的影响以及未来发展的方向，但是，这些研究还比较零散，不够系统，没有提升到系统的理论总结水平。因此，我们看到的只是"压力型体制"概念，没有"压力型体制"理论。

然而，对于理解正在处于转型中的中国来说，这样一个学术概念之所以能够得到学术界同人的承认也说明了，它依然具有认识现实和分析现实的价值。因此，作为该概念的提出者之一，笔者感到非常欣慰，并且感谢学界同人的认可。回顾"压力型体制"概念10年来的发展历程以及现实体制的变化，笔者认为，尽管构建一套理论，对中国的规模巨大、层次复杂的转型过程进行准确解释、系统分析犹如"西西弗斯神话"，但是作为一种责任和使命，依然需要我们投入时间、精力和感情去理解现实、抽象现实。

应该说，过去30年来的国际社会科学理论方法的系统引入、国内学者长期的田野调查和丰富的案例积累以及社会科学资助资金的大规模投入为中国问题研究的深入提供了有利的条件。我们现在有条件和理由跳出社会科学的"西方中心"与"本土化"、理论概念的"普世性"与"中国特色"的二元思维，从中国的转型实践中总结概念、抽象出理论，然后对现有的理论模型、方法论工具进行验证反思，从而使中国的经验成为世界知识体系的重要组成部分，使根基于中国经验的理论总结得到世界知识体系的验证。

因此，中国问题研究必须要有中国问题意识，要明确中国发展面临的各种问题。对于中国学者来说，中国问题意识首先意味着对中国社会发展前途的关怀。只有在这种关怀的引导下，才能把研究路径、方法和工具有效地统一起来，形成具有解释力的理论范式。而中国研究的理论范式，应该以三个目标为指引。首先，理论的总结必须能够准确地反映社会现实，起码要符合人们判断的"常识"。其次，理论的总结应该超越"常识"，能使人们了解到社会现象背后潜藏的关系、问题乃至规律。最后，理论的总结应该超越知识，能给人们提供改造现实可操作的路径与方法。所以，就中国现实社会政治问题研究来说，重新思考马克思关于哲学使命的判断依然富有深刻的意义。他说："哲学家们只是用不同的方式解释世界，而问题在于改造世界。"

参考文献

Perry, Elizabeth. "From mass - campaigns to managed campaigns: 'Constructing a new socialist countryside'", in Heillmann, Sebastian and Elizabeth Perry (eds), *Mao's Invisible Hand. The Political Foundations of Adaptive Governance in China*, Cambridge: Harvard University Press, 2011.

Whiting, Susan H., 2001, *Power and Wealth in Rural China: The political economy of institutional change.* Cambridge: Cambridge University Press.

Zhou Xueguang, 2009, "The Institutional Logic of Collusion among Local Governments in China", *Modern China*, Vol. 36, No. 1, pp. 47 - 78.

托尼·赛奇:《盲人摸象:中国地方政府分析》,《经济社会体制比较》2006 年第 4 期。

周黎安:《晋升博弈中政府官员的激励与合作——兼论我国地方保护主义和重复建设问题长期存在的原因》,《经济研究》2004 年第 6 期。

丘海雄、徐建牛:《市场转型过程中地方政府角色研究述评》,《社会学研究》2004 年第 4 期。

雷志宇:《政权性质、政企关系和政市关系:转型期中国地方政府经济行为经验研究的三维视野》,《二十一世纪》网络版 2007 年 12 月号,总第 69 期。

荣敬本等:《从压力型体制向民主合作体制的转变》,中央编译出版社 1998 年版。

荣敬本等:《再论从压力型体制向民主合作体制的转变》,中央编译出版社 2001 年版。

荣敬本:《变"零和博弈"为"双赢机制"——如何改变压力型体制》,《人民论坛》2009 年第 2 期。

杨雪冬:《市场发育、社会生长与公共权力构建:以县为分析单位》,河南人民出版社 2002 年版。

杨雪冬:《市场经济、压力型体制与地方政治变化的逻辑——基于三个地方过去 10 年发展经历的分析》,《中国公共政策评论》(2010 年卷),中国社会科学出版社 2010 年版。

(作者为中央编译局世界发展战略研究部副主任,研究员)

土政策与政策变通

刘 鹏

一 问题的提出

自美国学者普雷斯曼（Jeffrey L. Pressman）和韦达夫斯基（Aaron Wildavsky）于 1973 年发表对美国联邦政府的创造就业机会的政策项目"奥克兰计划"的跟踪报告——《执行：联邦计划在奥克兰的落空》① 之后，西方尤其是美国公共政策研究领域出现了一场研究政策执行的热潮，形成了声势颇大的"执行运动"（Implementation Movement）。最为集中的成果莫过于美国学者霍格伍德（Brian. W. Hogwood）与甘宁（Lewis A. Gunn）在其 1984 年所发表的《真实世界中的政策分析》一书中，从传统的自上而下（top – down）研究路径所提出的"完美执行"的十个条件，包括外界不能有干扰因素、具有充足的时间和资源、资源的搭配要恰当、政策本身内容的正确性、政策执行的链条不能太长、执行机构之间不能过度相互依赖、政策目标必须清晰、政策内容详尽并且有执行顺序、政策执行中的沟通和协调机制比较完善、政策纠偏机制比较健全等。② 当然，这十个条件的列出，只能视为一种理想状态，但在实践过程中却有助于我们分析政策执行不力的原因，这也启发越来越多的学者开始关注对政策执行阶段的研究。

然而，对当代中国政策执行过程的研究则要推迟到 1977 年。当年，

---

① Jeffrey L. Pressman and Aaron Wildavsky (1973), *Implementation : how great expectations in Washington are dashed in Oakland* , Berkeley : University of California Press.

② Brian W. Hogwood & Lewis A. Gunn (1984), *Policy Analysis for the Real World*, Oxford : Oxford University Press.

美国学者戴维·兰普顿（David Lampton）教授出版了他的著作《中国的卫生政治：1949—1977 年的政策过程》。该书以医疗卫生政策的制定和执行过程为例，对处于计划经济时代的中国的政治领袖、中央领导机构、卫生部、其他相关部委以及地方政府在医疗卫生政策制定和执行过程中的角色、冲突以及变通过程进行了深入的分析，转变了认为中国政策过程高度集中统一的传统观点。① 此书开启了对当代中国政策过程研究的先河，自此以后，不论是国内学者，还是西方专家，都表现出对中国政策在执行过程中的变通现象进行研究的浓厚兴趣。他们也力图在借鉴西方公共政策研究理论的基础上，对一些具有中国特色的政策执行变通现象（如"上有政策；下有对策"、"土政策"）提出一些本土化的解释。因此，本文所关注的核心问题包括：汉语语境中的"土政策"与政策变通有什么关系？当代中国的"土政策与政策变通"现象的表现形式有哪些？如何解释这些政策执行过程中的变通现象所产生的原因？与其他国家相比，中国的"土政策与政策变通"具有哪些特征和机制？本文将在总结和梳理国内外相关研究文献的基础上，对以上问题进行系统回答，从而对中国语境下的"土政策与政策变通"研究的现状与趋势进行总结。

二 文献回顾：政策变通的表现与成因

在汉语语境下，"土政策"（local policy or local rule）是指"地方或组织根据上级的方针政策或根据自己的需要，并结合本地区和组织的实际状况及利益而制定的一套灵活、可变、可操作的社会资源控制与分配准则，而这套准则对其他地方和组织没有效果"②，其具有相对性、地方性、特殊性，同时其一般不符合整体利益和长远利益③。虽然从概念来分析，"土政策"是一个中性的词语，不涉及对政策效果的主观判断，但是在大多数的语境下，"土政策"带有强烈的贬义色彩，因为

---

① David M. Lampton (1977), *The Politics of Medicine in China: The Policy Process* 1949—1977, Colorado: Westview Press.

② 翟学伟：《"土政策"的功能分析——从普遍主义到特殊主义》，《社会学研究》1997年第 3 期。

③ 于中涛：《怎样看待"土政策"》，《领导科学》1990 年第 7 期。

"一些无视党和国家统一政策的人，他们喜欢背离中央的政策精神，自成系统，私立规章，另搞一套"，与结合本地区本部门特征的"因地制宜"有着本质区别。①

从政策执行研究的角度来分析，所谓"土政策"，主要是指政策执行主体结合自身的偏好与环境，对政策制定者所制定的元政策进行一定程度的变通，只不过这种政策变通的效度在时间、空间、范围和权威上都具有一定的范围限制。从这个意义上分析，我们可以近似地将"土政策"视为一种在一定约束条件下的政策变通执行行为的产物。"土政策"的优势就在于它符合现代政府发展中的治理理念，即在补充政府合法性权威、提高政策体系的整体效能以及减少改革发展的成本方面有着独特的治理性优势。同时"土政策"本身的缺陷以及存在的惯性也会导致政府合法性不足和扰乱政策体系等方面的问题与缺陷。② 为了保持研究的科学性和中立性，本文将"土政策"视为一个中性的概念，并着重从政策变通执行过程角度来对其进行分析和整理。

多年以来，关于对中国政策执行过程的研究文献在内容上主要涵盖了以下三个方面的主题，即政策在执行过程中进行变通执行的表现形式、形成原因与影响效果。

（一）政策变通执行的表现形式

在西方公共政策研究中，由于政策执行主体的素质缺陷和利益倾向、政策本身的质量、公共政策执行机制不健全以及责任与监督机制缺乏等原因，现实中的政策执行往往会出现种种政策变通执行的问题。而我们可以根据这种变通执行是否完全改变原政策内容，以及变通执行方式的公开程度两种标准，将这些变通执行的表现形式细分为政策抵制、政策替换、政策附加和政策敷衍四种类型。那么，这些政策变通执行的表现形式在当代中国的政策过程研究中是如何体现出来的呢？

---

① 丁中：《"土政策"和因地制宜》，《经济管理》1979 年第 11 期。
② 郑陆林：《政府行为中特殊政策范式：多元视域下的"土政策"》，复旦大学硕士学位论文，2009 年。

表 1　　　　　　　　　　　　　　政策变通执行形式分类表

		是否改变原政策内容	
		是	否
是否公开 变通执行	是	政策抵制	政策附加
	否	政策替换	政策敷衍

1. 政策抵制，即政策的执行者完全置政策制定者的意图于不顾，并且公开地表达与政策制定者所不同的政策偏好，导致在政策的执行过程中积极主动地停止执行政策的方式。在中国特定的政策环境中，公然的政策抵制现象是比较罕见的，但并非绝迹。例如，辛向阳在其著作中就详述了新中国成立初年的"高饶事件"中，部分地方领导人对中央政府命令直接抵制，另行其道的做法[1]。许惠文也强调人民公社是一种蜂窝状组织结构，具有自我防卫、相对独立和排他性的特点，因此为抵制当时 70 年代初期中央在取消劳动定额和评功计分等方面的政策提供了基础[2]。卜约翰（John Burns）对 20 世纪 90 年代以来中国政府机构改革的实证研究表明，虽然各级政府在精简机构、裁汰冗员方面取得了一定的成就，但仍然有一些地方政府的机构数量不减反增，行政管理支出进一步扩大，在实际效果上已经形成了对中央倡导政府机构改革政策的一种抵制[3]。吴木銮则通过对新中国成立以来四次公务员工资改革的政策执行效果的研究，发现因为财政收入的刚性约束，相当一部分的欠发达地区的省份存在着公务员欠薪问题，进而影响了机关工作人员的工作情绪，也引发了上访、告状等现象的出现，从政策执行的效果上这也可以被视为一种较为温柔的政策抵制[4]。

2. 政策替换，即政策执行者在表面上尊重政策制定者的意图与目标，

① 辛向阳：《百年博弈：中国中央与地方关系 100 年》，山东人民出版社 2000 年版，第 168—170 页。

② Vivienne Shue（1988），*The Reach of the State: Sketches of the Chinese Body Politics*，Stanford：Stanford University Press.

③ John Burns（2003），"Downsizing the Chinese State: Government Retrenchment in the 1990s"，*The China Quarterly*，Vol. 175，pp. 775 – 802.

④ 吴木銮：《我国政策执行中的目标扭曲研究——对我国四次公务员工资改革的考察》，《公共管理学报》2009 年第 6 卷第 3 期。

但在实际执行过程中将符合自身利益偏好的新政策代替原来的旧政策，致使在政策执行过程中出现名不副实、表里不一的情况。这种类型最为典型的体现莫过于"分散威权主义"（Fragmented Authoritarianism）模式的研究文献了。从横向的中央部门关系看，李侃如（Kenneth Lieberthal）和奥森伯格（Michael Oksenberg）通过对石化、三峡工程项目等能源政策过程的个案研究，认为中央各部门在发展计划和投资预算方面拥有较强的独立性，因而各个部门都追求自己部门利益和预算的最大化，进而倾向用符合自己部门利益的政策来替换中央的政策①。此外，兰普顿也认为，在中国，每个有关部委都有自己区别于其他部委的政策考虑，也都形成了已经被制度化的利益机制；无论谁来当部门领导，都必须按照"观点取决于位置"的逻辑行事；在激烈的政策争论中将符合自身利益的政策内容植入到现行政策中，并论证其合法性②。

　　3. 政策附加，即政策执行者尊重和拥护政策制定者的意图与目标，也在一定程度上保留对原有政策的执行力度，但其主要的目的和重心是希望借助于原来的政策载体，公开加入符合自身利益偏好的新政策元素，导致在政策执行过程中出现政策内容被人为增加的情形。例如，欧博文和李连江通过对取消农业税之前的河北、山东、山西等地的农民负担状况研究发现，虽然中央政府三令五申农民负担不能超过农民年人均收入的5%，但大部分的农村基层政府基本上都置若罔闻，把这个比重在原来的基础上大大提升③。哈佛大学学者托尼·赛奇（Tony Saich）就曾经发现在1994年分税制实施以前，许多地方政府刻意将其预算外收入纳入其税收征收范畴，并且通过摊税、买税和垫税的方式，来提升地方政府的名义财税收入④；而德国学者韩博天（Sebastian Heilmann）则注意到政策附加的正面作用，他发现在带有中国特色的政策试点（Policy Experimentation）过程中，一些地方政府

　　①　Kenneth Lieberthal & Michael Oksenberg（1988），*Policymaking in China: Leaders, Structures and Processes*, Princeton: Princeton University Press.

　　②　David Lampton（ed.）（1987），*Policy Implementation in Post - Mao China*, Berkeley: University of California Press.

　　③　Kevin O' Brien & Lianjiang Li（1999），"Selective Policy Implementation in Rural China", *Comparative Politics*, Vol. 31, No. 2, pp. 167 - 186。

　　④　Tony Saich（2001），*Governance and Politics in China*, New York: Palgrave, pp. 153 - 155。

会在遵照中央政府的政策试点意见的基础上，加入一些符合地方自身特点的政策进行试点，从而最大限度地利用政策试点的机会来检验政策创新的可行性与效果，提升政策治理的效果①。

4. 政策敷衍，即政策执行者在表面上尊重和拥护政策制定者的意图与目标，也在一定程度上保留对原有政策的执行力度，但由于该政策在整体上与执行者的自身利益偏好不符，因此执行者会降低对执行该政策所需的配套资源和条件的支持，从而导致该政策在执行过程中出现执行不到位的情况，即我们平常所说的"执行不力"。例如谭伟强和杨大利以2004年安徽阜阳奶粉事件为例，分析了中国食品安全监管体制的不足，他们发现，加强监管、保障公众健康与发展地方经济、解决地方就业之间存在着一定的矛盾，严格的市场准入和监管执法将会给地方社会的经济增长和就业带来很大的压力，因此在经济增长挂帅的背景下，地方政府对待食品安全监管必然是动力不足②。王绍光在其2006年对中国煤矿安全监管的系统研究中发现，"尽管每年中央都要关闭成千上万的不安全的小型矿山，但是在检查人员离开后他们又会重新开始"、"非法的低劣矿山能够躲避大部分的中央监控，因为地方当局只是嘴上对安全问题应承下来，并没有实际认真地执行中央的指示"，这是一种典型的政策敷衍行为③。笔者在自己的博士论文研究中也发现，为了加强对药品生产和销售质量的监管，从2001年到2005年间，国家药品监督管理局先后对药品生产和销售企业进行强制性规范认证。在该项政策的执行后期，地方政府扮演了重要的角色，为了兼顾区域的经济发展与中央政府监管药品安全的决心，一些地方政府往往赶在认证截止日期到来之前的短时间内让辖区企业通过认证，认证的门槛和效果都有所降低，从而使药品质量强制认证体系的实际政策效果大打折扣④。

① Sebastian Heilmann (2007), Policy Experimentation in China's Economic Rise, *Studies in Comparative International Development*, Vol. 43, No. 1, pp. 1 – 26.

② Waikeung Tam and Dali Yang (2005), Food Safety and the Development of Regulatory Institutions in China, *Asian Perspective*, Vol. 29, No. 4, pp. 5 – 36.

③ Shaoguang Wang (2006), "Regulating Death at Coalmines: Changing Mode of Governance in China", *Journal of Contemporary China*, Vol. 15, No. 46, pp. 1 – 30.

④ Peng Liu, From Decentralized Developmental State to Authoritarian Regulatory State: A Case Study on Drug Safety Regulation in China, *China: An International Journal*, Vol. 8, No. 1, 2010, pp. 110 – 137.

由此可见，从中国的政策变通执行过程中来分析，至少存在以上四种不同类型的变通形式。而从政策变通执行的强度来看，我们又可以发现，政策抵制的强度最高，其次分别是政策替换和政策附加，政策敷衍的强度最低。

弱   强

政治敷衍   政治附加   政策替换   政策抵制

图 1　政策变通执行的强度分布示意图

（二）政策变通的成因

如何解释当代中国政策执行过程中的政策变通现象？从政策研究的一般角度来分析，政策变通现象与政策主体、政策对象、政策内容乃至政策环境存在的问题密不可分。结合中国政府管理体制的特征，不少学者都对此有过研究。例如哈里·哈丁（Harry Harding）教授就曾经对毛泽东时代中政策执行不力的原因进行了总结，强调"政策目标模糊不清"、"中央政治精英对该政策存在较严重的分歧"、"政策项目损害了官僚层的利益"等三个原因可以充分解释这些政策变通现象[1]；白思鼎（Thomas P. Berstein）和苏黛丽（Dorothy J. Solinger）也对改革开放以后中国农村税费政策的执行进行了研究，认为政府财政经费不足、小规模财政负担的累计效果、推动经济发展的压力、历史经验的教训、官僚成本的增加、干部的寻租行为等都影响了中央减轻农民负担政策的有效执行[2]；其他的一些研究还认为影响政策执行的主要原因还应当包括政策的象征意义过强[3]、政策损害了执行对象的利益[4]、政策本身存在多重目标[5]以及干部责任考

---

[1]　Harry Harding (1981), *Organizing China*, Stanford：Stanford University Press, pp. 350 – 351.

[2]　Thomas P. Bernstein and Dorothy J. Solinger, *The Peasant Question for the Future*, paper prepared for the conference, "China and World Affairs in 2010", Stanford University, April 25 – 26, 1996, pp. 17 – 19.

[3]　Stanley Rosen (1987), "Restoring Key Secondary Schools in Post – Mao China", in David M. Lampton, ed., *Policy Implementation in Post – Mao China*, Berkeley：University of California Press.

[4]　Melanie Manion (1991), "Policy Implementation in the People's Republic of China," *Journal of Asian Studies*, 50.

[5]　Kevin J. O 'Brien (1994), "Implementing Political Reform in China's Villages", *Australian Journal of Chinese Affairs*, 32。

核制①等。这些论断在一定程度上都有助于我们认识当代中国的政策变通执行现象，但一般都是基于特定的政策执行经验，而且往往是就事论事，比较零散，缺乏系统性。最重要的缺陷在于，以上的研究没有对政策变通执行的不同类型进行区分，从而导致学理解释的欠精准性。

根据上节对政策变通类型的划分依据和状况，笔者认为，要解释政策变通中所包含的四种不同类型的形式，必须依据两个变量来进行剖析。第一个变量是政策本身是否会违背执行者的利益偏好，可以反映出政策本身内容的特征，也反映出政策变通的必要性；而第二个变量则为"执行者是否具备公开变通执行的条件"，反映出政策执行者所拥有的资源和能力，也反映出政策变通的可能性，而根据这两个变量的"是"与"否"的情况，我们可以交叉分类，得出与上一节分类相同的四种政策变通类型：

表2　　　　　　　　　政策变通执行的分类原因分析表

		是否违背执行者的利益偏好（必要性）	
		是	否
是否具备公开变通执行的条件（可能性）	是	政策抵制	政策附加
	否	政策替换	政策敷衍

（1）政策内容完全违背了执行者的利益偏好，同时政策执行者具备公开变通执行的条件，即政策变通的必要性和可能性都很大，那么在政策变通的形式上就会表现为政策抵制。这种情况一般会发生在政策内容与执行者的利益严重背道而驰，而政策执行者又有能力来挑战政策制定者的权威。例如在中国历史上，许多王朝的中央政府要求地方诸侯削减军权，而地方诸侯的势力已经相对较大，完全可以对中央政府的命令置若罔闻，公开反抗。

（2）政策内容没有违背执行者的利益偏好，但政策执行者具备公开变通执行的条件，政策制定者对这类现象也无法有效控制，即政策变通的可能性很大，但必要性较小，在政策变通的形式上就会表现为政策附加。

---

① Kevin O' Brien & Lianjiang Li (1999), Selective Policy Implementation in Rural China, *Comparative Politics*, Vol. 31, No. 2, pp. 167 – 186.

这种情况往往出现在中央和地方政府偏好比较一致的政策领域，例如财政税费的征收、一些政策的地方试点等。事实上，在这些政策领域，地方政府完全可以在中央政策所给予的政策空间的基础上，根据自己的利益偏好来增加政策的内容，而且这种增加的形式是公开的，由于这些政策附加的监管难度较大，但并不违反中央政府的根本利益，中央政府对这些政策附加要么无能为力，要么默许容忍。

（3）政策内容完全违背了执行者的利益偏好，但政策执行者并不具备公开变通执行的条件，即政策变通的必要性较大，但可能性较小，在政策变通的形式上就会表现为政策替换。政策替换的情况容易发生在组织权力关系更为密切的同级政府的横向部门之间，特别是作为全局管理的政府与作为局部管理的具体业务部门之间。当带有宏观和全局特征的政策内容出台之后，或许会以损害一些具体业务部门或官僚阶层的利益为代价，而这些业务官僚直接抵抗政府的全局政策的政治风险较高，因此往往会选择比较间接或隐晦的方式，将原来的政策目标跟内容进行置换，从而使原政策在执行过程中发生异化。

（4）政策内容没有违背执行者的利益偏好，同时政策执行者也不具备公开变通执行的条件，即政策变通必要性和可能性都较小，在政策变通的形式上就会表现为政策敷衍。相对于以上三种政策变通形式而言，政策敷衍的变通程度最低，一般发生在政策制定者与执行者利益偏好有所差别，但总体上比较一致，而且也缺乏公开变通执行的合法性资源和条件，因此只能在政策执行的强度或实效上有所保留，从而给人一种执行不力的感觉，例如前文所提到的食品安全监管、煤矿安全监管等。

需要说明的是，从以上的类型原因分析，在很大程度上是一种理论上的"理想类型"（Ideal Type），在实际过程中的政策变通并不是单纯的某一种类型，而往往是某几种类型的混合。例如，当提升地方经济水平发展与财政税收成为地方政府的最高目标的时候，中央政府的一些金融监管、房地产监管、煤矿安全监管以及食品安全监管等政策就会与地方政府的偏好形成严重冲突，那么这时候地方政府的政策变通形式就有可能从政策敷衍逐步转变为政策替换。通常情况下，政策敷衍与政策替换都同时存在于地方政府的政策变通行为中。当然，如果个别地方政府比较强势，在一些资源条件上能够与中央政府博弈，那么就有可能转变为政策抵制。

三 中国式的政策执行变通：特征与成因

应该说，政策执行中的变通现象在各种政治体制和环境下的国家里都不同程度地存在着，那么不同国家的政策变通过程特征存在哪些异同？跟这些国家不同的政治体制与文化传统有怎样的制约关系？本文没有奢望能够通过如此短的篇幅来回答这些问题。事实上，从比较研究的角度来分析不同国家和地区的政策执行状况和机制也是比较公共行政学研究的重要议题。例如1980年哈佛大学教授格林多（Merilee. S. Grindle）就以拉美国家的政策执行比较为例，分析第三世界国家政策执行过程的机理及绩效与发达国家的差异①。学者汉福（Kenneth Hanf）和图恩（Theo. A. J. Tooen）在1985年就对联邦制和单一制国家不同的政策执行过程进行了比较研究②。1994年，美国印第安纳大学公共事务学院教授贝克尔（Randall Baker）则组织了一批不同领域的跨国公共政策学者，对各国公共服务提供、行政改革、公共预算、环境政策等多个领域的政策执行过程进行了比较研究③。

那么，相形之下，中国环境下的政策变通行为具有哪些特征呢？韩国中国问题研究学者郑在浩（Jae Ho Chung）曾经归纳出中国地方政府执行中央政策的三种模式：（1）先锋（Pioneering）模式，也就是地方的创新早于中央的政策；（2）跟风（Bandwagoning）模式，也就是这些地方不想赶在中央的前头进行政策实验，也不想落在最后；（3）抵制（Resisting）模式，也就是中央政策与地方的利益冲突较为厉害，地方采取抵制的办法④。郑的分类确实是建立在对中国地方政府执行中央政策过程的实证研究基础之上的，但这种分类方式显然也是适用于其他不同政治和文化环境的国家，并没有总结出中国式政策变通过程的独有元素和特征。笔者认为，要理解和分析中国环境下的政策变通现象，必须结合中国本土化特征

---

① Merilee. S. Grindle (eds.) (1980), *Politics and Policy Implementation in the Third World*, Princeton: Princeton University Press.

② Kenneth Hanf & Theo. A. J. Tooen (eds.) (1985), *Policy Implementation in Federal and Unitary Systems: Questions of Analysis and Design*, Boston: Martinus Nijh off Publishers.

③ Randall Baker (eds.) (1994), *Comparative public management: putting U. S. public policy and implementation in context*, Westport: Praeger.

④ Jae Ho Chung (2000), *Central Control and Local Discretion in China: Leadership and Implementation During Post – Mao De – collectivization*, Oxford: Oxford University Press.

的政治环境与文化传统，因此中国式的政策变通的特征与成因包括以下五大基本模块：

1. 模糊的委托—代理结构。从委托—代理理论的观点分析，政策制定者与执行者之间的关系在本质上就是一种基于政策目标函数的委托—代理关系，因此对于委托者而言，关键在于通过一套合理的制度设计实现对代理者的有效激励与控制。在宪政制度发展历史较长的西方国家，中央与地方政府的委托—代理结构相对比较清晰，不论是联邦制国家，还是单一制国家，中央与地方以及地方各级政府之间的权利与义务相对比较清晰，因此政策变通的空间相对较小；而在宪政制度发展历史较短的当代中国，中央与地方政府之间的关系仍然存在行政层级过多、权力责任分割不清、集权与分权的制度化水平较低等问题，其根源就在于中央与地方之间、以及横向的官僚体系部门之间的委托—代理结构比较模糊，制度化水平有待提高，从而导致政策执行过程中政策变通现象的普遍存在。我们经常所看到的政策执行过程中的争权夺利、推诿责任、效率低下等现象都是源于这套模糊的委托—代理结构。

2. 不够充分的政策偏好表达空间。政策变通现象的存在，很多时候也跟政策内容本身存在的问题或政策质量不高有很大关系，而政策质量的制约因素较多，其中一个较为重要的因素就是与政策有关系的利益相关者（stakeholder）是否有充足的政策偏好表达空间。从这个意义上来看，虽然西方的竞争式民主（competitive democracy）制度也存在很多缺陷，但其一个最大的优势在于让包括政策执行者在内的政策利益相关者具有相对充足的政策偏好表达空间和途径，而在中国的政治体制环境下，政策执行者参加政策制定讨论的空间和途径仍然有待进一步拓展。由于很多时候政策执行者不能充分表达自己的政策偏好，也无法充分介入政策制定过程，因而只能将自己的利益偏好诉诸执行阶段的政策变通，进而影响政策执行的效果。著名政治学者史天健早在他的早年著作《北京的政治参与》中就发现了这一独特的现象：中国老百姓对政治参与的焦点更多集中在政策的执行阶段，而非决策阶段，[①] 地方官员也不例外。

3. 难以保障的政策执行环境。高质量的政策执行过程，需要有一个

---

① Tianjian Shi（1997），*Political Participation in Beijing*，Cambridge，Mass：Harvard University Press.

适宜的政策执行环境，即政策执行过程所必须需要的各种经济、政治和文化资源必须得以充分保障，否则政策执行者既没有动力，也没有能力去完全执行政策，但为了应付考核，只能进行变通执行。由于各级政府间的权责关系界定不清楚，在目前中国许多的政策执行领域中，都存在着政策制定者只负责制定政策目标，但在政策执行过程中并不配以相应的执行资源，导致政策执行效果不佳的情况，也就是很多地方政府官员所说的"中央只请客，不结账；地方既要请客，又要结账"的情况。例如，吴木銮通过对2006年的公务员工资改革的执行情况的研究发现，由于中央没有给地方政府充足的时间和财政资源，同时突然的工资增发破坏了当时正在推进的财政预算执行改革，导致一些基层政府只能阳奉阴违，拖欠公务员工资，执行效果不尽如人意。[①]

4. 灵活应变的政策执行文化。政策执行文化，就是政策执行者在执行政策过程中所形成的价值观念体系。一个国家的政策执行文化跟这个国家的历史文化传统以及民族特性有很大的关系。由于中国是一个地域辽阔的国家，各个地方的自然状况、经济发展、民族构成、民风传统都有较大的差异，因此历朝历代统治者在强调大一统的政治格局的前提下，也非常重视政策的灵活多变，因地制宜。这本来是一种符合客观实际需求的政策执行传统，然而这种强调灵活应变、因地制宜的观念给一些地方和部门的政策变通行为提供了自我辩护的理由，久而久之就发育成为"山高皇帝远"的土政策执行文化。美国中国政治学者李侃如（Kenneth Lieberthal）就曾经指出，自古至今，中国的儒家士大夫传统都非常强调官僚阶层对政治价值的自我判断和认同，进而派生出政治官僚在政策执行过程中的"合理变通"。[②] 理解了这种执行文化的特征，我们就不难理解在当代中国的许多政策领域，为什么经过周密设计考虑的政策出台之后，往往还是会在执行过程中走样。

5. 相对滞后的政策执行评估机制。如前文所述，在霍格伍德与甘宁所提出的十条政策执行条件中，最能够有效保障政策执行的条件在于具有比较健全的政策纠偏机制，这样可以对政策变通行为发挥"亡羊补牢，

① 吴木銮：《我国政策执行中的目标扭曲研究——对我国四次公务员工资改革的考察》，《公共管理学报》2009年第6卷第3期。

② Kenneth Lieberthal（2004），*Governing China：From Revolution through Reform（2nd Edition）*，New York：W. W. Norton, pp. 12 – 14.

未为晚矣"的弥补作用。相反，如果在政策执行的过程中，缺乏比较科学与清晰的评估机制，无法对政策执行中的变通行为进行有效识别和惩罚，那么就会导致"劣币驱逐良币"逆向选择局面。遗憾的是，在我国现阶段的许多政策执行领域，科学、合理、系统的政策执行效果评估机制仍然非常缺乏，领导者们往往更加重视政策制定和执行的过程，而对于评估的过程往往是流于形式，没有起到对政策变通行为的有效识别和惩罚作用，最后导致执行得力的执行者没有动力，变通执行的执行者反而获益的恶性循环局面。

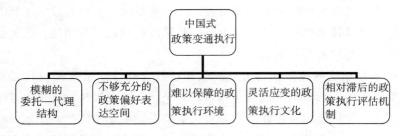

图 2　中国式政策变通执行的特征与成因分析

　　英国政治社会学者迈可·曼（Michael Mann）曾经区分了两个层面的国家权力：其一是国家的专制权力（despotic power）即国家精英可以在不必与市民社会各集团进行例行化、制度化讨价还价的前提下自行行动的范围（range）；其二是国家的基础权力（infrastructural power），即国家能力[1]，它指的是国家事实上渗透市民社会，在其统治的领域内有效贯彻其政治决策的能力，而政策执行的效力正是一个国家基础权力的重要组成核心。不管学界对中国政治的总体评价和看法如何，中国国家的基础权力建设有待强化却是个接受度较高的观点。因此，如何有效地从委托—代理结构、政策偏好表达空间、政策执行环境、政策执行文化以及政策执行评估机制等角度来提高政策执行的效度，发挥"土政策"的正面作用，遏制"土政策"与政策变通行为的频繁发生，将成为未来中国国家政权建设和政治体制改革的重要议题。

---

　　[1]　Michael Mann（1993），*The Sources of Social Power*，*Vol. II. The Rise of Classes and Nation - states*，1760 - 1914，Cambridge：Cambridge University Press.

参考文献

吴木銮:《我国政策执行中的目标扭曲研究——对我国四次公务员工资改革的考察》,《公共管理学报》2009 年第 6 卷第 3 期。

辛向阳:《百年博弈:中国中央与地方关系 100 年》,山东人民出版社 2000 年版。

翟学伟:《"土政策"的功能分析——从普遍主义到特殊主义》,《社会学研究》1997 年第 3 期。

郑陆林:《政府行为中特殊政策范式:多元视域下的"土政策"》,复旦大学硕士学位论文,2009 年。

Baker, R. (eds.) (1994), *Comparative public management : putting U. S. public policy and implementation in context*, Westport: Praeger.

Bernstein, T. P. & Dorothy J. Solinger, *The Peasant Question for the Future*, paper prepared for the conference, "China and World Affairs in 2010", Stanford University, April 25 – 26, 1996, pp. 17 – 19.

Burns, J. (2003), "Downsizing the Chinese State: Government Retrenchment in the 1990s", *The China Quarterly*, Vol. 175, pp. 775 – 802.

Chung, J. H. (2000), *Central Control and Local Discretion in China: Leadership and Implementation During Post – Mao De – collectivization*, Oxford: Oxford University Press.

Grindle, M. S. (eds.) (1980), *Politics and Policy Implementation in the Third World*, Princeton: Princeton University Press.

Hanf, K. & Theo. A. J. Tooen (eds.) (1985), *Policy Implementation in Federal and Unitary Systems: Questions of Analysis and Design*, Boston: Martinus Nijh off Publishers.

Harding, H. (1981), *Organizing China*, Stanford: Stanford University Press, pp. 350 – 351.

Heilmann, S. (2007), Policy Experimentation in China's Economic Rise, *Studies in Comparative International Development*, Vol. 43, No. 1, pp. 1 – 26.

Hogwood, B. W. & Lewis A. Gunn (1984), *Policy Analysis for the Real World*, Oxford: Oxford University Press.

Lampton, D. M. (1977), *The Politics of Medicine in China: The Policy Process* 1949—1977, Colorado: Westview Press.

Lampton, D. M. (ed.) (1987), *Policy Implementation in Post – Mao China*, Berkeley: University of California Press.

Lieberthal, K. & Michael Oksenberg (1988), *Policymaking in China: Leaders, Structures and Processes*, Princeton: Princeton University Press.

Lieberthal, K. (2004), *Governing China: From Revolution through Reform* (2nd Edition), New York: W. W. Norton.

Liu, P. , From Decentralized Developmental State to Authoritarian Regulatory State: A Case Study on Drug Safety Regulation in China, *China: An International Journal*, Vol. 8, No. 1, 2010, pp. 110 – 137.

Manion, M. (1991), "Policy Implementation in the People's Republic of China: Authoritative Decisions versus Individual Interests", *Journal of Asian Studies*, 50, No. 2, pp. 253 – 279.

O' Brien, K. J. (1994), "Implementing Political Reform in China's Villages", *Australian Journal of Chinese Affairs*, No. 32, pp. 33 – 59.

O' Brien, K. J. & Lianjiang Li (1999), "Selective Policy Implementation in Rural China", *Comparative Politics*, Vol. 31, No. 2, pp. 167 – 186.

Pressman, J. L. &Aaron Wildavsky (1973), *Implementation: how great expectations in Washington are dashed in Oakland*, Berkeley : University of California Press.

Rosen, S. (1987), "Restoring Key Secondary Schools in Post – Mao China", in David M. Lampton, ed. , *Policy Implementation in Post—Mao China* Berkeley: University of California Press.

Saich, T. (2001) , *Governance and Politics in China*, New York: Palgrave.

Shi, T. (1997), *Political Participation in Beijing*, Cambridge, Mass: Harvard University Press.

Shue, V. (1988), *The Reach of the State: Sketches of the Chinese Body Politics*, Stanford: Stanford University Press.

Tam, W & Dali Yang (2005), "Food Safety and the Development of Regulatory Institutions in China:", *Asian Perspective*, Vol. 29, No. 4, pp. 5 – 36.

Wang, S. G. (2006), "Regulating Death at Coalmines: Changing Mode of of Governance in China", *Journal of Contemporary China*, Vol. 15, No. 46, pp. 1 – 30.

（作者为香港中文大学政治学博士，中国人民大学公共管理学院讲师）

差序政府信任[①]

李连江

　　政治信任指公众对政治人物、政府以及政治制度的信念或信心，即相信其致力于服务公众利益。政治信任有两个重要向度：一是对现任政府以及在任政治权威的信任，一般称为政府信任；二是对政府体制和政治制度的信心，一般称为政体信任或政制信任。政府信任比较具体、易变；政体信任比较抽象、稳定。政府信任与政体信任相互影响，也相对独立。公众可能不信任政府但仍然相信政治制度，也可能相信现任政府但不相信政治制度。[②]

　　本文讨论政府信任。对于我国民众来说，政府信任比政体信任更具体，更实在。很难判断民众对政体的认同程度和信任度，原因之一是目前政体比较抽象。比如，人民代表大会制度，中国共产党领导下的多党合作制，以工人阶级为领导的、以工农联盟为基础的人民民主专政，都是抽象的政治术语，没有或者缺乏民众可以观察、可以参与的实践形式。因此，很难设计经验指标测量民众的政体信任，也就是说，政体信任很难操作化。相对而言，政府信任比政体信任或政制信任在现实政治生活中更实在，对于政府信任的研究也更可操作。

---

　　①　本文于 2010 年 9 月 27 日在清华大学召开的"中国模式的概念化"研讨会上提交，得到与会同人特别是史天健教授和刘瑜博士卓有建设意义的批评。作者衷心感谢景跃进、张小劲、余逊达教授将此文收入他们主编的《理解中国政治：关键词的方法》。作者特别感谢张志伟先生协助，让拙文有机会在《二十一世纪》发表。作者也感谢庄文嘉、管玥两位同学对本文提出中肯的批评意见。

　　②　相关文献及综述，参阅 Jie Chen, *Popular Political Support in Urban China* (Stanford, CA: Stanford University Press, 2004)；Wenfang Tang, *Public Opinion and Political Change in China* (Stanford, CA: Stanford University Press, 2005)；有关政府信任是否影响政制信任的争论，参见 Lianjiang Li, "Distrust in Government Leaders, Demand for Leadership Change, and Preference for Popular Elections in Rural China", *Political Behavior*, Vol. 33, No. 2 (June 2011), pp. 291 – 311.

本文着重讨论的差序政府信任是我国较常见的政府信任形态，其基本特征是对级别较高政府的信任度高于对行政级别较低政府的信任度，对中央政府的信任度高于对地方政府的信任度。[①]关于差序政府信任，有三个问题值得研究。第一，它是否真实存在。换言之，学者们通过实地调研和问卷调查观察到的差序政府信任是不是民众的真实心态。第二，如果相当数量的民众确实持有差序政府信任，原因是什么。第三，如果相当数量的民众确实持有差序政府信任，其政治意义是什么。

有关差序政府信任的观察

华中师范大学张厚安教授和他的学生蒙桂兰最早在学术论文中讨论改革开放时代农民的差序政府信任。他们记录了湖北农村流行的一首民谣："中央是恩人，省里是亲人，县里是好人，乡里是恶人，村里是仇人"。[②]作者在访谈和社会调查中收集到很多类似的说法，例如："群众都知道，中央是好的，下面是坏的"；"中央政策是好，但到地方就变了"；"中央富民策，地方穷民策"；"上清下浊，上有政策下有对策"。

问卷调查也观察到了差序政府信任。杜克大学史天健教授最早通过全国概率抽样问卷调查研究我国民众对中央政府的信任。他设计的测量指标是，"中央所做的决策总是正确的"。1993 年的调查结果显示，在 3297 名受访人中，3057 人对该问题作了有效应答，其中 5.5% 非常同意，69.6% 同意，24.1% 不同意，非常不同意的不足 1%。[③]沿着史天健开启的思路，同时

①　"差序政府信任"套用了费孝通先生的"差序格局"。费先生在《乡土中国——生育制度》中用"差序格局"描述传统中国社会的人际关系。大意是，在传统中国社会中，人与人之间关系不是平等的，而是有等级差别。每个人以自己为中心，按照与自己的亲疏程度把周围的人划分为不同的圈子。已经有学者套用费孝通先生的说法，用"差序信任"或"差序信任格局"指称亲疏远近有别的社会信任模式。参见陈戈、储小平《差序信任格局、交易成本与家族企业成长》，http://doc.mbalib.com/view/cf793beda33fd312f39692b5b0b23e9e.html，2011—2—23。本文对"差序"的用法，含有上下等级的含义，与费先生本来的用法不尽相符。承蒙清华大学刘瑜教授和复旦大学熊易寒博士分别于不同场合指出这个问题，作者谨致谢意。

②　张厚安、蒙桂兰：《完善村民委员会的民主选举制度推进农村政治稳定与发展》，《社会主义研究》1993 年第 4 期。

③　Tianjian Shi, "Cultural Values and Political Trust: A Comparison of the People's Republic of China and Taiwan", *Comparative Politics*, Vol. 33, No. 4 (July 2001), p. 406.

借鉴张厚安教授等学者的实地观察，作者在 1999 年设计了一个地方问卷调查，①结果表明张教授等学者观察到的差序政府信任在农民中具有一定的普遍性。作者设计了五个问题，分别请受访人评估党中央、省委、县委、乡党委、村支部在农村的威信。给受访人提供选择的答案依次是：（1）很高；（2）比较高；（3）一般；（4）比较低；（5）很低。在 1600 受访人中，1259人对五个问题都给予了有效应答，结果如表 1 所示。

表 1   对五级党委威信的评价分布（％）

	党中央	省委	县委	乡镇党委	村党支部
很高	53.5	42.4	25.7	16.1	12.7
比较高	27.2	29.2	27.4	22.2	24.5
一般	15.7	22.9	35.6	35.9	37.2
比较低	2.1	3.4	7.7	14.8	12.0
很低	1.4	2.1	3.7	11.0	13.7

注：总样本量 = 1600；有效样本量 = 1259。尾数计算误差可能使各栏累计数不是 100％。

使用间接指标测量获得的调查结果显示，农民对五级党委的信任有四种主要形式：（1）全信：对各级党委都信任；（2）全不信：对各级党委都不信任；（3）差序信任：对上级党委的信任度高于对下级党委的信任度；（4）反差序政府信任：对较高级党委的信任度低于对较低级党委的信任度。②

作者 1999 年调查的多数受访人持差序政府信任。假定五个有关信任的指标测量同一个潜在变量（可称之为对党委的信任）的单因子模型与数

---

①　关于地方概率样本调查的学术价值和局限性，参见墨宁（Melanie F. Manion）《当代中国研究中的问卷调查研究：从地方样本中学习》（"Survey Research in the Study of Contemporary China：Learning from Local Samples"），周凤华译、李连江校，《华中师范大学学报》（人文社会科学版）第53 卷第 5 期（2004 年 10 月）。

②　Lianjiang Li, "Political Trust in Rural China", *Modern China*，Vol. 30，No. 2（April 2004），pp.228 – 258. 由冯克立先生翻译的中文本发表在熊景明、关信基编《中外名学者论 21 世纪初的中国》（香港：中文大学出版社 2009 年），第 635—655 页。近几年，作者设计了一些直接指标测量农民对不同层级政府的信任，调查结果与使用间接指标的结果基本相同。参见 Lianjiang Li, "Political Trust and Petitioning in the Chinese Countryside", *Comparative Politics*，Vol. 40，No. 2（January 2008），pp. 209 – 226；Lianjiang Li, "Rights Consciousness and Rules Consciousness in Contemporary China", *China Journal*，No. 64（July 2010），pp. 47 – 68.

据的拟合度低于三项约定标准，不能接受。而假定五个指标测量两个潜在变量（一个是对上级党委的信任，另一个是对下级党委的信任）双因子模型与数据的拟合度高于三项约定标准，可以接受。此外，假定对较高一级党委的信任高于对较低一级党委的信任的级差模型与数据也有高于约定标准的拟合度，也可以被接受为对数据的合适描述。

对上级政府的信任与对下级政府的信任之间的差距叫做"信任差"，这是从两位美国学者那里借用的说法。[1]可以用不同方式计算信任差。如果采用双因子模型，即把五级党委分为上下两级，县委居中，可以计算出两个因子值。如果采用逐级差序模型，可以计算出四个信任差，分别是中央/省信任差，省/县信任差，县/乡信任差，乡/村信任差。理论上，四个信任差的权重应该有区别，但如何确定权重需要探讨。

2008 年中国调查（China Survey）也观察到差序政府信任。[2]该调查测量社会信任和政治信任的问题是："请问您对以下这几类人是非常信任，比较信任，不太信任，还是非常不信任"，该问题涉及"中央领导"、"省领导"和"县/市领导"。在从全国随机抽取的 73 个县/县级市/（县级）市区中随机抽取的 3989 名受访人中，2825 人对三个问题都给予了有效应答，结果如表 2 所示。

表 2   对三级政府领导的信任度（%）

	中央领导	省领导	县/市领导
非常信任	44.6	24.3	17.1
比较信任	40.5	51.9	50.0
不太信任	11.3	18.1	24.6
非常不信任	3.6	5.7	8.2

注：总样本量=3989；有效样本量=2825。尾数计算的误差可能使各栏累计数不是 100%。

只分析对三个问题都给予有效答复的受访人，也观察到四个主要信任型式：（1）全信；（2）全不信；（3）差序信任；（4）反差序信任。将近

① Douglas Nilson and Linda Burzotta Nilson, "Trust in Elites and Protest Orientation: An Integrative Approach", *Political Behavior*, Vol. 2, No. 4 (December 1980), pp. 385 – 404.

② The China Survey is a project of the College of Liberal Arts at Texas A&M University, in collaboration with the Research Center for Contemporary China (RCCC) at Peking University. Professor Robert Harmel (E339RH@ politics. tamu. edu) is solely responsible for the data distribution.

百分之四十的受访人持差序政府信任,城市居民与农村居民持差序政府信任的比例基本相同。经过初步分析,作者倾向于按下述方式处理这次调查观察到的信任差。第一,因为研究者最关心的问题是民众是否信任中央领导,可以以对中央领导的信任作为唯一的基准点。第二,分别计算两个信任差,一是对中央领导的信任与对省领导的信任的差距,二是对中央领导的信任与对县/市领导的信任的差距。第三,赋予中央/省信任差较大的权重。这样做的理论根据是,中央领导对省领导比对县/市领导的监督应当更加有效,对省领导信任的降低比对县/市领导的信任的降低会在更大的程度上影响对中央领导的信任。第四,将经过加权的信任差相加,得到总信任差。第五,分析信任差的成因,可以采用 tobit 回归分析(truncated regression)。[①] 第六,分析信任差的影响时,即把信任差当做自变量纳入回归分析时,必须同时把对中央领导的信任纳入回归分析模型作为另一个自变量或者作为控制变量。

必须强调一点:无论访谈还是问卷调查都不足以确证差序政府信任是否真实存在,更难确立差序政府信任在多大程度上普遍存在。出于种种原因,访谈对象和问卷受访人可能对某些问题给予不诚实或不完全诚实的答复。由于政府信任是个比较敏感的话题,访谈对象和问卷调查受访人对相关问题给予策略性答复的可能性也比较高。英国学者 Kenneth Newton 认为在中国获得的有关政治信任的统计数据完全不可靠,记录的应答是社会压力和政治控制的结果。[②]这个看法可能有些武断,但值得重视。作者认为,研究者观察到的差序政府信任,既不全真,也不全假,具体情况如何,需要根据实际情况予以具体分析。比如,对于上访的民众来说,初次上访时,差序政府信任很可能是真的。这样判断的根据是,上访有风险,计划上访者如果对他们求助的中央或上级没有信心,那么他们就可能因为充分估计到上访的风险而决定不上访。但是,长期上访的人声称对中央有信心,则较可能是策略宣言。总而言之,民众是否真实持有差序政府信任,如果是,究竟有多少民众在何种程度上持有差序政府信任,有待进一步研究。

---

① 作者感谢新加坡国立大学东亚研究所资深研究员单伟博士提供有关 tobit 回归分析的技术指导。

② Kenneth Newton, "Trust, Social Capital, Civil Society, and Democracy", *International Political Science Review*, Vol. 22, No. 2 (April 2001), pp. 201 – 214.

作为因变量的差序政府信任

假定差序政府信任确实存在，再假定它具有值得关注的普遍性，那么它的产生、维持和变化就值得研究。相关理论背景包括下列论点：政治信任完全来自公民对政府的经济和政治业绩的评价，对政策后果、政治家的能力和操守以及政治过程的正面感受导致高信任度，负面感受则导致低信任或不信任；政治文化对信任的形成有着独立于政治参与者对物质利益的考虑之外的影响。①

对差序政府信任的产生和维持，可以从动静两方面着手探索。静态看，需要回答三个问题。第一，对上级政府的信任为什么高。第二，对下级政府的信任为什么低。第三，为什么一个人可以在不相信下级政府的情况下信任上级政府。动态看，要解释差序政府信任的产生，需要回答三个问题。第一，政府信任型式如何从全面信任演变为差序政府信任。第二，政府信任型式如何从全面不信任演变为差序政府信任。第三，政府信任型式如何从反差序政府信任演变为差序政府信任。研究差序政府信任的变迁，则是把研究其产生的三个动态问题逆转。第一，政府信任型式如何从差序政府信任演变为全面信任。第二，政府信任型式如何从差序政府信任演变为全面不信任。第三，政府信任型式如何从差序政府信任演变为反差序政府信任。

因为跨时段资料欠缺，对差序政府信任的产生与变迁的研究相对薄弱。现有研究提到了下列因素。第一，政治结构原因。具体来说，由于中央集权，民众必须仰望中央最终解决他们的问题，在一定程度上"必须"信任中央。另一面，地方政府没有自治权，民众与政府没有通过选举建立信任的机制，地方政府的治理成绩往往不足以赢得民众信任，地方政府首长的个人政治品格也往往不足以赢得民众信任。第二，经济发展。第三，政治文化因素，具体指标包括皇帝崇拜或皇权崇拜，对皇权的合理化，对官的成见，对权威的服从和信赖。第四，政治教育和政治宣传因素。负面报道，有选择地暴露中下层政府官员，极少延及省部级，正常情况下不触

① 相关文献及综述，参见 Shi 2001；Chen 2004；Tang 2005；Li 2004。理论上，如果地方政府具备独立民意基础，而民意出于民族、宗教等原因疏离中央，就可能出现反差序政府信任。

及最高层。第五，政治认知与政治心理，特别是区分中央领导的执政动机与管制能力，视中央领导为国家主人从而把对于中央领导执政动机的信任合理化。第六，政治参与的经历，特别是进京上访的过程与结果。①

作为自变量的差序政府信任

到目前为止，有关差序政府信任的研究着重分析它的政治意义。换言之，是以差序政府信任为自变量解释其他政治现象。有关研究的理论背景包括下列论点：信任政府的人更可能遵纪守法，支持政府的创新，自愿服从政府；政府出现失误时，高度政府信任可以为政府纠错提供时间和政治空间；高度政府信任可以促进制度化政治参与，而不信任则可能导致非制度化政治参与；政府长期缺少民众的信任，能够导致政权及其基本原则的信誉崩溃。②

差序政府信任的意义主要涉及三方面。第一，对中央政府或广义的上级政府而言，差序政府信任是重要政治资源。对中央执政者来说，最优信任型式是全面高度信任，次优信任型式是差序政府信任，再次优信任型式是全面不信任，最差信任型式是反差序政府信任。在差序政府信任格局下，民众可能有意无意中把一切不满归咎于地方政府，保持对中央政府的信任。各级地方政府作为"防火墙"把中央同民众的不满隔离开，使人们对中央仍抱有希望和信心。差序政府信任可能特别有助于强化对中央最高领导的信任。在这个意义上，差序政府信任是实行以领袖崇拜为特点的威权统治的政治心理基础。

---

① 参见 Shi 2001；Zhengxu Wang，"Before the Emergence of Critical Citizens：Economic Development and Political Trust in China"，*International Review of Sociology*，Vol. 15，No. 1（March 2005），pp. 155 – 171；Zhengxu Wang，"Explaining Regime Strength in China"，*China：An International Journal*，Vol. 4，No. 2（September 2006），pp. 217 – 237；John J. Kennedy，"Maintaining Popular Support for the Chinese Communist Party：The Influence of Education and the State – controlled Media"，*Political Studies*，Vol. 47，No. 3（October 2009），pp. 517 – 536；Qing Yang and Wenfang Tang，"Exploring the Sources of Institutional Trust in China：Culture，Mobilization，or Performance?" *Asian Politics & Policy*，Vol. 2，No. 3（July—September 2010），pp. 415 – 436；Lianjiang Li，Mingxing Liu and Kevin J. O'Brien，"Petitioning Beijing：The High Tide of 2003—2006"，*China Quarterly*，forthcoming；Lianjiang Li，"The Resilience of Trust in the Center in Contemporary China：Preliminary Evidence from Petitioners in Beijing"，paper presented at the Annual Meeting of the American Political Science Association，Washington DC，USA，2—5 September 2010.

② 相关文献及综述，参见 Li 2004，2008，2011。

第二，如果说中央是差序政府信任的受益者，那么地方政府可能是受损者。至少可以说，差序政府信任对执政的政治家是正政治资产，对负责行政管理的政府官员却可能是负政治资产。地方政府长期代中央受过可能产生的消极后果是，地方政府领导对中央失去信任。表现在行动上是选择性执行政策，地方政府官员不相信中央真心实意要求他们执行某些政策，至少是不相信中央同等程度地对待所有的政策。[①]还有一种表现是"教育"民众不要相信中央。

第三，对民众来说，差序政府信任大体上有两方面意义。行动方面，信任差越大，参与依法抗争、维权抗争乃至申权抗争的可能性越大。信任差不是领导和参加抗议的必要条件，但它可能是辅助条件，其作用机制是影响民众的利害计算。同等条件下，一个人信任差越大，就可能越倾向于低估挑战低级政府的风险，因为受信任的上级和中央比不被信任的下级或地方更有权力。信任差激励抗议的另一个作用机制是，对中央的信任导致对中央政策的认同，从而导致一种功绩感，觉得维护中央政策的尊严就是维护中央的权威，维护中央的权威就是服务中央，应得到中央的保护和奖励。政治价值观方面，差序政府信任可能促成或强化规则意识。与此相对应，全面的低信任甚至不信任可能导致政治冷漠，也可能促发或强化权利意识，还可能引发或激活反叛意识或革命意识。[②]

结束语

虽然研究者在访谈和问卷调查中反复观察到差序政府信任，但差序政府信任是否真实存在，如果真实存在，那么它的存在范围究竟多大，产生、维持以及变化原因和动力机制是什么，它的存在和演变的政治意义是什么，都是有待深入研究的问题。

差序政府信任不仅存在于中央与地方的语境中，还可能延伸到对于中

---

① 相关研究参见 Kevin J. O'Brien and Lianjiang Li, "Selective Policy Implementation in Rural China", *Comparative Politics*, Vol. 31, No. 2 (January 1999), pp. 167–186; Maria Edin, "State Capacity and Local Agent Control in China: CCP Cadre Management from a Township Perspective", *China Quarterly*, No. 173 (March 2003), pp. 35–52; Xueguang Zhou, "The Institutional Logic of Collusion among Local Governments in China", *Modern China*, Vol. 36, No. 1 (January 2010), pp. 47–78.

② 反差序政府信任可能导致或强化分离主义。

央的信任。其表现形式是：把中央视为多层金字塔；对低层次中央政府机关失去信心，但保持对中央高层的高度信任；对中央高层失去信心，但保持对最高领导人的信任。当然，在最后一种情况下，也许"信任"一词已经不再适用，比较适用的是"信仰"。

政治有高度主观性。研究政府信任、政制信任，有助于深入理解政治权力的主观向度，也有助于理解民众的政治态度、价值观和行动。在这个意义上，差序政府信任可能是分析中国政治历史、现状和发展趋势的重要视角。

（作者为香港中文大学政治与公共行政系教授）

地方政府公司化

赵树凯

如果严格考究，我们难以说出"地方政府公司化"这个概念的具体出处。作为对政府过度追求经济增长行为的通俗概括，本人更相信这种表述最早来自地方干部之口。自 20 世纪八九十年代以来，本人在农村调研中，就不断听到基层干部对于自身所从事的政府工作的嘲讽，说"我们县乡政府做的事情，就像公司一样"。实际上，这个概念的起源已经不重要，重要的是，对于这个概念的理解和应用。联系到海内外的相关研究，特别是联系到改革开放三十余年来中国政治学的发展，这样的概念显然具有鲜明的时代特征和深刻的理论内涵。

本文对于"地方政府公司化"的理解，主要基于这样的背景：改革开放以来，中国政府将工作重心转移到经济建设中来，创造了经济持续高速增长的"中国奇迹"。在经济发展过程中，地方政府致力于追求经济增长，具有了商业性公司的诸多特征。地方领导班子像公司管理层一样行动，将公司决策中"成本—收益"分析原则纳入政府决策中，政府运行如同公司运行。我们也注意到，中国的这种经济增长，是在没有根本改变既有的地方党政组织体系的条件下实现的。进一步的问题是，在地方政府公司化的种种表象之下，政府及政治过程的运行是如何展开的？

"地方政府公司化"基本上是一个比喻。但是，在包括本人在内的许多学者看来，这个比喻相当具有解释力。或者说，以"地方政府公司化"作为分析中国地方政府运行体制、激励机制和权力配置的视角，对于改革以来的地方政权属性具有较强的解释力。这个概念既可以在一定程度上展现对于地方"国家—社会关系"的洞察，也可以成为理解"中央—地方"政权关系的重要着眼点，如地方政权如何接受、选择甚或扭曲自上而下的政策指令。在这个视角下，它不仅能够解释中国的经济起飞，也能解释中国所出现的"治理危机"——地方政权耽于经济发展或者经济利益,自然疏于分内的社会管理和公共服务职能。本文认为,无论是经济转型还是社会公平正义的实现,政策上的调整如果不触及这一政府运行的内在机制,难以真正取得突破。

一 "地方性国家统合主义"

从学术脉络的梳理看,谈"地方政府公司化"概念,不能不从"地方性国家统合主义"(local state corporatism)说起。

三十多年来中国经济持续高速增长,显著激发和冲击着理论界的讨论。在国际学术界,中国研究成为比较政治经济研究的重要议题:为什么持续的高速增长会出现在中国?是哪些因素促成了这一增长过程?研究者通过对于中国经济增长的解释,丰富了既有的研究范式。1989 年,美国学者戴慕珍(Jean C. Oi)在《当代中国的国家与农民:乡镇政府的政治经济》一文中首次提出了"地方性国家统合主义",强调地方政权、金融机构以及企业之间所形成的统合关系。[1] 此后,戴慕珍进一步将这个概念延伸到对于中国改革的制度基础的分析,认为中国乡村经济的改革之所以能够取得成功,原因是将毛泽东时代建立起来的地方政权和地方干部的组织体系与当地工商业结合在一起,形成了"地方性国家统合主义"。[2]

在戴慕珍的"地方性国家统合主义"概念中,"统合主义"的含义并非进行利益聚合(或利益组织)的利益集团,而是强调在国家—社会关系中社会中的各种私利(narrow interests)被组织和整合起来、以实现名义上更高层次的目标——如全国或者全社会的稳定和经济增长。[3] 她把"国家统合主义"落实到地方层面,将其分析对象限定在县、乡(镇)和村三级政权机构,且将县、乡的党委和政府、村的党支部和村委会等一并纳入其中。这是因为这些基层政权直接参与经济社会管理,卷入到农村工

---

① Oi, Jean. *State and Peasant in Contemporary China.* Berkeley: University of California Press, 1989.

② Oi, Jean. *Rural China Takes Off: Institutional Foundations of Economic Reform.* Berkeley: University of California Press, 1999.

③ Oi, Jean. *Rural China Takes Off: Institutional Foundations of Economic Reform.* Berkeley: University of California Press, 1999, p. 12.

业化的进程。她认为这是解释中国乡村经济起飞的关键之所在。

具体而言，戴慕珍认为，人民公社的解体和农业生产去集体化的进程推进，改变了原来生产队和公社的收入模式。农产品的收成主要留在了农户而不是村社集体组织中，农民只需交够基本的公粮和集体提留即可。这当然提高了农民的收入，但是使村集体收入和基层政府收入锐减。尤其是在村庄一级，由于它不是政权的合法组成部分，所以财政收入并不能直接到村集体的手中，因而去集体化导致他们的收入形势最为严峻。农业的去集体化使得农业再也不是财政收入的重要来源了。与此同时，1980 年代初开始的财政改革，在县乡政府中实行税收责任制，使得地方成为独立的财政实体。这就促使地方政府开始寻找新的收入来源。在各种约束条件下，最有利而且政治上最没有问题的策略就是发展农村集体企业即乡镇企业。因为这既能解决农村劳动力问题——与国家领导的需求一致，又能获得合法的可支配收入。在这些动因的激励下，地方政权利用正式的官方地位和对资源的调配权力，培育发展地方经济，使得农村工业、集体企业如雨后春笋般出现。由此，国家通过正式的制度变迁，促成了"经济奇迹"。

在"地方性国家统合主义"体制结构中，地方政府将企业发展纳入到公共治理中，既为企业提供经济依靠和政治后盾，又对企业施加其影响力和控制权。政府与企业之间是互利关系，各级执政党、政府和企业组成了利益共同体，并以利益最大化为目标。这种利益最大化包括经济利益的最大化，也包括社区内的其他利益——如解决就业等。戴慕珍分析了 20世纪 80 年代政府干预经济的主要方式：一是工厂管理。基层政府把企业承包或租赁给个人而不是私有化，这既有助于政府进行干预和控制、决定企业利润的安排，又能鼓励工厂经理提高效率和增加生产。二是资源分配。地方政府选择性地将资源优先分配或低价提供给企业，包括中央调拨的物资和其他稀缺生产材料。三是行政服务，包括协助取得营业执照、产品合格证和减税机会等。地方政府能够动员政府内的所有机构和组织扶植被选中的乡镇企业，并提供超出常规行政服务外的其他服务。四是投资与贷款。通过控制投资与贷款决定，地方政府有效地引导着经济发展的路径。在这一意义上，戴慕珍将 80 年代的地方政权比作企业，因为地方政权的领导正是在发挥着类似于企业决策者的功能。

从 20 世纪 90 年代开始，中国经济虽然仍然维持高速增长的势头，但是乡镇企业风光不再，大量集体企业经由私有化的进程完成改制，或者是在与日益成长的民营经济竞争中倒闭、退出市场。这对"地方性国家统合主义"带来了挑战。戴慕珍认为，"地方性国家统合主义"的基本方式在这一时期出现了进化：一方面，政府通过有选择的私有化，继续对重要的、经营良好的集体企业进行直接控制，同时关停或者改制其他的集体企业，减少负担；另一方面，政府还把扶持的对象和范围延伸到民营企业，地方政府与一些重要的私有企业之间也建立起了利益共同体。"正如他们原先帮助集体企业那样，地方官员通过调动资金、提供技术帮助、寻求市场机会、颁发执照，来支持辖区内私有企业的发展。"① 因此，在戴慕珍看来，尽管统合方式有进化，但"地方性国家统合主义"的体制特征并没有随着体制环境的变化而发生根本变化。她认为，80 年代，这一概念侧重地方政权的"公司化"的色彩：地方政府协调其地区内各经济事业单位的工作运行，似乎就是一个从事多种经营的实业公司；在 90 年代，则更多地体现了地方政权的"统合者"的色彩。这一概念对于变革中的中国仍具有解释力。地方政府尤其是县乡村三级的党委组织和政权机构（及其在村一级的延伸）的角色性质并没有改变，仍然在企业的重组、改制中发挥资源要素的微观配置的重要作用，因此，"地方性国家统合主义"仍然适用于理解当前的政治经济关系和政府角色。

"地方性国家统合主义"概念在 1989 年提出以来，对海内外的中国研究产生了重要影响，体现了海外学者对于变动中的中国政治的洞察力和想象力。可以说，这个概念通过创造性地使用"统合主义"（corporatism）以及"国家统合主义"（state corporatism）等基本概念，丰富了比较政治经济学的传统解释框架。

二 统合主义与国家统合主义

从学术脉络来看，戴慕珍的"地方性国家统合主义"并不是一个全新的理论概念，而是基于对中国改革经验的观察，从欧洲的统合主义和国家统合主义发展而来的。

① Oi, Jean, "The Evolution of Local State Corporatism", in Andrew Walder (eds.), *Zouping in Transition: The Process of Reform in Rural North China*. p. 36. Cambridge Mass: Harvard University Press.

"统合主义"的概念可以追溯到近代欧洲的权威主义政体，真正发端始自法西斯统治下的意大利。当时，国家试图将工人和雇主整合到政府治理过程，以建立"统合型国家"（corporate state）。到了 20 世纪 70 年代末，经由学者的演绎，"统合主义"成为特定类型的体制的概括，其典型代表即是国家、雇主团体、工人团体三方共同进入政府治理过程的所谓"三方国家"（tripartite government）。戴慕珍的研究虽然强调"地方性国家统合主义"与传统的"统合主义"具有明显区别，但她认为它仍然沿袭了"统合主义"的本质属性。

"统合主义"在二战后的斯堪的纳维亚国家尤为突出，强调"将公民社会的组织化利益联合到国家决策中"，这种体制中的利益整合和表达机制明显有别于此前基于美国政治过程研究的"多元主义"政治模式和政治理论。在多元主义的民主体制中，社会分工和社会结构分化所产生的各种利益集团，通过国家和政府的平台进行利益竞争，争取对自己更为有利的政策。多元主义理论突破了传统民主理论基于选举过程的政治分析，认为在竞争性选举之外，各种利益集团通过特定的途径影响公共决策和权力配置，形成了利益竞争的不稳定的平衡。正是因为利益集团的多元化，"政治阶层不同部分的独立性、渗透性、异质性，保证了任何不满的集团都能在政治领域中找到代言人"。①

与多元主义类似，"统合主义"的政治模式同样关注公共决策和公共治理中的社会参与。在这一结构中，"公民团体被吸纳到国家体制里，它们通过合法的、竞争性的、垄断性的渠道和国家制度化关系，这些团体的代表性地位和联系渠道受到国家的承认和保护，同时，在有关的政策制定时，它们有义务向国家提供意见。"②这种体制强调体制内的参与而不只是体制外的抗议，试图重新塑造利益集团与国家之间的关系：多元主义结构下的竞争性的利益集团的利益冲突，在统合主义结构中则变成了有序的协调——代表特定功能利益的垄断组织与国家之间建立起常规协商关系，国家要求它们为有关的公共政策提出意见，并在公共决策中将其意见纳入考量；而它们则必须说服其成员与国家合作，实现政策的有效实施。③

----

① Dahl, Robert, *Who Governs? Democracy and Power in the City*, p. 93. New Haven: Yale University Press, 1961.

② 张静：《法团主义》，中国社会科学出版社 2005 年版，第 17—18 页。

③ 同上书，第 27 页。

　　统合主义也被译作"法团主义"或"合作主义"，从字面上看，前者强调法定的社会团体在利益表达、利益整合以及政治参与中的特殊地位，后者则强调国家与社会之间的合作关系。但"法定的社会团体"如何产生，是由国家指定还是由社会自身遴选出来？国家与社会之间的合作是由国家主导还是由社会主导？在这些方面，根据不同国家的情况，统合主义又被分为"国家统合主义"和"社会统合主义"。"国家统合主义"强调国家作为"统合者"主导了自身与利益集团的合作，"与其说这些利益集团是社会的代表，不如说它们是代表国家来管理社会"。[①]

　　在 20 世纪后期，统合主义被纳入对经济发展中的政府角色的分析，主张国家进入经济领域、政府管理市场经济。尤其是随着"后—后发展国家"[②]的发展，人们注意到政府在其中发挥着重要作用。通过指导性的政策，国家统合了经济发展所需的各种资源要素，实现自由市场与国家干预之间的结合。正如查尔斯·泰勒（Charles Taylor）所说，在当下的环境中，真正成功的经济正是以德国和日本为代表的"统合主义"经济。靠自由市场的自然演进以取得经济发展和在国际市场上的竞争优势，已经变成了幻想。[③]

　　如果用统合主义的理论思维去观照中国经验，则容易发现：不论历史的情景，还是体制的逻辑，都有若干不同，需要做更多的比较分析和深入探讨。诚如戴慕珍所指出，"地方性国家统合主义"具有"统合主义"的某些本质属性。但是，如果将"地方性国家统合主义"这一针对中国的具体情境的概念，与传统的"统合主义"或"国家统合主义"概念作一比较，便不难发现其中的区别：传统的统合主义体制或者结构主要是用来处理国家—社会关系，而"地方性国家统合主义"更重要的是解释政府—市场关系。从统合的目标、统合者、参与统合过程的统合对象等要素来看，"地方性国家统合主义"与传统的统合主义有着较大的差异：首先，从"统合"过程的目标来看，经典的"统合主义"的目标在于社会和谐和秩序，减少社会冲突。在统合主义的经济政策中，虽然也涉及经济发展的目标，但总体上仍是将国家的经济竞争力作为根本考量。而"地

---

①　朱天飚：《比较政治经济学》，北京大学出版社 2006 年版，第 86 页。

②　所谓"后—后发展国家"（late—late developers），即二战以后的发展中国家。

③　参见查尔斯·泰勒《原公民社会》，载哈贝马斯等著《社会主义：后冷战时代的思索》，刘锋等译，牛津大学出版社 1995 年版。

方性国家统合主义"与此不同，它首要的出发点是政府收入、政权所控制的资源的多寡。其次，从"统合者"自身的角度来说，传统的"统合主义"体制中的国家，具有一定的超越性色彩，通过统合的方式来平衡和整合不同的利益取向。日本等国的统合主义经济政策中，往往是由特定中央部门或者领航机构（pilot agency）在引导着经济发展，并非地方上的政权体系或地方政府首脑卷入市场活动。而在中国，地方性国家统合主义的主体则包含了党委和政府各个部门，整个基层政权都参与统合过程。在统合的过程中，国家政权不具有超越性，反而成为既得利益者和私人部门的利益竞争者。再次，从统合的对象来看，在传统的"统合主义"体制中，是法定的社会团体、利益集团在参与统合过程。在日本等国的统合主义经济政策中，大企业、金融机构和相关产业政策部门也被卷入其中，但仍然有限，因为政府所掌控或能够调配的资源是有限的。由于中国是从全能主义的国家结构中转变而来，仍然保留着原有的体制惯性，政府通过各种方式继续保持对各种资源的控制力或潜在控制力，使得官商关系更加复杂。因此，在统合的过程中，政府通过肯定性的权力——如提供扶持，或者通过否定性的权力——如违规处罚、地方性的司法调查等，使得各种经济主体、经济资源和要素，或主动或被动地，卷入到被统合的过程。

戴慕珍的"地方性国家统合主义"对于政府在经济发展中的作用给予了较高评价，并认为这是列宁主义体制的国家成功实现转型和发展的一条可行路径。她的解释也印证了 20 世纪 80 年代以后的发展型国家理论，即认为政府可以在经济发展中起主导作用，通过有选择地对微观经济进行干预，国家推动了经济的发展和赶超。但是，也有学者认为，中国经济起飞的关键不在于地方政府的卷入和推动，而在于市场转型，即资源配置的主要方式从原有的国家再分配体制转为市场体制。市场转型使得再分配者（redistributors）的利益受损，而直接生产者（direct producer）的利益更多地得到了满足，行政权力的效用和回报下降，而人力资本和企业家的回报上升。[①] 如倪志伟（Victor Nee）即认为，尽管地方政府在市场转型中能够向乡镇企业提供行政资源、使得企业获得较多竞争优势，但这并不是

---

① Nee, Victor, "A Theory of Market Transition: From Redistribution to Market in State Socialism", *American Sociology Review* 54, 1989. 也可见于 Nee, Victor, "The Emergence of a Market Society: Changing Mechanisms of Stratification in China", *American Journal of Sociology* 101. 1996.

中国经济起飞的原因。中国经济改革成功的原因，是市场转型。地方政府致力于经济发展、卷入特定企业的运行，这只是改变了市场转型后的利益分配格局。[1] 还有学者对"地方性国家统合主义"的微观统合机制作出回应性讨论。林南认为，"地方性国家统合主义"从根本上说是一种经济学范式，它把财政改革作为农村改革的基础，因而难以解释为什么全国性的财政制度下会出现多元化的地方发展模式。他主张用"地方性市场社会主义"的概念来分析社会主义社会的改革进程，即从科层协作、市场调节和地方协调来分析改革中的经济体制。他特别强调以扩大家庭关系为基础的社会网络的重要性，认为地方协调的建构基础是地方网络（关系网），主要是家族亲属关系。[2] 此外，有学者力图用统合主义的概念来解释中国如何克服计划体制下的重要障碍。如魏昂德（Andrew Walder）即认为，面对科尔奈所提出的困境——当政府和企业成为各自拥有对方所必需的资源的讨价还价的对手时，交易成本将会大大增加——统合主义在很大程度上克服了这样的困境，地方政府实际上已经不再是一种纯粹意义上的政府，而是变成追求经济目标的厂商。[3]

总体上看，国际学术界的争论不断地在补充和完善着"地方性国家统合主义"的微观运作机制。尽管对于政府体制及其经济绩效之间的因果关系有不同看法，但并没有对这一概念所指称的政府特性和体制特征带来根本上的挑战和冲击。地方政府运作中呈现出来的"公司化"运行特征，已经成为普遍接受和认同的事实。

三　地方政府公司化

显然，国外学者用统合主义视角来观察中国发展，作出的理论判断既有国际背景，也富有历史厚度，给我们以思想和学术的重要启迪。但是，我们在阅读吸收这些国外研究的时候，也常常有一种不满足感，就是这些

---

[1] Cao, Yang & Victor Nee, "Comment: Controversies and Evidence in the Market Transition Debate", *American Journal of Sociology* 105, 2000.

[2] 林南：《地方性市场社会主义：中国农村地方法团主义之实际运行》，《国外社会学》1996 年第 5—6 期。

[3] Walder, Andrew, "Local Governments As Industrial Firms", *American Journal of Sociology* 101, 1995 (2).

分析对于中国经验本身还缺乏更深刻的穿透力。这些分析所观照的，往往局限于对中国政府和政治的外部作用，而对于内在的东西，缺乏应有的透视和解析。因此，本文在这里展开地方政府公司化这个概念，一方面是吸收了"地方性国家统合主义"的理论营养，另一方面也力图在中国政治过程的深刻解剖上做一些努力。进一步说，本文力图从日常运行和内部机制入手，来展开对地方政府公司化的理解。①

（一）　地方政府化的行为特征

最直观地看，地方政府的公司化，其具体表现可以见诸地方政府的日常工作：以招商引资为首要工作，以追求财政收入增加为最高动力。在地方政府领导人的话语中，充满了"土地低价"、"税收优惠"、"劳动力便宜"等宣言和许诺。投资者成为政府的最高客户，公众的要求则被忽略。在工商企业与本地民众发生冲突的时候，地方政府往往不惜违法来保护工商企业。在有些地方的公路两侧，我们可以找到诸如"谁和招商引资过不去，就是和全县人民过不去"之类堂而皇之的大标语。

地方政府的公司化不仅反映了其行为逻辑，也揭示了其背后的激励机制。这一激励机制起作用，与地方政府碎片化的权力结构、运动化的行动方式联系在一起。这些属性相互强化，共同塑造出当下的中国地方政府形态。

地方政府的碎片化表现为三个层面的特点：第一是"价值"的碎片化，下级对于上级的服从往往只是象征性的。对于上级的部署精神，下级往往从思想上就不认同，只是表现出表面上的认同或者顺从。第二是"体制"的碎片化，不同层级政府之间、不同政府部门之间，根据各自需要执行上级部署。因此出现众多的"文件打架"、执行文件的人员打架。这样，看上去一呼百应的政府体制其实蕴涵着内在的割裂。第三是"职能"的碎片化。职能部门缺乏整合，政策过程相互脱节。政府运行的重要机制演变为非正式规则主导下的"个人运作"，或者说政府部门的运行已经被植根于政府内部的人际关系结构中。讨价还价成为政府部门工作的重要方式，不仅存在于政策制定过程中，也存在于政策执行过程中。不同政策相互间不衔接，

---

① 相关讨论在拙著中已有触及，参见赵树凯《乡镇治理与政府制度化》，商务印书馆2010年版。

政府权力往往被用于谋取私利，而且许多私利介于合法与非法之间的灰色地带。在这样的政府运行过程中，正式的制度规范往往成为摆设，难以建立有效的法律框架，无法形成共同的价值和公认的程序。

价值的分歧和体制的割裂已成为地方政府运行中的突出特点。这种割裂体现在政府的行为模式中，通过发动"运动"的方式来处理例行的日常工作任务。常规（routine）的行政管理和公共服务被动员式的运动化的工作机制所取代。运动化的运作机制，表现为行政主体为了某一特定目标，在短期内最大限度地动用行政管理资源，集中人力、物力和财力，采取急风骤雨般的方式执法。政府运行以"运动"为重要特征，但这种运动并不是民间社会力量自动生成的"社会运动"，而是政府通过行政力量来推动营造的"政府运动"。从政府运动的发生过程来看，基本上都是领导要求部署启动，检查考核评比开路，宣传发动的时候轰轰烈烈，检查验收浩浩荡荡。运动的结果，基本上都是表面上皆大欢喜，总结起来成果累累，非常成功，上级领导抓得对，下级领导做得好。但是在实际工作中，或者是形式主义成风，用"文件落实文件"、"会议落实会议"，或者是强迫命令造成种种后遗症，如现在的巨量乡村债务有相当部分就是这些运动的"丰硕成果"。

地方政府的公司化激励机制、碎片化权力结构、运动化行为模式，揭示了当下地方政府运行的内在机制。这三个因素相互影响和相互强化，成为改革难以撼动的体制症结。

（二）地方政府公司化的政治前提

不论国外的研究还是国内的研究，都注意到，中国这三十年的巨大发展，是在没有根本改变既有党政组织体制的条件下实现的。也就是说，既有的党政体制，不仅支撑了过去的计划经济，也支撑了现在的市场经济。这里所说的没有改变，是指没有根本性改变。那么，没有改变的是哪些东西？我们认为，这些没有改变的东西，正是地方政府公司化的政治前提，或者说政治的保证。

中央集权或称上级集权。改革以来，中央与地方的关系，包括地方不同层级政府间的关系，发生了若干变化，特别是分税制的实行，使得政府间的财政关系有了巨大不同，从中衍生出地方政府新的行为特征，以及不同层级政府间新的互动模式。进入 21 世纪以后，在地方层面，近些年出台了省财政"省直管县"政策，行政管理层面实行"扩权强县"政策，还有基层的"乡财县管"政策，都对于中央与地方关系产生了很大影响。但是，从政府经济活动的角度来看，中央集权包括上级集权的基本体制格局并没有改变。不论是投资决策，还是具体的转移支付制度，依然是以权力向上集中为基本特征。不仅如此，近些年这种集权模式在若干方面甚至更加严重。从政治的角度看，这种上级集权基本格局没有动摇，近几年在一些地方甚至出现了明显的强化。主要表现是，上级仍然是下级政府权力的基本来源。虽然，这些年在地方党委和政府的选举有所展开，但是，与此同时，出现了一些上级在强化集权的新的怪异现象，如在换届选举中，上级提出明确要求，党组织推荐的候选人要保证当选、出现组织推荐候选落选情况要追究党委书记责任，同时，还以各种形式严格禁止竞争性选举活动。这样做的结果，实际上使得上级的任命权更加集中。在县的层面，过去县委书记的任命基本上都由市委地委直接决定，现在则因为强调县委书记的重要性而由省委决定。这种高度集中的中央权力上级权力，使得政府的发展主义倾向不断强化。

个人集权。在地方主要表现为党政主要领导人专权，在部门则表现为部门领导人专权，其集中表现则是党委书记的高度专权。从政府预算的决定和执行来看，虽然已经有了部门预算的制度设计和相关规范，民意机构在预算中作用也有法律要求，但是，党政领导者人的意志实际上仍然起着决定性作用。建设项目的安排、预算资金的分配，最重要的决策环节还掌握在领导者手里。因此，经常出现一定地方的城市建设规划、产业发展安排随着领导人的变动而变动的情况。从工业项目建设、征地拆迁来看，中央虽然出台了一些规范规章，但是，这些规范作用往往是纸面上的，领导个人的决策往往可以抵消这些文本的规范要求；所以，项目招投标过程的腐败、征地拆迁过程中的腐败未见其少，反而增多。在官员的管理上，一方面中央政府和各地都在规范选人用人程序，高调推行公开选拔、民主测评、民主投票、全委会票决等制度规范，或者说，如果从文本规定来看，用人方面的程序性要求越来越多，对于所谓党委一把手在用人上的权力限制越来越多；但是，另一方面，人事任免中的领导个人说了算现象仍然非常严重，跑官要官、买官卖官的现象越来越普遍。甚至说，官员提拔中的种种腐败现象是在中央高度重视解决的过程中愈演愈烈。这其中的问题，就说明领导人个人专权在现行体制中并没有有效缓解，更没有解决。也就是说，这个集权体制的核心内容依然有效运行。

党的集权即党政不分。从机构改革历程来看，如果把党的机构和政府机构分开考察，一个重要特点是，在历次机构改革中，党的机构改革的力度是很微弱的，因此如果具体考察起来，党委机构的膨胀臃肿本身是远远超过政府部门的。从党政职能分开来看，1987年中共十三大明确提出党政分开，在当时有一些实质上的举措。虽然党的高层从来没有公开否定十三大提出的改革方向，但是实际上，党政分开的进程后来出现了明显逆转。从现在状况来看，应该说党的部门不仅机构更加臃肿庞大，而且权力更加宽泛集中。在地方工作中，党委和政府越加浑然一体。一些政府的日常性工作，往往出于增加力度的需要，让党委部门直接出面指挥。比如市委部署绿化工作，但是因为分管副市长权力不够，市委书记会直接安排组织部长分工去抓，组织部长不仅直接领导副市长，也直接指挥有关局委办。还有的地方县里重视发展畜牧业，要大力发展奶牛，副县长不得力，则直接由纪检委书记来分工领导。在地方考察中可以发现，党委部门近些年越来越多地介入政府日常事务，甚至直接包办。在核心权力机关层面，党委书记兼任人大常委会主任的现象很普遍，使得人大本来就有限的监督作用更加难以张扬。党委与政府、人大等机构的权责界定没有制度化机制来保证，甚至说分工分权越来越模糊，使得党委部门越来越凌驾于政府部门之上，使得地方政府的公司化运行获得了权力结构上的支撑。

（三）地方政府公司化的社会后果

对于地方政府公司化的影响，海外学者的讨论往往集中在其对经济发展的推动作用。此外，如果将其放到更广泛的背景中，人们往往更多地注意到其积极意义。戴慕珍在其著述中，也讨论了"地方性国家统合主义"对中国政治前景的更广泛影响。她认为，"地方性国家统合主义"可以为中国提供有别于苏东国家的私有化和制度崩溃的制度选择，"一种相对来说无威胁的可供选择的经济制度，这种制度允许强有力的地方政府干预。共产党官员不但能够发挥政治作用，也能发挥领导经济的作用。"[①]这也

---

① 戴慕珍：《中国地方政府公司化的制度化基础》，载甘阳、崔之元编《中国改革的政府经济学》，牛津大学出版社1997年版，第130页。

使得中国的地方官员一直愿意进行经济改革，不像苏联的官员那样反对经济改革。因为实行经济改革和追求发展"把握住了加强而非削弱地方官员权力的潜在力量"。① 她还认为，正是因为"地方性国家统合主义"带来的地方经济发展和地方财政收入增加，使得政府可以通过不同形式的补贴（如粮食补贴、教育补贴、卫生补贴、老年救济、建房补贴等）把大部分钱款重新分配给农民，地方政府也由此将社区福利因素纳入到经济发展的决策中，使得传统的社会主义国家的价值体系得以保持。② 在这个意义上，她认为中国地方政府发展经济的活动有别于所谓的掠夺型国家，因为这些获取的资源并不是被私人化，而是更多地以公共财政的途径用于公共事业和公共福祉。

但是，从经济的角度来看，近年来中国经济所面对的不协调、不平衡、不可持续的问题，似乎印证了克鲁格曼（Paul Krugman）的分析：经济发展以增加投入为基础，政府虽然能够组织和动员资源投入到经济增长中，但是难以提高效率和技术水平、提升全要素生产率。"地方性国家统合主义"能否成功地动员经济从量到质的升级，目前来看，仍然存在疑问。

与此同时，在政治方面，由于地方政权完全地卷入到经济和市场活动中，并在决策中以企业式的"利润最大化"原则为基本依归，这也带来了政治上的危机。借用贝尔（Daniel Bell）在《后工业社会的来临》中对于中轴原理的分析，可以说，政治领域和市场（企业）领域的中轴原理存在根本不同。③ 现代政权在政治上的根本利益在于合法性的获取，而企业的市场决策的根本原则在于成本—收益分析后的利润最大化。基层政府按照企业的决策原则行事，结果导致了其对于公共物品、公共服务疏于供给，而且由于政府变成市场运行中的利益主体，成为与民争利的既得利益者，也使得社会冲突、包括市场其他主体与政府之间的冲突不仅无法得到有效的管理，而且矛盾还被激化。晚近以来围绕着征地和拆迁问题的冲突，无疑都是这些问题的生动写照。此外，政府通过"统合"手段将各种主体、要素和资源卷入到统合过程，使得"全能主义国家"不仅没有

---

① 戴慕珍：《中国地方政府公司化的制度化基础》，第 131 页。
② 同上书，第 131—132 页。
③ 丹尼尔·贝尔：《后工业社会的来临——对社会预测的一项探索》，高铦等译，新华出版社 1997 年版。

转型为"有限政府"，反而不断扩大了国家权力范围。①

　　在地方政府公司化的机制作用下，政府把自己变成了市场竞争的一个主体，做了许多原本该是市场做的事情。政府官员的注意力主要是在投资者或者说有钱人的身上，或者说，政策取向更向有钱人倾斜。公权力过分介入市场运行，混淆了政商之间的界限，反而更加不利于建立公平的市场经济环境。这种公司化的政府运行机制，使政府对于基层社会的公共需要缺乏回应能力。在政府运作过程中，民众的需要和要求难以迅速反馈到政府体系中来。或者说，反馈的方式主要是非常规性的，如上访、群体性事件。而那些设计好的制度化通道运行不畅，或被废弃、或被堵塞。即使在信息反馈上来以后，政府的处理机制也不健全。从政府部门工作人员来说，缺乏为民众做事的激励机制，也就缺少对相关信息作出反应的动力。

　　公司化的运行机制所带来的后果，至少可以从三个方面加以理解：第一，大量资源被用于满足地方经济发展的目的，挤占了公共服务和社会管理的可用资源。在现有的考核体系中，经济发展是最为重要的指标，这使得基层政府有强烈的意愿将各种资源用来发展经济；而在动员型的政治体制下，国家与社会之间的关系不平衡，农村社会的要求对基层政权没有制度性的约束力，基层政府没有提供公共物品的动机。第二，无法有效地化解基层社会内部的紧张和冲突：一方面，基层政府对于社会冲突的处理缺少动力；另一方面，基层政权本身也被卷入社会冲突中，成为冲突过程中的利益相关者甚至是冲突发生的根源，尤其体现在矛盾最为集中的征地活动中。第三，政府无力满足基层社会对公共服务和公共物品的需要，因而相应地也就无法获取政治支持。这也使得乡镇政府与当地社会之间的疏离感增强，政府渗透和动员社会的能力下降。

　　在公司化的运行过程中，乡镇政府表现出鲜明的自主性。这种"基层政府的自主性"，既体现在相对于上级政府而言的自主性，即财政上的分灶吃饭使其在财政发展方面有自主行动；也体现在相对于当地社会而言的自主性，在日常运转中忽略社会公众的需求、忽略平衡各种社会利益的需要。在中国基层社会出现的大量群体性事件和社会冲突，往往能够在公司化的政府运作中找到根源。

---

　　① 相关讨论，亦可参见赵树凯《农村发展与基层政府公司化》，载《中国发展观察》2006（10）；以及赵树凯《乡镇治理与政府制度化》，商务印书馆 2010 年版。

　　戴慕珍曾经给予"地方性国家统合主义"以高度评价，认为中国在经济转型过程中成功地通过制度安排、在不作政治改革的条件下就能够完成经济增长的任务，这是中国的制度优势。但是，随着改革的推进，在市场体制已经基本建立的条件下，深度卷入市场运行的"地方性国家统合主义"，已经很难再作为具有比较优势的制度安排。它越来越成为中国现代国家政权构建的体制障碍，而且基层政权作为既得利益集团所带来的问题日益突出。如果不触及这一体制症结，任何政策上的变革都将难以落实和深入。这也就意味着：如果不对现有的政治体制作出根本性的调整，那么经济转型的完成和政治秩序的稳定也将在"摸石头"的过程中陷入困境，更无法实现"过河"的目标了。

　　当下，关于中国模式的争论仍在进行中。显然，晚近三十多年中国的发展取得了巨大成就，但是，如果说中国的改革业已成功则为时尚早。就政府转型而言，中国模式还没有迈过最重要的那道"窄门"。地方政府公司化的发展范式，早期阶段显然有促进经济快速发展之利，但是随后弊端开始凸显。显然，这是一种不可持续的发展方式。如果说前一阶段中国的改革是在没有根本触及政治体制的情况下开展的，那么，下一阶段的中国改革，根本的问题将是如何去改变地方政府公司化的运行机制，使之真正转换为现代意义的国家政权体系。

参考文献

Oi, Jean, *State and Peasant in Contemporary China*, Berkeley: University of California Press, 1989.

Oi, Jean, "Fiscal Reform and Economic Foundations of Local State Corporatism in China", *World Politics* 45, 1992.

Oi, Jean, "The Role of the Local State in China's Transitional Economy", *The China Quarterly* 144, 1995.

Oi, Jean, "The Evolution of Local State Corporatism", in Andrew Walder (eds.), *Zouping in Transition: The Process of Reform in Rural North China*, Cambridge Mass: Harvard University Press.

Oi, Jean, *Rural China Takes Off: Institutional Foundations of Economic Reform*, Berkeley: University of California Press, 1999.

Walder, Andrew, "Local Governments As Industrial Firms", *American Journal of Sociology* 101, 1995 (2).

戴慕珍:《中国地方政府公司化的制度化基础》,载甘阳、崔之元编《中国改革的政府经济学》,牛津大学出版社 1997 年版。

林南:《地方性市场社会主义:中国农村地方法团主义之实际运行》,《国外社会学》1996 年第 5—6 期。

张静:《法团主义》,中国社会科学出版社 2005 年版。

赵树凯:《乡镇治理与政府制度化》,商务印书馆 2010 年版。

（作者为国务院发展研究中心研究员，中国发展研究基金会副秘书长）

地方政府创新

何增科

一 地方政府创新概念和实践兴起的背景

20 世纪 80 年代以来，随着被称为"新公共管理"、"政府创新"的政府改革运动在全球范围内的展开，"政府创新"（Government Innovation）的概念在国际范围内逐步流行开来。全球范围内经济竞争的加剧，市场化取向的经济改革，信息通信技术革命，人民对政府期望值的提高，私营部门服务质量和效率的提升对公共部门的压力，都成为推动政府创新的重要因素。无论是发达国家、新兴工业化国家还是发展中国家都加入了这场全球政府创新运动。仅到 1999 年为止，全球就有 70% 以上的国家至少进行过一次政府改革与创新。① 1999 年以来，联合国也与成员国一道共同举办了七届"全球政府创新论坛"，促进了政府创新理论和实践的国际交流。美国、巴西等一些国家还设立了本国的"政府创新奖"或"地方政府创新奖"，鼓励本国各级政府的创新行为。可以说，政府创新已经成为一种世界性潮流。

自 20 世纪 80 年代以来，中国中央和地方各级政府所开展的政治和行政改革成为这场全球政府创新运动的一个重要组成部分。20 世纪 90 年代后期特别是 21 世纪以来，在俞可平等一批学者的倡导和"中国地方政府创新奖"的推动下，政府创新特别是地方政府创新的概念在中国的学术界和政府官员中逐步流行开来，中国地方政府创新也逐渐增多。2000 年以来，在俞可平和王长江的领导下，中共中央编译局比较政治与经济研究

① 吟荒：《全球"政府创新"的因与果——伊莱恩·卡玛克（Elaine Kamarck）》，《上海行政学院学报》2002 年第 2 期。

中心、中央党校世界政党比较研究中心和北京大学中国政府创新研究中心
联合发起了"中国地方政府创新奖"，每两年举办一次。到 2010 年五届
"中国地方政府创新奖"共收到 410 多个地方政府的 1543 个申请项目，
有 113 个项目获得优胜奖和入围奖，申请项目数量逐届增加，质量明显提
高，这些都在一定程度上说明中国地方政府创新行为日趋活跃。

二　地方政府创新的内涵和外延、类型和特征

　　所谓地方政府创新，按照俞可平教授的定义，就是地方各级"公共
权力机关为了提高行政效率和增进公共利益而进行的创造性改革"。[①] 这
里的地方政府是与中央政府相对而言的省级及省级以下各级政府的统称。
地方政府创新概念中的地方政府包括地方党委、人大、政府、政协、法
院、检察院以及享有部分行政管理权的工会、共青团、妇联等所有的地方
公共权力机关。地方政府创新既包括政府管理体制机制和政府管理技术等
政府内部组织结构方面的创造性改革，也包括政府在提供公共产品、公共
服务的方式、对象和内容等政府功能方面的创造性改革。地方政府创新的
目的是提高政府自身的行政效率和增进社会公共利益。

　　地方政府创新可以根据研究的需要从多种角度进行类型划分。可以根
据技术和制度的二分法，把地方政府创新区分为地方政府管理体制创新和
地方政府管理技术创新。政府工作流程再造、行政审批制度改革等都属于
政府管理体制创新，而电子政府、电子审计、网上办公等则属于政府管理
技术创新。可以根据政府创新的内容，把地方政府创新划分为政治改革
类、行政改革类、公共服务类和社会管理类四大类别。可以根据地方政府
创新的驱动因素、地方政府创新对原有体制的突破程度等多种标准，将地
方政府创新划分为精英驱动和问题驱动的创新；鸟笼内的创新和突破性的
创新等多种类型。可以将地方政府创新的类型划分与地域分布结合起来进
行研究，开展中国地方政府创新的地理学研究。也可以将类型分布与不同
时段类型变化结合起来进行研究，分析中国地方政府创新的变化趋势。

　　杨雪冬总结出了中国地方政府创新的六个特征：（1）创新主体多，
涉及领域广；（2）政治创新与行政创新相结合；（3）制度创新与技术创

---

　　① 俞可平：《论政府创新的若干基本问题》，《文史哲》2005 年第 4 期，总第 289 期。

新相结合；（4）中央倡导与地方主动相结合；（5）社会要求与创新者相结合；（6）提高执政能力是创新的核心目标。① 这是对中国地方政府创新特征较好的概括。

三　地方政府创新的目标和趋势

俞可平教授指出，政府创新总的目标是建立地方性的好政府或善政（Good Government），后者包括九大具体目标即民主政府、法治政府、责任政府、服务政府、优质政府、效益政府、专业政府、透明政府和廉洁政府。这是地方政府创新努力的方向之所在。这九大目标体现了政府创新的五大趋势，即从管制政府走向服务政府；从全能政府走向有限政府；从人治走向法治；从集权走向分权；从统治走向治理。② 上述政府创新的目标和趋势也适用于地方政府创新。

四　近10年来地方政府创新的主要内容

俞可平教授对2000年以来五届"中国地方政府创新奖"入围项目类型分布的分析表明，近10年来地方政府创新主要集中在如下16个方面：（1）改善政府的公共服务体制，提高公共服务的质量，建设服务型政府；（2）简化审批，减少管制，提高效益，方便群众；（3）实施扶贫政策，建立社会救助制度，维护社会弱势群体的权益；（4）扩大社会保障的范围，促进社会的公平正义，推动和谐社会建设；（5）广泛推行村民自治，改善乡村治理机制，促进农村城镇化转型；（6）逐步扩大竞争性选举，实质性地推进民主政治的进步；（7）大力推进行政机关自身的改革，确立依法行政和法治政府目标，提高政府机关自身的绩效；（8）发挥现行政治体制的优势，探索协商民主的新形式，扩大政府决策的民主化；（9）化解矛盾，加强治安，维护社会稳定；（10）推行政务公开，建设透明政府；（11）拓宽监督公共权力的渠道，

---

① 杨雪冬：《简论中国地方政府研究的十个问题》，《公共管理学报》2008年第5卷第1期。

② 有兴趣的读者请进一步参阅俞可平《改革开放30年政府创新的若干经验教训》，《国家行政学院学报》2008年第3期。

加强对政府权力的有效监督；（12）完善国有资产管理体制，防止国有资产流失，增大国有资产收益；（13）改革社区管理体制，促进城市居民自治；（14）扩大公民有序参与的渠道，推进人民民主的发展；（15）改革完善民间组织管理体制，发挥公民社会的建设性作用；（16）推广电子政务，提高行政效率，改善公共服务质量。[1]

五　地方政府创新的动力机制

中国地方政府创新何以会日益活跃，成功的地方政府创新的微观发生机制是什么，这些都是地方政府创新研究者关注的重要理论问题。

促使中国地方政府创新日益活跃的宏观的、深层的动力主要有如下几个：首先，政府创新的动力源于市场化的经济改革和经济社会发展新阶段对地方政府创新的要求。市场化改革和经济发展走在前列的地区，社会各界对政府创新的要求更为强烈。其次，经济社会的现代化推动着政治的现代化，公民参与的制度化、政府管理的专业化、公共服务的优质化、政府行为的法治化的内在逻辑推动着政府创新。经济社会现代化程度越高的地区，政府变革的压力就越大。第三，公民社会的发展和公民的政治需求推动着政府创新。一个相对独立于政府和企业的公民社会的形成，公民政治参与的需求和愿望的日益强烈，新闻媒体和互联网等新媒体的社会监督意识的觉醒，推动着地方领导发起和实施政府创新以回应公众的要求。最后，全球化和信息化的时代，不同地区之间发展水平和制度安排的差距显露无遗，外部环境的示范效应和地区之间的竞争压力共同推动着地方政府通过政府创新以缩小乃至消除制度差距和技术差距。[2] 市场化程度、现代化程度、公民社会发育程度和外部环境的竞争压力强度与地方政府创新的活跃程度存在着直接的相关性的重大理论命题，可以通过对地方政府创新活跃程度的地区分布的定量研究进一步加以检验。还有的学者将地方政府

---

① 俞可平：《应当鼓励和推动什么样的政府创新——对中国地方政府创新奖入围项目的评析》，《河北学刊》2010 年第 30 卷第 2 期。

② 有兴趣的读者请进一步参阅俞可平《论政府创新的若干基本问题》，《文史哲》2005 年第 4 期，总第 289 期。

创新的动因概括为三大动力，即发展型动力、竞争型动力、压力型动力。[①]

　　地方政府创新的微观发生机制的研究构成了地方政府创新动力机制研究的一个重要组成部分。有的学者从制度创新的角度研究地方政府创新的发生机制，还有的学者从组织创新、管理创新的角度研究地方政府创新的发生机制。杨雪冬、何增科等学者则试图将制度创新、组织创新和管理创新三种理论结合起来，建立一个中国地方政府创新微观发生机制或生成机制的分析框架。杨雪冬归纳出了成功的政府创新的九大因素：有能力和远见的领导者；团结协作的创新团体；周密可行的创新计划；有力的实施者；上级的认可和支持；相关机构或部门的配合和支持；当地民众的理解和参与；有利的舆论环境；创新者职位的升迁。其中创新者和上级两个因素尤为关键。[②] 何增科在借鉴国内外政府创新动力机制分析的基础上提出了一个理论分析框架，他认为成功的地方政府的决定因素如下：（1）作为创新主体的地方党政领导或相关职能部门领导的个人因素：创新者的创新意识、创新能力、创新需求、创新策略；（2）作为创新载体的创新者所领导的组织机构：充分的外部授权和组织自主程度；内部创新文化氛围；（3）创新者所处的外部环境：上级领导的认可程度、当地民众的支持程度、媒体和学术界的评价、外部竞争对手的压力。地方领导作为能动的行动者在其中处于枢纽的地位。[③]

六　地方政府创新的制度化及其持续与推广

　　地方政府创新只有上升为地方性法律、法规或固化为当地政府标准的操作程序或业务流程，才不会随着地方领导人注意力的改变或领导人的更迭而终止；地方政府创新只有上升为全国性的法律或政策，才能在全国范围内加以推广并持续下去。因此，地方政府创新的制度化对于地方政府创

---

　　① 三大动力的讨论请参阅陈国权、黄振威《地方政府创新研究的热点主题与理论前瞻》，《浙江大学学报》（人文社会科学版），2010 年第 40 卷第 4 期。
　　② 杨雪冬：《简论中国地方政府研究的十个问题》，《公共管理学报》2008 年第 5 卷第 1期。
　　③ 何增科：《深圳市社会组织登记管理体制改革的案例分析》，载俞可平主编《中国地方政府创新案例研究报告（2009—2010）》，北京大学出版社 2010 年版，第 5 页。

新的持续和推广具有至关重要的意义。[①]

　　地方政府创新的可持续性或"持续力"问题是地方政府创新研究中一个重要的理论问题。高新军通过对地方政府创新中途夭折和成功持续的一些案例的研究发现，地方政府创新的可持续性取决于以下五个因素：创新的可持续性需要能够认真执行制度的干部；要给予民众现实的能够监督和制约的渠道和手段；创新需要不断加以完善，用新的制度来加以支撑；要说服新任地方领导认识到已有创新的益处，使他们支持创新实践；要让更多的民众分享改革创新的福利，从而理解和支持政府创新。[②] 韩福国等人提出了地方政府创新持续力（local government innovation sustainability）的概念，并进而提出了影响地方政府创新持续力的九个分析变量：国家创新空间、创新动力、创新类型、政治民主、合法性、官员资源获取（升迁）、组织生存和扩张、受益人群、政府职能范围界定等。[③]

　　地方政府创新的可推广性取决于创新实践是否简便实用、高收益低成本，而一项地方政府创新卓越实践是否能够扩散和推广并不取决于创新发起实施方，而是取决于其他地方政府有无仿效的意愿和能力，或者取决于中央政府采纳或推广该项创新的意愿。地方政府创新实践的扩散和推广也需要通过在更大范围内的制度化才能实现。

七　地方政府创新的评估与奖励

　　正如俞可平教授所指出的那样，这些年来，各级党政机关对地方政府及其职能部门的改革与创新活动进行了许多评选和表彰，这无疑是必要的。但是党政机关仅有自我评价还是不够的，这些改革与创新还应当接受人民群众的评价，由具有相对独立性、专业性和非营利性的学术机构来组

[①]　对地方政府创新制度化问题感兴趣的读者可参阅王焕祥、黄美花《中国地方政府创新的可持续性问题研究》，《上海行政学院学报》2007 年第 8 卷第 6 期；王焕祥、黄美花《东西部地方政府创新制度化能力及其可持续性的实证比较》，《社会科学辑刊》2008 年第 1 期，总第 174 期。

[②]　高新军：《地方政府创新如何可持续》（上、下），《南风窗》（双周刊）2010 年第 23、24 期。

[③]　韩福国、翟仲伟、吕晓健：《中国地方政府创新持续力研究》，《公共行政评论》2009年第 2 期。

织这样的评估与奖励活动具有不可取代的独特优势。由独立的、权威性的学术机构作为第三方对政府创新行为进行评估和奖励，是世界上许多国家的普遍做法，如"美国政府创新奖"就是由哈佛大学肯尼迪政府学院承办的。①

2000 年，中共中央编译局比较政治与经济研究中心和中共中央党校世界政党比较政治研究中心联合发起"中国地方政府公共服务改革与创新"研究及奖励计划并设立了"中国地方政府创新奖"，该奖项每两年一届。2003 年后北京大学中国政府创新研究中心加入进来成为联合主办单位，从第五届开始该奖项由北京大学中国政府创新研究中心单独主办，但该研究及奖励计划核心团队成员仍保持高度稳定。

俞可平教授在吸收借鉴其他国家政府创新评估标准基础上，结合中国实际，创造性地提出了中国地方政府创新奖评选的六条标准，这六条标准的内容后来虽有所微调但总体上保持了连续性。中国地方政府创新奖的六条评选标准是：（1）创新程度：该项活动必须具有独创性，而不是机械模仿他人或照搬上级指示；（2）参与程度：这项活动必须有助于提高公民的政治参与，增加政治透明度，使公民对地方事务拥有更大的发言权；（3）效益程度：该项活动必须具有明显的社会效益，这种效益必须业已被事实充分证明，或得到受益者广泛承认；（4）重要程度：该项活动必须对人民生活或社会主义市场经济建设、民主政治和社会安定具有重要意义；（5）节约程度：该项活动必须尽量节约，不得增加受益者的财政负担，也不能为了结果不计经济成本；（6）推广程度：该项活动必须具有适度的示范效应和推广意义，可以被其他地区的党政机关、群众组织或社会团体借鉴、仿效。②"中国地方政府创新奖"评选标准的设立和评奖活动的展开，为地方政府创新树立了标杆，是中国学术界推动中国政治发展和政治进步的一个重要尝试，在一定程度上引导着中国地方政府创新的发展方向。

---

① 俞可平：《中国地方政府的改革与创新》，《经济社会体制比较》（双月刊）2003 年第 4 期，总第 108 期。

② 对"中国地方政府创新奖"评选标准和获奖项目案例介绍感兴趣的读者可登录中国政府创新网：http：//www.chinainnovations.org。

八　地方政府创新与政治合法性

对地方政府创新的意义和作用的探讨，最后都指向了政治合法性。所谓政治合法性是被统治者对身处其中的特定政权及其执掌者政治统治正当性的判定及相应的对其统治权力的自愿承认和服从。[①] 政治合法性事关政权的存亡和民心的向背。地方政府创新与政治合法性有着密切的关系。那些被称为"政绩工程"、"观赏盆景"、作秀性的所谓地方政府创新，因其劳民伤财、不具有解决实际问题的功效而降低了民众对地方政府的信任，从而削弱了地方政权的政治合法性。而那些符合现代政治文明的要求和民主政治发展潮流的地方政府创新，从其实际效果来讲增强了地方政权乃至整个政权系统的政治合法性。地方政府在政治体制、行政管理体制、公共服务体制、社会管理体制等方面进行的改革创新实践，为全国范围内推行相关的改革进行了先行的试验、探路，提供了试错纠错的机会，积累了成功的做法和经验，提高了现行政治体系的适应能力和有效性，从而增强了地方和全国政权的政治合法性。此外，地方政府创新就其实际效果来说还从多个方面或多种途径增强了地方政权的政治合法性。何增科对前三届地方政府创新入围项目的实际效果的分析表明，总的来看，地方政府创新从以下八个方面增强了当地政权的政治合法性：改善投资经商环境，促进当地经济发展；改善收入分配，推动社会公平；建设廉洁政府和透明政府，增强公民对政府的信任；提供优质高效的公共服务，满足公众对政府的需要；保障官员群体的勤政爱民、公道正派、清廉自持，增强道德正当性；推动选举民主和代议民主，增强授权来源的合法性；推进协商民主，增强决策的合理性与合法性；推动法治国家建设，增强法律合法性。何增科也提醒人们注意，政治改革类、行政改革类、公共服务类等不同类型政府创新在增强政治合法性的具体途径和实际程度上有着重要的区别。[②] 同时，符合现代政治文明要求和民主政治发展方向的地方政府创新的活跃、扩散

[①]　［美］杰克·普拉诺等：《政治学分析辞典》，胡杰译，中国社会科学出版社 1986 年版，第 82 页。

[②]　对该问题有兴趣的读者可进一步参阅何增科《中国地方政府创新与政治合法性：一项初步的经验性研究》，本文作为"导论"部分载于何增科、［德］托马斯·海贝勒、［德］根特·舒伯特主编《城乡公民参与和政治合法性》，中央编译出版社 2007 年版，第 1—35 页。

和推广，有助于地方和全国政权赢得民心，增强整个政权系统的政治合法性。

九　地方政府创新的局限性及其原因

与举办"政府创新奖"或"地方政府创新奖"的其他 7 个国家相比，我国地方政府创新奖的申报数量并不多。我国五届地方政府创新奖的申报数量是 1000 多项，而美国政府创新奖每一届的申报数量就有 1000 多项。这从一个侧面说明，我国地方政府创新若与其他相关国家政府创新相比其实并不特别活跃。我国地方政府创新很少涉足司法改革、人大改革、政协改革、中高层选举改革、民族区域自治制度、中央与地方权力划分等领域，这些领域的改革往往只有中央政府才能推动。我国地方政府创新更多的是一种地方国家层面的治理机制和治理技术创新，政治体制方面的实质性改革和突破性创新不多。地方政府创新表现出各自为战和碎片化的特征。2000 年以来的 10 年中，在公共服务类和社会管理类政府创新数量有所增加的同时，政治改革类和行政改革类地方政府创新都出现了衰减的趋势。城乡之间、地区之间、不同层级的地方政府之间在政府创新活跃程度方面发展很不平衡。[①] 不少好的地方政府创新要么胎死腹中，要么中途夭折，要么无疾而终，一些成熟的政治改革处于停滞状态。一些地方领导人片面追求政绩，搞一些带有作秀性质的所谓"创新"，华而不实、劳民伤财，或者借创新之名否定前任改革另起炉灶重开张，败坏了政府改革与创新的名声。

导致地方政府创新出现上述局限性的原因很多。概括起来，主要有如下一些原因：第一，一些领导人求稳怕乱、因循守旧，缺乏改革创新的历史责任感和胆识魄力，缺乏改革创新的整体战略和统筹规划；第二，用人导向上重用改革者善待创新者的激励机制严重不足，导致许多干部不求有功但求无过不愿改革创新；第三，试验探索先行、立法保障在后的中国式改革特征，导致地方政府创新在缺乏法律保障、抵触法律

---

① 对过去 10 年地方政府创新表现出来的若干趋势性特征，何增科做了分析。有兴趣的读者可参阅何增科《中国政府创新的趋势分析——基于五届"中国地方政府创新奖"获奖项目的量化研究》，《北京行政学院学报》2011 年第 1 期，总第 71 期。

规定情况下唯有仰赖上级领导的政治保护才能启动和持续，因此地方政府创新实践及创新者个人均面临着很高的政治法律风险；第四，创新者规避风险的"低风险取向"，延缓了改革进程，减少了突破性创新的发生几率；第五，地方政府创新具有明显的"精英驱动"特征，公众、专家学者的实质性参与明显不足，[①] 地方领导人对政府创新的强势主导既能发起改革又会导致改革挫败；第六，在缺乏上级支持甚至在遭遇职能部门出于自身利益考虑横加阻挠的情况下，地方政府创新阻力重重，容易出现"下改上不改，到头一场空"的改革走回头路情况；第七，在中央集权的政治体制下，地方政府创新的制度化若无来自上级政府及其职能部门的支持和推动，难以持续和推广；第八，民众、专家学者和媒体在缺乏深入了解、信息不对称情况下对地方政府创新实践的质疑、批评甚至否定，迫使创新者在巨大的社会舆论压力面前退缩，从而导致一些很好的地方政府创新实践受挫。

十　地方政府创新的经验教训

俞可平教授通过对"中国地方政府创新奖"收集到的大量案例的深入思考，总结出了改革开放30年包括地方政府创新在内的政府创新的10条经验教训：（1）政府创新意义特别重大，要从立党为公、执政为民的高度，高度重视和积极推动政府创新；（2）政府创新尤其需要进一步解放思想，凡是符合"党的领导、人民民主、依法治国"三者有机统一的所有政府改革创新都要大胆地试，政府创新贵在突破性的改革举措和创造性的制度改革；（3）政府创新需要有整体战略和长远战略，要有科学的设计和精心的安排，努力超越部门利益和地区利益挣脱既得利益的束缚，努力避免短期行为，实现政府创新的可持续发展；（4）政府创新需要有良好的法律制度保障以减少创新者所面临的政治和法律风险并鼓励他们进行大胆的创新，没有必要的法律制度变革，一些成熟的政治改革也会裹足不前；（5）要善于总结各级政府的改革创新经验，及时将成熟的改革创

①　对地方政府创新的"低风险取向"和"精英驱动"特征感兴趣的读者请参阅陈雪莲、杨雪冬《地方政府创新的驱动模式——地方政府干部视角的考察》，《公共管理学报》2009年第6卷第3期。

新政策上升为法规制度，从制度上解决政府创新的持续性问题；（6）各级党政领导要有高度的政治责任心和强烈的改革创新精神，上级领导部门和社会舆论要善待创新者宽容其可能的失误从而为改革者营造良好的制度和舆论氛围；（7）政府创新不能简单地一刀切，不能简单地照搬别人的经验，否则效果只会适得其反；（8）政府创新也要善于学习他人的先进经验，有些改革具有共性各级地方政府可以相互学习借鉴，这样可以少走弯路，减少成本；（9）在现行的政治框架内，各级地方政府的改革创新拥有很大的自主空间，各级地方政府完全可以从各地实际出发进行大胆的创造性试验；（10）政府创新不能搞政绩工程，切忌搞"政治秀"，社会舆论也不要以偏概全否定改革者的业绩打击改革创新者的热情与勇气。①这些从地方政府创新重视和认真汲取，从而使未来的政府创新之路更加平坦顺畅。

参考文献

俞可平主编：《政府创新的理论与实践》，浙江人民出版社 2005 年版。

俞可平：《论政府创新的若干基本问题》，《文史哲》2005 年第 4 期。

陈雪莲、杨雪冬等：《地方政府公共管理创新：经验与趋势》，吉林大学出版社 2009 年版。

何增科、〔德〕托马斯·海贝勒、〔德〕根特·舒伯特主编《城乡公民参与和政治合法性》，中央编译出版社 2007 年版。

陈国权、黄振威：《地方政府创新研究的热点主题与理论前瞻》，《浙江大学学报》（人文社会科学版），2010 年第 40 卷第 4 期。

俞可平：《应当鼓励和推动什么样的政府创新——对中国地方政府创新奖入围项目的评析》，《河北学刊》2010 年第 30 卷第 2 期。

俞可平：《改革开放 30 年政府创新的若干经验教训》，《国家行政学院学报》2008 年第 3 期。

杨雪冬：《简论中国地方政府研究的十个问题》，《公共管理学报》2008 年第 5 卷第 1 期。

陈雪莲、杨雪冬：《地方政府创新的驱动模式——地方政府干部视角的考察》，《公共管理学报》2009 年第 6 卷第 3 期。

何增科：《中国政府创新的趋势分析——基于五届"中国地方政府创新奖"获奖

---

① 俞可平：《改革开放 30 年政府创新的若干经验教训》，《国家行政学院学报》2008 年第 3 期。

项目的量化研究》，《北京行政学院学报》2011年第1期，总第71期。

（作者为中央编译局世界发展战略研究部主任、研究员，北京大学中国政府创新研究中心副主任）

公民权利

——1978 年以来中国公民权利的成长形态

肖滨　蒋红军

在汉语学术界，近十年来的公民身份研究开启了一个契合时代潮流的话题，受到法学、政治学以及社会学等学科研究者的广泛重视。其中，公民权利因其能够回应公民国家建设的现实需求，奠定社会转型的基础而受到社会各界的格外关注。然而，在新中国成立以来的政治社会变迁和跨政体比较这两个双重坐标之中，中国公民权利成长形态仍然是一个悬而未决有待深入研究的理论课题。简略地看，中国公民权利成长形态这一概念初步应该包含三个层面的内容：一是公民权利成长进路问题，即是单线的线性发展还是复式的交织发展；二是基于前者而产生的公民权利发展顺序问题；三是公民权利成长进路与发展顺序不同带来的公民权利成长均衡性问题。为此，本文借助于学界的研究和改革开放 30 多年来的中国公民权利成长的基本事实和发展脉络，从上述三个层面尝试对其成长形态的独特性展开分析，进而从公民权利这一角度透视当代中国政治的发展与转型。

一　文献回顾

（一）公民权利成长形态的一般理论研究

公民权利是现代民族—国家建设的重要基石。马歇尔（T. H. Marshall）对公民权利作了开创性的经典划分，在其脍炙人口的名篇《公民身份与社会阶级》中，马歇尔将公民权利分为民事权利[①]（civil rights or

---

①　国内有关 civil rights or legal rights 的翻译大体上有三类：公民权利、法律权利与民事权利。本文认为将此译为民事权利较为合适，这是因为公民权利的译法与更宽泛的上层概念"公民权利"（citizenship rights）容易相互混淆，而法律权利的译法则容易让人产生政治权利与社会权利不是法律性权利的误解。

legal rights）、政治权利（political rights）与社会权利（social rights），这种三分法已经被学者广为征引，推动了学界对公民问题的研究。① 在此基础上，公民权利成长形态是研究者重点关注的问题。

公民权利成长形态不仅是判断某一民族—国家如何成长为公民国家的重要面向，而且是对各政体类型或各民族—国家开展比较研究的重要指标。马歇尔和托马斯·雅诺斯基（Thomas Janoski）分别从不同的角度研究了此问题。

马歇尔以英国为经验案例，认为公民权利的三个要素按照历史顺序、线性地向前演化发展，即"民事权利归于18世纪，政治权利归于19世纪，社会权利则归于20世纪"②。尽管马歇尔并未曾设想构建一个公民权利发展顺序的普遍模式，但是相当多的学者仍然批评其公民权利理论具有很强的自然进化论色彩，并不适用于其他民族—国家。他们对于马歇尔的批评主要集中在两个方面：一是认为马歇尔对于公民权利的成长进路判断过于简单，在自然演化的线性分析背后忽视了公民权利成长进路的复杂性；二是马歇尔对于公民权利发展动力的分析是不全面的。马歇尔将公民权利视为国家仁慈之手的结果，未能将阶级斗争、社会运动乃至全球化压力等因素纳入考察。从现在的眼光来看马歇尔的研究，马歇尔的确缺乏对于公民权利发展的整体史观考察，致使其研究分析的主体相对单一，并未能进一步开展比较研究以检验其理论范式的扩展性和适用性。然而，所有的批评都未免过于严苛，马歇尔的成功不仅在于他对英国历史的有效解读，更重要的是，他开创和拓展了一个关于公民权利的初步分析框架。

托马斯·雅诺斯基则在马歇尔的权利三分法基础之上增加了参与权利，并将民事权利、政治权利、社会权利和参与权利置于三种不同的政体之中进行比较研究。他认为，"民事权利、政治权利、社会权利和参与权利的实施序列，各政体有所不同：一，自由主义国家遵循马歇尔提出的民事权利、政治权利和社会权利的渐进顺序，但在早早发展民事权利和政治权利以后，社会权利和参与权利通常停滞不前。二，社会民主国家首先发展民事权利、随后政治权利和社会权利同时发展，政治权利仅略早一点。

---

① ［英］T. H. 马歇尔：《公民身份与社会阶级》，载郭忠华、刘训练编《公民身份与社会阶级》，江苏人民出版社2007年版，第7—8页。

② 同上书，第9页。

参与权利发展在最后，但水平不低。三，传统国家先发展男子的一定财产权，但社会权利开始实施很早。政治权利及工人阶级和妇女的大部分民事权利发展晚，这些权利在大部分传统国家还于 1930—1945 年被取消。参与权利开始于第一次世界大战以后，而在第二次世界大战以后得到牢固确立"。① 雅诺斯基的分析表明不同政体的公民权利发展顺序不同，并且其对于国家政权的稳定性将产生深远的影响。然而，雅诺斯基在著作中几乎没有提到众多的共产党国家，仅将其公民权利发展顺序特征概括为："他们提供广泛的社会权利，还有若干参与权利，但民事权利和政治权利方面的记录极其贫乏。"② 事实上，以中国为例，雅诺斯基的判断不仅几乎完全不能解释改革开放之后的中国公民权利成长情况，甚至也不能很好地解释改革开放前的情况。而具体到公民权利成长的均衡性分析方面，雅诺斯基的观点仍然是比较明确地主张非均衡成长，正如其所言，"尽管有关民事权利的资料不如后三类公民权利的资料精确，但仍可以估算出一个先后顺序。看来，男子财产权的确立远远早于别的公民权利，而在自由主义国家（日本除外）出现言论自由和信仰自由也很早。"③

权利具有相当丰富的内涵，学术界试图清楚地界定其内涵，但目前对此仍然莫衷一是。④ 因而，在权利讨论和分析的基础上，马歇尔与雅诺斯基对于公民权利成长形态的分析尽管不够全面，其权利类型划分也仍处于不断发展变动之中，但是，他们为我们分析改革开放以来中国公民权利成长形态提供了初步的理论框架。为了使本文的研究更为聚焦和具有对话性，笔者在后文将主要采用马歇尔的三分法来分析 1978 年以来中国公民权利成长形态。

（二）中国公民权利成长形态初步研究的述评

从西方学者的研究成果来看，既有成果较少关注中国公民权利成长形态问题。但是，本文认为，对于中国公民权利成长形态的讨论实际上间接

---

① ［美］托马斯·雅诺斯基：《公民与文明社会》，柯雄译，辽宁教育出版社 2000 年版，第 262 页。

② 同上书，第 263 页。

③ 同上书，第 247 页。

④ 关于权利内涵的界定有相当多的理论学说，具体讨论可以参见夏勇《人权概念起源——权利的历史哲学》，中国社会科学出版社 2007 年版。

地蕴涵在西方学者对于中国公民权利发展的判断之中。西方学者对于改革开放后中国公民权利发展有两个主要观点：一是认为中国公民权利丧失了西方的政治含义，更多的是以社会权利而非政治权利而存在。迈克尔·基恩（Michael Keane）提出要重新定义中国公民身份，他认为，在整个1990年代，公共知识分子与宣传工作者都试图利用马克思主义中国化，将公民权利化约为执政党主导改革所取得的社会经济利益，这种实利主义做法减损了公民身份作为对抗国家的政治诉求机制的功能，它与国家为全民普遍福利负责的中国传统相关。此种公民权利表达变成了国家通过经济发展目标而推动民族再造的蓝图。① 二是认为前者代表西方传统观点，即中国只有经济改革，没有或少有政治改革。换言之，中国政治权利未能获得发展。然而，中国在推动经济改革以发展民事权利的同时，实际上许多重要的民间政治变革也不断涌现，促进了中国公民政治权利的发展。默尔·戈德曼（Merle Goldman）分析了"官方知识分子"与"非官方知识分子"两个团体的活动，呈现了他们从"同志"向"公民"的转变，并且指出，政治权利意识到20世纪末开始超越于知识分子的圈子，向工人、农民、被拆迁者以及宗教信徒等群体扩展。② 无论哪种观点，它们都不能反映出民事权利、政治权利与社会权利成长的全貌，自然就难以基于中国公民权利成长的完整故事来探讨公民权利成长形态的整体格局。

　　而就国内学者的研究成果来说，中国公民权利成长形态研究在近10年来呈现出多样化的探索格局，这些研究分别从不同的角度参与到问题的讨论之中。首先，研究者集中探索某种公民权利，力图在"点"的层次上反映公民权利的成长进步，总结其中的规律性特点。这方面以法学研究者对于某种具体权利如知识产权、知情权等的研究为代表。其次，研究者主要着眼于从"边缘群体"视角研究三类人群的公民权利，它们是农民的公民权利、农民工的公民权利，工人、业主及其他弱势市民的公民权利。一方面，这是因为公民权利是地方自治和民主化的基础，随着国家大力推动基层群众自治和民主治理，农民村庄、城市社区、企业工会就成了公民权利成长的三个场域；另一方面，随着中国城市化进程以及城市更新

---

　　① Michael Keane, "Redefining Chinese Citizenship", *Economy and Society*, Vol. 30, No. 1 (February, 2001), pp. 1 - 17.

　　② Merle Goldman, *From Comrade to Citizen: the Struggle for Political Rights in China*, Cambridge: Harvard University Press, 2005, pp. 1 - 4.

的加速，不仅政府试图扭转市民化落后于城市化的不协调格局，而且农民、农民工、业主及工人等群体的权利意识增长，它们开始寻求通过主体抗争扩展自身的公民权利，借此保障自身的利益。因而，农民市民化、农民工市民化等社会变迁过程为中国公民权利成长提供了现实土壤。边缘群体的权利成长研究力图在"线"的层次上反映公民权利的实证动态，彰显中国公民权利成长的多样性。这方面研究以政治学者、社会学者的研究为代表，如沈原在研究中国公民权利成长时指出，"抗争运动生产出来的正是公民权，虽然尚只是片断的、零碎的公民权：在农民，是从维护'地权'的抗争走向公民权；在劳工，是从维护'劳动权'走向公民权；而在业主或改革开放后形成的中产阶级，则是从维护自身房屋的'产权'走向公民权"①。最后，研究者从"面"的层次综合分析中国公民权利发展的整体格局和动力机制。目前这方面的研究还比较少见，褚松燕的研究较有代表性。她在《20世纪90年代以来中国公民资格权利的发展》中指出，"1990年代以来，在市场经济的发展、社会的分化和利益的多元化、社会公平问题、政府转型的大背景下，我国公民资格权利取得了一定进展：与市场经济建设相关的公民权利内容进一步发展，民主政治的实践使公民政治权利的形式和内容有所充实，社会权利的保护和发展尚处于探索之中"②。

　　然而，由于中国公民权利成长形态研究是一个新兴的课题，所以目前的研究成果仍然只能被视为奠基性的初步研究。对于中国公民权利成长形态研究而言，无论是西方学者还是国内学者，他们的初步研究成果总体上讲有两大不足，亟须深入研究。一是要强化各种公民权利之间的协调研究，改变大部分研究者主要关注社会权利较少关注政治权利与民事权利的失衡格局；二是需要继续深化对各类具体公民群体的公民权利成长形态研究，特别是将此纳入中国经济政治社会转型的大背景之下进行分析，通过这些作为"点"的公民权利成长来带动"面"的呈现。这样不仅能够反映出整个中国公民平等地位普遍化的整体性发展趋势，而且能够凸显出不同群体公民权利分布与成长的差异性格局。

---

① 　沈原：《社会的生产》，《社会》2007年第2期。
② 　褚松燕：《20世纪90年代以来中国公民资格权利的发展》，《中国政法大学学报》2007年第1期。

二 中国公民权利成长过程

1978 年以来的中国公民权利成长并非无源之水、无本之木，它脱胎于新中国成立后 30 年的中国公民权利体系。具体言之，改革开放前中国公民权利发展具备两个关键性特征：一是城市市民公民身份与乡村农民公民身份形成了二元分化结构，虽然国家在意识形态上始终强调国民平等性和无产阶级优越性，但是这种二元分化结构事实上已经演化成了等级结构，市民常被形象地称为"一等公民"，而农民则是"二等公民"。国家通过制度与政策所形成和强化的城乡边界深刻地影响着改革开放后的中国公民权利成长。二是社会权利广泛存在，法律权利和政治权利几乎不具有独立性。城市市民的社会权利由单位和国家的配给制度等给予保障，而乡村农民的社会权利则多数由人民公社的一系列制度给予保障。这一时期的社会权利是国家最为看重的权利面向，而法律权利和政治权利则发展空间十分受限，具有政治抽象意义的"群众"、"人民"等概念替代了公民个体的现实存在。因法律权利和政治权利高度依赖于国家权力和保障社会权利的一系列制度，褚松燕将其称为绞合型公民权利发展体系。[①] 改革开放后，在国家立法推动和社会抗争压力的双重作用之下，中国公民权利成长不仅逐步摆脱了绞合型状态走上复线式独立成长进路，而且伴随着政治社会秩序由以利益为基础向以权利为基础的第二次转型，公民权利的平等原则日益普遍化，中国公民权利进入一个高速成长期。

（一）民事权利发展

近 30 多年来，伴随着依法治国方略的确立，政府在立法层面出台了许多的法律法规，以此保障公民的民事权利。一方面，宪法对民事权利的规定趋于全面，各项保障民事权利的配套性法律法规也相继出台。1982 年宪法对人格权的确认是此前三部宪法所缺失的，2004 年宪法修正案则在 1982 年宪法基础上明确保护公民的合法的私有财产不受侵犯，之后我国又陆续颁布了《商标法》、《专利法》、《著作权法》、《物权法》、《国有

---

① 褚松燕：《权利发展与公民参与：我国公民资格权利发展与有序参与研究》，中国法制出版社 2007 年版，第 94—97 页。

土地房屋征收与补偿条例》等，对公民民事权利中的财产权保护更为全面。另一方面，法律条文不仅在细节上不断完善，而且增加对公民民事权利的刚性保护。新中国成立以来的四部宪法均规定了公民的住宅不可侵犯，但1982年宪法除了防御性的规定外，还对可能较为常见的侵犯公民住宅的行为进行突出的禁止性规定，如"禁止非法搜查或者非法侵入公民的住宅"。

在实践层面上，政府与公民的双向出击推动着公民民事权利发展。就政府行为而言，政府强力打击侵犯民事权利的行为，这方面的事例不胜枚举，如国家打击山西黑砖窑侵犯公民人身自由的行为、打拐专项行动打击严重侵犯未成年人权益的行为等。不仅如此，政府还专门制定专项计划以落实公民民事权利不受侵犯。2009年国务院发布了我国首个人权行动计划——《国家人权行动计划（2009—2010年）》，提出要保障人身权利、被羁押者的权利、获得公平审判的权利以及宗教信仰自由。从公民行动来看，公民开始有意识地主动维护自身的民事权利。一方面，公民以法律手段维护知识产权。近10年来著作权人与数字图书馆经营者之间的系列版权纠纷案频频进入人们的视野，充分彰显了公民财产权意识的崛起和维护自身权益的主动性。另一方面，知识精英逐步关注公共舆论，共同保卫公民民事权利。2003年孙志刚事件曝光后，在社会上掀起了对收容遣送制度的大讨论，更有学者上书全国人大常委会，要求启动违宪审查程序，审查收容遣送法规的合宪性，最终促使政府废止了侵犯公民权利的《城市流浪乞讨人员收容遣送办法》。

（二）政治权利演进

政治权利大多数属于民主权利。在我国现行宪法之中，政治权利主要包括选举权、被选举权、批评权、建议权、申诉权、控告权、检举权、取得国家赔偿权、民主管理权等。为维护人民当家作主的政治权利，改革开放以来，国家通过修改法律或者出台新的法律，力图健全民主制度，丰富民主形式，拓宽民主渠道，保障人民的知情权、参与权、表达权、监督权。以选举权为例，经过多次修正的《全国人民代表大会和地方各级人民代表大会选举法》、《村委会组织法》与《妇女权益保障法》等，力图通过较为具体的规定保障公民选举权和被选举权的真正逐步落实，并终结农民投票的"四分之一条款"，保障公民在男女平权、城乡平权意义上的政治权利。

　　除了立法保障之外，主体实践更是推动政治权利发展的主要动力。一方面，国家在中央和地方多个层面推进各类制度建设和进行各项试点，切实推动公民政治权利的进步。一是加强人民代表大会制度建设。通过建立代表持证视察制度、代表接见选民日制度、代表对原选举单位的述职报告制度等来了解人民对政府的期待，保障公民的表达权和监督权等。二是大力推动村民自治、社区自治、工厂民主等基层民主发展，大范围地践行公民政治权利。三是通过建立各种政务、村务和预算公开制度，颁布和实施《政府信息公开条例》，保障了公民的公共事务知情权和监督权。四是通过建立绩效考评制度、政府官员引咎辞职制度、责任追究机制等，既约束和规范了政府的行政管理行为，又构建了确保政府对人民承担责任的问责制度，共同防范政府对公民政治权利的侵害。五是各级地方党委和政府主动推动的选举改革，如广东省深圳市大鹏镇采取"三轮两票制"选举镇长、四川省遂宁市莲花乡和东禅镇"公推公选"党委书记等，这些改革试点都一定程度上彰显了公民政治权利，并可能成为其下一步发展的新增长点。另一方面，公民自发争取政治权利。首先，公民在基层人大代表选举中自荐参选，乃至成立竞选办公室、竞选后援会等组织，珍视自身的政治权利。这方面早在2003年便出现了北京县区人大代表选举中的舒可心事件，而在2011年5月，借助新一届区县人大代表换届选举的平台，目前已经有几十位公民表示将独立参选，并借助微博等现代技术助选。这些都彰显了公民参政意识发展。其次，公民在基层自治组织选举中维护政治权利。如在2005年4月到6月深圳市城市社区居委会换届选举中，湖北籍在深人员江山，家住深圳罗湖东晓街道办碧岭华庭，为讨要选民资格，他先后七次上法院申请立案，起诉独树社区居委会选举委员会。最后，公民自发组织起来要求更多公众参与的政务公开、预算公开。广州市财政局首开全国先河在网上公开了广州市114个部门预算，这实际上是海归博士吴君亮及其团队历时一年多争取信息公开的结果，极大地激发了公民参与公共事务的热情。

（三）社会权利成长

　　社会权利大多数都属于福利权利。改革开放以来，中国公民的社会权利变化及发展，可以从相关立法上的进步体现出来，宪法、专门法律以及国际公约加强和完善了我国社会权利的法律保障。首先，2004 年宪法修正案在现行宪法第 14 条中增加一款，将建立社会保障制度纳入到宪法之中加以强调，即"国家建立健全同经济发展水平相适应的社会保障制度"。其次，我国还修改、颁布了众多的专门法律对我国的社会权利给予法律上的保障，如《义务教育法》、《劳动法》、《就业促进法》等。最后，中国还在 1997 年正式签署了联合国《经济、社会及文化权利国际公约》。

　　进而言之，政府与民间社会的共同行动在立法保障之外极大地促进了社会权利成长。一方面，政府行动对社会权利的促进集中体现在社会政策的实施上。最近几年来，在推动建立公共服务型政府的背景下，中国政府在义务教育、公共卫生和基本医疗服务、基本社会保障、公共就业服务等领域的投入不断加大，中国社会权利方面取得巨大的进步。以社会保障权为例，"经过多年的努力，中国特色的社会保障框架体系已初步建立：基本养老、基本医疗、失业、工伤、生育五项社会保险制度基本建立并逐步完善，以最低生活保障为重点的城乡社会救助体系基本形成，各项社会保障覆盖范围不断扩大，保障水平稳步提高"。[①] 另一方面，强大的民间社会力量对社会权利的巨大诉求推动了我国社会权利成长。以就业保障权为例，民间社会发起的反乙肝病毒携带者歧视行动取得了巨大胜利。通过行政诉讼、寄送违宪审查书以及人大代表提案等多种方式，在短短数年之内，民间社会力量便推动了政府调整体检政策、就业政策及卫生政策等，从而保障了乙肝病毒携带者的劳动就业权利。

三　选择性演进：我国公民权利成长形态的讨论

　　纵观 1978 年以来的中国公民权利成长过程，其公民权利成长形态主要受到两大逻辑的双重支配，即"市场经济推动逻辑"和"政党国家改革制约逻辑"两个方面共同促成了改革开放后中国公民权利的选择性演进形态。"市场经济推动逻辑"表明了市场经济发展所带来的权利成长机遇，其不仅创造了推动权利成长的主体力量，如私营企业主呼吁保护私人财产权，而且为公民权利成长开辟了更大的发展空间。与此同时，随着市

---

　　① 《经济、社会及文化权利国际公约》及中国履约情况，http：//expo. people. com. cn/GB/12450083. html，人民网，2010 年 8 月 16 日。

场经济的发展，蛋糕进一步做大，一部分人先富起来后的分配公平问题开始出现。面对弱势群体处境艰难的社会现实，社会涌现出了争取权利的社会保护运动，公民的社会权利得以凸显。总而言之，"市场经济推动逻辑"可以解释民事权利局部性的优先扩展（如财产权）和社会权利最近开始得到重视的事实。而"政党国家改革制约逻辑"则指出了政党国家有它固有的生存逻辑：为了维护自身的统治，容易在某些方面回应、满足公民的部分权利，但在涉及其权力体系生存、运作的内核部分，它必然进行刚性的抵抗。为了政权巩固，国家遵循着党国政治的逻辑，选择性地抑制或延迟政治权利，这也是近30·多年来中国公民政治权利（尤其是选举权）发展迟滞的内在原因。

这两种解释逻辑看似有矛盾和紧张之处，但经过改革开放30多年以来的历史锤炼，它们已经完整地结合到一起，构成了学界关于"中国模式"讨论的重要支点。事实上，正是这种完整性与紧张性之间的相互嵌入，造就了中国公民权利成长形态在成长进路、发展顺序与演进格局三个方面的独特性。

（一）复式的交织式成长

综观改革开放30多年来的中国公民权利成长过程，随着我国社会主义建设事业的推进，公民的民事权利、政治权利和社会权利都取得了较大的发展，立法保障与主体实践的推动，促使中国公民权利呈现出三路交织推进的特点。

这种特点从侧面反映了中国公民权利成长进路是一种复式的交织式成长，这与马歇尔所论述的英国公民权利成长进路即单线的线性发展相异。中国公民权利成长三路推进的趋势，深刻地反映出国家重建与社会抗争之间相互构建的复杂性和独特性。然而，这并不表示个人自由、民主政治与社会平等三者背后的权利成长形态就是和谐而非紧张的。事实上，它们之间的紧张关系不仅存在于民事权利、政治权利与社会权利之间，而且存在于各类权利内部，下述两个中国公民权利成长形态的不同面向可具体印证这一紧张格局。

（二）国家主导的选择性发展

民事权利、政治权利与社会权利并不是同时发展的。三种权利在成长形态上略有先后，存在着一个国家主导的选择性策略，它们的成长形态在一定程度上可以与英国公民权利的发展时序相对应。总的来说，民事权利的实施稍早一些，始于 20 世纪 80 年代初期；政治权利紧随其后，大约肇始于 80 年代后期；而社会权利则相对更晚，最近几年才开始受到特别重视。

进而言之，中国公民权利发展顺序是一种国家主导的选择性发展。选择性发展的基本内涵在于，在民事权利、政治权利、社会权利的实施序列中，（1）民事权利中涉及经济自由的财产权利、职业选择权、公司组织权等得到了优先性的大力发展；（2）在基本实现经济自由之后，社会权利中的受教育权、家庭困难补助、社会保障等权利得到很大重视；（3）相对于经济自由，政治权利的进展总体滞后，尤其是选举权至今都没有真正在公民的政治生活中得到体现。事实上，如果我们将雅诺斯基界定的参与权利①纳入观察，就需要为其增加第四项内容，即（4）参与权利也没有明显的起步。这种选择性发展顺序深刻地凸显了公民权利内部的紧张性，更重要的是，选择性所具有的优先性和延迟性双重特点将带来非常重大的后果，对于国家政权稳定性与国家建设的前途命运产生深远的影响。

（三）非均衡发展

首先，民事权利持续发展，但残缺不全。在民事权利中，人权与公民私有财产权成长较快，然而，公民言论、出版、结社等自由，由于缺乏诸如出版法、新闻法、结社法等配套法律的保障，致使这些权利并非是切实可行的现实权利。

其次，政治权利在不同领域冷热不均，停滞很明显。一方面，公民政治权利蓬勃发展主要是在基层政治领域，而在中高层政治领域，公民的政治权利行使渠道仍然不够畅通；另一方面，由于政治体制改革明显滞后于经济体制改革，民主政治的建设仍处于初级阶段，所以许多的政治权利仅仅停留在文字上，并且停滞十分明显。

---

① 雅诺斯基界定的参与权利指的是国家为公民参与市场或公共组织等私人领域而创设的权利，它包括个人和群体通过他们对市场、组织和资本的某种监控举措，赋予自身参与私方决策的权利（参见《文明与公民社会》第 41 页）。参与权利的提出对于推进国家的经济民主具有相当重要的理论意义。

最后，社会权利发展不均衡主要体现在不同人群的权利差异。例如，由于长期城乡二元格局及户籍制度的阻碍，农村孩子的受教育权及农民的社会保障权相对于城市市民得不到充分保障。

四　结语

依据中国经验，本文初步勾画了 1978 年改革开放以来中国公民权利成长形态，其表现为复式的交织式成长进路、国家主导的选择性发展顺序与非均衡的成长格局。我们尝试使用"选择性公民权利演进"这个概念来抽象公民权利成长的三个面向，并对这段独特的中国公民权利成长过程进行概念化，试图反映出其中的本质。这种公民权利成长形态不仅从一个比较特殊的角度呈现中国近 30 多年来的社会变迁，而且为在跨政体比较的坐标下开展研究贡献了新的经验类型和理论总结。不过，在本文尝试分析探索 1978 年以来中国公民权利成长形态的整体画面之下，不同公民群体的公民权利成长具有何种的差异性和多样性，有待展开进一步的具体研究。而基于本文所论述的中国公民权利成长形态，当下中国的许多民事权利、政治权利还需要进一步落实，而不是仅仅停留在纸面文字上，如何通过相应的制度建设，弥合与修正公民权利选择性发展，使之成为实实在在的权利，这仍然是一个非常具有挑战性和富含智慧的研究课题。

参考文献

托马斯·雅诺斯基：《公民与文明社会》，柯雄译，辽宁教育出版社 2000 年版。

苏黛瑞：《在中国城市中争取公民权》，王春光、单丽卿译，王春光校，浙江人民出版社 2009 年版。

恩勒·F. 伊辛、布莱恩·S. 特纳编《公民权研究手册》，王小章译，浙江人民出版社 2007 年版。

布莱恩·特纳编《公民身份与社会理论》，郭忠华、蒋红军译，吉林出版集团有限公司 2007 年版。

郭忠华、刘训练编《公民身份与社会阶级》，江苏人民出版社 2007 年版。

夏勇：《人权概念起源——权利的历史哲学》，中国社会科学出版社 2007 年版。

褚松燕：《权利发展与公民参与：我国公民资格权利发展与有序参与研究》，中国法制出版社 2007 年版。

沈原：《社会的生产》，《社会》2007 年第 2 期。

裴宜理：《中国人的"权利"概念（上）——从孟子到毛泽东延至现在》，余锏译，《国外理论动态》2008 年第 2 期。

裴宜理：《中国人的"权利"概念（下）——从孟子到毛泽东延至现在》，余锏译，《国外理论动态》2008 年第 3 期。

王小章：《从"生存"到"承认"：公民权视野下的农民工问题》，《社会学研究》2009 年第 1 期。

Goldman, Merle, *From Comrade to Citizen: The Struggle for Political Rights in China*, Cambridge: Harvard University Press, 2005.

Keane, Michael, "Redefining Chinese Citizenship", *Economy and Society*, Vol. 30, No. 1（February, 2001）.

Murphy, Rachel. and Fong, Vanessa L., "Introduction: Chinese experiences of citizenship at the margins", in Rachel Murphy and Vanessa L. Fong（ed.）, *Chinese Citizenship: Views from the margins*, New York: Routledge, 2006.

Foweraker, Joe. and Landman, Todd, "Individual Rights and Social Movements: A Comparative and Statistical Inquiry", *British Journal of Political Science*, Vol. 29, No. 2（Apr., 1999）.

Perry, Elizabeth J. "A New Rights Consciousness?", *Journal of Democracy*, Vol. 20, No. 3（July, 2009）

（肖滨为中山大学政治与公共事务管理学院教授，副院长；蒋红军为广州大学公共管理学院讲师）

公民社会

郁建兴　周　俊

　　公民社会①概念源远流长。20 世纪七八十年代以来，受西方经济社会结构变革、东欧政治体制转型和全球化进程的影响，这一理论实现了当代复兴。中国改革开放后，一些西方学者开始讨论中国的公民社会，1989年 "政治风波" 后，这一讨论变得热烈起来。在中国，尽管有学者试图证明，早在 1980 年代后期就已开始了相关讨论②，但公民社会成为一个流行而又具争议的话题却始于 1990 年代初。1992 年，《中国社会科学季刊》创刊号发表了邓正来和景跃进的《建构中国的市民社会》一文，该文后来被视作 "中国公民社会研究的滥觞之作"，正是自此文开始，公民社会具有了 "体制外" 推进政治发展的重要意义，也逐渐成为一种理论思潮。③

　　近二十年的中国公民社会研究，在中国现代化转型的大背景中展开，旨在求解中国如何推进政治体制改革的问题。但不同时期的研究主题又表

---

　　①　Civil Society 有多种译法，本文统一使用 "公民社会" 这一表述，但在作者原文和相应的语境中使用其他译法。关于 Civil Society 不同译法的概念内涵可参见 2008—2009 年张康之和张乾友、周俊和郁建兴的讨论。张康之、张乾友：《对 "市民社会" 和 "公民国家" 的历史考察》，《中国社会科学》2008 年第 3 期；周俊、郁建兴：《Civil Society 的近现代演变及其理论转型》，《哲学研究》2009 年第 1 期。

　　②　Shu – Yun Ma, "The Chinese Discourse on Civil Society", *China Quarterly*, March, 1994, pp. 180 – 193；Baogang He, *The Democratic Implication of Civil Society in China*, London：Macmillan Press Ltd. , 1997. pp. 41 – 45.

　　③　邓正来：《中国发展研究的检视：兼论中国市民社会研究问题的设定》，《中国社会科学季刊》1994 年 8 月总第 8 期。

现出一定的差异性，我们可大致将其划分为两个阶段①。第一阶段从 1990 年代到 20 世纪末。这一阶段围绕着中国是否存在公民社会，能否建构公民社会，以及公民社会与社会主义现代化之间的关系等问题，形成了较为广泛的争鸣。第二阶段从世纪之交开始至今。这一阶段的显著特征是研究视阈大大拓展，研究方法更加多元化，对实体进展的分析与对理论模式的探讨相互促进。在第二阶段中，又可以将 2006 年作为一个时间分界点，2006 年前后的研究呈现出不同特征，但由于时段较短，特征表现欠充分，尚无法以 2006 年为界划分出新阶段。初步地讲，2006 年前，中国公民社会研究的特征集中体现在：公民社会继续作为一种理想范式被讨论和引证，"社会主义公民社会"概念被反复论证，大量实证研究成果涌现，全球公民社会理论被引入中国。2006 年后，中国公民社会研究中出现的新现象主要包括："参与式治理"成为重要话语，新的研究范式相继提出，"网络公民社会"成为研究热点，研究面临新挑战。

　　基于上述分期，本文分三部分介绍中国公民社会的研究情况。第一部分简要回顾 20 世纪 90 年代中国公民社会研究的兴起，第二部分介绍世纪之交的研究成果，第三部分介绍近五年来研究的新进展。

一　20 世纪 90 年代中国公民社会研究的兴起

　　20 世纪 90 年代的中国公民社会研究在中西方两个场域中进行。西方中国学研究者对中国公民社会的研究大致包括两种类型。一类是经验性研究。历史学者试图借用公民社会概念去观察和分析历史上的中国社会；政治和社会学者则专注于当代社会，力求解释改革开放以来的时代变革。另一类研究则侧重于理论分析，主要讨论的是公民社会理论在中国语境中的

---

　　①　关于中国公民社会研究的阶段性划分参见郁建兴、周俊《中国公民社会研究的新进展》，《马克思主义与现实》2006 年第 3 期。此外，李熠煜的《当代中国公民社会研究综述：兼论公民社会研究进路》（《北京行政学院学报》2004 年第 2 期）、周国文的《"公民社会"概念溯源及研究述评》（《哲学动态》2006 年第 3 期）和 2007 年刘振江的《中国市民社会理论综述》（《当代世界与社会主义》2007 年第 4 期）均采用了类似的两阶段论。2009 年，路鹏通过对中文重要期刊上 425 篇文章的统计分析验证了上述分期的合理性（《中国公民社会研究进程"两段论"之考证》，《经济研究导刊》2009 年第 9 期）。

正当性和有效性。① 中国学者的研究也可分为两种类型。一类是评介和探索性研究。研究者努力发现公民社会理论与中国发展的契合性，希望找到一条中国公民社会发展的特有道路。另一类是反思和批判性研究，主要追问公民社会研究中的"现代性分析框架"对中国现实的解释力，以及超越这一分析框架的可能性。

历史学研究开始于 William T. Rowe。他在对清末以来汉口的研究中指出，市民社会的各种要素在现代中国都不缺乏。② Mary B. Rankin 对 19世纪中国精英的研究认为，带有鲜明的"地方性"和"管理性"特征的"公共领域"自 16 世纪晚期就开始存在于中国。③ David Strand 对民国时期的考察得出了同样的结论。④ 该领域研究中也存在不同意见。Wakeman批评 Rowe，指出汉口行会和《申报》都不能成为中国存在过公民社会和公共领域的证据。他同样批评了其他学者，认为他们夸大了特定的中国现象。⑤

政治和社会学研究同样存在两种倾向。Mayfair Mei－hui Yang 最早提出，随着 20 世纪 80 年代的经济改革，市民社会正在中国出现，因为承担了大量社会职能的生产单位逐渐产生了自己的利益，它们能避开垂直的行政权力而与经济组织横向协商利益。⑥其后，许多学者用公民社会概念来解读 1989 年"政治风波"。比如 Clemens Stubbe Østergaard 认为，1989 年事件不仅是权力斗争的结果，也是社会变革的产物，而公民社会随着经济

① 梁治平：《"民间"、"民间社会"和 Civil Society：Civil Society 概念再检讨》，《云南大学学报》（社会科学版）2003 年第 1 期。

② William T. Rowe, *Hankow: Commerce and Society in a Chinese City*, 1796 – 1889, Stanford: Stanford University Press, 1984; *Hankow: Conflict and Community in a Chinese City*, 1796 – 1985. Stanford: Stanford University Press, 1989.

③ Mary B. Rankin, *Elite Activism and Political Transformation in China: Zhejiang Province 1865 – 1911*, Stanford: Stanford University Press, 1986; The Origins of a Chinese Public Sphere: Local Elites and Community Affairs in the Late – Imperial Period, *Études Chinoises*, Vol. 2, No. 2 (Autumn 1990), pp. 13 – 60; Some Observations on a Chinese Public Sphere, *Modern China*, Vol. 19, No. 2 (April 1993), pp. 158 – 82.

④ David Strand, *Rickshaw Beijing: City People and Politics in 1920s China*, Berkeley: University of California Press, 1989.

⑤ Frederic Wakeman, Jr., the Civil Society and Public Sphere Debate: Western Reflections on Chinese Political Culture, *Modern China*, Vol. 19, No. 2 (April 1993), pp. 108 – 138.

⑥ Mayfair Mei – hui Yang, Between State and Society: The Construction of Corporations in a Chinese Socialist Factory, *Australian Journal of Chinese Affairs*, No. 22 (July 1989), pp. 31 – 60.

改革在前几年就已经开始发展了。① Craig Calhoun 认为天安门广场已经成为一个公共讨论的场所，只不过仍是初生的，其发展需要制度化。② 另外一些学者则质疑和批评上述观点。Philip C. C. Huang 认为乐观的研究者们忽视了对中西传统的区分性考察，夸大了 80 年代市民行为、民间结社以及 1989 年 "政治风波" 对于民主的意义。③ Dorothy J. Solinger 认为在城市经济改革中，政商之间相互竞争、谈判和共谋，改革甚至没有带来国家与社会的分离。④ 持同样意见的还有 Andrew Walder，David Kelly 和 Baogang He 等人。⑤

　　西方的早期讨论拉开了中国公民社会研究的序幕，并奠定了概念基础和研究思路。但到 20 世纪 90 年代初，西方的研究渐趋平淡。这主要因为 1989 年 "政治风波" 后政府加强了社会控制，许多西方学者对公民社会的乐观期待基本没有实现，从而对公民社会理论的中国适用性产生了 "健康的怀疑态度"⑥。直到 90 年代中后期，中国政府逐渐还权于社会，西方的中国公民社会研究才又活跃起来。这一时期的研究虽然基于极为不同的现实背景，但所回答的问题和主要研究路径仍然与前期相似。研究者仍然试图在中国变革中寻找 "公民社会"，而其中的一个重要判别依据是民间组织是否有足够的自主性和独立性。比如 Baogang He 认为，其实民

　　① Clemens Stubbe Østergaard, Citizens, Groups and a Nascent Civil Society in China: Towards an Understanding of the 1989 Student Demonstrations, *China Information*, Vol. 4, No. 2 (Autumn 1989), p. 28.

　　② Craig Calhoun (ed.), *Habermas and the Public Sphere*. Cambridge, MA: The MIT Press 1992, pp. 1 - 48. 持类似观点的学者还有 Thomas B. Gold, Martin K. Whyte 等。Thomas B. Gold, The Resurgence of Civil Society in China, *Journal of Democracy*, Vol. 1, No. 1, Winter, 1990, pp. 18 - 31; Martin K. Whyte, Urban China: A Civil Society in the Making?, in Arthur Lewis Rosenbaum (ed.), *State and Society in China: The Consequences of Reform*. Boulder: Westview Press, 1992, pp. 85 - 87.

　　③ Philip C. C. Huang, The Paradigmatic Crisis in Chinese Studies, *Modern China*, Vol. 17, No. 3, July 1991, pp. 299 - 341; Philip C. C. Huang, "Public Sphere / Civil Society in China?", *Modem China*, Vol. 19, No. 2, April 1993, pp. 216 - 40.

　　④ Dorothy J. Solinger, Urban Entrepreneurs and the State: The Merger of State and Society, in Arthur Lewis Rosenbaum (ed.), op. cit., p. 121.

　　⑤ Andrew G. Walder, The Political Sociology of the Beijing Upheaval of 1989, *Problems of Communism*, Vol. 38, No. 5, September—October 1989, pp. 30 - 40; David Kelly and Baogang He, Emergent Civil and the intellectuals in China, in Robert F. Miller (ed.), *The Developments of Civil Society in Communist Systems*, Sydney: Allen and Unwin, 1992.

　　⑥ Heath B. Chamberlain, Civil Society with Chinese Characteristics?, *the China Journal*, No. 39, Jan. 1998, pp. 69 - 81.

间组织并无意独立于政府，它们或者为了生存和发展"牺牲"自主性，或者试图从内部去改变国家结构或政策，他提出"准公民社会"的概念以解释这种现实。① B. Michael Frolic 提出了"国家引导的公民社会"概念，强调国家对社会的主导性。②

90 年代初，中国公民社会研究的主战场开始转向中国大陆。1992 年，《建构中国的市民社会》一文首先形塑了一个解决中国现代化问题的社会范式。③ 文章不仅明确了公民社会的二分意义，确立了国家—社会关系的"良性互动论"，而且提出中国公民社会发展应经过"先分立后参与"的"两阶段论"。这些定位奠定了后续中国公民社会研究的基调。

1993 年，《中国社会科学季刊》总第 3 期上发表文章评介公民社会理论，讨论中国历史文化传统与建构公民社会的关系问题。④ 紧接着，总第 4 期召集了"市民社会与中国"的主题研讨。谢维和认为社会资源流动与社会分化构成了中国市民社会的客观基础，陈嘉明介绍了黑格尔的市民社会理论，何增科评述了葛兰西的市民社会理论，方朝晖分析了市民社会与资本主义国家合法性之间的关系。⑤ 随后，总第 5 期、第 7 期上陆续发表了系列文章，围绕着市民社会的基本理论、在中国建构市民社会的可能性和基本道路等问题展开了热烈讨论。⑥ 同一时期，俞可平在《天津社会科学》上提出研究社会主义市民社会的重要性⑦；方朝晖在《中国社会科

① Baogang He, *The Democratic Implications of Civil Society in China*, London: Macmillan Press Ltd, 1997.

② Timothy Brook and B. Michael Frolic, *Civil Society in China*, New York: ME Sharpe, 1997.

③ 邓正来、景跃进：《建构中国的市民社会》，《中国社会科学季刊》1992 年 11 月总第 1 期。

④ 邓正来：《市民社会与国家：学理上的分野与两种架构》，蒋庆：《儒家文化：建构中国式市民社会的深厚资源》，《中国社会科学季刊》1993 年 5 月总第 3 期。

⑤ 谢维和：《社会资源流动与社会分化：中国市民社会的客观基础》，陈嘉明：《黑格尔的市民社会及其与国家的关系》，何增科：《市民社会与文化领导权：葛兰西的理论》，方朝晖：《市民社会与资本主义国家的合法性》，《中国社会科学季刊》1993 年 8 月总第 4 期。

⑥ 这些文章包括邓正来的《台湾民间社会语式的研究》；夏维中的《市民社会：中国近期难圆的梦》；萧功秦的《市民社会与中国现代化的三重障碍》；童世骏的《"后马克思主义"视野中的市民社会》；景跃进的《"市民社会与中国现代化"学术讨论会述要》，《中国社会科学季刊》1993 年 11 月总第 5 期；朱英的《关于中国市民社会的几点商榷意见》；施雪华的《现代化与中国市民社会》；邓正来的《中国发展研究的检视：兼论中国市民社会研究问题的设定》，《中国社会科学季刊》1994 年 5 月总第 7 期。

⑦ 俞可平：《社会主义市民社会：一个新的研究课题》，《天津社会科学》1993 年第 4 期。

学》上提出要超越公民社会的洛克传统和黑格尔传统①，中国公民社会研究呈现出繁荣之势。

大陆学者的研究是在论争中展开的。以"良性互动论"者为代表的一方对在中国建立一种特殊类型的公民社会信心十足，质疑者则难以相信在背负沉重历史传统的中国能够建立起任何一种公民社会。然而，虽然存在理论分殊，"良性互动论"显然是支配性的研究范式。它一方面鼓舞着和谐政社关系理论和现实的发展，另一方面却导致了对理论张力和现实冲突的忽视，无助于提升公民社会理论的中国解释力。

1994 年，中国公民社会研究迎来了第一场自我反思与批判。这一年，邓正来发文指出，中国市民社会研究正面临着"现代化的范式危机"，这意味着中国市民社会研究在某种意义上是在承认西方现代化对中国传统的两分界定的基础上进行的，忽视中国自身发展的经验对于形成中国市民社会品格的可能性。② 1996 年，邓正来撰文进一步批判中国市民社会的研究路径，认为研究没有回答它当初预设的理论和现实问题。1999 年，方朝晖总结 90 年代的中国"市民社会热"，也认为这一研究中的最大误区就是"想在西方现代化道路中找到对中国来说可以模仿的东西"。③ 自我反思和批判虽并非对既往研究的否定，但它有力地显现了研究中的结构性问题，也指出了继续研究的可能方向。

二　世纪之交中国公民社会研究的发展

世纪之交中国公民社会研究表现出不同于前期的显著特征。这一时期，构建公民社会理论的中国范式是重要目标，同时，在仍被沿用的两分范式之外，哈贝马斯意义上的三分范式日益占据重要地位，相关的第三部门研究成为主流话语。

1990 年代中期开始的反思和批判，使建构中国式公民社会理论的任务显得更为迫切。"社会主义市民社会"虽然并非一个新概念，但在这一阶段作为一种可欲求的新范式被反复讨论。何增科撰文介绍了基恩的

---

① 方朝晖：《市民社会的两个传统及其在现代的汇合》，《中国社会科学》1994 年第 5 期。

② 邓正来：《中国发展研究的检视：兼论中国市民社会研究问题的设定》，《中国社会科学季刊》1994 年 8 月总第 8 期。

③ 方朝晖：《对 90 年代市民社会研究的一个反思》，《天津社会科学》1999 年第 5 期。

"社会主义市民社会"理论①，王兆良等提出我国社会主义市民社会应具有自觉性、非对抗性和终结性特征②，郁建兴分析了市场经济与市民社会之间的辩证关系③。"社会主义公民社会"试图回答"把西方语境中形成的公民社会观援引到中国，可能会出现根本不适用的情况"④这一质疑，但是，究竟什么是"社会主义公民社会"，怎样才能建成它，这些问题都没有得到实质性回答。

中国公民社会研究范式的新发展还体现在对"良性互动论"的推进上。郁建兴指出，可以通过"国家在社会中"这种新的分析取向来解读"良性互动论"⑤，因为国家与社会都不是固定实体，在相互作用过程中，它们的结构、目标、支持者、规则和社会控制都会发生变化，它们在不断的适应当中互相转化和互相构造。治理理论同样是"良性互动论"的重要理论补给，它以公民社会理论为基础，试图回答公民社会行为体如何与国家合作共治的问题。与治理高度相关的社会资本理论和协商民主理论，都认为国家—社会可以从事一种"非零和博弈"，这在某种程度上证明了"良性互动论"作为一种可操作性理论的合理性。

然而，中国公民社会研究范式的发展仍然有限，这一阶段并没有出现强有力的解释性或建构性理论模式，但是，新范式研究所必需的范例研究在这一时期获得了大发展，隐含了新方式产生的可能性。

1996年邓正来阐发过范例研究的重要性。⑥2000年，他本人发表了研究三家民营书店运作机制的论文，为中国市民社会案例研究作出了范例。⑦而此一时期，农村村民自治、城市社区自治、公共领域以

---

① 何增科：《市民社会、社会主义与社会主义市民社会：八、九十年代以来国外市民社会研究述评》，中央编译局网站 http://www.cctb.net/zjxz/xscgk，2006年2月23日下载。

② 王兆良、朱梅福：《简析市民社会与市场经济的关系：兼论社会主义市民社会的特征》，《安徽农业大学学报》（社会科学版）2000年第4期。

③ 郁建兴：《社会主义市民社会的当代可能性》，《文史哲》2003年第1期。

④ 托马斯·海贝勒、诺拉·绍斯米卡特：《西方公民社会观适合中国吗？》，《南开学报》（哲学社会科学版）2005年第2期。

⑤ 郁建兴、吴宇：《中国民间组织的兴起与国家—社会关系理论的转型》，《人文杂志》2003年第4期。

⑥ 邓正来：《国家与社会：回顾中国市民社会研究》，《中国社会科学季刊》1996年夏季卷（总第15期）。

⑦ 邓正来：《市民社会与国家知识治理制度的重构：民间传播机制的生长及其作用》，《开放时代》2000年第3期。

及非政府组织快速发展，形成了范例研究的丰富土壤。范例研究在不同的领域从不同的角度开展了，其共同之处在于，研究者们一般选取国家、市场与公民社会三分的理论模式，实证的考察和研究主要集中于介于国家与市场之间的第三部门，尤以非政府组织（NGO）的研究最为集中。

中国的第三部门研究兴起于 20 世纪 80 年代，从一开始，它所关注的是与政府和营利组织相对应的第三类组织实体，研究主要基于组织社会学视角。90 年代中后期开始，原来在政治哲学层面从事规范研究的公民社会研究者转向从政治社会学角度进行实证研究，组织社会学研究也开始关注非政府组织与国家和市场的关系问题，双方找到了理论的契合点。① 这时，第三部门研究才拓展领域，涵盖了从村民自治到非政府组织的广泛内容，成为公民社会理论的重要组成部分，并且在短时期内获得了迅速发展。

以非政府组织研究为例。90 年代中期以来，大量的个案研究涌现，代表性的研究有：康晓光对希望工程的研究（1997—1999 年），杨团对天津鹤童老人院（1998 年）和上海罗山会馆（1999—2000 年）的评估研究，丁元竹对志愿者组织的研究（1998—2000 年），日本国家交流中心（JCIE）毛受敏对中国环境 NGO 的研究（1998—1999 年），《中国发展简报》主编高扬对在华外国 NGO 的调研（1998—1999 年），王名等人对改革开放以来民间非营利组织基本情况的调研（1999—2001 年），余晖等对行业社会的研究、郁建兴等对温州商会的研究等。② 在研究成果方面，徐永光主编的第三部门研究丛书是其中的代表。这一系列研究包括 10 大课题，覆盖了与第三部门有关的主要研究领域、角度和方法，包括募捐、资助、激励机制、监督机制、法律环境、文化功能、效益评估、转型期发展

---

① 何增科主编《公民社会与第三部门》"导论"，社会科学文献出版社 2000 年版，第 1—2 页。

② 王颖等：《社会中间层：改革与中国的社团组织》，中国发展出版社 1993 年版；康晓光：《创造希望》，漓江出版社、广西师范大学出版社 1997 年版；丁元竹：《中国青年志愿者协会》，联合国区域发展中心、清华大学 NGO 研究中心，2000；王名主编《中国 NGO 研究：以个案为中心》，联合国区域发展中心、清华大学 NGO 研究中心，2001；余晖等：《行业社会及其在中国的发展：理论与案例》，经济管理出版社 2002 年版；郁建兴等：《在政府与企业之间：以温州商会为研究对象》，浙江人民出版社 2004 年版。

模式、发展历史、国际比较等。①

一方面，范例研究必然依赖于强大的理论资源。对非政府组织的个案讨论建立在前期及同期众多的理论研究成果的基础之上。比如公共领域理论、社群理论、交易费用理论、治理理论等都为范例研究提供了理论滋养。另一方面，范例研究也必将促进公民社会理论的发展。在非政府组织研究中，研究者们关注的理论问题主要集中于非政府组织与政府关系，以及与公民社会的关系。就前者而言，"社会中间层"理论、"官民二重性"理论等成为重要的解释模式。就后者而言，大量研究成了"良性互动论"的有力支撑。②

但是，由于各个范例研究的方法论和研究框架异质性很强，它们在丰富公民社会视角的同时，难以形成整合。邓正来曾对中国早期公民社会范例研究如此评价：现阶段的研究还不足以丰富到能够充分挖掘对中国与西方社会的本质性差异，进而在此基础上构建出适用于中国的"市民社会"概念，形成中国本土的"市民社会与国家"的分析性理论模式。③ 这种评价同样适用于世纪之交的研究，或者说，"公民社会"作为"解释框架"，只是一种政治理念的张扬；它作为"现实存在"，又是一种对现实存在的发掘与演绎，这两者在当前的中国仍然互相脱节。有鉴于此，范例研究需先抖落附着在西方理论母体身上的一系列固有理念。

需要指出的是，中国公民社会研究长期在一个封闭的场域中进行。但是，这一阶段，随着全球化进程加剧，国际非政府组织进入中国，国内非政府组织对外交往更频繁，中国公民社会研究的视野不断扩大。一些学者开始关注公民社会的"全球化"问题，全球公民社会的研究逐渐兴起。其中，何增科对全球公民社会进行了较全面的介绍，郁建兴、周俊详细评介了国外的理论研究，蔡拓等人在国际政治视野中对全球公民社会和全球

---

① 这套丛书包括《规制与发展：第三部门的法律环境》、《权力的转移：转型时期中国权力格局的变迁》、《多元与统一：第三部门国际比较研究》、《动员与参与：第三部门募捐机制个案研究》、《事业共同体：第三部门激励机制个案研究》、《自律与他律：第三部门监督机制个案研究》、《生命的历程：重大社会事件与中国人的生命轨迹》、《村落中的"国家"：文化变迁中的乡村学校》、《捐款是怎样花的：希望工程效益评估报告》、《政府与企业以外的现代化：中西公益事业史比较研究》，共 10 册，每册由不同作者独立完成，由浙江人民出版社 1999 年出版。

② 以上案例分别参见张鸣、孙艳红《政府的作为与民间社会的成长：以河北 F 县调查为个案》，《华中师范大学学报》（人文社科版）2005 年第 1 期；贺东航：《现代化进程中国家与社会关系的重新定位：对晋江模式的一个尝试性解答》，《经济社会体制比较》2005 年第 4 期。

③ 邓正来：《国家与社会》，载张静编《国家与社会》，浙江人民出版社 1998 年版，第 291页。

治理开展了研究。[①]

三　近五年来中国公民社会研究的新进展

2006 年后的中国公民社会研究既延续着上一阶段的主要特征，又出现了一些新现象，主要体现在：对社会组织参与的研究日益丰富，新分析范式被提出，出现了网络公民社会研究热潮，研究面临新的挑战。

公共治理的快速转型为公民社会的本土化研究带来了新契机。多位研究者揭示了治理转型与社会组织发展的共生关系。比如周俊等认为，社会管理体制变革为社会组织提供了广泛的参与空间；[②] 王诗宗的研究指出了治理转型中社会组织参与的现实性；[③] 王名、王浦劬等的论著提供了政府购买社会组织服务的多项案例。[④] 此外，多篇论著关注到了抗震救灾、扶贫、社会救助、艾滋病防治等具体领域中社会组织的积极参与。[⑤] 最为直

---

① 以上内容分别参见杨友孙和胡淑慧《全球化与全球市民社会的兴起》，《河南师范大学学报》2002 年第 6 期；胡学雷《全球市民社会与国家：一种功能分析》，《欧洲》2002 年第 1 期；刘贞晔《国际政治视野中的全球市民社会：概念、特征和主要活动内容》，《欧洲研究》2002 年第 5 期；蔡拓和刘贞晔《全球市民社会与当代国际关系》（上、下），《当代国际关系》2002 年第 12 期、2003 年第 1 期；何增科《全球公民社会引论》，载李惠斌主编《全球化与公民社会》，广西师范大学出版社 2003 年版；袁祖社《"全球公民社会"的生成及文化意义》，《北京大学学报》2004 年第 4 期；郁建兴、周俊《全球公民社会：一个概念性考察》，《文史哲》2005 年第 5 期。

② 周俊、郁建兴：《行业组织参与社会管理：基于温州商会的研究》，《中共宁波市委党校学报》2009 年第 3 期。

③ 王诗宗：《治理理论及其中国适用性》，浙江大学出版社 2009 年版。

④ 王名、乐园：《中国民间组织参与公共服务购买的模式分析》，《中共浙江省委党校学报》2008 年第 4 期。更为丰富的对购买服务的研究参见王浦劬、萨拉蒙等《政府向社会组织购买公共服务研究：中国与全球经验分析》，北京大学出版社 2010 年版。

⑤ 对社会组织在抗震救灾中的作用研究如王名主编《中国非营利评论（第 3 卷汶川地震专辑）》，社会科学文献出版社 2008 年版；贾西津《震灾中的民间力量》http：//www. sinoss. net/2009/0427/12579. html，2011 年 5 月 17 日下载。对社会组织参与扶贫的研究如张高陵《社会组织在社会扶贫中的作用》，《社团管理》2011 年第 1 期；匡远配《中国民间组织参与扶贫开发：现状以及发展方向》，《贵州社会科学》2010 年第 6 期。对社会组织在社会救助领域中作用的研究如尚晓援《公民社会组织与国家之间关系考察：来自三家非政府儿童救助组织的启示》，《青年研究》2007 年第 8 期；肖莎《社会组织在社会救助事业中的参与：合作与互动》，《中国浦东干部学院学报》2010 年第 5 期。对社会组织在艾滋病防治中的作用研究如辜嵘等《国家艾滋病防治社会动员项目实施成效与社会组织参与项目活动的探讨》，《中国艾滋病性病》2009 年第 2 期；王学工、马铁成《非营利组织在防治艾滋病中面临的困境及对策分析》，《中国艾滋病性病》2007 年第 4 期。新近关于社会组织作用的综合考察可参见吴玉章主编《中国民间组织大事记（1978—2008）》，社会科学文献出版社 2010 年版；康晓光、冯利主编《第三部门观察报告（2011）》，社会科学文献出版社 2011 年版。

接讨论社会组织参与之于中国公民社会发展意义的研究集中于汶川地震之后。一些学者认为，地方政府在赈灾中认识到了社会组织的作用，开始与中央一样采取利用和赋权社会组织的态度①；相反的意见认为，政府对地震中社会组织的"容忍"并没有促成地方政府与社会组织建立伙伴关系②；一项大陆和台湾灾后 NGO 发展的比较研究则认为，与台湾相比较，大陆还没有形成公民社会③。

"参与式治理"研究试图基于案例建构社会参与的理论模式，是范例与范式研究的结合，比如王敬尧对中国社区治理的研究，赵光勇对杭州市民参与的研究。④ 但是，这一研究多体现为对当下的关怀，未能回答当社会仍然为行政所吸纳⑤时，参与的终极意义何在这一问题。值得注意的是，有学者新近强调"社会自治"和"社会自我管理"的概念⑥。他们尽管不一定自觉地将"自治"概念与中国公民社会相关联，但对这些概念的强调表明，广泛存在"参与式治理"虽不必然增进自由和权利，但它能在某种程度上增强社会自治能力，而自治正是西方公民社会的核心传统之一。可见，"参与式治理"的继续发展既需要有清醒的本土意识，又需要对西方理论更深入的解读。

寻找新的理论范式以解释政社关系是近年来一些学者的努力。2006年，Caroline M. Cooper 在对中国西南环境 NGO 的研究中提出，没有比

---

① Jessica C. Teets, Post – Earthquake Relief and Reconstruction Efforts: The Emergence of Civil Society in China?, *China Quarterly*, No. 198, 2009.

② Amy E. Gadsden, Earthquake Rocks China's Civil Society, *Far Eastern Economic Review*, June 2008; Peter Ford, China Quake: From Rubble, Civil Society Builds, *The Christian Science Monitor*, No. 10, May 2009; Jiang Wenran, Little Openness in China's Progress: Positive Developments in Wake of Earthquake Have Failed to Yield Reforms, *Edmonton Journal*, No. 16, May 2009.

③ Britton Roney, Earthquakes and Civil Society: A Comparative Study of the Response of China's Nongovernment Organizations to the Wenchuan Earthquake, *China Information*, 25 (83), 2011. The online version of this article can be found at: http://cin. sagepub. com/content/25/1/83。

④ 王敬尧：《参与式治理：中国社区建设实证研究》，中国社会科学出版社 2006 年版；赵光勇：《治理转型、政府创新与参与式治理：基于杭州个案的研究》，浙江大学公共管理学院博士学位论文，2010 年。

⑤ Kang Xiaoguang and Han Heng, Government Absorbing Society: Further Probe in to the State—Society Relationship in Chinese Mainland, *Social Sciences in China*, Summer, Vol. IX. No. 2. 2007.

⑥ 任剑涛：《"社会管理"应还社会以自治秩序》，《南方都市报》2011 年 3 月 27 日；俞可平：《更加重视社会自治》，《人民论坛》2011 年第 6 期。

"依赖和距离"更恰当的词来概括政府与环境 NGO 的关系了①。Cooper 认为，政府与环境 NGO 间已经形成了一种相互依赖的关系。其后，Teh - chang Lin 等推进了 Cooper 的观点，提出了"复杂的相互依赖"理论②。几乎在同一时期，政社间的相互依赖也为国内学者以不同形式加以表述。郁建兴等人发表多篇论著③，提出了中国公民社会"在参与中成长"的分析范式，他们对温州商会的研究表明，参与公共治理是商会发展的良好契机，在参与中政府逐渐增强了对商会的依赖。因此，中国公民社会的发展应跳出"先分立后参与"的西方式思维，走一条在参与中发展的道路。这些分析范式努力抖落西方范式的阴影，基于本土经验创造中国公民社会的理论言说方式④，给了中国公民社会成长的希望。

网络公民社会研究近年来发展迅速。大量关于网络舆论的经验性研究出现，研究者们试图回答"网络公共领域"、"网络公民社会"是否存在等问题。Zheng Liu 认为"两会"博客非常接近理想的公共领域⑤；黄丽娜在对"华南虎事件"的分析中提出"网络公共领域"正在形成⑥。相反的意见则认为，具有批判意识和理性思辨的网络舆论并不多见，政治意识支配着网络舆论的发展⑦，理想的公共领域的形成需要基于一定的原则⑧。对"网络公共领域"的讨论形成了一定的争锋，但在"网络公民社

---

① Caroline M. Cooper, "This is Our Way In": The Civil Society of Environmental NGOs in South - West China, *Government and Opposition*, Vol. , 41, Issue 1, Winter 2006. pp. 109 - 136.

② Teh - chang Lin, Jean Yen - chun Lin, The Environmental Civil Society and the Transformation of State - Society Relations in China: Building a Tri - level Analytical Framework, *Pacific Focus*, Vol. XXⅡ, No. 2, Fall 2007. pp. 113 - 139.

③ 郁建兴、周俊：《公共事务治理中的公民社会》，《二十一世纪》2008 年 4 月号；周俊、郁建兴：《中国公民社会的温州模式》，《浙江社会科学》2008 年第 4 期；郁建兴、江华等：《在参与中成长的中国公民社会：基于浙江温州商会的研究》，浙江大学出版社 2008 年版。

④ 景跃进：《在西方范式与本土经验之间：郁建兴等的温州商会研究经历的方法论启示》，《中国社会科学辑刊》2009 年秋季号。

⑤ Zheng Liu, *Propaganda, Grassroots Power, or Online Public Sphere? A Study of the Weblog for the NPC and the CPPCC Session in China*, MSc Dissertation, London School of Economics, 2007.

⑥ 黄丽娜：《论正在形成的网络公共领域：以"华南虎"事件为研究个案》，《西南交通大学学报》（社会科学版）2008 年第 5 期；胡泳：《在互联网上营造公共领域》，《现代传播》2010 年第 1 期；胡泳：《众声喧哗：网络时代的个人表达与公共讨论》，广西师范大学出版社 2008 年版。作者提出的原则包括营造社区归属感、灵活决定匿名政策、保持平等、鼓励慎议、培育良好的公共话语。

⑦ 罗坤瑾：《网络舆论与中国公共领的建构》，《学术论坛》2010 年第 5 期。

⑧ 胡泳：《博客的私人性与公共性》，《二十一世纪》2009 年 4 月号。

会"的问题上，学者有较高的共识。比如郑永年认为，互联网增强了公民社会和国家的能力，并影响两者之间的互动关系；[1] 杨国斌等认为，网络产生了新的政治行动方式，网络公民社会已经崛起。[2]

网络公民社会研究捕捉到了技术变革对中国社会的重大影响，开启了新的理论视野，丰富了中国公民社会研究，但这一研究还有待在理论基础的多元化、研究视角的丰富和研究方法的创新等方面加以推进[3]。

最后要提及的是，2009 年初，北京大学和清华大学的公民社会研究团体就中国已"进入"还是只是"迈向"公民社会发生了争论[4]。从争论内容来看，双方的分歧并非来自于对中国国家—社会关系的现实判断，而是来自对何为公民社会、如何判断公民社会的存在等基本理论问题的判断。这表明，一方面，中国公民社会的理论研究与经验研究之间的沟壑仍然显著[5]。许多研究者在缺乏基本共识的前提下，匆匆以各自眼界评判现实，而无意通过对话加深共识，这种做法显然不利于研究的整体发展。另一方面，在缺乏理论共识的情况下，任何一种对现实的解释都可能是乏力的，也难以指导现实，不利于国家—社会关系的现实发展。

后一方面的问题在当前表现尤为突出。2010 年底，深圳市提出要"探索社会组织与公众广泛参与的公共治理模式，率先建立现代公民社会"。这一提法引人关注。2011 年初，"公民社会"被有关部门规定为不

---

① Yongnian Zheng, *Technological Empowerment：The Internet，State，and Society in China*，California：Stanford University Press，2008.

② Guobin Yang, *The Power of the Internet in China：Citizen Activism Online*，New York：Columbia University Press，2009；Guobin Yang, The Internet and Civil Society in China：a Preliminary Assessment，*Journal of Contemporary China*，August 2003，12（36），pp. 453—475；杨国斌：《互联网与中国公民社会》，《二十一世纪》2009 年 8 月号。持类似观点的还有师曾志、杨伯溆《网络媒介事件与中国公民性的建构》，载程曼丽编《北大新闻与传播评论》（第三辑），北京大学出版社 2007 年版，第 235—255 页；学民：《网络公民社会的崛起：中国公民社会发展的新生力量》，《政治学研究》2010 年第 4 期。

③ 郁建兴、刘大志：《互联网与中国公民社会研究：反思与展望》，《哲学研究》2011 年第 5 期；《网络理性何以可能？对"超大"论坛的案例研究》，《浙江社会科学》2011 年第 4 期。

④ 高丙中、袁瑞军：《导论：迈进公民社会》，载《中国公民社会发展蓝皮书》，北京大学出版社 2008 年版，第 1 页；王名：《民间组织的发展及通向公民社会的道路》，载王名主编《中国民间组织 30 年：走向公民社会》，社会科学文献出版社 2008 年版，第 52 页。

⑤ 邓正来：《关于"国家与市民社会"框架的反思与批判》，《吉林大学社会科学学报》2006 年第 3 期；《生存性智慧：对中国市民社会研究既有理论模式的检视》，《吉林大学社会科学学报》2011 年第 2 期。

能炒作的概念。有论者甚至提出，在加强和创新社会管理过程中，要"防止误信、误传甚至落入某些西方国家为我们设计的所谓'公民社会'的陷阱"。这向中国公民社会研究提出了诘问，如果真如一些学者认为的那样，2008 年是"中国公民社会的元年"，那么，中国公民社会为何至今连基本话语权都不存在？如果跳出"元年"之争，那么，我们应该如何解释近些年来中国社会的巨大变化，如何将这些变化与对公民社会的言说相联系或相区分？

今天，越来越多的人沉浸于对"公民社会的想象"之中，规范性讨论近乎淹没于各式各样空洞的经验研究之中。这或许是当前"公民社会"遭遇尴尬的重要原因。面对挑战，中国公民社会研究亟须作出选择，首要的是，研究者应撇开偏见，加强对话，共建理论平台，夯实学术基础。

（郁建兴为浙江大学公共管理学院教授兼副院长，浙江大学公民社会研究中心主任；周俊为华东师范大学公共管理学院副教授，浙江大学公民社会研究中心研究员）

网络公民社会

吴　强

随着冷战结束、全球"公民社会"的复苏，公民社会的概念最早经由亚历山大和邓正来引入中国，开始改变世人对中国的国家与社会关系的认识。但在 20 世纪的最后十年里，公民社会始终处于模糊不清、摇移不定的状态，无论在学界还是对公众而言，公民社会的发展都更像一个"被过滤的概念"而已（Metzger 1998）。20 世纪 90 年代至今，围绕公民社会愈益热烈的讨论或者个案发掘并不代表公民社会的渐进成熟，遑论国家—社会关系的根本改变，虽然这一改变可能从公民社会概念的引入那一刻就已经开始。不过，90 年代末逐渐兴起的互联网终结了公民社会的这一不确定状态，以一种全新的"网络公民社会"出现在中国的社会政治生活中，开始对中国公众的政治参与、乃至国家—社会关系产生着深刻的影响，附加互联网或者网络等前缀修饰的公民社会也因而成为 21 世纪初中国政治发展的最新术语。

一　公民社会的概念化

在 civil society 概念引入的二十余年中，学界以及公众对公民社会的过度概念化很大程度上造成人们对公民社会在中国发展的乐观估计，当互联网为主的"虚拟公民社会"出现之后，这一盲目乐观又转换为怀疑论，影响了人们对网络公民社会以及当下政治发展性质的认知。所以，在解释网络公民社会之前，有必要先行梳理公民社会在中国的概念化过程及其后果，如此方可能正确理解网络公民社会的政治学意义。

回到冷战结束的历史转折点，波兰团结工会和自由知识分子团体在苏东集团的崩溃过程中发挥了巨大作用，随后 Cohen and Arato 于 1992 年出

版的《公民社会与政治理论》重新唤醒了人们对公民社会的记忆。Cohen
and Arato 循着"黑格尔—葛兰西"的思想线索，第一次在理论上肯定了
"政治性公民社会"对民主化的历史性贡献。受此影响，90 年代初期的中
国研究中，对 80 年代自由知识分子团体、学生运动、民主墙运动、地方
工会和工人团体等"政治性公民社会组织"的关注成为主流（如 Chan
1996，He 1996）。当然，基于 1989 年后的政治威权化发展，海外学界
（如 Brook and Frolic，1997）对中国公民社会的前景普遍持悲观态度。多
年之后，这种悲观论调仍然可见，在海外中国问题研究领域延续着对新兴
网络公民社会的忽视。

　　另一方面，Foley and Edwards（1996）及时提出了"公民社会Ⅱ"和
"公民社会 I"的划分，将公民社会与民主化这对概念的关系尝试性地做
了切割。公民社会 I 即托克维尔意义上的传统公民社会，主要包括志愿性
市民团体，被认为是保证民主运转的重要条件。同期，帕特南（R. Put-
nam，1993，1995）对意大利北部公民社会组织的研究和美国民主衰落的
探讨，进一步支持和加强了公民社会与民主两者紧密关联的论点，在学术
界和国际社会产生了一大批理论追随者。而公民社会Ⅱ，指的是团结工会
式的政治性公民社会，强调国家—社会间的对抗关系，关心公民社会组织
如何才能激发对国家的反抗意志和力量。Booth and Richard（1998：781）
则继续扩展，所有暴力性、对抗性，但并非必需的反专制团体行动都被单
独划入"公民社会Ⅲ"。在当时看来，后者可能走得太远，但随着 21 世
纪反全球化运动的高涨、反全球化的激进暴力组织的涌现，在 70 年代激
进"左"翼组织逐渐没落之后，再度表明"自治"、"公民社会"等托克
维尔意义上的保守概念已经被社会运动快速发展的现实迅速改造，昭示着
另一种民主形态的到来。

　　对 90 年代下半叶的中国社会而言，几乎任何"社团性"的自我组织
都被学界看做公民社会出现的积极迹象，由此甚至产生中国公民社会一夜
之间形成的幻觉。这一阶段，邓正来与亚历山大编译引介了欧美正在热烈
讨论中的公民社会概念和理论，在后 1989 时代的中国学界激起虽不激烈
却持续性的讨论，直至今天，公民社会也逐渐成为替代革命话语，或者国
家中心的民主化话语，转向从国家—社会间关系重构、推动有限度政治改
革的主要理论资源（如俞可平，1999，2000）。其中，围绕着公民社会还
是市民社会或者民间社会的争论，梁治平等从中国传统社会和旧的中国学

研究（Sinology）中寻找公民社会的本土资源，试图通过"去政治化"的处理，寻找托克维尔意义上的自由主义公民社会的理论空间。这一理论尝试合乎整个 90 年代浓重的"去政治化"社会气氛，以及学界在此气氛下出现的"国学热"和"本土化"转向，推动了部分自由主义学者向儒家传统的回归（如蒋庆等），也包括了从现存政治空间里发掘"法治本土化资源"（如苏力）。通过彻底放弃公民社会与国家的对抗性张力、然后确证去政治化的"民间社会—传统思想"的理论力量，这一保守主义转向最终催生了结合两者的保守主义，如汪晖（2008：1484）根本拒绝社会—国家的二元划分，鼓吹中国传统儒家思想特别是近代思想中蕴涵着同时包容国家与社会的现代性创制，即晚清"创制"的"国家组织及其社会的同一性"（此既是造成晚清民族冲突的根源，也是相对于黑格尔的国家主义—欧洲中心世界历史观的抗拒），从而根本消解了黑格尔的市民社会理论以及葛兰西的后续发展对今日中国的意义。

另一方面，80 年代的政治体制改革虽然颇为曲折，却也留下了宝贵的政治遗产：从 1987 到 1989 年末通过的多项法案，如"村民委员会组织法"（试行，1987）、"基金会管理条例"（1988）、"社团登记与管理条例"（试行，1989）、"城市居民委员会组织法"（1989）等，为 90 年代之后的公民社会成长创造了有限但是宝贵的制度空间。

90 年代的市场经济改革在市场和国家之间创造出一个相对宽松的新空间，产生了两个引人注目的发展，很大程度上影响着今天人们对中国公民社会的总体看法：其一，自 1993 年"自然之友"在北京草创后，1995 年联合国第四次妇女大会（北京）为中国社会引入了"非政府组织（NGO）"概念，在 1999 年之前相对宽松的政治气氛中诞生了第一批中国的非政府组织，吸引了不少仍然怀抱社会理想的知识分子，主要集中在环境和妇女领域，开创了规模虽小但是相对独立的且与国际公民社会接轨的中国 NGO 群体，直到今天也堪称发育中的中国非政府组织部门的代表，被认为是中国社会与政府关系变化的重要指标（参见 Howell，1995；Kang，1997；Ma，1998；Saich，2000；Wang and He，2004）。

其二，1992 年后全面市场经济改革浪潮下，在自由主义的市场概念指导下，中国领导层有意推进"社会中介组织"的建设，各类政府机构和事业单位自办和挂靠的社会团体大量增加，其中大部为"官营"协会，也有不少民间协会通过"挂靠"方式登记成立，至 1999 年底，全国就有近20万个登记在册的社会团体，规模"庞大"。这一基于可统计的符合官方定义并获准登记的"社会团体"所取得的爆发性增长，为国内外观察中国公民社会的学者带来极大鼓舞，被称为中国的"社团革命"（Wang and He，2004；高丙中等，2008）。其中较有代表性的，一批私营企业家协会如温州（Chen and Ma，2003，2004a，2004b）和烟台（Foster 2002）等地的私人商会组织，及其与"党国领导社会体制"的互动，受到海外学者的关注（Unger，1996）。其次，80年代末兴起的气功组织（Chen 1995）、校友会、老乡会（Whyte 1992）和老干部、知识分子群体的联谊、悼念活动等（Mazur 1999）所谓自发的"民间组织"，在90年代去政治化的气氛中令人惊讶地快速成长，相当程度上改变了中国的城市空间，也很快引发了国内学界的研究热潮。

同时，1998到1999年，中国政府为准备入世而签署了两项联合国人权公约后，公民权利概念引入，进一步扩展了公民社会的权利和民主内涵，相关讨论的中文文献随后井喷式出现，公民社会的概念开始被学界普遍接受，并以表面上"庞大的第三部门"为主体，中国公民社会似乎一夜之间如雨后春笋般成长起来，为当时理论界的民主化憧憬开辟了一条新的道路（俞可平，2002）。从21世纪初至今，公民社会已经事实上成为学界联系政府部门、推动民主与治理创新的先导性概念，比80年代的政治体制改革的提法更明确、更系统，被积极应用在基层选举和民主研究、治理改善和民主深化等多项领域（如何增科，2000，2007），比如对地方商会和民间组织的研究后来转向基层治理和基层民主创新（郁建兴等，2008）。

不过，1999年5月发生的法轮功事件和随后行政当局采取的严厉管制、重新登记与整顿的措施，清晰地表明"党领导社会"的基本格局并未改变。在至今尚未松动的社团登记条例的环境下，大部分社团为党政机构直接干预或者进行社会管理的代理人，缺乏起码的自治性和志愿性，充其量只能算作政府支持或资助的组织，或称GONGO，无论理论上还是实际社会生活中都难以代表中国的公民社会主体，遑论存在一个有意义的国家与社会合作的法团模式。尽管直到最近几年仍有部分学者坚持这一规模性发展代表着中国公民社会随自由经济增长的发展（如Ma 2003），却忽略了在"排斥性"登记社团条例下其中大部分只是对党政机关依附性极强的GONGO，也难以在概念对等的意义上谈论公民社会在党国体制下的政治参与，如环保 NGO 参与公共决策、NGO 与政府相互购买服务、外来工参与地方治理等（如贾西津，2008），相关案例似乎更接近"偶发性的政府组织的公民参与"。

2004 年乌克兰爆发橘色革命后，理论界先前对中国公民社会的幻觉和热情以及在民主化建设与公民社会之间的理论联系，加剧了当局对公民社会组织特别是相对独立的非政府组织可能导致"颜色革命"蔓延的忧虑。不仅一些接受过敏感国际组织资金的爱知行等组织受到压力，其他较深卷入维权运动的 NGO，如公盟、益仁平等组织，在最近两三年里也多次常常面临税务、印刷品、经营许可等多方面的调查。如果仅从这些规模有限、却享有较高社会声望的 NGO 所面临的艰难处境来看，中国公民社会的现状和发展前景都不容乐观。

二 网络公民社会的兴起

中国互联网用户从 1998 年的 100 万到 2010 年超过 5 亿，虚拟社会空间的急剧扩张根本改变了中国的社会结构：经过十余年的互联网技术的发展、用户群落的扩大和网络的结构化和社会运动的网络化，一个网络公民社会正在形成，并对中国的政治参与发生着深刻影响。

所谓网络公民社会，指贯穿于中国过去十数年间互联网发展过程中，基于其网络化的社会政治效应所形成的公民社会形态。就结构而言，包含三层含义：第一，网络指的是计算机网络，在此基础上形成公民社会的公共空间和网络结构，即基于互联网的公民社会。互联网的技术发展最早始于美国军方资助，从 70 年代开始发展，直到 80 年代才逐渐推广应用，初期的互联网只限于电子邮件、远程数据库和简单的交互论坛等，中国的第一封电子邮件写于 1987 年，但直到 90 年代初浏览器的诞生、BBS、邮件组等应用迅速扩展，特别是 1998 年用户突破 100 万之后，互联网在中国的网络才开始具备社会网络化的意义：一个"多对多"的传播方式、高度分布式的"赛博空间"（cyberspace）初步形成了著名互联网专家 Howald Rheingold 在 1993 年预言的"虚拟共同体"。

在中国互联网发展的最初十年，甚至到现在，这一虚拟共同体因为其虚拟空间的特性还常常被人怀疑，以为难以与公民社会相提并论，充其量只是一个虚拟的公民社会。不奇怪，保守的判断或者社会的保守性，通常不是基于无知，就是基于对社会变化的迟钝，或者思维与交流的惰性，这可能是面对面交流有限、非面对面交流趋于单向度的社会之通病。但是互联网传播技术创造的是一种"真实的虚拟"（real virtuality），如卡斯特所说，这种虚拟性的本质只是"社会差异化的表达"［Castells，（1996）2000：402］，表达着大众对共同体和公民社会的交往方式的渴望。当互联网技术发展进入交互性极强的社会性媒体也就是 Web 2.0 时代之后，大概很少人再怀疑互联网虚拟性的现实意义：无论是网游群体、QQ 用户群，还是论坛上的网友，通过互联网的连接和交流，都在这种"真实的虚拟"中进行着"自我参照的自我类别化的集体定义"，即意大利社会学家 Melucci（1996：77）定义的"identization"——类同化。他们的存在基础既是互联网公共空间的讨论和交往，也是彼此间最大范围的认同，特别是以政治、社会、IT、爱好等议题为中心的"类同化"，从总体上构成一个与现实社会认同迥异的"网民"（netizen）群体。

第二，在中国严厉管制媒体和舆论的环境下，从 90 年代末到 21 世纪的最初十年，互联网交流技术的大规模应用将网络公民社会塑造成中国唯一有效的公共舆论空间。尽管这一空间的公共性随着互联网管制的加强逐渐削弱，但在初期基本上零干预的环境下，1998 年"思想的境界"等早期思想类网站奠定的互联网自由主义文化基调贯穿始终，更重要的是，大量有着良好教育的普通公民在赛博空间找到了互联网作为公共表达的方式，他们自发地创建大量的时政性和思想性公共 BBS 论坛，积极参与讨论。在 1998 到 2005 年的数年间，以 1998—1999 年的反美浪潮、2003 年孙志刚事件为标志，聊天室和论坛的激烈讨论与评论，通过不断转发，包括门户网站、非论坛网站和传统媒体网站的转发，形成了一个强大的网上舆论，相当程度上反映了在受控条件下网络舆论的兴起对中国公共舆论的直接影响（Lagerkvist，2005）。相比被动的学术性民意调查、受到严厉管制的传统媒体上的舆论或者传统体制内有限的民意表达机制，如单位内的职代会、干部任选评估、基层选举等［见唐文放（2005）2008］，网络舆论的不断刷新无疑代表了一种有着充分广泛性、即时性、冲击性和逐渐形态化的"网络民意"，形成中国当下几乎唯一的公开化的、主动的有效民意表达机制。尽管其中可能存在不确定的"民粹主义"倾向，比如 1999 年 5 月 8 日南海撞机事件后的"网络民族主义"高涨（Li and Qin，2001），但也被认为是"中共丧失了对民族主义话语讨论的霸权"（Cries

2004），与总体上认为互联网促进了中国"网络公民社会的兴起"的评估（Yang 2003）并不矛盾。

事实上，2006 年后 Web 2.0 技术的逐渐发展，网络视频、个人博客和社交网站的大量涌现，特别是 2008 北京奥运会后 Twitter 和新浪微博的出现，使得"网络民意"愈益汹涌，充斥着各类地方性事件的公共议程，往往互联网舆论一起，传统媒体即循迹而至，很大程度上左右了传统媒体话语方向。无论是群体性事件，如瓮安事件、石首事件、保定"我爸是李刚"事件、宜黄事件等，还是公共安全事件，如王家井煤矿灾难、南京乙烯爆炸、汶川地震、上海静安火灾、三鹿奶粉事件等，或者仅仅有关地方官员诚信的问题，如陕西"周老虎"事件、南京"周久耕"事件、广西"艳情日记"事件、河南"过路费"事件等，网络舆论都对地方管治当局乃至中央政府、宣传机构等构成了直接挑战和巨大压力。

第三，网络公民社会不仅意味着互联网络基础上的新公共空间，更重要的还在于这一公共空间的出现所对应的社会结构转型。与哈贝马斯曾经谈论的在 16—17 世纪欧洲公共领域出现的背后是资产阶级和知识分子的上升不同，中国网络公共空间的形成首先意味着"计算机网络作为社会网络"的结构化效应，驱动网络公民社会从"真实的虚拟"转向"真实的社会"。不同于早期欧美互联网络化的过程——很大程度上以早先社会网络为基础进行的扩展，中国网络公民社会的出现是最初以匿名方式通过网上讨论重建网下社会网络的过程，无异于先将现实网络虚拟化，进而在激烈的讨论中趋向网下聚会，建立个人和群体联系，重组现实网络。事实上，21 世纪最初几年中国互联网论坛的发展就经历了这么一个以关天论坛为核心的网下聚会的热潮，奠定了中国网络社会的组织网络基础，也改变了现实社会的结构。在这一从网上到网下的网络化过程中，网下关系和社团化的发展却呈非组织化倾向。相比正式的 NGO 或社团，从互联网交往中发展出来的网络社团是非正式的，成员相互间只保持着松散联系，只在个人之间尤其是网络的圈子成员间却保持着密集的网络交往，形成一个符合社团本来社会学意义的——维持相互交往关系的网络意义的"社团"，而非法律意义上的社团。

在结社管制、NGO 发展缓慢的环境下，这种非组织化网络社团的出现也影响了现实社会的结构本身。仅仅第一代互联网模式下，万维网的超文本链接、BBS 论坛、邮件组等特性，多对多的平等交往模式、海量信息

和高度分布式网络节点的存在，已经在足够用户规模下可能生成一个
"多重接入、多重连接、多重决定"的"变态分层"（heterarchical）的网
络系统（Kontopoulos，1993：55），改变原有的真实社会"单一中心、树
状网络、层级式的"社会网络结构。对中国 NGO 的研究表明，互联网时
代甚至改变了中国 NGO 的生成过程和网络化过程，很多新兴 NGO 完全嵌
入互联网，NGO 之间的横向网络生长也改变了 NGO 部门的内部结构，使
其内部高度依赖少数资源分配型组织的层级结构演变为多中心的"变态
分层"网络（Wu 2008）。

三　网络参与和管制

　　从中国网络公民社会的上述三层面结构可以看出，这样一个全新形态
的公民社会的形成过程本身就是一个全新的政治参与过程，或曰网络参
与。民主体制下通常的公民政治参与主要指参与选举投票、参与政党活
动、参与工会活动、参与公共决策、参与公民社会活动等各类政治行动和
政治表达。中国现有政治制度内，公民的政治参与相当有限、非常态化，
主要以参加执政党和数目固定的民主党派的例行组织活动的方式进行政治
参与，部分企事业单位的职代会、工会也保留一定程度的活动，城镇居委
会选举和农村自治是主要的基层参与。尽管如此，在地方层次，近年来基
层社会政治生活中政治参与的创新有所突破：温岭地区创造的民主协商制
度，当地部分社会精英能够在通常的"两会"体制外参与地方公共决策；
杭州的财政预算公开制度也颇受各方肯定。

　　但是，与这些有限度开放公民政治参与的"政治创新"相比，网络
公民社会的主动政治参与可谓一场"革命"，只是这场进行中的革命还远
远未被充分认识，甚至很大程度上还被当做洪水猛兽一般的异端。网络公
民社会的上述三层结构——互联网虚拟共同体、公共空间和社会网络，实
际上展示了一个体制外政治参与的动态发展过程，分别对应于认同重建、
公共讨论和社会运动三个方面。

　　首先对比公民社会 I、II、III。在托克维尔意义上的公民社会 I 形态
下，公民的个人交往收敛于地方性的公民社会组织，公民或者公民社会组
织之间的跨地域联系都须克服相当的成本，这种面对面交往的共同体更适
合于发展地方自治意义上的公民参与，也因此更多依赖于公共媒体的表达

平台和发行网络。这样的公民社会网络可能在政党动员的情形下成为公民参与政党政治的重要渠道，也可能经由公民社会联盟的方式被动员参与社会运动，形成北美式的社会运动产业化。而政治化的公民社会 Ⅱ、Ⅲ 形态，基于国家—社会间的对抗关系而建立的公民社会，公民的政治参与更多地体现为反对派样式的集会与街头示威，甚至街头暴力行动，与培养惯习性、常规化的政治参与仍有距离，以至于波兰的民主转型成功之后，团结工会的工会意义丧失，波兰的普通公民重新回归政治冷漠。

相形之下，中国网络社会的形成和持续过程中，尚未朝对抗性的社会—国家间关系发展，而以竞争性的社会—国家关系为主，政治参与样式的体制外与体制内兼容并存。换言之，如前述中国公民社会现状以及网络公民社会所发展的独立公共空间两者共同反映的，并非波兰20世纪80年代后极权主义下的社会—国家对抗，也与南美民主转型前普遍的合作主义威权模式不同。一方面主体由国家建立或控制的大量"社团"根本无从谈起社会与国家的合作，充其量是作为党国体制在市场经济条件下对社会实现控制和管理的代理人；另一方面规模极小的独立 NGO 部门基本上秉持去政治化的公益主义立场，也无从谈起与国家的对抗。此种背景下，过去十几年发展的网络公民社会所代表的是相对独立的公共空间的成长，自由主义色彩浓厚，从始至终在寻找和扩张威权环境下的对话可能，总体上以意见表达作为主要的政治参与方式。

具体来说，与传统共同体的面对面交往不同，以互联网交流技术为基础的网络公民社会的交流依赖远距离的表达，表达行为以及交往的维持过程中，寻找认同与强化差异并存，即所谓的类同化。因为，在相对自由的交流中，任何的话语表达都具有德国社会学家卢曼所定义的交流两面性：引发赞同或反对；同时，如此"真实的虚拟"世界在交流持续和反思中趋向反映并且放大社会的差异化。在现实生活缺乏社会组织的充分发育以反映社会差异，比如阶级差异或者政治差异（如政党结构）的情形下，网络公民社会首先就构成一种相对现有社会现实的差异本身；其次，网络公共空间的话语讨论势必趋于光谱化，即"类同化"的认知光谱体系，远比社会现实来得丰富、激烈和冲突；更可能因此产生新的网络意见领袖和网络知识分子，作为去组织化的网络公民社会的代表。结果，任何"网民"的参与就演变成对互联网意见领袖的批评和赞同的表达，日常的互联网对话就演变为每天刷新的选举辩论和宪法创制，极大影响着社会现实的合法性认知。

当然，就表达形态而言，这种参与往往以极其简单的方式呈现，如操作键盘 Cont—C 加 Cont—V 两个动作就能完成一次粘贴和拷贝，将自己的文章或者喜欢或反对的他人文章（帖子）复制到 BBS 论坛或私人网志（博客）上。在此基础上，21 世纪初以来，这种表达性的网络参与逐渐延伸，沿中国网络公民社会的三层结构集中在三层面常规化的政治参与：

第一，网络意见领袖群体的形成。通过网络辩论、写作和批评造就了一群或者一代的新网络知识分子，如王怡、陈永苗、赵辉（莫之许）、冉云飞、赵静（安替）等，他们的积极表达很大程度上可以视为中国互联网或网络公民社会的声音或者网络民意的代言人。

第二，从网上到网下的聚会（沙龙）和饭局。从 2001 年兴起的"关天茶舍"论坛的全国性网下聚会开始，到 2010 年上海马陆艾未未工作室拆迁聚会，包括读书会和饭局这两种最普遍的方式，中国网络公民社会大大发展了所谓"真实的虚拟"的"虚拟共同体"，不间断地在缺乏结社自由的社会空间内创造着另类的结社方式。

第三，网络维权运动的兴起。孙志刚事件既是中国维权运动的转折点，也是网络公民社会积极介入维权运动以及更大范围社会运动的一个里程碑。特别从行动主义的角度，网络公民社会的兴起不仅意味着 NGO 结构的多中心化、互联网化，而且改变了中国社会运动的抗争形态。

事实上，从 20 世纪 90 年代后期开始，中国网络公民社会的兴起平行于维权运动的发展，并在推动社会的网络化过程中逐渐形成以维权运动为中心的社会运动或者抗争运动的主要领域，这与欧美同时期发生的以"赛博民主"（cyber - democacy）为主要特征的网络公民社会及其政治参与样式有着很大区别。早在 2003 年孙志刚事件之前，互联网上以联署公开信发起网上请愿的行动就有多次，此后至今，互联网发起的公开信和请愿行动从未间断。随着 Web 2.0 社会性媒体的发展进一步扩展为形式多样的"赛博行动主义"（cyberactivism），其中不仅包括各种在线行动，如网络围观（包括跟帖搭楼）、网上捐款、网络通讯社与网络记者、网上调查（人肉搜索）（Yang 2009），更发展了一些极富现实冲击力的线下行动，如在场报道、实地调查、公民记者、记录拍摄等形式，利用各种社会媒体随时与网络公众保持信息、视频和音频的互动。这些充分利用社会交互媒体的个人化行动，根本改变了传统社会运动的组织化形态，以网络公民社会的"去组织化"彻底改造了社会运动的行动方式，事实上也使得大部分有意保持去政治化姿态的 NGO 从一度的社会运动中心沦为社会运动的边缘。

例如，2008 年瓮安事件中，公民记者佐拉（周曙光）第一时间深入瓮安现场并在个人博客和相册上发布见闻，成为外界了解事件真相的重要的第一手材料；2009 年汶川地震后，著名艺术家艾未未亲自组织赴川查找、整理遇难儿童名录，并按生日逐日公布在推特（Twitter）上，保持了公众对汶川地震遇难者的持续关注；在 2009 年邓玉娇事件中，网友屠夫（吴淦）只身闯过地方政府设立的隔离线，也避开了传统媒体所受的报道禁令，第一时间实时探访到邓玉娇本人，产生巨大的网络反响，为邓玉娇本人的无罪化判决起到关键作用；在 2010 年广州番禺垃圾处理厂抗议事件中，网友北风（温云超）在抗议现场与推特（Twitter）网友的及时互动。

如此种种政治参与的行动主义，都不单纯是网上行动，而更多地结合了网上与网下的行动，从而在以社会监控为主的"不在场政治"之外，网络公民社会依靠 Web 2.0 社会性媒体的高度个人化和分布式的存储，创造了一种"高度可在场"的"共时政治"参与模式（吴强，2011），彻底改变了网络公民社会的所谓虚拟性，导致网络公民社会对社会运动的深度介入，也使得维权运动很大程度上已经演变为以互联网为基础的社会运动。

从理论上说，这些政治参与的形式或行动主义，绝大部分都明显在法定框架和既有诉求管道内进行，即所谓"吸纳型抗争"，但上述相关案例大部分落入当局的调查和防范之中，不少活动分子身陷囹圄，从而凸显体制外政治参与和监控政治之间的紧张性质，表明吸纳型抗争所依赖的现有法定框架和诉求管道正在被人为关闭。虽然体制外网络公民社会的成长以及相关网络民意影响力的激增并非有意演变成社会—国家的对抗态势，却也被管治当局视为"逾越型抗争"而欲加控制。

所以，北美社会运动理论家麦克亚当等人对吸纳与逾越型抗争的划分（McAdam et al. , 2001：7 – 8）可能并不适用中国的网络公民社会和社会运动的状况，难以采用"规则遵守"（rule – making）与"规则破坏"（rule – breaking）的社运分类，（因为）是否遵守既有规则并不构成社会运动的空间及合法性基础。换言之，对于过去十数年来逐渐成长、表面上声势浩大的维权运动来说，其真正的"吸纳空间"极其有限，无论是否存在网络公民社会的介入，基本上呈现为"逾越型抗争"的形态，也就是广泛意义上的抗争运动。同时，上述网络公民社会的政治参与是在未获得平等参与权条件下的自发构建和行动创新，具有很强的反威权性质。

显然，中国政府与网络监管机构已经认识到，网络民意所内含的草根（基层）正义诉求直接挑战现有治理模式和统治政权的合法性，或者说，公民社会与国家的分离、公民社会的成长本身就意味着对管治本身而非规则的挑战。因此，网络公民社会的对话主体并不限于地方政府或者具体事件，而基于网络空间的这一抗争主义的公共性，其影响远远超出地方甚至国土疆界。因此，近年来，各级地方政府、各政府部门都试图主动占领或者控制网络公民社会，积极干预网络舆论的全过程，监控网下结社的活动，谋求兼容性的对网络空间的社会管理创新，防范"颜色革命"从互联网空间爆发。

一方面，管治当局试图从强化对互联网的治理入手。中国已经建立了一个复杂的网站内容审查系统在实时操纵门户网站的议题设置，监控着所有境内网站的任何言论，以致 2008 年后中国境内网站数量开始大幅下降，仅 2009 年一年就减少了 132 万个，年降幅 41%（CNNIC，2011/1/19）。另一方面，整个党国体制也在试图积极地应对网络公民社会的崛起，采取主动手段占领赛博空间，除了 21 世纪初全面打造"e - government"之外，尤其重视利用 Web 2.0 手段，建立政府微博，主动开辟互联网空间内公民参与对话的新渠道，试图将网络舆论与交流纳入官方主导的对话机制和话语体系中，而努力"排挤"自发性的网络公民社会，手法与大规模创建官方资助的社团（GONGO）相似。

因此，从 2003 年孙志刚事件触发中央政府废止"收容审查条例"后，在网络民意与中央政府之间只能观察到隐形对话，并无实质性或建设性的国家—社会关系的明显改变。比如，在过去十年来逐渐成长、表面上声势浩大的维权运动领域，管治当局采取了排挤式的社会管理模式，如同早先 NGO 所倡导的"维权"、"社会服务"、"志愿主义"等社会介入方式被当局吸纳，先后由党政事业单位建立多个地方性"农民工维权"、"妇女维权"机构，鼓励建立社区"非营利社会单位"，在北京奥运会期间通过共青团动员起大批"志愿青年"等，即哈贝马斯意义上"社会的国家化"或"国家的社会化"［哈贝马斯，（1990）1999：13］。除此之外，只余下少部分温和派社会运动人士所主张的合作主义/法团主义（corporatism）派别。他们以"建设性"或"理性"为号召，如"公盟"许志永所关注的上访模式和《南方周末》资深评论人笑蜀（陈敏）所倡导的"理性维权"，在实践中注意与管治当局的配合性互动，也注重学习网络公民社会的政治参与模式。例如，艾未未团队的"独立调查"和"随时对拍"两种行动模式被著名学者于建嵘借鉴，在2011年初浙江的钱云会事件中推动成立"公民观察团"，春节期间又在新浪微博发的"解救乞儿随手拍"行动，与稍早公安部进行的全国范围内打击拐卖儿童的专项治理行动相配合，创造了合作主义的网络维权样式。

四 展望

网络公民社会作为过去二十年来中国政治的一个关键词，其发展首先建立在知识界对公民社会概念和理论的密切关注的基础上，没有这一多少带有幻觉的概念化过程，很难想象网络公民社会形成过程中的共识基础。更重要的，自互联网在中国用户从1998年突破100万到2011年超过5亿，一个"真实的虚拟"空间已经形成，并且随着用户规模相对人口的扩大、互联网交流技术的升级和网络公民社会的兴起转变为一个与真实社会政治体制相平行的空间。

当然，在这以互联网为中心的社会结构化过程中，另一个较早普及、拥有更多用户的网络——手机（移动电话）的网络的作用也不可忽视。截至2009年12月，利用手机上网的用户超过2.33亿，占网民总数的60.8%，到2011年初中国的手机用户已经突破8亿，并且随着3G手机网络的普及，2011年底手机上网的用户可能突破4亿，这一趋势表明互联网网络正在与手机网络发生大规模重合。只是，作为社会网络的复制，手机网络强化了克服远距离的模拟面对面交流，也加速了社会网络范围内的短消息传播，从而增强了社会网络本身的结构功能，能够在一定范围内发挥重要作用。如2001年菲律宾"人民力量Ⅱ"反对埃斯特拉达总统的行动中，手机和短信发挥了关键的反对派集结作用，行动中的菲律宾中产阶级也因此被称为"精灵暴民"（smart mobs）（Rheingold 2003）；相互间缺乏现实交流、仅保持"弱关系"的中国珠三角青年打工者，可能借助所谓"低端"的手机网络克服被流水线生产、倒班、集体宿舍、大量实习工等半军事化生产、生活制度所隔绝导致的面对面交流和结社的缺乏，组织起底层工人阶级的社会网络（Qiu 2009）。但是，虽然邱林川观察到的这一网络在 2010 年中国广东日、韩资工厂的工潮行动中得到了验证，因为缺乏互联网的"虚拟性"，珠三角的工人网络仍然停留在现有社会网络的网络化，最多在手机网络的意义上代替了工会或者工会网络而复苏或重建了"工人阶级"的阶级意识与行动，如果缺乏与互联网的重合，仍将被隔绝在整个网络公民社会之外。事实上，2010 年珠三角工潮的蔓延，恰恰印证了更大范围内互联网传播和网络公民社会、网络参与的力量：对这些手机网络或地方性社会网络的参与者来说，手机网络与互联网络在手机应用中的重合可能才是工人阶级主动克服所谓"数字鸿沟"的革命性变化。

更为革命性的变化则出现在互联网进化到 Web 2.0 时代，由 Twitter、Facebook、微博等社会性媒体产生的共时性政治，强化了 Web 1.0 时代的互联网作为公共空间的传统，凸显共时性的现实政治意义，意味着直接民主的体现和以直接民主为意义的民主参与。当权利在场的聚集与直接民主结合，实现某种程度的社会团结，就不仅意味着个人权利，更意味着一个公共政治空间从虚拟社区向现实政治的扩展（吴，2011）。

总之，如何认识这些参与行动与环境的关系，如何认识中国公民社会的状况特别是网络公民社会的意义，需要超越社会现实本身，上升到康德所说的结构。如同舍勒（Searle）对社会现实的定义，既是主观的又是客观的，这个新兴的公民社会形态也同样，既是虚拟的，也是真实的。在这一个真实的"平行空间"里，互联网社会学家卡斯特所抽象的"真实的虚拟性"赋予了任何虚拟性——无论表达还是行动——以丰富的真实性本身，即在互联网空间的言论和行动的基础上，而非平等的参与权利基础上，赋予了"网民"作为公民的政治参与的可能和一个"抗争型的公民社会"，或可定义为"公民社会Ⅳ"。

然而，这一在福柯眼里被管治当局看做"他者"的新兴公民社会样式，与国家间的紧张关系可能类似于哈贝马斯所论及 17—18 世纪的欧洲公民社会形成之初与君主政权间的紧张，却已经打破了内部与外部之间绝无交流、无共同语言的状态。认知上理论界的公民社会讨论与网络空间公共话语的形成并存、网络公民社会集体行动的抗争与管治当局对体制外政治参与的管制并存，这大概是近十年来中国社会和政治最为显著的结构性变化。例如，在对抗争集体行动采取紧密控制以及更广泛意义上对社会不满实施控制的警察秩序下，中国网络公民社会正在经历向推特政治的转变，包括反威权主义者的聚集、异见性政治性话语表达以及对分散抗争行动的介入；参与高度政治性话语讨论的 Twitter 的中文活跃用户整体上也可因此被类别化为新的系统分化——"推特异见者"（Twittering Dissidents）。特别是，当 2011 年初突尼斯、埃及爆发了以"推特革命"推动的"茉莉花革命"之后，中国网络公民社会和网络参与或许正处在一个关键的十字路口，公民社会与国家、网络与管制、参与和吸纳的关系发展将影响中国社会政治发展的未来方向。

参考文献

高丙中、袁瑞军主编《中国公民社会发展蓝皮书》，北京大学出版社 2008 年版。

何增科：《公民社会与第三部门》，社会科学文献出版社 2000 年版。

何增科：《公民社会与民主治理》，中央编译出版社 2007 年版。

贾西津主编《中国公民参与》，社会科学文献出版社 2008 年版。

郁建兴、江华、周俊：《在参与中成长的中国公民社会：基于浙江温州商会的研究》，浙江大学出版社 2008 年版。

俞可平：《中国公民社会的兴起与治理的变迁》，社会科学文献出版社 2002 年版。

Qiu, Jack Linchuan, 2009: *Working - Class Network Society: Communication Technology and the Information Have - Less in Urban China*, Cambridge: The MIT Press.

Yang, Guobin, 2009: *The Power of the Internet in China: Citizen Activism Online*, New York: Columbia University Press.

（作者为德国杜伊斯堡大学政治学博士，清华大学政治学系讲师）

依法抗争

肖唐镖

　　近 30 余年来，中国民众的政治表达行动日益多元化，尤以上访和群体性事件为典型的维权抗争行动最引人注目，国内外学界对此展开了极为热烈而富有成效的讨论。一些竞争性的家族相似概念竞相而出，如非制度化（体制外）参与、维权抗争、依（据）理抗争、依势抗争、机会主义抗争，反行为、服从的抗争、利益表达、以身抗争、依法抗争、以法抗争等。其中，以"依法抗争"理论最具竞争力，得到中外学界同人甚为广泛的响应与认同。因此，本文拟以"依法抗争"理论的讨论为中心，结合国内农民维权抗争实践和学界的相关研究，对中国民众抗争政治的策略与理据进行必要而基础性的理论梳理。

　　本文首先以欧博文和李连江教授的相关研究为基础，介绍"依法抗争"的缘起及其理论内涵。其次，重点讨论作为抗争手法和策略的依法抗争。我将结合抗争手法的概念系谱尤其是学界有关中国民众抗争策略和手法的讨论，进一步厘清依法抗争的内涵；再次，将从西方的抵制和革命理论与传统中国的革命正当性理论出发，讨论作为抗争理据的依法抗争。最后，在以上讨论的基础上，对依法抗争理论进行总体性评论。

一　"依法抗争"理论的提出及其内涵

　　20 世纪 80 年代，中国农村社会中的冲突问题已受到国际学界的关注。裴亦理（Perry）在 1985 年发表的一篇论文对中国、越南和西欧的乡村冲突现象进行比较，认为中国农村冲突的基本特征是，50 年代农民主要针对的是国家，80 年代改革初期冲突主要发生在乡村社区内部，主要是村庄之间、农户之间争夺公共资源的冲突（裴亦理，1985）。在这里，她着重分析的是冲突主体和内容的转换及其基础。兹威格（Zweig，1989）在分析 1966—1986 年的中国农村社会时发现，农民在集体化时期利用地方干部的同情、国家政策的空隙、科层内部的矛盾来对抗国家的土地政策，这种方式与他们在非集体化时期利用国家的支持来对抗地方干部的贪婪自利是很不相同的。（转自应星，2001：376）按应星的看法，在兹威格的这一研究中，前种抗争即为斯科特所理解的、私下进行的"日常抗争"形式；而后者，则是公开的、国家所授权的反抗形式，即"合法的反抗"。（应星，2001：376）但"合法的反抗"或"依法抗争"这一抗争新类型的明确提出，却是几年后的事情。

90 年代初，欧博文和李连江在中国乡村的调研中，发现农民信访和抗争的一种新情况。当时国内学界一些敏锐的观察者也关注到这种新动向，有人称其为"以法对法"，也有人称之为"政治参与"，但李连江和欧博文认为这两种说法均不妥，前者失之模糊，后者则注意到了它们基本合法的一面却忽略了其对抗性的另一面。因此，他们提出"以政策为依据的抗争"（policy—based resistance）新类型，简称"依法抗争"（Li and O'Brien，1996；李连江与欧博文，1997：142）。欧博文在 1996 年个人发表的一篇论文使用的标题即"依法（合法）抗争"（rightful resistance）（O'Brien，1996）。这一更为简洁的表述，后来成为他们于 2006 年合著出版的名著《中国农村的依法抗争》（*Rightful Resistance in Rural China*）的标题。

《中国农村的依法抗争》是作者系统阐发其"依法抗争"理论的集大成者。第一章主要讲述了依法抗争的含义及其与其他类型抗争方式的关系。民众抗争虽总是让人联想到反面意义的画面，但其实它通常是合法的，是人民群众进行的缺少政治体制保护的行动。这种非制度化的行为，也往往以排斥、否定情绪甚至暴行而展开。第二章主要探讨依法抗争的开端以及抗议者本身的认知，包括运动积极分子对政治机遇的认知和把握。只有当潜在的抗议者成功地获知中央的好政策或其他承诺时，他们才会将自身的不满归因于地方的错误，而且认定中央是支持他们的，他们就可能通过动用来自中央压力的方式，挑战地方的不当行为。即使他们错误理解了能够获得支持的力度大小，但对中央信任与对地方谴责的联合，也会激发依法抗争者的行动。第三章和第四章强调合法化权利主张和策略的跨领域本质，探讨主张激进化和策略升级的趋势。他们认为，任何形式的抗争都有其时间上的保质期。即便是最有创造性的策略，随着时间的推移，也会逐渐失去震慑敌人和吸引追随者的威力。当人们已经熟稔的战略战术的有效性逐渐消退时，进取性的积极分子甚至会转向颇具破坏性的行动来证明他们的承诺，让敌人们恐慌，并鼓舞全军上下。虽然对抗性战术有时会脱离群众，并产生反弹效果，但会吸引新人加入，从而给没有多少其他资源的军队带来一些平衡的助益。在中国农村，就像在美国民权运动中发生的那样，策略升级使得整个抗争活动焕然一新——从卑微的请愿活动到激烈的政治干涉，自 20 世纪 90 年代变得更加对抗和激烈，过去仲裁和调停性质的策略被取消和调整，取而代之的是更加直接的反抗路线。最后两章探讨了合法抗争的重要性。其中第五章讨论了依法抗争对政策实施、抗议组织者和群众的影响和结果。第六章研究了依法抗争对中国社会关系和政治变动可能产生的影响，尤其是对政策创新、体制改革和公民实践的影响。比如，依法抗争创造了逐渐强硬化的活动，影响了中国农民对权力者责任的思考，培育了村民的公民意识，而价值观的宏观转移可能预示着政治认同的转型；合法抗争可能激发权力持有者们去考虑政策创新和制度改革；如果依法抗争持续地传播和扩大，将会对政权的稳定性产生影响，行动者们开始要求政策制定者按行动者的要求改变规则的制定，甚至服从行动者的规则。可见，该著从概念和理论内涵、认知解放与政治机遇、抗争形式与策略、抗争后果等方面，对"依法抗争"作了系统而深入的理论阐述。

　　那么，"依法抗争"究竟是何含义呢？他们认为，所谓"依法抗争"，即指"农民在抵制各种各样的'土政策'和农村干部的独断专制和腐败行为时，援引有关的政策或法律条文，并经常有组织地向上级直至中央政府施加压力，以促使政府官员遵守有关的中央政策或法律"。（李连江与欧博文，1997：142）依法抵抗者所采取的抗争形式有三：首先，直接对抗、抵制各种土政策和基层干部的非常行为；其次，以集体上访作为向上级政府施加压力的手段；第三种方法是把他们的政治要求与他们遵守国家法令和政策的义务联系起来，如在自己的合法要求满足之前，拒交、缓缴钱粮。（李连江与欧博文，1997：155—157）在 2006 年新著中，他们考察了两种形式的依法抗争，一种是诉诸上级的"调解策略"（mediated tactics），另一种是诉诸农民自己的"直接策略"（direct tactics）。（O'Brien & Li，2006：68）

"依法抗争者"一般是哪些村民？按照中国村民对地方政治权力不同的抵抗程度，他们建立了三种理想类型：顺民、钉子户和刁民。"钉子户"与"刁民"的主要区别是：前者是指那些无视或违背政策法律，对集体利益不加理睬的村民；后者则是指对政策法律非常熟悉并善于运用它们来保护其利益的村民。"刁民"既不会敬畏或害怕乡村干部，也不会毫无节制地抵制他们。"刁民"接受干部遵守政策法律的职责，但同时坚持认为地方干部的权利就只是遵守政策法律。"刁民"是"以政策为依据的反抗者"（policy – based resisters）即"依法抗争者"，他们有几个特点：首先，他们在政治上见多识广，熟悉相关的政策法律；其次，他们并不认为乡村干部就一定是中央政策和法律的忠实执行者；再次，他们坚持合法的诉求并据此而行动。对顺民和钉子户来说，政策、法律和领导讲话基本上都是便于政府实行控制、推荐政治权力的支配工具，顺民日常的抵抗行为（如果有的话）基于的是"天理"，而钉子户日常的抵抗行为基于的是国家权力算计中的薄弱之处。但刁民与此根本不同，他们将其抵抗基于国家政策会保护农民合法利益的信念上。（李连江和欧博文，1996）

与西方社会运动研究的主流理论比较，"依法抗争"有何特点？在他们看来，"依法抗争"与"社会运动"不同，它常常是插曲性的，而非持续性的对抗；是地方性的，而非全国性、跨地区的。它与"叛乱"不同，因为它很少使用暴力。它与"日常抵抗"不同，它是吸引而不是逃避精英的注意；同时国家及其法律也并非陌生、不可接近的，而是可资利用的。（O'Brien & Li，2006：4）此外，对泰国和原东德的民众请愿行为、拉美民众围绕土地的抗争斗争以及美国运用反歧视法而伸张平等权利的运动，西方学者们还曾给出其他多种概念，如"中间路线的抗争"（in—between forms of resistance）、"共意性抗争"［consentful contention（XE "consentfulcontention"）］、"革新主义行动"［reformist activism（XE "reformistactivism"）］与"合理的激进主义"（reasonable radicalism）。（O'Brien & Li，2006：2）但中国的依法抗争者与此均不同，他们通过官方认可的渠道提出自己的要求，并以政府的政策和正当性话语来为自身的挑战辩护。（O'Brien & Li，2006：3）

依法抗争者与"持不同政见者"也不同。"尽管依法抗争者与前苏东国家以及当代中国的持不同政见者利用共产党政府的宪法和法律来挑战共产党统治的做法有一些表面上的共通之处，但两者有实质的区别。政治异

见人士公开对政府用以维护其合法性的某些基本原则（如四项基本原则）
提出质疑。"进行依法抗争的农民则不同，他们至少在行动上不挑战国家
法律和中央政府的政策。区别还反映在他们各自的运行机制上，对于政治
异见人士来说，他们面对的往往是一个统一的国家权力。在多数时候，无
论是中央政府还是地方政府，都对他们持一致的压制态度。如果说政治异
议者是挑战现行政治制度，进行依法抗争的农民则更像是积极认同并利用
现行政治制度某些组成部分来达到他们的目的。　　（李连江和欧博文，
1997：160—161）

　　不过，尽管如此，依法抗争并非体制内的抗争。按他们的说法："当
农民运用上述方法与乡村干部直接对抗或向政府施加压力时，他们的行动
往往落在合法与非法的中间地带。"（李连江和欧博文，1997：157）这种
行动更多的只是一种反应性（reactive）的抗争，"现在农民还只是要求政
策的执行，而不是更广泛的公民政治权利。他们认为自己是在服从高层之
下，而且他们践行的权利也是有条件的，并不像自由知识分子所宣扬的权
利话语。"（O'Brien & Li，2006：122）他们抗争的勇气与其说是"公民
的勇气"，还不如说是"英雄式的勇气"。"但由于中国政治的某些的特殊
情况，虽然依法抗争表面看来只是一种'反应性'的抗争，事实上它也
可以成为'进取性'（proactive）的政治抗争。"　　（李连江和欧博文，
1997：159）

二　作为抗争手法的"依法抗争"

　　在西方社会运动中，以法律为武器的抗争方式早已成为常态。但是，
这种"依法抗争"与欧博文和李连江所主张的"依法抗争"却有显著的
差异。在西方社会运动中，法律作为一种资源，"既可以成为目的也可以
作为手段；对于人们从事社会斗争的活动，法律既可以提供规范性原则又
可以提供策略性资源。"其中，作为策略性资源，法律诉求常常可以为运
动的积极分子提供制度和符号性动力资源，以对抗那些反对者。法律策略
在与其他一些策略合作时显得十分行之有效，包括示威游行、立法游说、
集体谈判、选举动员以及媒体公开等。法律和制度对策仅仅构成运动策略
的一个维度。（麦坎恩，2011：553、558、561）在这里，法律作为目的，
强调的是权利诉求；作为手段，则强调法律作为诉讼或施压的策略。实际

上，在研究中国清代妇女的抗争时，一些西方学者也沿用了"法律作为社会抗争的工具"理论：寡妇们借助法律诉讼来实现其目标。①

在欧博文和李连江的"依法抗争"理论中，所谓"法"，既包括国家法律，更包括上级政策，还包括党的意识形态宣示。这一理论既强调抗争行动的依据和理据，也强调其行动策略是公开的、准制度化或半制度化的形式，即做到在大体上合乎法律的范围内行动，包括"踩线不越界"的行动。在这里，却缺乏作为基本策略的法律诉讼。实际上，在中国农民的依法抗争中，不仅少见正式的法律诉求策略，相反更多的是"法律之外"的策略，"集体上访"是如此，"直接对抗"则更近于公开、直接的"暴力抗争"。因此，作为抗争策略类型的"依法抗争"，恰恰与"法律策略"有着莫大的距离，或者说，并非真正意义上"以法律为武器的抗争"。但吊诡的是，至今人们在沿用这一理论时，偏偏强调其作为抗争策略和抗议手法的一面，而忽视其作为抗争理据的另一面。后一节我们将来讨论后者，本节先来讨论前者。

"抗争（斗争）手法"（repertoire of contention②）作为西方社会运动理论中的一个重要概念，被梯利（Charles Tilly）等学者所推崇。梯利把"抗争手法"定义为"人们为追求共同利益而一起行动的方法"，并认为"这个词有助于描述所发生的事情，因为它确定了有限的一套学来的、共同拥有的、经过相当深思熟虑的挑选过程才被付诸行动的常规"。（转自塔罗，2005：41）塔罗也主张，抗争手法"不仅包括人们在和他人冲突时的行动，还包括人们所知道的行动办法和别人对他们行动的期望"。（塔罗，2005：41）

按梯利的说法，抗争手法有传统的旧手法与现代的新手法之分。"旧的斗争手法是地方性的、二分的和特殊的：它是地方性的，因为它所涉及的利益和互动往往集中于一个单一的共同体；它是二分的，因为普通民众在着手解决当地问题和身边事务时，为达到他们的目的会采取令人难忘的直接行动，而在着手解决国家问题和事务时，他们却反复地向当地的保护人和当权者提出诉求……它是特殊的，因为具体的行动惯例随群体、问题和地方的不同而有很大差异。"相反，"新的斗争手法具有世界性的、模

---

① 麦柯丽，"挑战权威——清代法上的寡妇和讼师"，载高道蕴、高鸿钧、贺卫方编《美国学者论中国法律》，清华大学出版社 2004 年版，第 552—578 页。

② 国内也有学者将之译为"抗争剧目"，如李义中所译的《抗争政治》（查尔斯·蒂利和西德尼·塔罗著），译林出版社 2010 年版。

式化的和自主的特征：它们是世界性的，涉及的利益和问题经常跨越许多地区，或是影响各种权力中心（它们的行动触及许多地方）。它们是模式化的，很容易从一个背景或环境向另一个背景或环境转移……它们是自主的，从提出要求者自己的公开行动开始，而且在提出要求者和全国重要权力中心之间建立了直接联系。"（转自塔罗，2005：42—43）与梯利主要根据新旧历史的两分标准不同，塔罗则以行动特质为标准，从横切角度将抗争手法分为三类，即暴力型、破坏型和常规型。后两种均为非暴力的形式，其中破坏型包括暴力威胁、毁坏住房、构筑街垒、静坐示威、罢工、阻塞交通、消极抵抗、涂鸦和非暴力活动；常规型则包括被制度化和标准化的罢工与游行。（塔罗，2005：140、129—131、132—135）

　　据学者们研究，"抗争"这一作为对压迫不满的表达方式，贯穿于整个中国历史。但在中国，传统抗争与现代抗争有诸多的不同。如历史上的城市抗争与20世纪的城市抗争在目的性和表现形式上都极为迥异，历史上的城市抗争诉诸暴力而缺乏理论指导，并且在组织动员及纪律性方面与近代意义上的民众抗争实在不可同日而语。就传统的抗议方式而言，主要是通过联署谏言或者派员赴京陈情。（黄贤强，2010：1—2）按杨庆堃的研究，在晚清，大众集体行动已是相当普遍的现象，但这些行动中56.2%的事件只持续了一个月或者更短时间，96.7%是地区性事件，大多数事件仅限于一个县的范围之内。（Yang，1975：179）也就是说，几乎没有多少民众行动展示出了塔罗的"标准化了的斗争形式"。

　　到20世纪初，城市民众行动兴起，除了抗议活动和保卫社区权利等传统形式的大众行动以外，新形式的大众行动已开始出现。人们采用罢工、请愿和大众集会等斗争形式，去争取实现各种各样的目标——从增加薪金、改善工作条件、降低税收直到保护中国的领土和司法主权。到1905年，中国城市民众已经有了发动应对各种政治问题的社会运动的某些经验。（王冠华，2008：86）1905年的抵制美货运动，作为中国历史上第一次真正的全民运动，创新了动员与行动的诸多策略，如组建抵制社团或特别委员会、举行集会和公众演说、散发宣传手册和街头海报、说书、漫画等。这些策略在此后数十年被国内的抗争者们所使用。（黄贤强，2010：152—53）当然，还有其他新手法被随后的工人运动、市民运动和学生运动所创造。如陈曾焘对上海五四运动的研究发现，当时宣传与行动的技术、方法有：公众演说、游行、示威；组织抵制日货、倡用国货顾问团；强有力的动员口号及文学传播；民间曲艺和话剧演出；"号外"发行；公告和公示；出版学生日记；联络城市之外的团体。（转自黄贤强，2010：153）赵鼎新对学生运动的研究表明，其话语和行为模式既有传统特色，也富有强烈的共产主义群众动员的色彩，特别是那些在"文革"中盛行的动员方式。（赵鼎新，2007：266）周锡瑞和华志建（Esherick & Wassertrom）的研究则表明，学生们在斗争中创造性地运用了政治舞台的方式。（转自王冠华，2008：171—172）

近一百余年来，中国农民抗争的方式也发生了变化。按萧公权（1960，Chapter10）的研究，传统乡村对于政府控制的不满，往往表现出四种反应类型，即械斗、暴乱、盗匪与造反。王国斌对明清时期民众抗争的考察发现，至18和19世纪，抗粮、抗税运动"一般是小规模的事件，只有最小限度的正式组织，而且和其他形式的集体行动没有直接联系"。（王国斌，1998：204、215—216、258）马克斯（1984）对近300年间海丰县农民反叛、起义、暴动、革命等集体行为的考察，罗威廉（2007）对麻城县7个世纪农民行动的研究，以及蒲乐安、白凯的相关研究均揭示了农民抗争行动的变与不变。如蒲乐安（1999）对晚清政府实行新政和自治时期的五起农民抗争行动的考察发现，它们虽都属于旧式农民抗争运动，但与历史上传统的农民运动相比，又出现了反洋教等新因素。行动者几乎都是直接表达对县政府统治的不满，部分还掺杂着反洋情绪，他们集体参与烧毁或破坏教堂、抗争对象（如富绅、官员等）的住宅、毁学堂等暴力方式，行为方式均十分相似。白凯对1840—1950年长江下游地区农民抗租抗税斗争的研究显示，其形式有二：个别的和集体的。个别的反抗形式包括种种小打小闹，通常只是旨在阻挠地主和国家征敛的偷偷摸摸的小伎俩，如拖延交纳、简单的规避、在租谷或税粮中掺假，等等。其集体行动，包括罢租或罢税，拒绝交纳钱谷，联合起来把征税与收租之人从地界上赶跑，举行游行、到地主宅第或县衙要求减租降税。（白凯：2005：9—10）

近30余年来，由于政治机会结构等因素的变化，国内民众的抗争手法发生了重大变化。在过去曾使用的抗争手法中，有的被扩大化使用（如上访），有的则难以为继。但与此同时，民众也创新了一些独特的抗议形式，如，学习和宣传中央和上级文件，"快闪"，网络表达（网络群体性事件），"集体休息"（罢工），"集体散步"（游行、示威），等等。这些变化，在欧博文教授近年主编的一册论文集中已有所反映（O'Brien，2008）。

　　这里，我们以农民为主体，考察其抗争行动和相关的研究。在对人民公社时期农民抗争的研究中，高王凌曾将农民抗争行为总称为"反行为"①，这缺乏分类学意义。刘小京则曾将当时农民抗争的形式分为两大类：一类是"进攻性武器"，即已经越过制度认可的边界，可能对制度形成威胁的反抗，包括分田单干、包产到户、划小队、黑地、投机倒把和副业单干；另一类是"防御性武器"，即不同制度发生正面冲突，而是在制度内以他种合法或非法的方式来实现自己反抗意志的反抗，如怠工和出巧工。② 这是以对正规制度是否构成冲击为标准进行分类，与"积极抵抗"或"消极抵抗"强调抗争者的实际态度有所不同。后者如王晓毅的研究。在对改革开放后农民行动的研究中，王晓毅认为农民表达自己意见的方式有三种：其一是依靠国家力量的行动，如上访与诉讼。其二是其他可以合法表达的行动。其三，则是采取直接行动对不公平事件进行抗议，它可分为积极和消极两种，消极抵制方法就是拒绝与政府的合作，如拒绝缴纳税费；积极抗议是主动的行动，如堵截交通、围攻乡村干部，等等。（王晓毅，2003）

　　有研究者则以法律制度范围为标准，将农民的抗争行动分为两大类，即"体制内行动"（或称"制度内参与"、"政治参与"），如法律诉讼与符合规定的信访；"体制外行动"（或称"非制度参与"③），包括游行示威、"异常上访"、堵塞交通、围攻，等等。一项对农民工的研究将其维权方式分为制度化手段与非制度化手段两大类，其中非制度化手段又主要有三种：第一种是个人谈判，包括：讲道理、求、磨、堵；第二种是个体暴力，包括：将暴力指向企业主本人或其家人、或属于企业主的财产，或指向维权者自身，如爬塔吊、浇汽油自杀或威胁自杀；第三种是集体行动，即有相似遭遇的农民工共同采取行动以达到索要工资或医药费的目的，如间接的静坐、上访、游行、示威，或直接的怠工、破坏、变卖机器设备和生产资料、罢工等。④

　　此外，还有学者从行动的目标诉求和性质出发，将农民的抗争行动称

---

　　① 高王凌：《人民公社时期中国农民反行为调查》，中共党史出版社 2006 年版。

　　② 刘小京：《农业集体化时期农民与国家的关系研究》，中国社会科学院农村发展研究所课题研究报告，2001 年。

　　③ 如方江山曾以此为题撰写博士学位论文：《非制度政治参与——以转型期中国农民为对象的分析》，人民出版社 2000 年版。

　　④ 孔一：《从同乡会到工会——农民工组织化维权的可能道路》，《法治研究》2010 年第 9 期。

为"维权抗争"、"意见表达"或"利益表达"。民众以"闹事"逻辑为
特征的抗争被称为"机会主义抗争",这也是以获益多寡为诉求的抗争。
在群体性事件的分类中,张静曾将这些以维护自身利益为中心的事件称为
"利益主导型群体事件",并与"价值主导型群体事件"相对应,后者的
行动目标为社会公正等价值诉求(转自张荆红,2011)。

　　对农民抗争手法的上述研究,各以其特定的视角为基础,展示了农民
抗争行动的多面性,各有其合理性。但它们均为横切性分类,缺乏历史
感。有几项研究则从历时性角度,考察了农民抗争行动及其手法的变化。
在对江西农民近30年表达行动变迁的考察中,肖唐镖曾发现,农民行动
出现了"三部曲"的变化,即,在90年代初期以前,农民多采取和平的
"沟通性"行动,以单个人的信访为主;进入90年代中期后,越来越多
的农民采取"将事情搞大闹大、惊动上级",以施加压力为特征的逼迫
(施压)性行动,如集体(越级)上访、围堵、冲击等行动;与此同时,
在一些地方、一些农民中间,暴力抗争的对抗性行动也已出现,行动者已
未必相信问题能解决,以致对基层政府和基层干部采取打、砸、抢,或泄
愤、骚乱等行动。(肖唐镖,2003,2005)这里,强调的是民众行动手法
变化的功能背景,如沟通或施压以求解决的功能。于建嵘对衡阳农民近
20年来抗争的考察发现,其维权抗争活动也大体上经历了三个阶段:
1992年以前,农民的多数反抗可以归结为"日常抵抗"形式;自1992年
至1998年,农民的反抗可以归结为"依法抗争"或"合法的反抗"形
式;1998年以后,农民的抗争已到了"有组织抗争"或"以法抗争"阶
段,这是一种旨在宣示和确立农民这一社会群体抽象的"合法权益"或
"公民权利"政治性抗争。上访依然是当地农民抗争的最重要形式,但出
现了许多新型的抗争,如宣传、阻收、诉讼、逼退、静坐、骚动等。(于
建嵘,2007:123—124、89)他突出了抗争手法变化的性质背景。在另一
项研究中,赵树凯也发现,在乡村冲突中农民的组织方式越来越具有现代
特色,新型的农民利益表达组织和表达渠道正在萌生,传统形式有所退
色。体制内抗争依然是农民的主导行为特征,但体制外行动(如暴力抵
抗)也明显增加。(赵树凯,2003)他着重于农民抗争的组织和合法性特
征。应星则认为,近些年乡村抗争政治的变化,在目标上表现为,从以税
负问题为中心过渡到以土地问题为中心,从有关实际的利益侵害问题扩展
到有关潜在的利益侵害问题;其动力则从以往的理性主义色彩转为更多的

机会主义色彩；在机制上，出现了抗争手段多样化、组织方式快捷化、资源动员开放化、抗争边界离散化的特点。（应星，2011：220—222）

在欧博文和李连江的分类中，中国农民与乡村干部抗争的方式主要有三种，即日常形式的抵抗，传统的武力抵抗，依法抗争。他们使用了行动的公开性程度与暴力程度标准。在这两个尺度上，日常形式的抵抗与传统的武力抵抗各居其极端，而依法抗争则属中间状态，虽行动公开但很少使用暴力。在这里，依法抗争的"合法"属性未能得到突出。如果以合符法律性为尺度，显然可将农民的抗争手法分为两种理想类型：一为"非法性抗争"，或称反体制抗争，它主要指向那些敌视性的反体制行动，如反叛、战争、暴动、起义和革命；二为"合法性抗争"，或称体制内抗争，即合符法律要求和规定的抗争行动，包括举报、正常上访、诉讼等。处于合法与非法之间灰色地带的抗争行动，则有日常形式的抵抗和消极的非暴力抵抗。就此而言，"合法性抗争"即与"依法抗争"有着较大的距离，两者并不能画等号。因为按欧博文和李连江的意见，当农民运用依法抗争方法与乡村干部直接对抗或向政府施加压力时，他们的行动往往落在合法与非法的中间地带，尽管"至少在行动上，进行依法抗争的农民不挑战国家法律和中央政府的政策"。（李连江、欧博文，1997：157、160）也就是说，进行依法抗争的农民虽不是要挑战国家法律和中央政策，但"不挑战"并不等于"遵守"，相反，他们的行动却往往"落在合法与非法的中间地带"——这恰恰是日常形式抵抗者和非暴力抵抗者对于法律的态度。因此，我以为，在依法抗争者那里，"法"作为其行动策略、抗争手法，往往会背离其真正的意义。

三　作为抗争理据的"依法抗争"

所谓抗争理据，即抗争行动的正当性根据。作为抗争理据的正当性（Legitimacy①），它反映的是行动者眼中的抗争正当性。它是一种伦理诉求，也是合符社会传统和共识的文化。这种正当性根据属于抗争行动的理由和依据之一，后者还包括法、力（势）、情、利等，因此，有"依（据）理抗争"、"依势抗争"、"以法抗争"、"以情抗争"和"为利抗争"

---

① 国内更常见地译为：合法性。

的可能。有学者还认为，作为中国传统文化特色的"气"，也是国内民众抗争的理由。（应星，2011）与法、力（势）、情、利和气相比，作为理的正当性，应更有助于抗争行动的展开。在多数社会，抗争行动总是带有一定的风险，行动者不仅要考虑行动策略，更要考虑行动本身的正当性，使抗争行为正当化，以有节更有理地抗争，既争取社会大众和政府的同情与支持，又规避被"污名化"、被打击的可能。

关于中国民众抗争的伦理诉求，在裴亦理等学者看来，系以"规则"为基础，与西方以"权利"为基础的民众抗争迥然不同。（裴亦理，2008）他们认为，当今中国农民"依法抗争"中所表现出来的公民权利诉求，主要强调的也是对生存和社会经济权利的追求，并不是西方意义的"公民权利"。（赵树凯，2010：225—226）那么，应当如何看待中国农民抗争的伦理诉求？"依法抗争"为其提供了怎样的正当性理据？

这里，我们先来看看西方社会的抵抗和革命观念。著名史学家布洛赫在对欧洲封建社会的考察中发现：

当时，附庸的臣服是一种名副其实的契约，而且是双向契约。如果领主不履行诺言，他便丧失其享有的权利。在此基础上这一观念因得到一些非常古老的观念的强化，影响更为深远，这些古老的观念认为，国王以一种神秘的方式对臣民的福祉负责，一旦发生公共灾难，应接受惩罚。在这一点上，这些古老的思想潮流恰好与另一种思潮结合起来了，这些思潮源自教会中格里高利发起的对王权神圣化、超自然化神话的抗议运动。正是这个教士群体的作家们，以一种长期无与伦比的力量首次表达了这种将君主与其人民联系起来的契约观念……这些教士理论本身在列举罢黜他们所谴责的恶劣君主的正当理由时，肯定引用人们普遍承认的附庸拥有离弃恶劣领主的权利作为依附。在这种意义上，许多表面看来似乎只是偶然性反叛的暴动，都是基于富有成果的原则："一个人在他的国王逆法律而行时，可以抗拒国王和法官，甚至可以参与发动对他的战争……他并不由此而可以违背其效忠义务。"这就是《沙克森法案》中的话。这一著名的"抵抗权"的萌芽，在斯特拉斯堡誓言（834）及秃头查理与其附庸签订的协定中已经出现，13 和 14 世纪又重现于整个西欧世界的大量文件中。它们对未来具有重大意义。这些文件包括：1215 年的英国大宪章；1222 年匈牙利的"黄金诏书"；耶路撒冷王国条令；勃兰登堡贵族特权法；1287 年的阿拉贡统一法案；布拉邦特的科登堡宪章；1341 年的多菲内法

规；1356 年的朗格多克公社宣言。（布洛赫，712—713）

按斯金纳等人的研究，始自路德，经过加尔文，到胡格诺派，终于放弃了这种观点，即将维持基督信仰的自由和纯正作为合法的政治反抗的单一理由，形成了一个完整的革命性的政治理论，并将之建立在一个关于人民的天赋权利和原初主权的、为现代社会所认同的世俗理论的基础上，形成"反抗暴君论"。（凯利，2008：42—67）辉格党人从不同的理论路线出发，达到了证明抵抗合法的终点。他们基本的观点就是一个人的自我防卫的权利永远不能被剥夺。抵抗一个暴君不是谋反，反而是一个公民的权利，有时也是一种宗教上的和道德上的义务。（施沃雷尔，2005：227—229）到洛克，再也没有以圣约神学的理论，而是以"主权在民"和"天赋人权"这样严谨的政治学术语来解释英国革命的合法性。（凯利，2008：95）

这种抵抗和革命正当性的理论，席卷到整个欧陆国家。著名的日耳曼"抵抗权"就是法律高于君主这一信念的十足表现，这项权利是指任何违反法律的君主都要遭到人们的抛弃，破坏法律的统治者将丧失要求臣民服从的权利。"一个人在君主和法官违背法律时可以抵抗他……这样做，他没有违背效忠义务。"在法律限制的范围内行事变成了评判官员们行为之正当性的判断标准。对这些政权的反抗，不管是教皇、寻求取代最高统治者的政敌、因抗拒免兵役税而不服从的贵族、力求保护其活动不受干涉或临时性财务征收的商人，还是举行民众起义的大众，都会援引违法（违反自然法、神法、习惯法或者实在法）来论证其反抗的正当性。（塔玛纳哈，2010：31、149—150）法国 1793 年《（人权）宣言》的作者们也非常明了地确定了反抗压迫的依据和范围。他们宣称反抗压迫是人类其他权利的结果，它不仅可以是"消极"的和"防卫性"的，而且还可以是"带攻击性"的，直至发展到推翻政府的起义。《宣言》中著名的第 35 条写道："当政府侵犯人民权利之时，反抗即成为全体人民及每一部分人民的最神圣的权利和最必不可少的义务。"（狄骥，1999：262—263）

从上可见，自宗教改革运动到资产阶级革命，西方社会的政治正当性基础和民众抵抗、革命的正当性基础已然发生巨变，即从过去的注重传统（如习惯法、契约）和神圣基础，转变为世俗的理性基础——人民的同意和人民的权利。正如帕特里克·莱利（Patrick Riley）所指出：17、18 世纪之后，（在西方）政治正当性的基础不再建立在"父权制，神权中心，神圣的权利，某些优异人群的自然优越性，政治生活的自然性，必然性，习惯，便利，心理的强制或者任何其他基础之上"。而是建立在"同意"、"自愿的个体行为"或者是"与自愿的个体行为相关联的行为"的基础之上。（转自周濂，2008：12）马克斯·韦伯曾将政治正当性（权威）基础简化为"超凡魅力型"、"传统型"和"理性型"三种理想类型，其间的转化同为此理。

哈贝马斯在梳理人类历史上曾经出现的政治正当性时，也发现其呈现三个层面的变化。即，第一个层面，起源神话类型，"在早期文明，统治家族借助于原始神话来证成他们（的权威地位）。"在这个层面上，正当化的对象主要是统治者本人，比如埃及的法老或者中国的皇帝，而正当化的方式则是叙述"神话故事"。随着古代文明的发展，"不仅统治者本人需要被证成，而且政治秩序也需要被证成"。这一目的的实现是由以宇宙论为基础的伦理学、高级宗教，以及哲学来完成的。在这一层面的正当化过程中，论证代替了叙述。在第三个层面，即进入现代之后，尤其是随着卢梭和康德哲学的兴起，"理性的形式原则在实践问题中取代了诸如自然或者上帝这样的实质原则，这些实践问题关乎规范和行为的证成（理据）……既然终极的根据不再可能获得，证成的形式条件自身就获得了正当化的力量。理性协议自身的程序和假设前提就成为原则。"这一层面的正当化抽空了所有的实质和质料的因素，成为"程序的"或者"形式的"，并且也正因为它是纯形式的，所以对任何实质性的体系都有效。（转自周濂，2008：34）

政治正当性的基础简化为理性的、形式化的权利观，合符宪章和法律规定，即"合法性"也就成了民众行动的正当性来源。换言之，只要权利而不必再有其他的伦理价值论证，便足以正当化民众的抗争行动。"一旦这些基本权利渗透到实定法之中，公民就不再需要诉诸一系列的政治价值去陈述自己的主张；他们现在只需要根据法律的规范框架展示他们的权力就可以了。这一权利制度化的过程对政治行为产生了强大的冲击……现在公民诉诸司法而不是政治行为去寻求权利的保障。"（马丁·洛克林，2011：227—228）事实上，这种变化不仅影响到西方社会的民众集体行动和社会运动，也影响到社会运动理论的走向。后者最为突出地表现在对伦理论证考察的缺省上，尤以功利主义的资源动员理论为典型。

在传统中国，民众抗争和革命的正当性基础也有一个变化过程。同西方一样，这一正当性基础与统治正当性基础乃是"一体两面"。儒家学说的"天命论"将君主与天的权威连接在一起，君权天授，神佑王权，为君主政治的政治合法性提供了完备的理论论证。但是，君主治理天下必须遵循天的法则，"圣人副天之所行以为政"。若君主滥用权力，倒行逆施，胡作非为，有悖天道，天就会给予责罚，这就是所谓的"天谴"说。（葛荃，2010）由此形成中国古代最重要的政治概念——王朝循环观念[①]。

其实这些观念是与儒家学说的"革命观"同步成长的。《易经》云："天地革而四时成，汤武革命，顺乎天而应乎人，革之时义大矣！"其基本含义是改朝换代，以武力推翻前朝，包括了对旧皇族的杀戮，它合乎"革命"的古义"兽皮治去毛"。（陈建华，2001）石约翰在对"中国革命的历史透视"中提出：造反者所知晓的广泛意识是总体的天命观念。这一观念出现于周初，认为政府或统治者只有敬德保民，才能祈天永命。如果失德，滥用刑罚和采用暴虐手段，就不再能得到天命的支持。天命观念成为以后一切伟大起义和革命的基本根据[②]。革命理论在汉代被加入两种成分，一是大同理想，二是宗教；在宋代，再渗入民族主义因素。这些因素在不同的起义中以不同的方式结合起来，形成包含天命观念、大同观念、宗教和民族主义的"民众反抗的一般模式"。（石约翰，1998：59—61）

在上述革命理论中，尽管强调"顺乎天而应乎人"，"天视自我民视，天听自我民听"，但人民的作用是消极被动的，他们并无表示"同意"或个人选择的主动性与确定性。这与西方抵抗和革命理论的日益理性化、形式化极不一样，以致"天意"、"天命"甚至"民意"成了似乎谁都可以摆弄的对象，可以为任何人服务。不仅篡位政变者能自我诠释"天命"，强调其行为系"应天命"，而且，历代起义者也无不树起"替天行道"的大旗。有学者指出，农民领袖用宗教组织宣传天命转移，用谶语说明起义

---

① 魏斐德（Frederic Wakeman, Jr.）：《中华帝制的衰落》，邓军译，黄山书社 2010 年版，第 55—57 页。

② 天命与神启论并不是古代中国独有的抵抗正当性理论，如在印度 1855 年山塔山反抗运动中，一些农民首领用"超自然力量"来解释反叛，把它当做在山塔山的神——萨古尔的指示下发动的，将反叛的原动力归结为神赐，"我之所以反抗，是因为萨古尔显灵并告诉我去反抗"。见陈义华著，《后殖民知识界的起义——庶民学派研究》，中央编译出版社 2009 年版，104—105 页。

符合天意，用星象变化说明起义是顺应天命，利用祥瑞说明起义收到天帝褒奖，利用符命、民谣说明起义符合、顺应天意等，把农民起义迅速推向高潮。① 1813 年八卦教起义中，一位名叫林清的首领在被捕后承认："我起初倡会原是图意敛钱，后来哄诱的愚民多了，就希图富贵，干出这样事来。"尽管其真实动机乃是政治与经济利己主义，但他所发动的起义仍用"奉天开道"口号，并自认为是拯救所有信徒的天命领袖。（韩书瑞，2010：197、109、287）

　　当然，在传统中国，当抗争者的理想和目标定位不够宏大时，则往往会以另一种方式来正当化其抗争行动，即"只反贪官不反皇帝"。《水浒传》中宋江及其军师吴用即为其典型模式，他们尽管树起"替天行道"大旗广揽天下英豪，却将其目标限定为"只反贪官不反皇帝"。历史上诸多以"清君侧"为名的反叛行动，亦同此理。它们的共同特点在于：相信朝廷和君王气数未尽、依然神圣，依然是"为民做主"的，但被万恶的近臣尤其是下边的贪官污吏而蒙蔽，因而要反的只是后者，而非朝廷、君王。19 世纪 90 年代，一位叫威廉·马丁（William Martin）的观察者为我们记录下一次抗争运动，他说："他们大约有两万之众，分帮结伙地行进到街道上。每一帮伙前面以一面飘扬的旗帜为先导，旗帜上写着该帮伙的寺庙名字。当他们走过时，商店关闭，一片寂静。'这次游行示威是为了什么？'我问道。'减税。'有人简捷地回答说。请愿已尝试过多次，但没有用。为绝望所驱，他们现在已将一切希望都寄托于这次最后的呼吁，否则只有暴动一法了。冲突只针对满清官吏；骚乱者保持着严格的纪律，并且仍然声明他们忠于朝廷……他们愤恨的不是赋税本身，而是地方官吏为了弥补征税的费用而过量征收。"（转自王国斌，1998：195）

　　进入现代以来，天命观和神启论已从中国主流的政治正当性论证中消退，而为宏大的意识形态论证所取代。不过，后一理论论证尽管其形式化和理性化不足，却富有前所未有的现代性内容，人民的权利和福祉成为其最重要的文本规定。"一切权力来自人民"、"人民公仆"、"全心全意为人民服务"、"以人为本"等表述，一扫传统中国的"牧民"观。很显然，

----

　　① 郑一奇：《从"天命论"看传统文化对中国农民战争的影响》，《江汉论坛》1998 年第 5 期。

这种意识形态宣示及与之相配套的政策和法律，为民众表达意见、维护自身权益提供了充分的正当性基础。正如欧博文与李连江所说：依法抗争"发生在被认可渠道的边缘，运用在权者的承诺与言辞来限制在权者的行为；它取决于国家内部的分化，并且依赖于通过动员获得更多公众的支持。重要的是，依法抗争使抗争者能够运用官方的法律、政策和其他官方批准的价值来反对不遵守法律的政治经济精英，它在某种程度上是一种被批准的反抗"。（O'Brien & Li，2006：2）对此，于建嵘也有精彩的见解，他认为：农村维权精英相信：党的利益和农民的利益是一致的，党中央是农民的保护神，党的政策是农民维护自己合法权益的上方宝剑，所以只要他们以执行中央的"减负"政策和其他诸如推进基层民主、实行村民自治的利民政策为旗帜，以维护农民的经济利益和争取合法的政治权利为目的，他们的行动应该受到法律保护，他们的事业是正义的和必胜的。他们宣示的目标是监督地方政府，确保党中央的政策得到忠实的贯彻执行，所以他们拥有无可争议的政治正当性。同时，由于他们在客观上是为公众利益而冒被县乡政府打击的政治风险，所以他们在农民中享有崇高的道德优势。"中央政策"对维权精英来说，起码有三个方面的意义：第一，中央政策是维权精英把农民处境"问题化"的基础。在这种意义上，中央政策就是他们反抗地方土政策的武器。第二，中央政策还是维权精英进行社会动员的工具。第三，中央政策还是维权精英的护身符。他们坚信，只要他们是按着中央的政策去做的，以中央政策作为依据，其行为就有合法性。当然，对某些人来说，中央政策也许只是一定的工具箱，是块牌子。（于建嵘，2007：55、43—46）

相对于传统"天命"的无常与变幻，当代的意识形态、法律和政策显然更具有确定性，而且，按当今农民的见解，他们还能够从党、国家以及中央（和可能的上级）获得必要的政治机遇。因此，抗争行动尽管尚缺乏必要的合法性制度背景，尤其是可能遭遇基层和地方政府的打压，但仍完全有条件使自身正当化、合理化。换言之，现有的法律和政策规则已经昭示了民众的基本权利，只是遭到基层和地方政府或其官员的损害，为此，依法维权、依法抗争便具有当然的正当性。权利的这种先在昭示之背景，与权利需要不断去争取、扩展的背景，对民众的权利话语及其行为显然会有不同的影响。当然，中国与西方社会中两种不同的权利实践逻辑，是否导致了裴亦理教授所说的"在中国更多的是规则意识，而美国的抗议运动包含很强的权利诉求"之分，还应当有更为细致、深入的考察。换个角度，当中国民众的"法内资源"缺失而需要主动争取"法"外更多权利的时候，如果他们也像当今西方社会的民众一样，直接以权利为诉求，那么，裴亦理教授的上述论断就应当被修改。且让我们等待时间和实践的进一步检验吧。

四　结论

《中国农村的依法抗争》出版后，已在学界获得广泛好评。美国南方大学政治学教授 Scott Wilson 评价道：依法抗争是一个非常精粹的研究方向，是作者对中国领域研究的重要贡献。[1] Maria Heimer 教授认为：两位作者的工作在很多方面是开创性的，该著会引发诸多新的未来研究计划，是那些对当代中国政治抗议及政治争议感兴趣的学生的必读物。[2] 在国内学界，大体自 1999 年始，越来越多的学者已自觉不自觉地引用"依法抗争"这一概念，更是对其影响力的有力注解。

但遗憾的是，尽管集体行动、抗争政治已成为国内学界日益关注的焦点，并有数篇专文进行述评（如王国勤，2007；李德满，2010），但对"依法抗争"及相关概念的进一步厘清和讨论，一直未得到学界的应有重视。吴长青于 2010 年发表的一篇论文是难得的讨论此主题的佳作。在该文中，作者主要从"策略范式"来分析"依法抗争"理论，认为"依法抗争"的策略范式至少有两个方面的解释局限：一是过于注重抗争者的利益考虑，而忽视了抗争行动的道德逻辑。依法抗争关注"踩线不越线"的抗争形式，却忽略了大量存在的超出法律之门的抗争。对于抗争精英而言，他们对法律的态度和情感是复杂的，仅仅用"工具主义"无法解释其很多的行动；二是过于注重抗争的过程，却忽视了其意外后果的重要性。所以，他提出应当关注农民抗争背后的"伦理基础"。（吴长青，2010）该作者在敏锐指出"依法抗争"理论忽略了道德基础的同时，却对其原本注重抗争后果的批评存在误读，事实上原作者在其专著中有两章专门讨论此论题。

---

① Scott Wilson, *Book Review* (*untitled*), East Asia, 2008, 25, pp. 329 – 331.

② Maria Heimer, *Book Review* (*untitled*), China Information, 2007, pp. 526 – 527.

　　本文的考察表明："依法抗争"与其作为抗争的手法和策略，倒不如说是抗争的正当性理据。作为抗争的手法和策略，依法抗争本身存在内在的冲突，因为其抗争方式既可能是非暴力的也可能是暴力的，既可能是合法的也可能介于合法与非法之间，并不是完全的"合法"。作为抗争的正当性理据，依法抗争十分恰当地凸显了当今国家法律、政策和意识形态所赋予的正当性，及其在运行和执行中所存在的实际反差。

　　在抗争者心目中，"法"是什么？那它可能是值得肯定和尊崇的抽象的上级，如中央、政府、国家和党，可能是他们推出的法律、政策、文件和号召，可能是合符文化传统的"天理"。对他们而言，这样的"法"既可能是工具，也可能是价值。作为工具的法，既是组织与动员的武器，也是行动手法与策略的尺度和边界，即自我保护的工具。由此，"法"便可能是幌子，是"以子之矛攻子之盾"中的"矛"，甚至于"以非法对非法"。这种游走在合法与非法边界之间的策略性抗争，似难以说是真正的"依法抗争"。

　　作为价值的法，便成了民众抗争的正当性理据。对法不管内心信任与否，依法抗争者均将其作为抗争行动的正当性理由。如果说在西方社会，权利已作为不证自明的普适性价值和伦理诉求，因此，西方社会运动理论对抗争政治正当性理据的疏忽有其正当性，那么，在当今中国，当民众因社会情境尚需要极力正当化其抗争行动，理论研究就没有理由不关注包含伦理和道德情感的深层问题（Goodwin，Jasper & Polletta，2004）。我相信，这也应当是"依法抗争"理论的应有之义。

参考文献

C. K. Yang（杨庆堃），1975，Some Preliminary Statistical Patterns of Mass Actions in Nineteenth—Century China, in Frederic E. Wakeman, Jr. and Carolyn Grand, eds., *Conflict and Control in Late imperial China*, University of California Press.

Jeff Goodwin, James M. Jasper & Francesca Polletta. 2004. "Emotional Dimensions of Social Movements", in DavidA. Snow, et al. （eds.）*The Blackwell Companion to Social Movements*, Blackwell Publishing.

Kung—Chuan Hsiao（萧公权），1960，*Imperial Control in the Nineteenth Century.* Seattle：University of Washington Press.

LiLianjiang（李连江）& O'Brien. K.（欧博文），1996，*Villagers and Popular Resistance in Contemporary China*，*Modern China* 22（1）：28 – 61.

O'Brien. K. 1996，*Rightful Resistance. World Politics*，49（1）：31－55.

O'Brien. K.，eds.，2008，*Popular Protest in China*，Harford University Press.

O'Brien. K. & Li Lianjiang，2006，*Rightful Resistance in Rural China.* New York and Cambridge：Cambridge University Press.

Perry（裴亦理），1985，*Rural Violence in Socialist China*，*CHINA QUARTERLY*，No. 3.

Robert B. Marks（马克斯），1984，*Rural Revolution in South China：Peasants and the Making of History in Haifeng County*，1570－1930，University of Wisconsin Press.

Roxann Prazniak（蒲乐安），1999，*Of Camel Kings and Other Things：Rural Rebels Against Modernity in Late Imperial China*，Boston Rowan & Littlefield publishers incorporated.

William T. Rowe（罗威廉），2007，*Crimson Rain：Seven Centuries of Violence in a Chinese County*，Stanford：Stanford University Press.

白凯：《长江下游地区的地租、赋税与农民的反抗斗争1840—1950》，林枫译，上海三联书店2005年版。

布洛赫：《封建社会》下卷，张绪山译，商务印书馆2004年版。

陈建华：《论现代中国"革命"话语之源》，载中国人民大学政治学系编《当代政治学的发展——跨学科的视野》，2001年。

狄骥：《宪法学教程》，王文利译，辽海出版社、春风文艺出版社1999年版。

葛荃：《中国政治思想史的学理特点及方法论刍议——以董仲舒天人政治论为例》，《政治思想史》2010年第4期。

韩书瑞：《千年末世之乱——1813年八卦教起义》，陈仲丹译，江苏人民出版社2010年版。

黄贤强：《1905年抵制美货运动——中国城市抗争的研究》，高俊译，上海辞书出版社2010年版。

凯利：《自由的崛起——16—18世纪，加尔文主义和五个政府的形成》，王怡等译，江西人民出版社2008年版。

李德满：《十年来中国抗争运动研究述评》，《社会》2009年第6期。

李连江、欧博文：《中国农民的依法抗争》，载吴国光编《九七效应》，（香港）太平洋世纪研究所，1997年。

洛克林：《剑与天平——法律与政治关系的省察》，高秦伟译，北京大学出版社2011年版。

麦坎恩：《法律与社会运动》，载奥斯丁·萨拉特编《布莱克威尔法律与社会指南》，高鸿钧等译，北京大学出版社2011年版。

裴亦理：《中国人的"权利"概念》，《国外理论动态》2008年第2—3期。

施沃雷尔：《抵抗的权利：1688—1694年辉格党的抵抗学说》，尼古拉斯·菲利普森与昆廷·斯金纳主编《近代英国政治话语》，潘兴明、周保巍等译，华东师范大学出版社 2005 年版。

石约翰：《中国革命的历史透视》，王国良译，东方出版中心 1998 年版。

斯科特：《弱者的武器》，郑广怀等译，译林出版社 2007 年版。

塔罗：《运动中的力量：社会运动与斗争政治》，吴庆宏译，译林出版社 2005 年版。

塔玛纳哈：《论法治——历史、政治和理论》，李桂林译，武汉大学出版社 2010 年版。

王冠华：《寻求正义——1905—1906 年的抵制美货运动》，刘甜甜译，江苏人民出版社 2008 年版。

王国斌：《转变的中国：历史变迁与欧洲经验的局限》，李伯重等译，江苏人民出版社 2008 年版。

王国勤：《当前中国"集体行动"研究述评》，《学术界》2007 年第 6 期。

王晓毅：《冲突中的社会公正——当代中国农民的表达》，中国社会科学院社会学研究所研究报告总第四集，2003 年 8 月，No. 1。

吴长青：《从策略到伦理：对依法抗争的批判性讨论》，《社会》2010 年第 2 期。

肖唐镖：《从农民心态看农村政治稳定状况》，《华中师范大学学报》（人文社会科学版）2005 年第 5 期。

肖唐镖：《二十年来中国大陆农村的政治稳定状况》，《二十一世纪》2003 年第 2 期。

应星：《"气"与抗争政治：当代中国乡村社会稳定问题研究》，社会科学文献出版社 2011 年版。

应星：《大河移民上访的故事》，生活·读书·新知三联书店 2001 年版。

于建嵘：《当代中国农民的维权抗争》，中国文化出版社 2007 年版。

张荆红：《价值主导型群体事件中参与主体的行动逻辑》，《社会》2011 年第 2 期。

赵鼎新：《国家·社会关系与八九学运》，香港中文大学出版社 2007 年版。

赵树凯：《乡村治理：组织与冲突》，《战略与管理》2003 年第 6 期。

赵树凯：《乡镇治理与政府制度化》，商务印书馆 2010 年版。

周濂：《现代政治的正当性基础》，生活·读书·新知三联书店 2008 年版。

（作者为西南政法大学中国社会稳定与危机管理研究中心主任，教授）

国际社会化

谢喆平

一　导　言

自从改革开放以来，中国的"国际化"一直是中外学术界相当关注的问题，有一系列的纵向与横向研究面世。就纵向研究而言，历史学界有从民国时代的对外关系来研究中国的国际化（柯伟伦，William C. Kirby，1997），以及从条约体系的演进来研究帝国主义在中国（罗志田，2004），等等。所谓横向研究，即在政治学界乃至社会学界，有诸多研究从国家层面探讨中国的开放与国际化，也有从地方层面出发对地方国际化进行的分析（陈志敏、苏长和，2008），以及从社会学等专业领域出发研究国际化的具体影响（景军，2000），等等。

与之相对应的是，"国际社会"在中文语境中是一个使用频率相当高的词汇。实际上，关于国际社会的研究一直以来是西方政治学界的主要研究内容，各大理论流派都有涉及。但是，中国学术界的讨论一直集中在国际秩序、国际体系和国际制度等方面。与国际"社会化"相关的理论研究最近几年才开始出现（郭树勇，2006；但兴悟，2007）并逐渐增多。同时，在经验研究中，国际"社会化"更多地是作为一种分析视角进行经验研究内容的导入（丁韶彬，2008）。

值得指出的是，在中国学术界的上述研究中出现了"国际社会化"、"国家社会化"、"国际政治社会化"等内容指向相同却不同的术语表述。[①] 那么，究竟何为国际社会化？什么又是国家社会化、国际政治社会

---

① 大量研究均使用了术语"国家社会化"，比如，但兴悟"国家社会化研究综述"，王逸舟主编《国际政治理论与战略前沿问题》，社会科学文献出版社 2007 年版，第 128—152 页；刘贞晔《国家的社会化、非政府组织及其理论解释范式》，《世界经济与政治》，2005 年第 1 期；

化？国际社会化与国际化、国际社会到底是什么关系？中国的国际社会化
进程如何？本文试图进行介绍与分析。

二　关于"国际社会化"研究的争议

在讨论"国际社会化"时，必须要讨论的一个基本前提是"国际社
会"。在政治学界，这一直是一个有争议的概念。以国际社会为研究核心
的英国学派认为，国际社会是"当今的一个世界性系统，有着一系列众
多和复杂的国际机构和项目繁多的国际法和公约目录，并为大多数成员所
遵守"。[①]在现有的中外研究中，所谓国际社会显然指的是由现行国际体系
成员所组成的群体，即"国际社会是由认同主流国际制度的国家组成的
共同体"[②]。而现行的国际体系，显然是二战后由西方主导建构的。所谓
"中国在西方体系中，而不是在西方体系之外，日益发挥着重要作用"[③]的
这一论断，也指出了国际体系由西方主导的现实。

所谓"国际政治社会化"，指的是国际政治和国际关系领域的"国际
社会化"[④]。所谓"国家的社会化（state socialization）"，指的是从国际社
会的层面来考察国家对既定群体的加入，但是这一概念容易导致误解——
众所周知，国家与社会是政治学研究中永恒的二元命题，国家的社会化在
字面上容易导致受众误解为国家"被国内社会化"，与其本意"国际社会
化"相去甚远。因此，在一个全球化仍在进行中的世界，国家的国际社
会化（state international socialization）是较为准确的术语。

在进入国际社会化讨论之前，有必要讨论何为社会化。社会化是社会

（接上页）钟龙彪《国家社会化：国际关系的一项研究议程》，《欧洲研究》2009 年第 2 期；刘
兴华《试析国家社会化的演进》，《外交评论》2009 年第 3 期；李海龙《论国际社会中的社会化
与制度化——一个社会交往视角下的分析》，《燕山大学学报》2010 年第 1 期。另有研究使用了
术语《国际政治社会化》，比如郭树勇《国际政治社会化》，《国际观察》2006 年第 2 期。还有
研究使用了术语"国际社会化"，比如黄黎洪《国际关系主流学派对国际社会化的研究》，《新疆
社科论坛》2009 年第 6 期。

① Hedley Bull and Adam Watson eds, *The Expansion of International Society*, Oxford University Press
(Third Edition), p. 15.

② 王荣华，陈寒溪：《国际制度与中国红十字立法》，《国际政治科学》2007 年第 1 期。

③ G. 约翰·伊肯贝瑞：《中国的崛起与西方的未来》，《国外理论动态》2008 年第 12 期。

④详见郭树勇《国际政治社会化》，《国际观察》2006 年第 2 期。

学研究的核心问题之一，并逐渐为人类学、政治学、语言学所关注，以至于成为社会科学研究领域中相当活跃的问题领域。比如，社会化是语言学的核心概念，常用于自群体（in - group）身份形成和关于对团体规范的遵从等相关理论的研究。在政治学中，政治社会化表示的是既定人群把所属社会团体对社会的信仰和观念融入自己的态度和行为模式的过程，常用于解释社会运动乃至国际法和人类学的相关研究题目。

在国际政治学领域，关于社会化的研究最早应当是肯尼思·沃尔兹（Kenneth N. Waltz）1979 年所提出的观点。在他看来，社会化是国际体系结构影响行为体的两种方式之一（另一种是行为体之间的竞争），行为体之间的互动及其产生的环境促成了行为体的社会化。这可称之为现实主义的结构视角。真正的国际社会化研究兴起于 1990 年代，有一批规范研究和经验研究问世。其中，引证率最高的英文文献是约翰·伊肯贝瑞（G. John Ikenberry）和查尔斯·卡汉（Charles A·Kupchan）1990 年的研究。他们认为"社会化"是一种重要能力，是霸权国家在威胁与许诺等物质刺激之外对其他国家发挥影响的途径，是行为者将规范与理念传递给其他行为者的过程（对其他行为者而言是一个学习过程）。这一定义强调霸权国家在所谓国际社会化中的主导地位，因此可称之为现实主义的霸权视角。

作为英国学派承上启下的学术代表，巴里·布赞（Barry Buzan）关于国际社会化的主要观点是，新兴国家融入国际体系乃是国际社会扩展的结果。其中，国际社会从欧洲先发地区向其他地区和全球扩展，欧洲之外的国家只有通过适应和接受核心体系的规范才能成为维护体系的成员。这一观点可以称之为国际社会化的扩展视角。

关于何谓国际社会化，另有广为接受的界定是建构主义学者所指出的"国家被嵌入稠密的跨国与国际网络中，后者形塑了国家对世界以及自身世界角色的认知"[①]。从这个概念来讲，国际社会化不但指的是一种进程（被嵌入、被形塑），同样也体现了国家在这一进程中的被动性。有意思的是，尽管学者们认为以国家对国际组织的参加为主要内容的多边外交是

---

① Martha Finnemore, *National Interest and International Society*, Ithaca, N. Y. : Cornell University Press 1996, p. 2. ; *Emphasis in the original. For a more elaborate statement of the constructivist theory of international relations*, see Alexander Wendt, *Social Theory of International Politics* (Cambridge: Cambridge University Press, 1999.

国际社会化的核心（王红缨，2000），但是国际组织由国家申请加入的这一前提，表明国家才是这一多边外交行为中的主导者（谢喆平，2010），其自身有相当大的选择权——这正是建构主义代表人物亚历山大·温特（Alexander E. Wendt）所谓行为体的主动性。实际上，在国际社会化过程中，国家兼有选择性"嵌入"和"被嵌入"的两种特点。这种国家的国际社会化定义，可称之为建构主义的嵌入视角。

在建构主义学者中，杰佛瑞·T. 切克尔（Jeffery T. Checkel）认为社会化是一种学习过程，规范理念在这一过程中经由传递而实现内化①。此外，建构主义基于哈贝马斯的社会交往理论和群体认知理论所推出的研究视角，相对而言所关注的是社会化的微观进程（江忆恩，A. Iain Johnston，2001），强调模仿、说服和社会影响是国际社会化微观过程的三种主要方式，这可以称之为建构主义的认知视角。

从上述分析可以看出，无论是现实主义的结构视角、霸权视角，还是英国学派的扩展视角、建构主义的嵌入视角与认知视角，国际社会化研究首先是一种过程研究，主要的观察对象不是国际社会而是其新加入者，亦即江忆恩所谓"社会化的对象是新成员"。对国际社会新成员来说，国际社会化很大程度上是一种学习过程。对国家而言，这是一种被国际社会化的过程，尽管它有选择权。易言之，国际社会化是一种以国际制度为自变量，以国家为因变量的研究视角的延伸，考察的是国家与国际体系关系的变化。②

在政治学研究领域，近年更多的研究集中于从欧盟视角来关注中东欧的"国际社会化"，尤其是 2005 年《国际组织》杂志秋季专辑"国际制度与欧洲的社会化"，重点关注欧盟新成员的国际社会化——在这里，所谓"社会化"具有典型的英国学派含义，更多意味着"欧盟化"，或者"欧盟式社会化"。相对来说，欧盟作为成熟的政治性地区组织，社会化的制度安排比较完善，这也是为什么成为研究关注热点的原因。关于中国、东南亚等新兴国家和地区的国际社会化，近来也逐渐成为瞩目的研究题域。关于中国的经验研究，哈佛大学江忆恩 2008 年出版的《社会化国家：国际组织中的中国 1980—2000》（*Social State：China in International*

---

① Jeffrey T. Checkel, *International Institutions and Socialization in the New Europe*, ARENA Working Paper, WP01/11, pp. 2 - 3.

② 丁绍彬：《国际社会化视角下的世界银行与中国的关系》，《教学与研究》2008 年第 9 期。

Institutions 1980—2000）显然是经典的开山之作。

此外，法学界对国际社会化研究贡献了重要的规范研究，尤其是从人权法出发来讨论国际法对国家的影响——即所谓国家的国际化过程、国家是如何被影响的（芮恩·古格曼，Ryan Googman 和德里克·金克斯，Derek Jinks，2004）。

但是有意思的是，无论是现实主义、建构主义，还是江忆恩强调社会化对新手的"说服"与"社会影响"，尤其是巴里·布赞的扩展视角等，这些分析隐含的前提假说是——国家是"被社会化"的，国家是纯粹的因变量。固然从研究的角度讲，这样的剥离有助于研究边界的清晰，却极大地削弱了论证的有效性，这也是江忆恩指出"这是激进的论断（radical statement）"① 原因所在。

三 中国的国际社会化：研究与争议

实际上，尽管江忆恩早已指出"关于国际社会化，几乎所有的经验研究都是关于欧盟的"，但是迄今为止，关于中国的国际社会化研究成果仍然少之又少。当然，这一现象产生的原因有多种，其一是欧盟相对完善的国际社会化机制以及欧盟成员国一定的同质性特点，易于吸引学者进行研究；其二是中国的独特性，尤其是对西方中心的国际体系而言，中国的庞大规模与巨大的差异性，对研究者显然造成巨大的挑战。尽管国际社会化研究进路有诸多不足，但并不能消减这一分析路径对研究中国转型的重要意义。在已有的研究中，江忆恩 2001 年的《将国际机制看做国际环境》一文以及 2008 年的《社会化国家：国际制度中的中国 1980—2000》一书、安·肯特（Ann Kent）《国际组织与中国的国际社会化》研究相当全面（2008），以及王红缨从国际社会化的主要路径即多边外交角度（经济多边主义与安全多边主义）进行的论证（2000）② 都相当重要。

作为历史进程研究，中国的国际社会化研究的重要意义首先在于，对自费正清（John King Fairbank）以来中国研究中的"冲击—回应"的模式

---

① Alastair Iain Johnston, *Social State*：*China in International Institutions* 1980—2000, Princeton University Press, 2008.

② Hongying Wang, Multilateralism in Chinese Foreign Policy：the Limit of Socialization, *Asian Survey*, Vol. 40, No. 3（May — Jun.，2000），pp. 475 – 491.

和柯文（Paul A. Cohen）"在中国发现历史"的研究模式进行了补充，尽管与上述两种研究相比较，国际社会化研究相对微观与短程。然而，尽管目前的国际社会化仍然是以西方为中心的体系为参照系，国际社会化的研究进路将中国放在与国际社会互动的范畴内进行观察，这较之单纯观照中国或中西互动的比较研究显然更进一步、更有观察价值和研究意义。

　　某种意义上，中国的国际社会化，可以理解为中国作为一个主权国家在国际社会中的"正常化"或者说"合群化"的过程，而不单单是一种浅表的"国际化"过程。"如果我们假定当今世界是一个国际社会，那么，中国就是一个正在经历社会化过程的重要国家。"① 所谓中国的国际社会化，其实质内涵是中国在世界体系中的定位（或被定位）过程。在国家—国际社会关系的变迁进程中，中国与国际组织体系的多边互动，显然是最具效率的分析目标。

　　中国的国际社会化基于两个重要前提：第一是改革开放战略。假如国家不选择开放，那么国际社会化也就无从谈起。自 1978 年开始实行改革开放政策以来，中国放弃了国际社会"局外人"和"挑战者"的角色，开始寻求积极参与国际社会，完成了从国际社会的"革命者"、"改革者"到"维护者"的角色转变②，或者说是从革命型国家、游离型国家到现状型国家的变化③，基本加入了国际体系，参加了绝大多数主要的国际组织，与绝大多数国家建立了正式关系，全面完成了与外部世界的连接任务。中国 30 年发展的成功，除了改革开放的巨大努力之外，"在相当大程度上也是充分融入、利用以世界贸易组织和联合国为代表的国际体系的结果"④。

　　第二个重要的前提是中国坚持国际条约的地位优于国内法的原则⑤，这一原则的坚持与第一个前提密切相关。尽管中国的宪法和法律并没有对国际法与国内法的关系作出准确规定，但是在实践中，中国采取了把个别的国际法规范采纳为国内法的办法予以执行；国际法与国内法发生抵触

---

① 秦亚青：《国际关系理论的核心问题与中国学派的生成》，《中国社会科学》2005 年第 3 期。

② Samuel Kin, *China, the United Nations and World Order*, Prenceton University Press, 1979.

③ 秦亚青：《国家身份、战略文化和安全利益：关于中国与国际社会关系的三个假设》，《世界经济与政治》2003 年第 1 期。

④ 楚树龙：《中国不是国际体系的挑战者》，《环球时报》2008 年 1 月 23 日。

⑤ 李浩培：《条约法概论》，法律出版社 2003 年版，第 326 页。

时，采取国际法优于国内法的原则，适用国际条约的规定（中国声明保留的条款除外）；在法律、条约没有规定的情况下，可以使用国际惯例，自然也包括国际习惯在内。① 这一前提也是中国能够重返世界贸易组织的基本条件之一。中国在 1979 年成立联合国教科文组织全国委员会，依据的就是该组织《组织法》关于成员国成立全国委员会的规定。

关于中国的国际社会化基本动因，西方学者认为与中国共产党追求合法性紧密相关。确切地说，由于毛泽东晚年造成的经济和政治混乱，毛之后以邓小平为首的新一代领导人面临严重的合法化危机。因此，邓小平提出中国需要从计划经济转变为更多依赖出口的独立型经济，而参与国际经济组织正是为了获得所需要的技术和专家（即便对联合国教科文组织的参与，最初也是以科技为目标；对世界气象组织的参与行为，则"总体上是技术性和专业性的，而非政治性和意识形态性"②）。因此，"参与的溢出效应，使得中国参与了经济之外的其他国家组织。"③

正是在上述两个前提和根本动因的基础上，中国启动了自己的国际社会化进程。从一个体系外的"革命性"例外国家，逐渐成为国际社会的有机一员——到 20 世纪 80 年代后期，基本参加了所有重要的国际组织，"在现代历史上，中国第一次成为全球体系中的积极成员"④。正如安·肯特和江忆恩的研究所揭示的，在这一进程中国际组织起了非常重要的作用。

在某种程度上，中国的国际社会化过程可以总结为"传授—学习"模式的实践过程。⑤ 经由对国际组织的参与，中国逐渐习得了国际社会的知识和技能，逐渐摆脱了国际体系"局外人"与"新成员"的身份，同时，在这一模式中，国际组织在一定程度上充当了知识与规则的"传授者"角色。已经有许多扎实的经验研究证明了这一模式。作为国际社会新手，中国历

---

① 朱奇武：《中国国际法的理论与实践》，法律出版社 1998 年版，第 13—14 页。

② Samuel Kin, *China, the United Nations and World Order*, Princeton University Press, 1979. pp. 398.

③ 江忆恩：《美国学者关于中国与国际组织关系研究概述》，《世界经济与政治》2001 年第 1 期。

④ Samuel S. Kim, "Thinking Globally in Post Mao China", *Journal of Peace Research*, Vol. 127, No. 12, 1990, p. 1191.

⑤ 详见谢喆平、张小劲《传授与学习：中国参与联合国教科文组织的经验研究》，《外交评论》2011 年第 1 期。

时 15 年的加入世界贸易组织的过程，有学者定义为"一个相互学习、适应和调整的过程"，是促使中国向世界规则相趋近的一个过程①。中国参加联合国教科文组织的第一年，"中国代表像海绵一样尽可能地吸取知识与信息，而不是参与决策过程"②。加入世界气象组织之初，中国即于 1972 年 7 月向世纪气象组织派出了一个学习小组，"仔细学习中国参加世界气象组织活动、尤其是世界气象观察活动的步骤"③。与此相似，中国加入世界银行和国际货币基金组织时，亦有相似的"世行小组"参与其中。这一现象对国际社会新成员来说丝毫不奇怪："当时中国提出两点：第一，长期的外交封锁使中国很难对众多国家和众多国际组织邀请中国参与的要求快速回应，第二，中国缺乏合格的外交人员与技术人员。"④

由于中国政体是托马斯·里瑟—卡彭（Thomas Risse—Kappen）所指出的"政府主导型"国家，中国的国际社会化过程是一种政府主导（政府为主要的学习者）的学习进程。以世界银行来说，该组织全面而深入地参与到了中国宏观经济政策的制度框架设计中，但这一参与是经过中国政府的积极合作来实现的。1981 年世界银行专家组在中国同行参与下完成研究报告《中国：社会主义经济发展》，该报告以及次年的研究报告《中国：长期发展的问题与方案》，为中国政府的经济体制改革提供了重要参考。最具代表性的是 1993 年中国面临重大经济考验时，世界银行与中国国家经济体制改革委员会共同组织召开"中国经济发展与改革国际研讨会（即大连会议）"，该会议的报告呈报朱镕基总理并在《人民日报》全文发表，其基本观点成为中国当年秋天出台的稳定经济"十六点计划"的基础，甚至出现在中国共产党十四届三中全会通过的"关于建立社会主义市场经济体制若干问题的决定"中⑤。中国从对市场经济的接纳与融入，则与加入世界贸易组织密切相关，对世界贸易组织的长期谈判一直是中国政府主导的重要任务。此外，1997 年、1998 年世界银行两份报告，对中国高等教育的扩招政策起了非常重要的参考作用，这两份报告也是应

① 宋泓：《中国与 WTO：一个相互学习、适应和促进的过程》，《磨合中的建构：中国与国际组织关系的多棱角透视》，中国发展出版社 2003 年版，第 176—222 页。

② Samuel Kim, *China, United Nations and World Order*, Prenceton University Press, 1979, p. 353.

③ *WMO Bulletin* 21（October 1972），p. 259.

④ Samuel Kim, *China, United Nations and World Order*, Prenceton University Press, 1979, p. 351.

⑤ World Bank, *China and the World Bank: a Partnership for Innovation*, Washington D. C.: World Bank Research Report, p. 47

中国政府的要求提交的。以联合国教科文组织来说，该组织不但对中国的教育政策产生直接影响，还将教育理念（如终身学习进入《教育法》）等理念以及一系列教育技术（比如教育占 GDP 4%、毛入学率等）输入中国，甚至"学习型社会"理念进入了中国共产党十六大报告,① 这一切理念的接受与政策的改变与教育部门的开放有直接关系。

政府主导的学习进程，也表现在法律体系的修订上（中国不是立法与行政权分离的体系）。如果说世界银行对中国的宏观经济决策起的是咨询与推动作用，那么加入世界贸易组织则对中国的经济法律与规定起了直接的强制性规范作用。为适应加入世界贸易组织后的要求，中国对国内法律和条例等方面进行了空前规模的大清理工作：第一部分包括 36 个法律法规（29 个因不完全符合世界贸易组织规范而需要修改，另外 7 个领域需要制定新的法规），第二部分包括 120 个政府规章（因不完全符合世界贸易协议而需要修改）。中国红十字法的立法过程也体现了国际社会化对中国国内立法的直接影响。1993 年通过的《中国红十字会法》明文规定"第四条——中国红十字会遵守宪法和法律，遵循国际红十字和红新月运动确立的基本原则，依照中国参加的日内瓦公约及其附加议定书和中国红十字会章程，独立自主地开展工作"。实际上，中国红十字会 1988 年第一次提出立法的理由是"许多国家根据《日内瓦公约》制定了本国的红十字会法，以明确红十字会性质、地位以及国际国内的作用"；国务院法制局和人大法工委认为"制定《红十字会法》的因素之一，就是从红十字会作为国际红十字运动的组成部分，与国际上的做法接轨考虑的"②。

在国家学习过程中，决策官员和知识精英是国际社会化的重要步骤。1981 年世界银行的研究报告是世行专家组在中国同行（包括后来担任总理的朱镕基）的参与下完成的。1980—1987 年，世界银行为中国培训了各级官员2454 人；1999—2003 年对中央政府官员进行培训，2003 年之后培训目标是边远地区官员，"与世界银行的合作为中国改革开放培养了大批人才"③，这一大批各个层级的经济官员对中国经济发展发挥了重要作用。此外，中国早期的情报学科的成立（联合国教科文组织培训 200 余人）、海洋学科的发展（联合

① 谢喆平：《中国与联合国教科文组织的关系演进：关于国际组织对会员国影响的一项经验研究》，教育科学出版社 2010 年版，第 119、125—126 页。
② 参考王荣华、陈寒溪《国际制度与中国红十字立法》，《国际政治科学》2007 年第 1 期。
③ 朱光耀：《世界银行与中国的改革开放》，《求是》2005 年第 15 期。

国教科文组织提供资料）乃至第一份科技发展规划的出台（联合国教科文组织提供咨询），都与联合国教科文组织密切相关。这些人员在国际组织的理念接受乃至政策转变和法规修订方面，发挥了重要作用。

政府主导的学习进程，更明显地表现为政府机构设置的相应变化——即江忆恩所谓国际社会化的模仿（Mimicking）。为了适应参加联合国裁军会议的需要，中国专门在外交部国际司成立了四处（裁军处）负责裁军事宜，进而成立了国际军控与裁军司，逐渐促进了外交部与国防部和国防科工委裁军协调机制的形成。文化部增设文化遗产司，与联合国教科文组织《保护文化遗产公约》直接相关。为了应对《联合国气候变化框架公约》，中国过去 20 年里针对国际气候谈判的进展，对相关的机构进行了几次大的调整，使主管机构产生了由外围到中心、由单一应对向跨部门合作的转变。①

上述中国政府主导的学习进程，所体现的选择性与能动性与国际社会化的假说前提"国家被国际社会化"构成了矛盾。关于中国的国际社会化进程的发展，也有三种截然不同的看法，秦亚青认为"中国正在经历国际社会化过程"，而楚树龙则明确提出"中国的国际化过程基本结束"②，朱立群则认为"在现阶段，中国参与国际体系仍以中国遵循并社会化国际规范为主要内容"③。值得注意的是，中国学者中出现了一种不

---

① 1990 年，中国在国务院环境保护委员会下设立了国家气候变化协调小组，由国务委员宋健担任组长，办公室设在国家气象局，实现对《联合国气候变化框架公约》的承诺；1998 年，中国成立了跨部门议事协调机构——国家气候变化对策协调小组，成员单位包括财政部、商务部、农业部、建设部、交通部、水利部、国家林业局、中国科学院、国家海洋局和中国民航总局。国家发改委是组长单位，外交部、科技部、农业部、环保总局、财政部、中国科学院、气象局、水利部、交通部、林业总局等是副组长单位。2003 年新一届国家气候变化对策协调小组成立。发改委主任担任组长，副主任担任常务副组长，外交部副部长、科技部副部长、中国气象局局长和国家环境保护总局副局长担任副组长。发改委牵头负责总体协调，办公室设在发改委地区经济司。2007 年，中国成立国家应对气候变化领导小组，国家发改委承担日常工作。小组组长为温家宝总理，副组长为副总理和国务委员。成员包括国务院副秘书长、外交部部长、国家发改委主任、科技部部长、工信部部长、财政部部长、国土资源部部长、环境保护部部长、住房和城乡建设部部长、交通运输部部长、水利部部长、农业部部长、商务部部长、卫生部部长、国家统计局局长、国家林业局局长、中科院院长、中国气象局局长、国家能源局局长、中国民用航空局局长、国家海洋局局长、国家发改委副主任，并成立了国家发改委气候变化司。参考于宏源《国际制度和政府决策转型》，《国际政治科学》2007 年第 1 期。以及国家发改委气候司网站 http：//qhs. ndrc. gov. cn/

② 楚树龙：《中国正日益"内向化"》，《招商周刊》2005 年第 38 期。

③ 朱立群：《中国参与国际体系的实践模式》，《外交评论》2011 年第 1 期。

同的声音，即认为 2008 年以来中国开始出现"内向化"（楚树龙，2005）
趋势，越来越多地关注国内问题。如是，则中国的国际社会化可能在未来
一段时间产生停滞。易言之，究竟是什么样的国际社会、如何判断国际社
会化的完成？存在明显分歧。

四　结语

中国进行中的国际社会化已是不争的事实。经过 30 年的改革开放，
就与外部世界的关系以及在世界的作用和影响而言，中国基本上融入世界
经济（即便主要是在世界贸易和投资方面），也开始融入世界金融体系。
但是，"在政治、社会制度、意识形态方面，中国与国际社会多数成员仍
是格格不入。目前在联合国 197 个成员国中，社会主义国家有 5 个，占总
数的 2.5%。中国在社会制度、政治意识形态方面显然是国际社会中的少
数，是极少数、是孤立的。"[①]也就是说，如果国际社会化意味着网络化的
嵌入，则当下的中国已经基本完成了对国际经济体系的"嵌入"，然而除
此之外，对其他体系是否能"嵌入"或者说在什么程度上实现"嵌入"，
就目前而言，在一定程度上仍然是个未知数。因此，目前中国的国际社会
化，仍然是不均衡和不稳固的国际社会化。巴里·布赞认为，中国只接受
了国际经济规范，而拒绝接受西方的民主、自由、人权等核心制度规范，
因此对国际社会来说，中国未来的发展仍然是不确定的。[②]

对研究者来说，观察中国的国际社会化进程无疑是有价值的。但是，
相对国际社会化关注于国际社会"新手"的研究特征来说，已不再是国
际社会"新手"的中国，究竟还有多大的国际社会化经验研究意义？是
否后国际社会化研究是即将到来的新题目？就中国为国际体系增加的政治
内容，尤其是在国际经济体系中的分量而言，中国对国际社会化的反馈机
制，反而可能是未来更有意义的研究题目。当然，中国的"内向化"趋
势与国际社会化之间的矛盾，也是非常值得关注的题目。

---

① 楚树龙：《世界与中国、中国与世界：过去 30 年，未来 30 年》，《现代国际关系》2008
年第 9 期。

② Barry Buzan, Culture and International Society, *International Relations*, Vol. 86, No. 1, 2010,
pp. 1 – 25.

参考文献

Hedley Bull and Adam Watson eds. , *The Expansion of International Society*, Oxford U-niversity Press (Third Edition) .

Alastair Iain Johnston, *Social State*：*China in International Institutions* 1980 – 2000, Princeton University Press, 2008.

Ann Kent, *China's International Socialization*：*The Role of International Organizations*, Global Governance, July—Sep. 2002.

Barry Buzan, Culture and International Society, *International Relations*, Vol. 86, No. 1, 2010, pp. 1 – 25.

Martha Finnemore, *National Interest and International Society*, Ithaca , N. Y. : Cornell University Press 1996.

Emphasis in the original. For a more elaborate statement of the constructivist theory of in-ternational relations, see Alexander Wendt, *Social Theory of International Politics* (Cam-bridge：Cambridge University Press, 1999) .

Jeffrey T. Checkel, International Institutions and Socialization in the New Europe, ARE-NA Working Paper, WP01/11.

丁绍彬：《国际社会化视角下的世界银行与中国的关系》，《教学与研究》2008 年第 9 期。

朱立群：《中国参与国际体系的实践模式》，《外交评论》2011 年第 1 期。

王荣华、陈寒溪：《国际制度与中国红十字立法》，《国际政治科学》2007 年第 1 期。

（作者为中国人民大学政治学博士，清华大学高等教育学院博士后）

中国模式

张 超

一 引 论

当下，无论是媒体还是学界对"中国模式"都给予了极大的关注，并展开了丰富的讨论，但纵观这些讨论，始终没对作为一种概念的"中国模式"和作为一种经验事实的"中国模式"作出区分。随手检索国内有关"中国模式"的讨论文章或有关会议论文集，"中国模式提出的背景"、"中国模式的内涵、内容"、"中国模式的国际影响"、"中国模式的普适性"、"中国模式的未来"等说法往往在同一篇文章或同一个研讨会上同时出现。显然，在这些说法中，两种意义的中国模式的区分是很容易辨识的，却被讨论者忽略了。当说"'中国模式'提出的背景"、"中国模式的内涵、内容"等时，我们指的是作为一种概念的"中国模式"，但说到"中国模式的国际影响"、"中国模式的未来"等时显然并非主要指中国模式作为一个概念在国际上会有什么影响力，或者中国模式作为一个概念会有什么样的未来，而是指中国模式作为一种经验事实对国际社会有什么影响，或其作为一种经验事实在将来会有什么发展趋势。

需要指出的是，对这两者作出区分是十分必要的。

这种必要性首先在于，概念与经验事实是两种性质完全不同的事物，由此决定了对两类事物截然不同的设问内容和设问方式。当我们讨论作为概念的中国模式时，我们思考的问题主要涉及这一概念的前提预设、问题意识、内涵、外延等。但是，当我们面对作为经验事实的中国模式时，我们关注的问题就转变为：这一事实在国际上有何影响、在价值上有没有合法性、在空间上有没有可推广性、在时间上有无可持续性等。更为重要的乃至更为根本的问题是，对于作为一个概念的中国模式，我们必须审视其作为我们认识现实世界的工具的有效性，因为这在很大程度上决定了其在理论分析中的价值和意义，而面对中国过去 30 年、60 年乃至更长时段的经验事实，我们要关注的问题就变为：这一事实的现象表现、因果机理、国际影响、未来趋势、价值判断，等等。

这种必要性还在于，作出这种区分是进行更深一层讨论的前提。当前对中国模式的讨论不可谓不热闹，但仔细辨别就会发现这些热闹讨论的背后鲜有交集，大家基本上是在各说各话，而个中原因很关键的地方在于讨论者并没有对两种意义的中国模式作出自觉的区分。《当代中国研究》杂志在 2010 年 6 月刊登了三篇有关中国模式的讨论文章，其中两篇分别由美国丹佛大学国际关系学院教授赵穗生和美国印第安纳大学政治学副教授斯科特·肯尼迪（Scott Kennedy）撰写，[①] 两位教授在两篇文章中探讨的核心问题是：中国模式是否有可能取代西方的现代化模式而成为一种新的模式？很明显，两位教授探讨的是作为一种经验事实的中国模式而非作为一个概念的中国模式，但是问题在于，他们所讨论的并非同一个经验事实。赵穗生教授把中国模式理解为这样一个经验事实：经济上的东亚"四小龙"模式和政治上的第三条道路（在保持一党执政的同时逐渐扩大社会的政治参与），斯科特·肯尼迪（Scott Kennedy）教授谈论的中国模式则主要指中国三十年的发展中在经济方面形成的一些独特特征。这样一来，两位作者表面上看是在谈论同一个对象（中国模式），但由于两位各自所使用的概念背后所指涉的经验事实存在着根本不同，所以两篇文章并不能构成真正有意义的对话。这样的事例绝非个案，检索国内有关中国模式的期刊文章、著作以及相关会议的论文集，当学者们围绕诸如中国模式在现实中有何合理性、在国际上有何影响、在未来会有何发展等问题争论不休时，我们会发现，他们争论的对象本身就不同，如果连争论的对象都不同，那何谈去就对象做更深一层的讨论呢？

有鉴于此，本文在区分两种意义的中国模式的基础上，将集中探讨作为概念的中国模式而非作为经验事实的中国模式，关注的重心是这个概念的理论和学术价值。

---

① Suisheng Zhao, "The China Model: can it replace the Western model of modernization?", *Journalof Contemporary China*, 2010, 19: 65, 419 – 436; Kennedy, scott, "The Myth of the Beijing Consensus", *Journal of Contemporary China*, 2010, 19: 65, 461 – 477.

二 "中国模式" 概念的问题意识和价值关怀

"中国模式" 这一概念被提出是非常早的事情，但是被媒体和学界关注和热议则是相当晚近的事情。现在大部分的讨论文章都把"中国模式"提出的背景追溯到 2004 年美国学者雷默（Joshua Cooper Ramo）提出的"北京共识"，其实这种说法是不准确的。学者秦宣考证，"中国模式"作为一个概念早在 20 世纪 80 年代起就已经被国外的媒体和学者使用。① 此外，在笔者的检索中，在 20 世纪 90 年代至 21 世纪初不断有人使用中国模式这一概念。② 但总的来说，"中国模式" 这一概念提出后在很长一段时间里并没有被特别注意，在同一时期内诸如"东欧模式"、"苏联模式"、"日本模式"、"印度模式"、"四小龙模式"、"东亚模式""美国模式"、"欧洲模式"、"拉美模式"等概念也同样被人使用，"中国模式"与这些类似概念相比并没有特别吸引人的地方。问题在于，这一曾经默默无闻的概念何以在最近几年突然间被空前关注并引发了如此激烈的讨论，而其他类似概念却没有被如此关注？

可以说，"中国模式" 概念被关注主要源于对中国近三十年来快速发展的经验的反映，从此意义上讲，先有中国的崛起，后有作为概念的中国模式的崛起。改革开放后，中国三十年的快速发展尤其是持续的经济高增长确实构成了一件引人注目的事件。与中国快速发展形成对照的是，20世纪末到 21 世纪最初这十年间，拉美经济危机、东亚金融危机、俄罗斯"休克疗法"的失败、由美国开始迅速波及世界的金融危机等事例暴露出了拉美、东亚国家、俄罗斯、以美国为代表的西方世界在发展中都存在的严重问题。这种对比强烈的经验现象很自然会引起人们在理论上的思考：如何认识、解释和评判这两种对比强烈的经验事实？在回答这一由经验事实引发的理论问题中，"中国模式" 这一概念无疑充当了描述、解释和评价中国几十年的经验发展的理论功能。

需要指出的是，对于西方学者和中国学者来说，他们在使用"中国

---

① 秦宣：《中国模式之概念辨析》，《前线》2010 年第 2 期。
② 如王琢的《中国改革实践对西方经济学主流理论的巨大挑战——中国模式是促进共同繁荣、实现共同富裕之路》，《中国财政》1993 年第 11 期；芦荻的《浅说中国模式》，《读书》2000 年第 6 期。

模式"这一概念时却拥有着非常不同的前提预设和价值关怀，而这也在更深的层次上构成了他们关注"中国模式"这一概念的动力所在。

　　毋庸讳言，西方学者对"中国模式"这一概念有非常不同乃至截然相反的观点，但是就其背后的前提预设和价值关怀来说有着某种共同之处。面对中国的高速发展，西方学者至少有两种心态：一是困惑，二是担忧。1998 年《民主杂志》（*Journal of Democracy*）邀请当时西方顶尖的中国问题专家讨论中国未来的民主化问题，[1] 讨论中的一个核心问题就是"十年后由共产党统治的中华人民共和国还会存在吗？"即使不谈学者对这一问题会有什么回答，就这一问题设问本身就足以表明当时西方学者普遍对共产党执政的中国充满了悲观。这种悲观一度发展成一种"中国崩溃论"的论点，或者正如一位学者所概括的"西方主流话语连续 20 年一直唱衰中国"。[2] 但是，中国发展的经验事实至少就目前为止证明了所有这些"唱衰"中国的论点是站不住脚的。如果说当初西方学者的问题是：中国为什么会崩溃？那么面对当前中国高速发展甚至可说是崛起的经验事实，西方学者的问题就变成了：中国为什么没有崩溃？在这种意义上讲，无论是"北京共识"概念的提出还是"中国模式"概念的热议都可看做西方学者为回答这一问题或解开这一困惑所展开的学术努力。在困惑之外，西方学者的第二个心态是担忧。他们的担忧在于，中国目前的这种发展模式是否会取代西方那种市场经济加民主政治的主流甚至说是普世模式。曾以"历史终结论"而知名的福山教授在 2010 年说，"客观事实证明，西方自由民主可能并非人类历史进化的终点。随着中国的崛起，所谓'历史终结论'有待进一步推敲和完善"[3]。《经济学家》（*The Economist*）2010 年 8 月曾就"中国模式"做了一次辩论，剑桥大学政治学和国际关系高级研究员斯蒂芬·郝柏（Stefan Halper）表达了一种颇为矛盾的观点。他说，中国模式其实并不是一种什么模式，中国过去三十年的成功得益于它在文化、人口、地理和统治哲学方面的独特特征；但另一方面，斯蒂芬·郝柏则说，撇开去了解中国过去三十年在转型方面取得的辉煌的具体细节，我们发现中国真正的挑战在于，它向外输出了某种对许多国家来

①　Brzezinski, Zbigniew K, etc., "Will China Democratize?", *Journal of democracy*, 1998, 1.

②　张维为：《中国崩溃论的崩溃》，《社会观察》2011 年第 2 期。

③　福山：《中国模式代表集中和高效》，《社会观察》2010 年第 12 期。

说更简单也更具吸引力，但对西方具有腐蚀性的东西，这种东西就是市场权威主义的基本观念，中国成了世界上宣传资本主义和专制统治可以并行不悖的最大的广告牌。① 一方面不承认中国的发展有什么模式，但另一方面又担心中国成为其他国家效仿的榜样，斯蒂芬·郝柏的话或许代表了西方学者对中国崛起在经济层面之外更深一层的担忧。如果只是经济的崛起，那至多是一种权力的消长变化，或许可看做经济周期的正常波动，但中国的崛起伴随着一种与西方的自由民主截然不同的政体形式以及这种政体形式背后的价值理念。后一种挑战远胜于在经济方面的挑战，如斯蒂芬·郝柏所言，中国模式之争的要紧之处不在于发展模式之争，而在于有关统治者和被统治者间该有何种适宜关系的观念之争。② 可以说，当前无论是认为中国有可能形成一条与西方模式不同的西方模式的学者，还是力辩中国的成功只是遵循了西方模式的学者，背后其实都同样对中国的崛起有没有可能威胁到西方的自由民主制度及其背后的价值理念这一问题怀具着隐忧乃至焦虑。

中国学者在使用"中国模式"概念时虽然也部分分享了西方学者的某些问题意识和价值关怀，但也有一些为自身所独具的内容。应该说，西方学者的那种困惑和担忧在中国学者当中同样存在。20 世纪 90 年代初，中国学者同样对一个权威政体能否带领中国走向现代化充满了疑虑，这种疑虑在学术研究上的投射即是将学术研究的重心从权威（国家）转向了公民社会，而等到学界又重新提出"把国家带回来"则已经是 21 世纪初的事情了。从这个意义上讲，重新审视包括中国独特的政治体制在内的中国经验对中国学者来说同样是崭新课题。③ 而那种担忧心态则表现在有关普遍和特殊的争论上。在一些学者看来，中国几十年高速发展所取得成绩并不能证明其发展模式的正当性，反而表明中国的发展是与普世价值相违的。秦晖教授认为，中国取得快速发展的原因就是"低自由低福利"加上全球化，而前者正是与世界主流价值背道而驰的做法。如果中国继续沿

---

① http：//www.economist.com/debate/overview/179。

② http：//www.economist.com/debate/overview/179。

③ 甘阳先生 2005 年在清华的一次演讲中提出要重新认识中国的命题，见甘阳《通三统》，三联书店 2007 年版，第 14 页。邓正来先生 2010 年在一篇论文中提出要"重新发现中国"，参见邓正来《生存性智慧与中国发展研究论纲》，《中国农业大学学报》（社会科学版）2010 年 11 月第 4 期。

着这条道路发展下去，很有可能会在世界上造成一种"劣币驱逐良币"的趋势（在全球化竞争中低人权国家凭借其高效率战胜高人权但可能低效率的国家）；反之，只有中国改变目前这种低自由低福利的发展模式才能真正融入世界主流文明。①

在这些表面与西方学者类似的问题意识和价值关怀之下，中国学者更深层的价值关怀或许在于对于"中国向何处去"、"中国学术向何处去"这一更根本问题的关注，前者涉及实践问题，后者关涉理论问题。对于一个尚处在转型期的政治共同体来说，过一种什么样的共同体生活问题并未解决。而作为政治共同体之一员的学者出于对这一问题的关注，以从事学术活动的方式介入到了这一实践问题中，而对"中国模式"的讨论无疑是中国学者以学术方式介入这一实践问题的一个表征。正是在这一根本的问题意识之下，我们的学者才会重新思考：中国过去三十年发生了什么？这三十年的发展与前三十年是什么关系？是断裂还是继承？与西方发展道路是什么关系？中国的过去几十年的发展道路和西方一样吗？如果一样，那么"历史终结论"并没过时，只是在实现的时间上向后做了推迟。如果不一样，这种发展道路的独特性是暂时性的还是本质性的？而所有这些理论思考的背后最终指向的无疑是一个现实实践问题：中国接下去该怎么走？

当前有关"中国模式"的讨论文章其基本的问题意识大多集中在这个实践层面，但这是有不足之处的。那些讨论"中国模式"的国际影响力、"中国模式"的未来的文章都是指向实践问题的自不必说，即使是那些讨论"中国模式"概念本身的文章最终也常常归结到中国模式的现实意义以及在实践中如何调整的问题。② 而在反对中国模式这一概念的学者当中，他们反对的理由不是基于理论的而是基于实践的，比如学者李君如认为应该慎提中国模式这一概念，背后理由在于这种提法在国内容易造成自我满足和转移改革方向，在国际上则会引起西方的过度反应。③ 固然，这种现实关怀非常可贵，要比为理论而理论的做法更好，但是如果完全把

① 秦晖：《有没有"中国模式"》，《经济观察报》2010 年 4 月 5 日。
② 如胡健《争论中的中国模式：内涵、特点和意义》（《社会科学》2010 年第 6 期）一文本来是侧重探讨作为概念的中国模式的，但是在文章最后谈到中国模式的意义上仍旧有大量文字在集中谈论中国模式之于中国的实践意义。
③ 李君如：《慎提中国模式》，《学习时报》2009 年 2 月 7 日。

注意力集中在现实问题上也是有偏颇的，因为就目前学界而言，中国模式这一概念的诸多学理问题尚处于晦暗不明的地位，而这种情况反过来也影响了这一概念在实践层面的作用。在诸多需要辨析的学理问题当中，探究中国模式这一概念的合理性和有效性无疑当处于首要地位。鉴于政治学乃至社会科学的理论和概念来自西方的事实，邹谠先生在 20 世纪 60 年代提出的问题是：在西方民主社会产生的概念、命题和理论是否、如何以及在多大程度上能够应用于文化背景迥异、政治制度截然不同的中国？① 邹谠先生的问题仍旧是我们今天面对的问题。如果说今天学界已经意识到了重新认识中国的需要，那么我们就要问：靠什么概念工具去认识中国？当我们试图用"中国模式"这个概念来认识和理解乃至评价中国过去几十年的经验事实时，我们有没有意识到这个概念工具的合理性和有效性问题？而这个问题牵涉到的更大的问题是，中国的政治学乃至社会科学靠什么样的理论方法和概念工具去认识中国的经验？后一个问题绝非笔者所能回答的，但下面将试着对"中国模式"作为概念工具的有效性和合理性问题做一浅近的探讨，以期有助于引发对后一个问题的进一步思考。为此，我们必须转入到当前围绕"中国模式"这一概念所展开的讨论中去。

三　中国模式概念的参照系、内涵和功能

目前围绕中国模式这一概念展开的讨论非常多，但是学界在梳理这些讨论时并没有很好地将这些讨论予以分类，这里为讨论的方便，笔者拟从中国模式这一概念的参照系、内涵和功能三个角度尝试对当前的讨论做一归类梳理。

（一）中国模式概念的参照系

斯科特·肯尼迪（Scott Kennedy）在比较的意义上曾将中国模式这一概念在不同学者那里的用法做了四种区分。②

在与苏联东欧等国家采用过的"休克疗法"相比较的意义上讲，中

---

① Tang Tsou, "Western Concepts and China's History Experience", *World Politics*, Vol. 21, No. 4, 1969, p. 659.

② Scott Kennedy, "The Myth of the Beijing Consensus", *Journal of Contemporary China*, 2010, 19：65, 461－477.

国模式意味着一种渐进主义的改革战略。在这种用法中，中国模式与中国官方所提出的"中国特色社会主义"这一概念是同义词。这一用法侧重强调的是中国 30 年的改革开放是对中国前 30 年毛泽东主义政策的摆脱，也是对传统社会主义国家发展模式的摆脱。[①]

在与以新自由主义政策为基础的华盛顿共识相比较的意义上讲，中国模式是指一种在经济上强调政府的广泛干预但又不把自身的发展经验强加给其他国家的发展模式，在此意义上讲中国模式是北京共识的同义词。[②]

在与印度和其他民主的发展中国家相比较的意义上，中国模式指的是一种经济上高速发展但政治上保持原有制度不变的一种发展战略。[③]

在全球金融危机的形势下，在与美国等工业化国家相比，中国模式又指一种出口导向型的经济发展战略。[④]

斯科特·肯尼迪的这种概括和区分带给我们的最大启迪在于引导我们思考，中国模式这个概念选取的参照系是什么？我们是在与谁相比较的意义上来谈论有中国模式这个东西的？但是这种基于比较视角而作出的划分无助于我们从内涵差异的角度来理解围绕中国模式所展开的争论。因为肯尼迪的四种区分虽然将中国模式的比较对象区分得很清楚，但在内容指涉上存在着很大的相似性：都把中国模式等同于改革开放 30 年的经验、基本把中国模式等同于一种经济现象，基本把中国模式等同于一种发展策

[①] 　根据 Scott Kennedy 的梳理，持这种观点的文章有：王琢：《中国改革实践对西方经济学主流理论的巨大挑战——中国模式是促进共同繁荣、实现共同富裕之路》，《中国财政》1993 年第 11 期；郑霞：《发展中国家经济发展模式再探——"中国模式"的理论思考》，《广州市财贸管理干部学院学报》1999 年第 2 期；张建忠：《中国模式在全球化中崛起》，《中国国门时报》2004 年 7 月 31 日；周建：《中国模式的发展道路：中国特色社会主义》，《广东省社会主义学院学报》2007 年第 4 期。根据笔者的检索，持这种观点的文章还有：秦宣：《国际视野中的"中国模式"》，《中国人民大学学报》2008 年第 4 期；张宇：《中国模式的含义与意义》，《经济学动态》2008 年第 11 期；徐崇温：《关于如何理解中国模式的问题》，《中共中央党校学报》2010 年第 2 期；肖贵清：《论中国模式研究的马克思主义话语体系》，《南京大学学报》2011 年第 1 期。等等。

[②] 　Scott Kennedy 举出的例子是秦凤鸣：《"后华盛顿共识"与中国模式》，《太平洋学报》2005 年第 6 期。

[③] 　Scott Kennedy 举出的例子是姚洋：《中性政府：中国三十年发展奇迹的一种诠释》，《第一财经日报》2008 年 11 月 17 日与吴增基：《论中国模式的可持续条件》，《理论探讨》2005 年第 1 期。

[④] 　Scott Kennedy 的例子是 Wang Yong："Domestic demand and continued reform：China's research for a new model"，*Global Asua*，3（4），pp. 24 – 28.

略。这种相似性明显遮蔽了中国模式这一概念在内涵方面的丰富性。因此我们有必要专门讨论中国模式这一概念在不同的讨论者中所具有的内涵。

（二）中国模式的内涵

事实上，中国模式的内涵远远超过了改革开放 30 年、经济发展、发展策略这三方面的含义，而有着更丰富的内容。

首先，尽管大多数学者都把中国模式所指涉的经验事实限定在中国改革开放的 30 年，但也有学者认为不能把改革开放 30 年的历史同改革开放前 30 年的历史割裂开来，甚至也不能同中国革命时期的历史、中国数千年的文化传统和历史割裂开来。王绍光教授强调，共和国的前 30 年为后30 年奠定了坚实的基础，共和国的 60 年是中国沿着社会主义道路不断探索和前进的一个持续的过程。① 潘维教授认为，"中国模式是关于人民共和国 60 年'成功之路'的理论解释，即因果抽象。"② 徐崇温教授指出中国模式应该包括中国的革命模式、中国的社会主义改造模式、中国的社会主义建设模式、中国的改革开放和社会主义现代化建设模式。③ 林春教授认为，中国模式的历史准备可以追溯到武装割据、以农村包围城市的革命战略，而其实质就是中国寻求自身独特现代化的民族道路的过程，这一过程依序表现为：以社会革命和民族解放对抗殖民现代性、以群众路线式动员对抗苏式国家官僚统治、以社会主义市场经济对抗资本主义的全球整合。④ 甘阳教授在 2005 年的一次演讲中提出，"要重新认识中国改革成功与毛泽东时代的联系性和连续性，重新认识中国传统文明对现代中国的奠基性"⑤。

其次，许多学者认识到中国模式不仅体现在经济领域，还体现于政治和社会领域，还有的学者认为，中国模式是一种总体模式。赵穗生教授认为，中国模式经济上的表现类似于 20 世纪七八十年代东亚新兴工业化国

---

① 王绍光：《坚守方向、探索道路：中国社会主义实践六十年》，《中国社会科学》2009 年第 5 期。

② 潘维：《论中华体制》，载潘维编《中国模式：解读人民共和国的 60 年》，中央编译出版社 2009 年版，第 5 页。

③ 徐崇温：《中国模式的形成、内涵和特征》，《马克思主义研究》2010 年第 9 期。

④ 林春：《承前启后的中国模式》，载潘维编《中国模式：解读人民共和国的 60 年》，中央编译出版社 2009 年版，第 243 页。

⑤ 甘阳：《通三统》，三联书店 2007 年版，第 46 页。

家的经济模式，但在政治上的变化却有着自己的特色，表现在：决策体系和党内民主的制度化、干部问责制度、宪政改革、共产党统治方式的改革。① 郑永年教授在其文章中除了指出中国模式包括混合所有权制度、出口导向和内部需求、政府和市场关系的经济模式外，还从经济改革与政治改革的关系、经济发展与社会政治秩序、经济发展与产权关系、经济发展与社会基本正义、民主化与社会经济基础结构等方面分析了中国模式中的政治模式，并且指出未来中国模式的改进之处在于社会方面的改革和建设。② 除了指出中国模式在其他领域的表现外，还有一些学者倾向于将中国模式理解为一种总体模式。俞可平教授将中国模式理解为实质上是中国作为一个发展中国家在全球化背景下实现现代化的一种战略选择，是中国在改革开放过程中逐渐形成的一整套应对全球化挑战的发展战略和治理模式，而这一整套发展战略和治理模式包括所有制、政治、意识形态、军队与政治关系、国家与社会关系等多种要素。③ 潘维教授提出，中国模式就是 21 世纪的新版中华体制，这一模式具体由"国民"经济体现的经济模式、民本政治体现的政治模式、社稷体制体现的社会模式构成。④

再次，除了把中国模式理解为一种发展策略外，有学者把其理解为一种体制、制度，有的学者将其理解为一种理念、观念。应当说，在西方学者的认知中，改革开放以来中国政体的威权主义性质并无改变，但是他们中的一部人也会从这种威权主义政体在某些方面的调整来寻找中国经济上快速发展的原因。德国杜伊斯堡—埃森大学教授托马斯·海贝勒（Thomas Heberer）认为中国的威权主义政体并非同质的、铁板一块的威权主义政体，而是一种分散的或分权的威权主义体制，并且在这个体制中存在着一个以发展主义为导向的强势政府。⑤ 而前述像赵穗生教授、郑永年教授从政治体制上的变化寻求中国快速发展的原因的做法也可以看做从体制或

---

　　① Suisheng Zhao, "The China Model: can it replace the Western model of modernization?", Journalof Contemporary China , 2010, 19: 65, 419 – 436.

　　② 郑永年：《国际发展格局中的中国模式》，《中国社会科学》2009 年第 5 期。

　　③ 俞可平：《"中国模式"：经验与鉴戒，俞可平、黄平等编《中国模式与"北京共识"》，社会科学文献出版社 2006 年版，第 11—20 页；俞可平：《中国模式的要素与期待》。

　　④ 潘维主编《中国模式：解读人民共和国的 60 年》，中央编译出版社 2009 年版，第 3—88 页。

　　⑤ 托马斯·海贝勒：《关于中国模式若干问题的研究》，《当代世界社会主义》2005 年第 5 期。

制度角度理解中国模式的做法。在国内学者中，马德普教授认为中国的改革模式中包括强政府的政治保障这一重要内容。① 姚洋教授在其所归纳的中国模式的四要素中包括贤能体制和中性政府这两个要素。② 萧功秦教授指出中国模式其实就是一种以特殊的强国家—弱社会的结构为特征的有限多元化威权政治。③ 当然也有学者倾向于把中国模式理解为一种理念或观念。邓正来教授认为中国三十年的发展历程可以从生存性智慧这一角度得以理解。④ 任剑涛教授认为，中国的成功在于国家采用了一种矫正型的国家哲学或意识形态。⑤

（三） 中国模式概念的认知功能

概念有认知和理解经验事实的功能，因此，除了从中国模式的参照系、内涵方面，我们也可以从认知功能的角度去理解中国模式这一概念的用法。

在中国模式这一概念的使用中，有的学者试图以此对中国的经验事实作出尽量客观而不带价值偏向的事实性描述，有的学者则尝试用此对中国的发展经验作出具体性的因果解释。应当说，这两种功能是中国模式这一概念在认知和理解中国经验时所承担的主要功能。在前述对中国模式概念的参照系和内涵的梳理中明显可以辨析出中国模式这一概念所承担的这两个功能。在这些文献中，中国模式或者用来标示中国的发展经验与世界其他国家和地区的发展经验相比而具有的独特性，或者用来描述、归纳、总结中国发展经验的内容、特征、过程，或者用来解释其背后的因果机制等。

除此之外，中国模式这一概念也承担了价值评判功能，这种价值评判或是间接隐藏于表面上价值中立的描述或解释中，或者直接流露于中国模式概念的使用中。从描述和解释角度使用中国模式这一概念的文献中，尽管受制于价值中立这一学术规范制约而要尽可能要寻求客观中立，但这种

① 马德普：《渐进性、自主性与强政府——分析中国改革模式的政治视角》，《当代世界与社会主义》2005 年第 5 期。
② 姚洋：《中国模式及其前景》，《中国市场》2010 年第 24 期。
③ 萧功秦：《中国模式面临五大困境》，《人民论坛》2100 年 11 月。
④ 邓正来：《生存性智慧与中国发展研究论纲》，《中国农业大学学报》（社会科学版）2010 年 11 月第 4 期。
⑤ 任剑涛：《矫正型国家哲学与中国模式》，《天涯》2010 年第 3 期。

表面上的客观中立往往隐含着浓厚的价值色彩。就斯科特·肯尼迪和托马斯·海贝勒的文章而言，虽然他们对中国的体制或制度的看法较其他西方学者积极，但从根本上也没有摆脱民主政体与威权政体二分的框架，在这种分析框架下，即使他们在表面上进行的是一种描述或解释工作，但在背后或者隐含着对中国发展经验在正当性上的质疑，或者隐含着对中国向西方民主政体转型的期待。

当然，一些学者并不满足于将价值判断隐藏在中国模式概念的背后，而是直接把其价值偏好表露于其中，这一点在中国学者当中表现尤其明显。对于那些试图从中国改革开放前三十年的历史甚至从更远的历史、文化传统或民族心理的积淀等因素来解释中国崛起的原因的学者来说，把中国的成功归因于这些因素，本身就是对这些因素的肯定。而像潘维、王绍光等学者在其文章中对中国道路、中国模式的偏爱更是直截了当。王绍光教授认为，我们对中国当下体制应该有"体制自觉和体制自信"。[①] 潘维教授直言，中国道路的成功挑战了经济学中的"市场与计划两分"、政治学中的"民主与专制两分"、社会学中的"国家与社会两分"，中国模式是 21 世纪的新版中华体制。[②] 而对那些从否定方面解释中国崛起的学者则以同样鲜明的观点表明了自己的价值立场。秦晖教授认为中国低自由、低福利的发展模式实际上背离了世界文明的主流，并没有值得夸赞的地方。[③] 无论是对"中国模式"这一概念持赞成态度成还是批评态度，其背后其实都预设了对何为"好"的发展模式、何为"好"的生活方式这些根本问题的价值判断，所不同的只在于他们理解的"好"的发展模式和生活方式不一样而已。在此意义上讲，讨论"中国模式"问题将不可避免地涉及每位学者背后的价值立场问题。

四　结论：中国模式概念的价值

如前所述，中国模式这一概念被极度关注，盖源于中国三十年快速发

[①] 王绍光：《体制自觉与体制自信》，《社会观察》2011 年第 12 期；王绍光：《坚守方向、探索道路：中国社会主义实践六十年》，《中国社会科学》2009 年第 5 期。

[②] 潘维：《论中华体制》，载潘维编《中国模式：解读人民共和国的 60 年》，中央编译出版社 2009 年版。

[③] 秦晖：《有没有"中国模式"》，《经济观察报》2010 年 4 月 5 日；秦晖：《中国模式值得夸赞吗》，《商周刊》2010 年第 22 期。

展的经验事实。因此，无论对于西方学者还是中国学者来说，对概念的关注首先源于其对现实或实践问题的关怀。但是，对学者来说，这种对现实问题的关怀又以一种理论活动的形式表达出来。从这种意义上讲，中国模式这一概念同时承担了学者们赋予它的双重任务：实践构建和理论解释。在实践上，它为作为政治共同体之成员的学者参与共同体生活提供了众多方式中的一种，它或者充当了学者据以总结既往经验教训以借此希望影响政治现实的智识工具，或是充当了与其他民族国家展开权力（话语权）争夺的武器①；而在理论层面，它又充当了中国学者描述、解释、评价中国三十年来发展经验的概念工具。那么，我们的问题是，中国模式这一概念能够担负起它所应当担负的这种双重使命吗？这一问题的关键在于中国模式这一概念能否承担其理论上的使命，因为实践上的使命以其理论上的有效性为前提。因此，考察中国模式这一概念的学术价值就至关重要。就前述已经梳理的围绕中国模式的相关讨论可以看出来，无论是这一概念的比较对象，还是其内涵，抑或其功能，在不同的学者那里都有着非常大的差异乃至对立，这种差异和对立在根本上妨害了其作为一个学术概念所应该具备的确定性和明晰性。因此，如果尝试让中国模式这一概念承担起理论功能的话，那么我们必须首先要对其比较对象、内涵、外延、功能作出明确的界定，以此才能奠定深层学术探讨和对话的基础，并进而有可能让这一概念发挥其构建现实的功能。但是，问题在于，就当前的学界来说，要对中国模式这一概念本身作出明晰的界定似乎是不可能的事情。从这一意义上讲，中国模式这一概念并非一个有效的概念工具。

（作者为清华大学社会科学学院政治学系博士生）

----

① 邓正来先生在其文章中提到当前中国社会科学在全球化进程中要主动介入话语权的争夺中，参见邓正来《生存性智慧与中国发展研究论纲》，《中国农业大学学报》（社会科学版）2010年第4期。